新中国著名大学校长评传

中卷

程斯辉　刘立德／主编

中国教育出版传媒集团
人民教育出版社
·北京·

图书在版编目（CIP）数据

新中国著名大学校长评传 . 中卷 / 程斯辉，刘立德主编 . — 北京 : 人民教育出版社 , 2023. 6

ISBN 978-7-107-37312-1

Ⅰ . ①新… Ⅱ . ①程… ②刘… Ⅲ . ①高等学校—校长—评传—中国 Ⅳ . ① K825. 46

中国国家版本馆 CIP 数据核字（2023）第 109726 号

新中国著名大学校长评传　中卷

出版发行　人民教育出版社
（北京市海淀区中关村南大街 17 号院 1 号楼　邮编：100081）
网　址　http://www.pep.com.cn
经　销　全国新华书店
印　刷　北京盛通印刷股份有限公司
版　次　2023 年 6 月第 1 版
印　次　2023 年 10 月第 1 次印刷
开　本　787 毫米 ×1 092 毫米　1/16
印　张　29.75
字　数　334 千字
印　数　0 001~1 500 册
定　价　80.00 元

成仿吾

彭　康

陈　赓

蒋南翔

林迪生

钟师统

匡亚明

杨石先

郭影秋

郭沫若

戴伯行

周荣鑫

江隆基

刘介愚

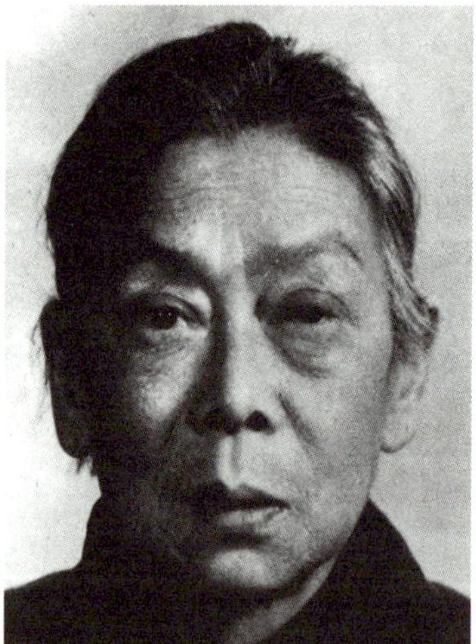
王季愚

朱九思

编委会

丛书责编　韩华球　杨　燕
本卷责编　张茹丹

出版说明

历史是最好的教科书。新时代开展党史、新中国史、改革开放史、社会主义发展史教育，要注重把握历史规律，领悟历史智慧，形成历史共识。办出中国特色、世界一流大学，不仅需要研究外国大学教育的历史和现状，吸取外国大学教育的经验，还需要不断增强中华民族的大学教育自信，全面探讨我国特别是新中国大学教育的历史与现状，系统总结我国大学教育的思想智慧，发扬光大我国大学教育的优良传统。

习近平总书记强调："我国有独特的历史、独特的文化、独特的国情，决定了我国必须走自己的高等教育发展道路，扎实办好中国特色社会主义高校。"新中国著名大学校长研究是新中国大学教育史和中国共产党大学教育思想史研究的重要组成部分。我们必须了解在党的领导下新中国大学教育波澜壮阔、与时俱进的发展历程、光荣传统、宝贵经验和伟大成就，做到知史爱党、知史爱国，进一步明晰中国特色社会主义大学的初心和使命。我们必须探索中国特色社会主义大学教育的发展道路和规律，从新中国著名大学校长身上汲取营养，获得资源，坚定教育自信，为从高等教育大国向高等教育强国迈进而不懈奋斗。

人民教育出版社对大学校长和高等教育的研究历来十分重视，

所出图书涉及大学教育实践、大学教育思想和大学教育精神等各个方面，不仅编辑出版了《蔡元培教育论著选》《蒋梦麟教育论著选》《张伯苓教育论著选》《蔡元培年谱长编》《张伯苓年谱长编》等一系列大学校长的文选、年谱，还编辑出版了新中国第一部高等教育学著作《高等教育学讲座》及《高等教育研究丛书》《中国近代著名大学校长研究》《中国近代大学精神史》《大学校长的教育理念与治校》《论大学》等一系列重点学术图书，为人们研究和学习著名大学校长办学治校的先进事迹、光辉思想和高尚品德提供了重要文献。

为了庆祝中国共产党成立100周年，学习总结中国共产党大学教育思想特别是新中国社会主义大学教育发展规律和大学管理经验，深切缅怀新中国著名大学校长的丰功伟绩，以及发扬光大新中国著名大学校长的精神财富，我们特组织编写出版三卷本《新中国著名大学校长评传》。敬请读者对本书的编辑出版工作提出宝贵意见。

人民教育出版社

2020年12月1日

序

新中国成立伊始，百废待兴，最重要的是要有人才。但是新中国成立前夕，我国的高等教育很不发达，全国只有高等学校205所，其中公立学校124所，私立学校81所，大学生总共才11.7万余人。新中国成立以前的高等学校以文科为主，培养工农业专家的高校很少，分布也不均衡，不能适应新中国经济社会建设的要求。同时，新中国成立后改造旧教育的任务非常繁重。《中国人民政治协商会议共同纲领》指出："中华人民共和国的文化教育为新民主主义的，即民族的、科学的、大众的文化教育。人民政府的文化教育工作，应以提高人民文化水平，培养国家建设人才，肃清封建的、买办的、法西斯主义的思想，发展为人民服务的思想为主要任务。"因此，新中国成立以后的一段时间，高等教育变革的任务，一是改造旧的高等学校，二是建立新的高等学校。1952年开始的高等学校院系调整，就是为了加强理工科及农林院校，调整高等学校在全国的布局，使高等学校更好地为新中国的经济社会建设服务。在这个过程中涌现了一批著名的大学校长，如清华大学的蒋南翔、北京大学的陆平，分别为清华大学和北京大学的改造和发展做出了重要贡献；新高校中国人民大学的建立，第一任校长吴玉章贡献了他的杰出思想和领导力；华中工学院（后发展为华中理工大学并又发展为华中科技大学）的建设，是朱九思校长主持规划的。可以说，新中国高等教育体系是在老一辈著名校长的积极引领特别是他们的非凡智慧和辛勤劳动下建成的。同时，新中国成立70多年来，特别是改革开放40多年来，在高等教育的改革发展过程中，也培养了一批著名大学校长。

根据最新的统计，我国2020年有普通高等学校2 738所，在校学生4 183万人，高等教育毛入学率达54.4%。当前，我国高等学校正在建设一流学科和一流大学，向教育现代化和高等教育强国迈进。在我国高等教育进一步改革发展的过程中，我们不能忘记一大批著名校长对新中国高等教育建设做出的贡献，以及他们创造的高等教育理论的宝贵财富。在贯彻落实《中国教育现代化2035》的实践进程中，我们需要继承和发展新中国著名大学校长的办学理念和实践经验。同时，在构建和完善中国特色社会主义高等教育理论体系的进程中，我们也需要总结和发扬他们的办学理念和实践经验。

程斯辉同志和刘立德同志本着学习、总结和研究新中国社会主义大学教育发展规律和大学行政管理经验，深切缅怀新中国著名大学校长的丰功伟绩，以及发扬光大新中国著名大学校长精神财富的宗旨，组织编写《新中国著名大学校长评传》，可谓正当其时。书中选择了大家比较熟悉的、在各自校长任上为其执掌的大学建设做出贡献的、已经过世的47位著名大学校长，详细地介绍了这些校长的人生经历、大学教育工作业绩，特别介绍了他们的办学理念、治学态度和工作作风，以及其他在大学建设上所做的种种创造性工作。本书既有事实的介绍，又有理论的分析。我们现在提倡向世界讲好中国故事，这部《新中国著名大学校长评传》就是在讲述中国高等教育改革发展的故事。它不仅可以使我们了解新中国高等学校与时俱进的历程，而且能够使我们领略和学习著名大学校长的理想信念，以及他们为发展中国高等教育而不懈追求的情怀，还有感悟学习他们坚持党的教育方针、立德树人的使命感和改造旧大学、创造新大学的奋斗精神，以及学习他们高尚的品德和实事求是的工作作风。本书对当前高等学校的管理者们来说，无疑是弥足珍贵的精神食粮。

新中国成立70多年了，我国高等教育不仅在规模上有了很大的发展，质量上也有了很大的提升，服务中国特色社会主义建设的能力在不断提高，已有多所大学跻身世界百强的行列。这是许多优秀的大学校长和众多大学教师长期努力的结果。本书介绍的著名大学校长，是新中国著名大学校长的代表和榜样，大多数是我国老一辈的教育家，他们为新一代著名大学校长的成长打好了基础。我们要认真学习他们为高等教育事业献身的精神，弘扬他们的优良传统，为建设教育强国而努力奋斗。

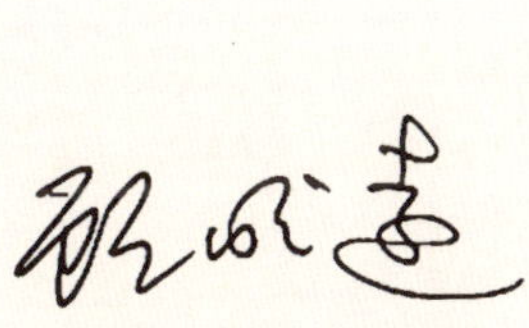

2021年3月20日

（本序作者顾明远先生系北京师范大学资深教授、原副校长，国家教育咨询委员会委员，中国教育学会名誉会长）

凡例

1.《新中国著名大学校长评传》分上、中、下三卷。

2. 本书收录了47位新中国著名大学校长的评传，按照出任校长年份的先后排列，同年出任校长的则按照其出生时间的先后排列。

3. 本书上卷收录马寅初、李达、吴玉章、刘伯承、王亚南、侯外庐、屈伯川、许崇清、潘菽、华岗、陈垣、陈望道、陈鹤琴、孟宪承等14位著名大学校长的评传。

4. 本书中卷收录成仿吾、彭康、陈赓、蒋南翔、林迪生、钟师统、匡亚明、杨石先、郭影秋、郭沫若、戴伯行、周荣鑫、江隆基、刘介愚、王季愚、朱九思等16位著名大学校长的评传。

5. 本书下卷收录李国豪、周培源、苏步青、刘佛年、唐敖庆、严济慈、李秉德、叶培大、钱令希、史绍熙、钱伟长、谢希德、丁石孙、袁宝华、吴咏诗、母国光、潘承洞等17位著名大学校长的评传。

6. 本书包括出版说明、凡例、序、绪论、评传正文、后记；绪论排在上卷，后记排在下卷；上、中、下三卷均包括出版说明、凡例和序；正文各篇评传附录主要参考文献，有的还附录了相应大学的校训、校训精神或大学精神等。

7. 本书收录的新中国著名大学校长均为2019年12月前逝世者。

8. 因新中国成立70多年来部分大学的名称有变化，在记述有关校长时，以当时的学校名称为准。

9. 本书力争所收录的著名大学校长具有一定的代表性，注意兼顾新中国成立以来各个历史时期、不同学科领域的著名大学校长。

10. 新中国成立70多年来，在大学教育改革发展史上涌现了众多优秀的大学校长。由于篇幅、时间和编者研究水平所限，本书没能收录所有著名大学校长，还有不少著名大学校长有待我们探讨和研究。

编　者

2021年2月26日

目录

成仿吾

CHENG FANGWU

东北师范大学校长（1952—1958）
山东大学校长（1958—1974）
中国人民大学校长（1978—1983）

（图片由视觉中国提供）

成仿吾（1897—1984）是中国现代著名的无产阶级革命家、忠诚的共产主义战士、新文化运动的重要代表、马克思主义理论家、无产阶级教育家。成仿吾生于中华民族的忧患年代，经历了辛亥革命、新文化运动、苏维埃革命根据地建设、长征、全民族抗战、解放战争以及新中国成立等一系列重大历史事件。他早年留学日本，具有开阔的国际视野。在国家危难之际选择归国，并投身于文学战线的斗争，用新文学改造旧社会，成为新文化运动时期的重要代表人物。经受国民大革命的政治洗礼后，成仿吾认清了政治形势，坚定了政治态度与理想，开始从事党的革命事业。他在党内先负责文化宣传，而后转向教育领域。在近二十年的革命斗争中，他先后领导了陕北公学、华北联合大学与北方大学的建设，有力地支援了无产阶级革命实践。新中国成立后，他先后担任东北师范大学、山东大学与中国人民大学的掌舵者，成为新中国高等教育事业重要的开拓者与奠基人。

一、迈向无产阶级教育家的足迹

（一）梦想实业救国、留学东洋的高才生

1897年8月24日，成仿吾出生于湖南新化的一个书香世家。这个家是那个时代为数不多的既保留了传统文化底蕴又具有进步革命精神的家庭。成仿吾父亲早亡，他由祖父和哥哥抚养长大。祖父成明郁是光绪年间丁丑科的进士，曾出仕直隶行唐等地的知县、知府，但因不满于清政府的腐朽而毅然弃官回乡从事教育事业。大哥成劭吾考取了官费赴日留学，专修船舶机械工程，在日本加入同盟会并参与了革命活动。祖父的好学博识也培育了童年

成仿吾刻苦攻读的良好习惯。成仿吾天资聪颖，在家乡的私塾读书期间即取得了引人瞩目的成绩，能够通读古文，开始练写文章。1910年，成仿吾的母亲戴氏病逝。大哥成劭吾从日本归国奔丧，此后带着成仿吾前往日本读书。

异国他乡的环境首先激发了成仿吾的语言天赋，在日本名古屋第五中学就读时期的成仿吾就熟练掌握了日语。同时成仿吾的语言学习并没有止步，他进一步学习了英语、德语，最终精通日、英、法、德、俄五门外语。他的语言天赋与勤学精神也给当时在日本同住的郭沫若留下了深刻印象。年少且背井离乡的状况并没有影响成仿吾去积极地认识祖国大地与民族血脉正经受的艰难求变与惨痛挫折。成仿吾的新化同乡就包括著名的革命志士谭人凤与陈天华。陈天华为抗议日本政府对中国留学生的政策而愤然投海自杀的爱国义举对少年成仿吾影响巨大，陈天华的遗体更是由成劭吾亲自护送回长沙的，成仿吾晚年犹提起这位并不遥远的同乡益友对他的重要影响。

1917年夏天，成仿吾考入东京帝国大学造兵科，攻读枪炮专业。也许是因为其兄不懈的监督教育，也许是因为日本求学时的见闻在心中埋下了种子，又或许是因为成仿吾对国家命运的深刻洞见，此时的成仿吾已决意通过研习现代化武器实现富国强兵，帮助祖国摆脱帝国主义的屈辱与封建势力的压迫。可以想见，成仿吾在接触革命思想和科学的马克思主义理论之前已然成为一个坚定的爱国者。假使未来命运的潮流没有出现种种转向，成仿吾或许将终身服务于兵器制造行业。1918年5月，成仿吾短暂回国，参加了反对段祺瑞和日本签订《中日军事协约》的斗争，要求取消“二十一条”。罢课、宣传、请愿，即使民主运动一浪高过一浪，最终还是不了了之，甚至组织领头人也转身投奔了反动政府。由此，成仿吾对于自己以器物救国的宏愿产生了深刻怀疑，并最终转向了文化战线的斗争。

（二）创办创造社，发展新文学

五四运动前夕，中华大地的爱国主义运动已发展到新的阶段。随着革命党的接连失利，思想界、实业界乃至普通平民阶层都认识到解放思想、破除封建文化的禁锢对推动国家现代化的重要意义。思想文化战线的斗争已经发动起来，新文学以其旺盛的生命力突破了旧文化的禁锢而茁壮生长。远在日本的成仿吾也感受到了这异常活跃的时代脉搏，因而联合同在日本求学的郭沫若、郁达夫与张资平创办了著名的新文学团体创造社。从此，成仿吾走上了通过新文学抗争反动统治、支持民主革命的道路，创造社也成为中国现代文学史与文化界民主革命历程中的一个堡垒、一杆旗帜。成仿吾也以文学家身份登上了历史舞台。

1921年7月，创造社在东京召开成立会议。9月29日，上海《时事新报》刊登了《纯文学季刊〈创造〉出版预告》，预告中说："自文化运动发生后，我国新文艺为一二偶像所垄断，以致艺术之新兴气运，澌灭将尽，创造社同仁奋然兴起，打破社会因袭，主张艺术独立，愿与天下之无名作家共兴起而造成中国未来之国民文学。"预告中列出的创造社同人有田汉、成仿吾、郁达夫、郭沫若、张资平、郑伯齐、穆木天。[①]这表明，创造社在兴起之初只是新文学的阵地。随着民主革命运动的深入，创造社也承担起更多的文化使命。《创造季刊》首刊于1922年5月1日出版，主要

①《成仿吾传》编写组著：《成仿吾传》，中共中央党校出版社1988年版，第18页。

作品包括：郭沫若的诗《创造者》，戏剧《棠棣之花（第二幕）》；田汉的戏剧《咖啡店之一夜》；郁达夫的小说《茫茫夜》，论文《文艺私见》。这一时期，成仿吾发表了小说《一个流浪人的新年》《诗十六首》。

创造社成员成仿吾（后右）、王独清（后左）、郭沫若（后中）、郁达夫（前）留影

（图片由视觉中国提供）

创造社早期的三种刊物——《创造季刊》《创造周报》《创造日》都凝结着成仿吾的心血。在编辑《创造季刊》的工作中，成仿吾表现出两个特点。第一，他非常注重刊物的群众性和稿件的质量。成仿吾表示，创造社的发起人中包含了具有医科、法科、理科、工科等各种学术背景的人，他鼓励各界同胞提供有益的批评与优秀的作品。这种“求贤若渴”的态度，为广大民众接触并参与新文学打开了大门。许多读者寄来作品任由编辑删改，甚至不索取稿费。然而成仿吾在挑选稿件过程中依然秉承精益求精、质量为上的标准，没有为尽快扩大影响力而放弃原则。成仿吾甚至引用了福楼拜与莫泊桑师徒的故事，向读者解释编辑人员的态度。第二，成仿吾挑选作品时，强调文学批评、文学理论的重要性。为此，他特别刊登了许多高水平的理论文章。在《创造季刊》第一卷第四期上，成仿吾发表了自己多篇有代表性的文艺评论，包括《〈沉沦〉的评论》《〈残春〉的批评》《评冰心女士的〈超人〉》《创造社与文学研究会》等。成仿吾重视文艺批评、文学理论建设，逐渐奠定了他在文学领域的专长与主要建树。《创造季刊》发行一年后，《创造周报》顺利出版，标志着创造社开拓文学征途的第二步。相较于《创造季刊》，《创造周报》不限于原

创，更偏重引进翻译外国作品与评论介绍，因此《创造周报》与文艺界中落后反动势力做斗争的战斗性有所增强。同年7月，日报《创造日》也随即诞生。郁达夫撰写的《〈创造日〉宣言》阐明了它的性质："我们想以纯粹的学理和严正的言论来批评文艺、政治、经济，我们更想以唯真唯美的精神来创作文学和介绍文学。"①

1922—1924年，创造社持续地与其他文学派别展开论争，其中创造社与文学研究会围绕着以下四个问题展开了论辩：第一，文学和社会生活的关系；第二，如何介绍欧洲文学；第三，关于翻译错误的问题；第四，关于作家作品的评论。在一系列的论争中，成仿吾除了阐明与坚持文艺批评的重要意义，还宣明了自己所坚持的浪漫主义的创作方法。在1923年5月9日的《新文学之使命》一文中，成仿吾提出"文学上的创作，本来只要是出自内心的要求，原不必有什么预定的目的"，"新文学，至少应当有以下三种使命：①对于时代的使命，②对于国语的使命，③文学本身的使命"，"我们的时代，他的生活，他的思想，我们要用强有力的方法表现出来，使一般的人对于自己的生活有一种回想的机会与评判的可能"。②成仿吾所强调的"内心的要求"，实则是时代的良心。强调文学的社会功效，突出文学对社会产生的积极作用，这表明了成仿吾所奉行的是积极的浪漫主义。

（三）创造社的转向与无产阶级文学家

经过三年的发展，创造社的出版活动成为引领新文学发展风向的一块牢靠的阵地。1924年，创造社迎来了新的发展拐点。郭

①②《成仿吾传》编写组著：《成仿吾传》，中共中央党校出版社1988年版，第27、38页。

沫若在《创造十年》中这样形容当时的情形："但自欧战结束以后，欧洲资本主义的势力，卷土重来，……觉悟了的人在这儿明白地看到那无形的帝国主义的势力，觉悟到中国如不抵抗帝国主义，就连民族资本主义都不能够发展。……因而政治问题便成为一般社会人的意识的焦点。"在这种局势下，创造社再无视社会上风起云涌的政治革命风潮而醉心于纯文学的发展与批判已然不可能了，换句话说，文学的批驳已不能再代表社会上暗流汹涌的进步思潮与革命斗志。若脱离了对时代脉搏的把握，创造社也将很快为历史所淘汰。对创造社倾注了极大感情的成仿吾是不愿看到创造系列刊物停刊的，然而不论是社会大环境还是主创者们的个人际遇，都迫使期刊面临停办或是转型的问题。因此，成仿吾会同周全平、倪贻德、敬隐渔与严良才商定了《洪水》（周刊）的出版问题。随着《洪水》的筹备刊行，创造社出版部于1926年3月正式成立。在北伐战争的前夕，创造社出版部相继在多地成立了分部，成仿吾兼任广州分部主任。与此同时，成仿吾在广东大学（中山大学前身）和黄埔军校入伍生部两处兼职，后又任黄埔军校兵器研究处技正、代理处长。

身处革命旋涡中心，进入而立之年的成仿吾思想迅速成熟。成仿吾在广东大学的同乡毕磊是共产党员。成仿吾还结识了毛泽东、周恩来等著名的共产党人，开始系统地接受马克思主义理论与中国共产党的革命主张。在这一过程中，成仿吾的思想逐渐超越了资产阶级民主主义的阶段，开始自觉地拥护无产阶级工人革命，用马克思主义理论的武器来武装与指导自己。

1927年4月1日，成仿吾同鲁迅、王独清、何畏等人为抗议军阀孙传芳联合帝国主义对上海工人运动的镇压，联名发表了《中国文学家对于英国知识阶级及一般民众宣言》。在宣言中，成仿吾等人旗帜鲜明地确认自己是“从事中国无产阶级国民革命的文学家”，都对“无产阶级革命确有信心”。在这期间，创造社的《洪水》周刊的出版业务蒸蒸日上。成仿吾在《洪水》上先后发表的文章有《完成我们的文学革命》《打倒低级趣味》《文艺战线的认识》等。他还于11月在《创造月刊》第一卷第九期上发表了《从文学革命到革命文学》。这篇文章在文学界和思想界引起了强烈反响，其原因在于：第一，成仿吾首次尝试着运用历史唯物主义的观点初步总结了新文学运动的社会根据和文学革命的历史意义。第二，成仿吾把握了唯物的辩证法的方法，确认“文学在社会全部的组织上为上部建筑之一”[①]。郑伯奇认为，该文章反映了创造社“方向转变的态度”。正如《成仿吾传》作者所说：“1927年大革命的失败，有如大浪淘沙。在白色恐怖的世界里，文学家队伍中，投敌的分子、颓唐和隐退的成分，在大分化中被革命的文学阵营淘汰了。真正的革命知识分子以大无畏的英雄气概，承担了新形势赋予的历史使命。成仿吾就是这样的知识分子中杰出的一个。”[②]

1927年四一二反革命政变后，成仿吾离开广州来到上海。之后，他又前往欧洲，去巴黎公社和马克思的故乡看一看，深入学习无产阶级革命运动的经验和马克思主义理论。至此，成仿吾完成了人生轨迹中又一次重要的转变。少年离乡、异国长大，是成长环境的转变；日本学成、弃兵从文，是事业的转变。而此次的欧洲之行，则代表着成仿吾个人思想的彻底转变。1928年8月，成仿吾到达巴黎，并同中国共产党巴黎负责人取得了联系，由何

①②《成仿吾传》编写组著：《成仿吾传》，中共中央党校出版社1988年版，第75、69—70页。

肇绪、詹渭明介绍加入了中国共产党。在法国期间，成仿吾一边攻读马克思主义原著和学习外语，一边参与负责《赤光》杂志的编辑工作，同时还参加了一系列党的活动。

二、为党的高等教育事业不懈奋斗

（一）革命根据地时期的文化宣传工作

九一八事变前夕，成仿吾回国。1931年10月，党组织调成仿吾赴鄂豫皖革命根据地工作，委任他为省委宣传部部长、省苏维埃文化委员会主席与教育委员会主任。由此，成仿吾开始系统地接触与领导教育工作，在党内工作期间始终没有离开教育战线。

成仿吾上任后，便主持起草了《鄂豫皖省苏维埃文化委员会议决案（草案）》，强调了党的文教工作的重要性，并对苏区的社会教育、学校教育与教学联等方面存在的问题与改进、实施建议进行了清晰的阐释。[①]然而成仿吾刚刚开展苏区的工作，危机就接踵而来。1932年6月，蒋介石组织了对鄂豫皖苏区的第四次“围剿”。由于根据地领导人张国焘的错误指挥，根据地损失惨重。更为惊人的是，张国焘甚至向组织隐瞒实情率主力部队撤走，造成留守干部与鄂豫皖根据地同中央失去了联系。在生死关头，省委决定派成仿吾到上海寻找党中央汇报工作，揭露张国焘的逃跑主义错误，并请求派军事干部加强鄂豫皖苏区的领导工作。成仿吾突破敌人的封锁线辗转来到上海，在鲁迅的帮助下与留守上海的党组织取得了联系，最终成仿吾顺利抵达中央苏区。

---

① 中央教育科学研究所编：《成仿吾教育文选》，教育科学出版社1984年版，第5—14页。

1934年1月，成仿吾在中央苏区参加了党的六届五中全会，汇报了鄂豫皖苏区的基本情况。会后，成仿吾出席了中华苏维埃第二次全国代表大会，当选为中华苏维埃共和国中央政府执行委员。从此成仿吾留在了中央苏区，担任中央宣传部与中央党校的工作。很快，成仿吾光荣地参加了党的又一重大革命活动——长征。成仿吾并不是长征队伍中唯一的知识分子，然而却是部队中极罕见的具有海外留学经历、顶有大学教授头衔的大知识分子。长征的艰苦与荣耀自不必说。成仿吾晚年撰写了一本《长征回忆录》(人民出版社1977年版)，将个人视角与宏观叙事结合，详细地记叙了中央红军长征历程的点点滴滴，这本回忆录受到聂荣臻、罗瑞卿等众多老革命家的赞许。

(二)中央党校的教员

中央红军到达陕北瓦窑堡后，战略转移的阶段性任务已经完成，此时中央将恢复中央党校的事项提上了日程。成仿吾被任命为中央党校教务主任并成为党校专职教员，负责高级班的政治课教学。在此期间，随着抗战局势的发展，成仿吾负责筹办了两期抗日民族统一战线训练班。第一期主要培训陕北干部，让他们熟悉党中央的抗日民族统一战线方针与政策。第二期主要传达和学习中央瓦窑堡会议决议精神和毛泽东《论反对日本帝国主义的策略》的报告。

1936年6月，中央党校迁至延安。此时随着全民族抗日统一战线的确立与后方抗战形势的相对稳定，党校进入了正常的招生与教学阶段。这一时期，党校不仅吸纳了红军指战员与政治干部，还吸收了少数民族干部与白区学生运动干部。课程设置也相对完善，党校开设了哲学、政治经济学、党的建设、中国革命问题、马列主义和游击战争等既具有理论性又具有实践性的课程。此后党校还设置了相应的研究室。毛泽东、张闻天、博古与刘少奇等党的高级领导干部也时常来兼职授课，党校还吸纳了一些党内外的著名学者。成仿吾晚年在专著《战火中的大学——从陕北公学到人民大学的回顾》（人民教育出版社1982年版）中集中总结了这一时期中央党校建设的基本经验，主要有：第一，实事求是，按照革命事业需要安排教学，重点向农村实际、向群众学习、向革命实践倾斜；第二，严格按照民主集中制的原则组织党校的政治生活和学习生活；第三，树立一个优良的校风，中央党校以忠诚、团结、紧张、活泼的校风闻名党内。

（三）领导陕北公学

1937年5月，中国共产党召开全国代表会议，会上强调了加强红军文化建设与文化教育的必要性。在此前后，以红军大学改为抗日军政大学为开端，党中央陆续兴办了一系列中等学校与高等学校、日校与夜校、普通学校与专科学校。其中，陕北公学同延安鲁迅艺术学院、马列学院、延安工人学校、中国女子大学等一系列学校相继成立。成仿吾与林伯渠、吴玉章、董必武、徐特立等党内元老一同负责陕北公学的组建工作，同时成仿吾担任陕北公学校长。陕北公学是成仿吾独立主持一所高等学校的开端，此后半生，成仿吾从没离开党的高等教育阵地。陕北公学设立在延安城外延河之滨，招生要求不限于性别、出身、文化水平与党派信仰，服务于抗日民族统一战线的需要，凡是有志抵抗侵略者的爱国青年皆可报名，因此吸引了大批的革命青年。由于抗日形势迅速发展，在成仿吾的主持下，陕北公学改为培养干部的短期训练班性质的学校，主要进行政治教育、军事教育，学习时间缩短为两个月。1938年，在已经具有一定影响力的情况下，为更方便革命青年入学，陕北公学在关中地区开设了分校，以利用陇海铁路和西安，更大范围地吸收生源。

成仿吾把陕北公学的特色归纳为：政治教育与军事教育并重，积极贯彻拥护抗日民族统一战线纲领与抗日救国十大纲领。具体来说，陕北公学编有普通班与高级班，普通班开设“社会科学概论”“抗日民族统一战线”“游击战争”“民众运动”四门课；高级班除上述课程外，还开设“中国革命运动史”“马列主义”“辩证唯物主义”“政治经济学”“世界革命运动史”“科学社会主义”“三民主义研究”“世界政治”“战区政治工作”等课程。可以看出，陕北公学的课程设置非常具有前瞻性、理论性与实践性。尤其是高级班课程着眼于党的领导干部的培养，切实地丰富了学员的理论基础、开阔了学员的学术眼界。虽然很多教材、讲义等教学材料已经遗失，但不难看出党在全民族抗战的困难时期依然坚持高标准、严要求的教学体系，没有放松对文教培训事业的关注与支持。陕北公学的另一特色是依托地缘优势与政治优势，经常邀请党中央主要领导干部来校授课，与中国传统书院及欧洲大学重视学术交流的优良教育经验有异曲同工之妙。其中毛泽东讲过“中国宪政运动”“青年运动的方向”，周恩来讲过“大后方的抗日形势”“平江惨案情况”，朱德讲过“敌后战场的开辟和发展”“根据地经济”等课程。除了课程的规划，在教学活动上，陕北公学将政治教育、民众运动和政府工作教育、军事教育和农村服务结合起来。陕北公学将每周三设为“救亡日”，当天主要安排师生走出校门去到地方政府和民众组织中做救亡工作、政权工作和统一战线工作。可以说，陕北公学贯彻教育为无产阶级政治服务、教育与生产劳动相结合方针的效果非常好。

（四）向敌后挺进

1939年夏，陕甘宁边区的抗战形势趋于紧张，党中央毅然决定边区内的几所大学大部分师生向敌后挺进。其中，陕北公学、鲁迅艺术学院、安吴堡战时青年训练班与延安工人学校四校联合，组成华北联合大学，由成仿吾担任校长，支援华北抗战。华北联合大学的组建，不仅满足了华北敌后抗战根据地的干部培训需求，也起到了宣传抗战的作用，同时对于华北联合大学的师生来说也是一场真实而严酷的锻炼。华北联合大学的组建在鼓励全民族抗战的意义上尤为重大。对此，李公朴在考察了华北联合大学后有精辟的评价："华北联合大学是在敌后办起的第一所高等学府，这是历史上从来没有过的，是英雄的事业，是插在敌人心脏上的一把剑。"[①]1939年7月13日，华北联合大学从延安出发，突破敌人的重重封锁线，最终于10月中旬抵达晋察冀边区建校开课。华北联合大学依然采用短期培训班的形式，在其存在的六年间，培养了一千多名文艺干部，两千余名教育干部，三千余名政府工作干部，以及其他党政工作、群众工作、生产建设干部数千人。

在《战火中的大学——从陕北公学到人民大学的回顾》一书中，成仿吾回忆了华北联合大学的教学方针和教育目的：第一，为革命实际斗争需要而培养革命干部；第二，注重理论同实际相

①《成仿吾传》编写组著：《成仿吾传》，中共中央党校出版社1988年版，第143页。

结合；第三，贯彻少而精和通俗化的原则。总体要求是：注意培养出来的学生能掌握马列主义的基本立场、观点和方法，懂得党中央制定的许多方针、政策，能够解决斗争中的实际问题，能扎根群众之中，成为革命斗争中的骨干力量。成仿吾同时规定，华北联合大学的校风是“团结、前进、刻苦、坚定”。华北联合大学身处敌后，需要时时刻刻提防敌人的进犯，与敌人斗智斗勇。华北联合大学往往没有固定的校舍，有时上着课还要紧急撤离躲避敌人的追捕，成仿吾甚至乐观地提出了“背起背包行军，放下背包上课”的口号。1940年，华北联合大学进入了一段相对安定的发展时期，成仿吾提出向正规化学校发展的要求。10月，华北联合大学将各部改为学院，其中社会科学院设立了财经、政法两系及一个回民队、一个预科队。文学院设立了文学、戏剧、音乐、美术四系，附属一个华北联合大学文工团。师范部改为教育学院，设立了教育系和中学班。从此，华北联合大学进入了正规化的扩张期。1941年3月，华北联合大学已经有法政、教育、文艺三个学院，群工、中学两个部。进入1942年，由于日军加紧了“扫荡”的步伐，华北联合大学的发展骤然艰难，生源也受到了限制。1942年10月，华北联合大学已经只能保留一个教育学院以培养师资。1943年12月，党中央调成仿吾回到延安参加中国共产党第七次全国代表大会。1945年，全民族抗战迎来了伟大胜利，成仿吾也踏上了新的教育征程。

1945年底，成仿吾从延安回到晋察冀解放区，在张家口着手恢复华北联合大学。抗战胜利后，大量知识分子涌向了张家口，因此华北联合大学在恢复之初就走上了正规化建设的道路，设立了文艺、法政、教育等三个学院和文艺工作团。文艺学院下设文学、戏剧、音乐、美术、新闻五个系，法政学院下设政治、财经两个系，教育学院下设国文、史地、教育三个系。后来还成立了外国语学院，设俄文、英文两个系。除了院系设置，华北联合大学的课程建设也迈上了新的台阶。在华北联合大学的教学活动中，成仿吾鼓励学生主动学习、深入思考，反对灌输式的讲授，支持学生以研讨归纳的方式进行学习。与此同时，新恢复的华北联合大学与抗日战争时期的老联大相比有了明显的区别，即生源更加广泛，学生的家庭出身、政治觉悟和学习要求也有了很大不同。鉴于此，成仿吾高度重视学校的思想政治建设，将学生们团结到党的旗帜下。华北联合大学开展了丰富多彩的思想政治教育活动，主要包括以下几种形式：第一，政治课，包括社会发展史、中国近代革命运动史、新民主主义论、解放区建设等；第二，举办有关思想与政策方面的专题报告；第三，时事学习；第四，日常的民主生活，包括小组生活、批评与自我批评、选举活动等；第五，社会活动和民运工作；第六，生产劳动。1946年9月，随着解放战争新形势的变化，张家口受到了国民党军队的严重威胁，华北联合大学撤出张家口向冀中转移，最终定址于束鹿县（今辛集市），从城市回到了农村。这期间，华北联合大学师生紧密地结合党在农村开展工作的实际，多次协助地方政府进行土地改革工作，宣传《中国土地法大纲》，同时还开展了内容多样的调研工作。

（五）迎接新中国的曙光

新中国成立前夕，成仿吾与华北联合大学的命运一同步入了新的历史阶段。1948年，周恩来向成仿吾传达了中央的决定，将华北联合大学和晋冀鲁豫的北方大学合并，组建华北大学，吴玉章出任校长，成仿吾和原北方大学校长范文澜任副校长。华北大学的成立标志着党的高等教育事业进入了新的历史阶段，因为华北大学真正实现了正规化的高等学校办学体制，并且为新中国成立后众多高等学校的建设提供了经验借鉴与人力资源基础。

三、大学管理之道

（一）参与创办中国人民大学

新中国成立后，各行各业百废待兴。在高等教育领域，对国民党统治时期的旧教育的改造尚未完成，而新生的共和国急需培养自己的财经、政法和外交战线的专门人才。于是，具有解放区优良教育传统的众高校成为优先调整的对象。中央决定，以华北大学、华北人民革命大学、政法干校为基础，创办一所新型的以社科类为主的大学——中国人民大学。1949年12月16日，中央人民政府政务院根据中共中央政治局的建议，在政务院第十一次政务会议上通过了《关于成立中国人民大学的决定》，任命吴玉章为校长，成仿吾与胡锡奎为副校长。1950年10月3日举行了开学典礼。

刚成立的中央教育部于1949年12月23日至31日在北京召开了第一次全国教育工作会议。会议提出：新中国的教育要以老解放区的新教育经验为基础，吸收旧教育某些有用的经验，特别要借助苏联教育建设的先进经验。会议根据政务院关于创办中国人民大学的决定，拟定了该校的实施计划，后以中央教育部的名义颁布施行。决定指出，成立中国人民大学是为了适应国家建设的需要，接受苏联先进的建设经验，并聘请苏联教授，有计划、有步骤地培养新国家的各种建设干部。教育方针是：教学与实际联系，苏联经验与中国情况相结合。在实施计划中规定，新成立的中国人民大学受中央教育部领导，设本科和专修班。①

中国人民大学大量招收工人学生。学校为此开办了预科与工农速成中学，帮助劳动工人补习文化课。成仿吾于1951年专门写了《中国人民大学的工人学生》一文，阐述了招收工人学生的必要性与重大意义，总结了其历史经验。在文章中他说：“如果将来各地的工农速成中学都开办起来，我们国家的大学就能够吸收大量的工人学生，培养出成千成万的工人专家、工人出身的新型知识分子，使我们国家的建设干部队伍有强大的工人干部作坚强骨干，保证我们伟大祖国的建设成功。”② 任职期间，成仿吾顺应现实需要，积极引进苏联的先进教学经验与理论，同时重视与中国实际情况相结合。成仿吾在中国人民大学依然高度重视学校政治理论课的建设，亲自抓建设政治理论课的工作。第一，规定开设四门政治理论课，包括“马克思列宁主义基础”“政治经济学”“中国革命史”“辩证唯物主义与历史唯物主义”。第二，成仿吾反复强调“学习马克思列宁主义的目的在于应用”，强调学习马克思主义理论的精神实质，而不是进行教条式的学习。第三，重视政治理论课教职员的培养，迅速地建立起一支教职员队伍。此时的成仿吾已年过半百，但为了能直接阅读俄文著作和文件，更好地吸收苏联高等教育的管理经验，他开始学习俄文。

1952年6月，在全校师生员工代表大会上，成仿吾做了《中

① 何东昌主编：《中华人民共和国重要教育文献（1949—1975）》，海南出版社1998年版，第3页。

② 中央教育科学研究所编：《成仿吾教育文选》，教育科学出版社1984年版，第43页。

国人民大学两年工作基本总结》的报告。报告总结了两年来办学的若干经验，肯定了结合本国实际吸取苏联建设经验以及培养工农干部与产业工人的重要意义。谈到今后的工作方针，他指出，学校将稳步扩大本科、专修科与预科以及研究生的规模，以适应新中国的建设需求。为此，学校将继续努力实现苏联经验与中国情况的密切结合；培养足够的教员，逐步实行教学职称制度；加强本科与专修科适用教材的编写工作；改善政治课的教学；加强政治思想领导。[①]成仿吾在中国人民大学的教学管理举措反映出了其作为一名成熟的党政干部与高校领导者所具有的政治性与务实性。他一方面坚持高校的政治方向与党在高等教育领域颁布的大政方针保持一致并积极落实；另一方面，他坚持马克思主义的基本立场与精髓，坚持苏联经验与本国实际情况的结合，对学科设置、教材引进与学习方法等方面都做出了具体的指导，这在当时特殊的时代大潮流下确实是难能可贵的。也正是因为成仿吾的这份“坚持”，引起了个别驻校苏联教授的不满，有人指责他学习苏联的态度有问题。成仿吾自己总结这种情况时说：“第一学年因为苏联教授们不了解中国情况，中国教员们既不知苏联先进经验，也不懂中国业务情况，……对于执行教育方针曾经取得效果，但还是很差的。”[②]

（二）对东北师范大学正规化建设的贡献

1952年10月初，成仿吾调任长春东北师范大学校长。东北师范大学这所新生的高等学府由于这位富有经验与名望的老革命家

---

①② 中央教育科学研究所编：《成仿吾教育文选》，教育科学出版社1984年版，第58—60、55页。

的到来而在发展格局与影响力上提升了一大台阶。成仿吾虽不是东北师范大学首任校长，但在校内的影响力至今不减，众多老教师都缅怀成仿吾在校时的领导成就，今日学校还确定实施“仿吾计划”，设有“仿吾特聘教授”“仿吾青年学者”“仿吾青苗人才”等岗位。

1953年2月，成仿吾根据自己在校内近半年的考察经验，提出了《关于改进学校工作的意见》。意见指出了学校“向新型正规化大学的发展缓慢”的问题，具体的不足包括“对于学习苏联先进经验的理解是片面的”“系统进行政治理论教育不够”“培养新生的力量做得很差”。针对这些问题，成仿吾提出了五点改进意见，分别是：结合中国实际，积极地学习苏联先进的教育理论和实践经验；培养新生力量，提高现有教师和行政干部的业务水平；加强系统的政治理论教育和时事政策教育及对学生的个别教育；明确师范大学特点；加强组织领导和思想领导，建立各种制度，严格执行制度。①东北师范大学将成仿吾的改进意见确立为学习苏联先进的科学理论与经验，进行系统的马克思列宁主义理论教育，培养新教师、提高老教师三条基本方针。在这三条基本方针的指导下，东北师范大学迅速向着党的新型师范大学方向前进。

成仿吾在办师范教育方面具有丰富的经验，在华北联合大学与华北大学任职期间，成仿吾就亲自抓教育学院的建设。他在革命战争年代注重师资的培养，而到了和平建设时期则更加重视系统地培养师资、提高老教师水平。除师资建设外，成仿吾在东北师范大学继续加强思想政治教育，创立了讲授马列主义基本理论

① 中央教育科学研究所编：《成仿吾教育文选》，教育科学出版社1984年版，第69—73页。

的四大理论教研室，并亲任马列主义基础教研室主任。此外，成仿吾还重点关注教材建设工作，在他的领导下，东北师范大学在教材编译及使用方面获得了优异成绩，成为全国高教领域的典型。关于教研室建设与教材建设，成仿吾专门撰写了《东北师范大学共同政治课教研室的基本情况》与《关于加强教材编译及使用工作的意见》两篇文章，详细介绍了东北师范大学在上述两项工作中的基本进展、经验以及发展方向。

在东北师范大学开展普通全日制教育的同时，成仿吾联系国家建设对中学师资的实际需求，创办了函授教育。起初，东北师范大学开展函授教育的困难多、规模小，只能试办中文和数学两个专修科，且只招收东北三省铁路沿线地区具有高中毕业水平的在职初中教师。由于学校的坚持不懈，到了改革开放后，东北师范大学的函授教育得到了长足的发展，涵盖八个学科门类，能够一次培养四千余名函授生，有力地支援了东北地区的经济建设，提高了师资水平与教学质量。这些成就的取得与成仿吾在新中国成立后首创高等师范院校函授教育及其积累的经验有密切关系，体现了成仿吾办学的独创性。在东北师范大学工作期间，除了上述主要教学管理成绩外，成仿吾还经常带头听课，重视组织开展学生的科学研究活动，与学生保持密切的交流，关心学生的学习生活情况。何楠若在《回忆成老在东北师大办学的片断》一文中如此评价成仿吾："他在东北师大的光辉事迹，是尽人皆知、有口皆碑的。而同他朝夕相处的全校教职工，无不受他的言传身教的熏陶和影响而感受良深。"为纪念成仿吾在东北师大的功绩，学校在1986年9月庆祝建校四十周年时竖立了由陈云题词的成仿吾铜像。

东北师范大学的成仿吾塑像

（图片由高凯歌提供）

（三）对山东大学学科建设的贡献

1958年8月，教育部调成仿吾去山东大学担任校长兼党委书记。成仿吾面临的第一件大事就是将山东大学从青岛迁往济南。迁校后由于外部环境的变化，山东大学必须积极调整学科结构，重新规划学校发展的优势与路径。成仿吾认为，综合性大学既有为国家培养建设人才的任务，又有提高国家科学文化水平的责任，因此他坚持山东大学要抓住重点学科，办出特色，办出效益。山东大学一直以来以文史见长，成仿吾因势利导，积极向社会科学领域开拓，完善了社科领域相关学科的建设。在理科方面，成仿吾将与工农业生产相关的控制论、晶体材料、微生物等新兴学科作为关注重点，支持理论与实践的双重探索，取得了较好成绩，领导建设了一批重点理科新学科。

成仿吾在山东大学工作期间，全面正确贯彻教育为无产阶级政治服务、同生产劳动相结合的方针，撰写了《教育必须同生产劳动相结合》(1958年9月10日《光明日报》)、《老解放区教育与生产劳动结合的若干经验》(《新论语》1959年第9期)等系列文章，阐述自己的认识和体会。[①]然而此时，教育战线已悄然刮起一阵“左”倾思潮，将教育同生产劳动相结合引向了极端理解。许多学校忽视了教育教学的基本职能而片面地大搞生产劳动，成仿吾对此持保留和批判态度。他坚持贯彻全面教育方针，坚持德智体全面发展，以抓教学为第一。成仿吾也因此再度遭遇了工作上的一些困难与挫折。

不久，“文革”的阴云接踵而至，成仿吾同许多杰出的老革命家一样受到了造反派的批斗。成仿吾不妥协不退缩，在严酷的斗争形势下依然坚持真理寸步不让。“文革”期间，成仿吾开始撰写《长征回忆录》，该书获得了众多老革命家的认可。在年逾古稀时，他凭借对马列基本原理的热爱，认真、执着、不畏艰苦地开始了校译马克思主义经典作家原著的工作。此后，成仿吾陆续校译了《共产党宣言》《哥达纲领批评》《社会主义从空想到科学的发展》《路德维希·费尔巴哈和德国古典哲学的终结》与《反杜林论》等多部经典著作。此外，成仿吾还撰写了缅怀朱德与刘少奇等党和国家领导人的纪念文章，撰著了《记叛徒张国焘》一书。

（四）对中国人民大学重建的贡献

中国人民大学在“文革”中受到冲击，以至于1970年停止办学。粉碎“四人帮”后，在邓小平同志的关怀下，中共中央、国

①《成仿吾传》编写组著：《成仿吾传》，中共中央党校出版社1988年版，第179页。

务院决定恢复中国人民大学。与此同时，“文革”结束初期的我国高等教育领域急需富有经验的老同志、老教育家带领年轻骨干进行全面的重建。成仿吾虽年事已高，但仍欣然接受了中国人民大学的复校重建工作。

彼时的中国人民大学已停办八年，在师资、设备等各个办学基本条件上都面临较大的缺口和困难。成仿吾和参加筹备复校工作的郭影秋等人一起主持确定了复校方案：“第一步，经过恢复与整顿，树立骨架，建立和健全党、行政、学术、群体团体等组织，建立保证教学和科研活动正常进行所必要的秩序。并立即在提高教师水平、提高教材质量和改进教学方法等方面大力采取措施，争取在较短的时间内做出成效。第二步，迅速建设发展，使我校的教学、科研、教材建设、现代化教学设备以及教学组织领导等各方面做出成绩，在较短时间内都达到能够较好地适应四个现代化要求的新水平。”[①]1978年3月26日，中国人民大学复校筹备组以成仿吾主持编制的复校方案为基础，撰写了关于复校问题的请示报告送交教育部。请示报告提出了恢复中国人民大学的具体办法。其中包括：（1）在北京原校址复校，仍为全国重点大学，把该校办成在培养目标、专业设置、课程内容等方面都能适应四个现代化需要的综合性的社会科学大学。（2）面向全国招生，由教育部和北京市双重领导，以教育部为主。国家计委、中国社会科学院应对该校各系的教学、科研工作建立固定的指导关系。（3）1966年6月1日以后调离学校的教职工，原则上一律由有关单位调回该校。按建制调出的系、所、室等单位，按建制调回。

① 中央教育科学研究所编：《成仿吾教育文选》，教育科学出版社1984年版，第245页。

（4）该校拨交有关单位的房屋、土地，应全部归还该校，调拨有关单位的图书资料、教学设备、医疗设备、交通工具、家具、物资等，均按原交接清单退回该校。（5）在校学生规模，暂定为11 000人，其中本科生学制为4年，8 500人。研究生学制为3年，2 500人。[①]

1978年7月7日，成仿吾被正式任命为中国人民大学校长兼党委书记。7月26日晚，在中国人民大学复校大会上的讲话中，成仿吾对拨乱反正后学校的改革调整进行了总体设想规划，并鼓励中国人民大学师生发扬学校艰苦奋斗的传统、正视困难善于克服困难，为实现新时期的总任务做出应有贡献。[②]他还指出："为了实现党中央交给我们的光荣任务，我们既面临着把一个停办达八年之久的学校迅速恢复起来的任务，同时还面临着必须从当前这个新的历史起点立即前进的提高任务。所以恢复绝不是简单地复原，而是要以'教育必须为无产阶级政治服务，必须同生产劳动相结合'的方针为指导，把恢复和提高统一起来，加快我们前进的步伐。"[③]

中国人民大学复校后，成仿吾认识到当前学校面临的紧要问题是提高教师队伍的政治和专业素养。他要求在校干部、教师："必须大大提高我们的马克思列宁主义、毛泽东思想的理论水平，要重新学习，要完整地准确地掌握马克思列宁主义和毛泽东思想的体系。要精通马克思列宁主义理论。"[④]为此，成仿吾严抓马列主义经典原著的校译工作，延续了先前的工作成果，身体力行、亲自组织力量陆续完成了马克思主义经典著作的校译工作，供师生

① 程斯辉主编：《新中国著名大学校长（1949—1983）》，湖北人民出版社2007年版，第339页。

②③④ 中央教育科学研究所编：《成仿吾教育文选》，教育科学出版社1984年版，第243—249、245、246页。

学习参考。成仿吾重视教材建设，主持修改和重编了部分教材，确定了教材质量责任制的管理方法。当一部教材完成后，要在教研室经过大家讨论，并由教研室主任对所负责课程的教材签字表示同意采用，方可交系审定。成仿吾还认识到当时党和国家对科学技术发展的大力需求与支持，要求中国人民大学的各系、研究生、教研室要把学术空气搞得浓浓的，重建高校以科研为基础的办学精神。为了检阅师生的科研成果，中国人民大学在复校后一年多的时间里召开了大中型科学讨论会百余次，促进校内科研气氛的活跃。1980年，中国人民大学迎来了建校三十周年，学校决定隆重举行校庆活动。活动前夕，成仿吾应《教学与研究》杂志的约请，撰写了《回忆少奇同志对人民大学的关怀》一文，追忆新中国成立初期，在刘少奇和中共中央其他负责同志的关怀指导下，几所解放区干部学校合并成立中国人民大学的历史，号召全校师生“一定要牢记少奇同志的教诲，在党中央的领导下，加强团结，做好工作，提高教学质量，向科学进军，为祖国的四个现代化贡献出自己的力量”[1]。

中国人民大学的成仿吾塑像
（图片由视觉中国提供）

① 中央教育科学研究所编：《成仿吾教育文选》，教育科学出版社1984年版，第260页。

1984年5月17日，成仿吾因脑血栓、脑出血逝世，一颗伟大的无产阶级革命家与人民教育家的心脏停止了跳动。

四、业绩永存

作为党内享有崇高声望的革命家、教育家与社会主义高等教育事业的奠基人，成仿吾的历史功绩是不可磨灭的。新华社在成仿吾逝世翌日即向全国发布了成仿吾生平，高度评价了成仿吾革命的一生、战斗的一生与教育家的一生，赞扬他的一生“是为共产主义事业永远进击的一生，是为无产阶级教育事业艰难开拓和创造的一生，是为马列主义、毛泽东思想的传播鞠躬尽瘁的一生”[①]。1988年，中共中央党校出版社出版《成仿吾传》，聂荣臻作序赞扬成仿吾“青年时代如饥似渴地追求革命真理、探索革命道路的进取精神，……在党的领导下，以马列主义、毛泽东思想为指导，终生勤勤恳恳、全心全意为人民服务”[②]。随着改革开放与高等教育实践的不断深入，成仿吾办学的精神理念、革命斗志与教育家人格都得到了持续的研究与开拓。1992年，中国人民大学出版社出版了《成仿吾校长纪念文集》。1997年8月24日，“纪念成仿吾诞辰100周年座谈会”在北京人民大会堂召开。

在成仿吾发展党和国家教育事业的贡献与经验中，有以下三个方面尤其值得我们铭记与学习。

第一，成仿吾从始至终坚持马克思主义在教育事业发展中的指导地位，致力于在教育教学中将马克思主义同中国实际紧密联

---

①②《成仿吾传》编写组著:《成仿吾传》，中共中央党校出版社1988年版，第208页、序第5页。

合起来。他运用马克思主义理论活的灵魂办教育，见证与参与了党和国家教育事业从无到有、从零散到系统、从弱小到强大、从落后到先进的奋斗历程，奠定了教育领域中马克思主义理论的方向与传统，实现了国家教育事业由半殖民地半封建社会的旧教育向党领导的为无产阶级服务的新教育的转向。不论是抗战时期为适应革命斗争的需要而开设的短期培训班，还是新中国成立后积极领导大学走向正规化建设，成仿吾都坚持马克思主义理论的指导地位不动摇，坚持马克思主义的中国化、坚持毛泽东思想，认真贯彻党在高教领域的大政方针。

第二，成仿吾自觉遵循教育规律办教育，坚持教育发展的基本原则方针，尤其是在特殊年代与特定形势下不畏艰难险阻，勇往直前，全身心投入教育事业的发展中，努力保障教育事业发展的稳定。成仿吾在革命年代的办学历程中活用教学方法，将理论与实践结合起来，将课堂授课与见习实践结合起来，调动学生的学习积极性，提高实践操作性，培养出的毕业生能够很快适应革命工作的具体需要并做出成绩。在领导新中国高等教育事业的过程中，他坚持实现学生的全面发展，加强政治思想课程与科学文化课程的同步建设。成仿吾根据不同学校的特色确定不同的发展规划，对所任职高校的发展都起到了重要的奠基作用。

第三，成仿吾尊师爱生，深入关切学生的发展状况，关注学生面临的问题困境，真正做到了为人师表。在《成仿吾校长纪念文集》中，众多不同时期的门生故旧都从亲身经历的角度感念成仿吾对学生的关心照顾。成仿吾在陕北公学时期被学生们亲切地称为“妈妈校长”；在华北联大与华北大学期间，他一边办教育，一边坚持与敌人做斗争，在极其困难的情况下保障师生的人身安全与学习环境；在中国人民大学、东北师范大学和山东大学工作期间，他关心学生的饮食起居、衣着冷暖……如此种种，在成仿吾任教的各个年代、各个地区、各所学校，都有学生撰文感念他的师德，追忆他的精神。成仿吾无愧于人民教育家的称号。

成仿吾一生著作颇丰，除了早年创造社时期的文章、著作与晚年的回忆文章、著作，在其从事的高等教育领域也发表了诸多阐述自己经验和想法的论文。此外，成仿吾撰写的《战火中的大学——从陕北公学到人民大学的回顾》，结合个人角度与宏观格局回忆了中国共产党在革命战争年代创办高等学校的艰难历程与经验教训。他撰写的《长征回忆录》，系统反映了红军长征的光辉历程。

主要参考文献

1. 成仿吾著：《战火中的大学——从陕北公学到人民大学的回顾》，人民教育出版社1982年版。

2. 中央教育科学研究所编：《成仿吾教育文选》，教育科学出版社1984年版。

3.《成仿吾文集》编辑委员会编：《成仿吾文集》，山东大学出版社1985年版。

4.《成仿吾传》编写组著：《成仿吾传》，中共中央党校出版社1988年版。

5.《成仿吾校长纪念文集》编辑组编：《成仿吾校长纪念文集》，中国人民大学出版社1992年版。

6. 张傲卉、宋彬玉、周毓方编撰：《成仿吾年谱》，东北师范大学出版社1994年版。

7. 程斯辉主编:《新中国著名大学校长（1949—1983）》，湖北人民出版社2007年版。

8. 李夫泽著:《成仿吾评传》，西南交通大学出版社2008年版。

9. 史若平编:《成仿吾研究资料》，知识产权出版社2011年版。

勤奋创新
为人师表

东北师范大学校训

学无止境
气有浩然

山东大学校训

实事求是

中国人民大学校训

撰稿人：

王凌皓，教育学博士，东北师范大学教育学部教授、博士生导师，主要从事中国教育史和高等教育研究。

张丁文，东北师范大学教育学部教育学硕士研究生，主要从事中国教育史研究。

杨彤翊夫，东北师范大学教育学部教育学硕士研究生，主要从事中国教育史研究。

彭康

PENG KANG

交通大学校长（1952—1959）

西安交通大学校长（1959—1968）

（图片由西安交通大学档案馆提供）

彭康（1901—1968），学名彭坚，曾用名彭子劼、彭嘉生，江西萍乡人，中国著名的马克思主义哲学家、革命家、教育家。幼时读私塾，早年赴日本留学，就读于京都帝国大学哲学系。1927年，受共产主义思想影响，彭康毅然回国投身革命，并于1928年加入中国共产党。

彭康是中国二十世纪二三十年代沪上著名文学团体——创造社的发起人之一，先后翻译了普列汉诺夫的《马克思主义的根本问题》、卡尔·考茨基的《新社会之哲学基础》、马克思的《费尔巴哈论纲》、恩格斯的《路德维希·费尔巴哈和德国古典哲学的终结》等经典哲学著作。1930年4月，彭康因从事革命工作被捕，被关押在上海提篮桥监狱。在狱中，他坚持读书学习，把监狱当成学校，帮助难友们学习马列主义基本理论。1937年8月，经持续斗争，彭康被无条件释放，经党组织的甄别，于10月恢复党组织关系。抗日战争、解放战争时期，彭康先后担任中共中央华中局、华东局的重要领导职务，领导了革命根据地宣传、文化、教育工作。

彭康于1952年起任交通大学校长、党委书记，之后率领交通大学内迁西安，担任西安交通大学校长、党委书记。彭康在校任职期间，交通大学经历了新中国成立后的快速恢复和发展。彭康为交通大学西迁和西安交通大学的建设、发展做出了重大贡献。1968年3月，他被迫害致死。直到粉碎“四人帮”以后，才得到平反昭雪。1978年6月24日，中共陕西省委在西安交通大学体育馆隆重举行彭康同志追悼大会，由时任陕西省委第一书记的李瑞山主持，省委书记章泽致悼词，中央领导同志聂荣臻、胡耀邦等送了花圈。

一、坚持社会主义办学方向，呕心沥血培育英才

彭康在创建社会主义理工科大学的过程中，始终坚持社会主义的办学方向，为培育英才呕心沥血。

（一）坚持社会主义办学方向，培养“又红又专”的人才

1952年底，政务院任命彭康为交通大学校长兼党委书记。当时，彭康因参加中央教育文化考察团去东欧六国访问，故于1953年7月回国后，正式到交通大学任职。结合从国外学习的先进经验和新中国的实际国情，他坚定地认为，新中国的高等教育要坚持社会主义方向，旧中国的高等教育制度必须彻底改革；新中国的高等教育要为社会主义制度服务，社会主义建设要求高等教育造就更多更好的“又红又专”的、出类拔萃的人才。为了纠正重业务学习、轻政治活动的倾向，彭康强调学生政治觉悟落后于业务知识的矛盾要解决，社会主义建设人才的政治觉悟和业务水平要相称。为此，他提出首先要使大学生懂得马列主义，关心国家大事，服从国家建设，培养他们具有唯物主义思想、集体主义观念、社会主义觉悟和共产主义理想，将学到的专业知识、技能应用于新中国的社会主义建设中。

1957年前后，高等学校围绕办学方向、办学道路、培养目标等多次展开了大辩论。彭康十分重视辩论中提出的问题，许多辩论会他都亲自参加，耐心听取意见。他针对“先专后红”“只专不红”“先红后专”等认识发表了自己的看法。他认为，“红就是走社会主义道路，接受党的领导，执行党的路线、政策”，“一切有利于社会主义，有利于巩固社会主义制度，有利于发展社会主义

事业”，不能简单地理解为红就是共产党员和共青团员，也不能理解为仅是多搞社会工作，多开会。[1]他根据知识分子和青年学生中大多数人的政治觉悟水平和思想现状，实事求是地表述这些观点，较易为大家所接受，有利于“红专”方针的贯彻和落实。一些原本认为“政治上过得去，业务上过得硬”的同志，听了他的发言，感到茅塞顿开，方向明朗，认识到应该以“又红又专”作为努力的方向。他每次在讲解中，都特别告诫党员和干部，要首先懂得这些道理，明确培养目标，懂得任何专业技能，无论是从事教学还是管理，都是为实现一定的政治目标而奋斗的。不懂得这些，就无法办好教育，工作也做不好。他不仅要求学生做到“又红又专”，认为教师也要“又红又专”，学校各个岗位上的工作人员都要“又红又专”。

（二）重视体育与健康，助推良好校风和学风的形成

交通大学在体育方面具有优良的传统。早在二十世纪二三十年代，交通大学的足球队、篮球队一直稳坐冠军宝座，威震全国以至东南亚。但多数学生由于功课重、营养差，体质都不好。当时曾流传一种说法，到交通大学读书是“一年买蜡烛，两年买眼镜，三年买痰盂，四年买棺材”。

彭康到交通大学不久，便把体育工作放在学校重要议事日程上，要求校常委会、党委会、校委会上都要研究体育工作，重视学生的身体健康和在运动中培养学生高尚的品格。彭康认为，体育锻炼能培养集体主义思想，是进行共产主义教育的重要方法之

①西安交通大学编:《彭康纪念文集》，西安交通大学出版社2009年版，第185页。

一。为此，学校还成立了体育运动委员会，专门管理学生体育锻炼等事宜。他认为，一所学校的运动水平，能体现这所学校学生的精神风貌和身体素质情况。身体健康、心情愉快、头脑清醒的人，才能学习好、工作好、目光远大、意志坚定，才能有充沛的精力为社会主义事业拼搏、献身。他不仅亲自抓体育运动，而且经常参加体育运动委员会的会议，亲临现场为体育运动的开展打通道路，清除障碍。他也经常去运动场观看学生锻炼，听取教练的意见。每当召开运动会、有体育竞赛活动，他每次必到，并且坚持观看到底，与师生共享竞技的乐趣。60年代，提倡游泳活动时，他已是花甲之年，还亲自下水，带头锻炼，带动广大师生参加体育活动。过去，交通大学女生不上体育课，但彭康要求女体育教师注意女生生理特点，指导女生课外体育活动，增强女生体质。他还鼓励各有关单位支持体育活动，在排课、安排会议时，充分保证体育活动的时间；要求党、团、工会、学生会减少不必要的会议，开短会，为体育锻炼让路。

迁校西安后，校内建立了可容纳千人的室内体育馆、标准化半圆式田径场、游泳场、体育器械场、灯光球场等，以第一流的设备支持体育教学，吸引学生参加训练和健身。为了抓好学校代表队的训练，推动体育运动的普及，彭康率先实行运动员统一管理的方法，给运动员提高伙食标准，配备专职辅导员，从政治、学习和运动技术上全面关心运动员的成长。在他的关怀倡导下，校内群众性体育活动广泛开展起来，运动水平日益提高，运动代表队在校内外比赛中多次获胜，篮球队屡居首位，游泳队、体操队年年夺冠，田径、举重、摩托、摔跤等运动项目都在西北地区居领先地位。

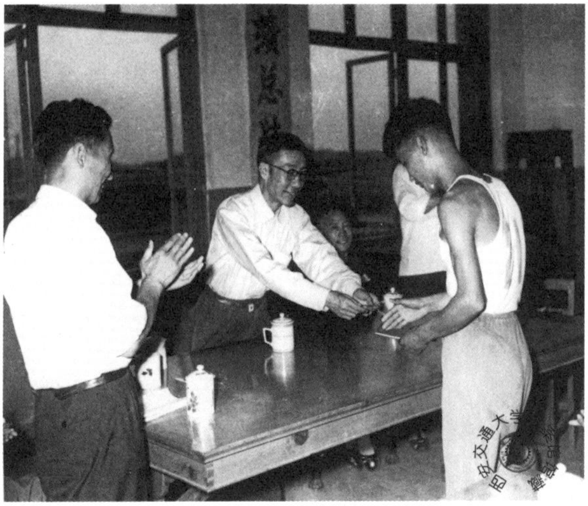

彭康为优秀运动员颁奖

（图片由西安交通大学档案馆提供）

彭康经常把学生的体育运动和学生的健康状况结合起来研究，敦促体育教研室、团委、卫生保健室和伙管会密切配合，同心协力提高学生的身体素质。他还要求体育教研室和卫生保健室共同负责建立学生健康档案，从新生入学开始，就检查并记录学生的健康情况，每年跟踪调查；每学期还抓典型班级进行开学初和学期末的体格对照检查，从中分析学生的体重、身高、视力及各部位的发育状况，发现体重减轻、近视患者增加，就要及时分析原因，采取措施解决。他经常去食堂尝尝饭菜是否可口，看学生吃饭香不香，规定伙管科每月5日检查各食堂的“伙食分析统计表”，他自己则随时抽查，了解每个学生每月粮食、荤菜、豆制品、蔬菜各吃多少。他常对办伙食的同志说：青年学生正是长身体的时候，学习紧张，更要关心他们的饮食问题，使他们健康成长。学生身强力壮，才能精力充沛地学习科学知识。

（三）积极开展“三活跃”活动，鼓励学生追求无产阶级的美

在社会主义新的历史时期，彭康作为无产阶级的教育家，要求以无产阶级对美的追求为基本内容来教育学生。在西安交通大学的共青团代表大会上，彭康要求青年们要经得起任何困难和任何不幸的事情，要经得起委屈，不能任何事都称心如意，要使自己更成熟，更信心百倍，更加勇敢，更加精神振作。他在大会上还倡议：青年们在努力争“三好”的活动中，做到“思想活跃、学习活跃、生活活跃”。他阐述“三活跃”的具体内容时说：思想活跃就是要青年敢想、敢说、敢干，多思考、多比较，提高识别能力；学习活跃就是要有理想、有雄心壮志，认真读书，刻苦钻研，独立思考，追求真理；生活活跃就是要有朝气，具备广泛的知识和兴趣，建立正确的生活方式，心情愉快，身体健康，文化生活多样化。[①]不久，各种社团、科学兴趣小组、文娱团体就像雨后春笋般地出现在校园里。学生们还提出要把这些团体办成“战斗的岗位、多艺的学校、欢乐的集体”。彭康赞赏、鼓励学校文体活动的开展，希望学生通过对“美”的追求和享受，来培养对生活的热爱，培养丰富的想象力和节奏感，提高艺术鉴赏能力。当时，彭康还指示校广播台每天晚自修后播放《蓝色多瑙河》《友谊地久天长》等优美的世界名曲。他说紧张的脑力劳动之后，在优美的乐曲中轻松一下，可以使学生睡得更香，精力更充沛。生动活泼的生活，欢乐的学校环境，鼓舞学生努力学习科学知识，陶冶高尚情操。广大青年工作者在这种形势下，满怀信心，放手开展工作。

---

① 西安交通大学编：《彭康纪念文集》，西安交通大学出版社2009年版，第330页。

“三活跃”的教育思想在西安交通大学贯彻后，大大地提高了学生的精神素质，激发了对“美”的追求，因为它强调了理想、精神、情操、素质的培育。美对于青年的全面发展来说是不可缺少的，无产阶级要改造世界、改造人类，需要根据无产阶级美的法则来培养一代人、教育一代人。

二、落实“教学为主”，全面提高教育质量

彭康在创建社会主义理工科大学的过程中，为深化理工科大学的教学改革、全面提高教育质量而奋力拼搏。

（一）借鉴苏联先进教学经验，绘制新中国的教改蓝图

20世纪50年代初，我国的教育改革基本上是按照苏联的教育模式，改革旧的教学制度、教学计划、教学内容和方法的。彭康认为苏联是第一个社会主义国家，必须借鉴他们的经验。他一再强调，苏联的一整套教育体系，是为社会主义经济基础服务的，它有明确的目的性和计划性；它的教学体系和教学方法是全面向学生负责，培养为社会主义建设服务的人才；它的教学环节比较严密，有统一的教学大纲和教学计划以及系统的教学组织；它重视教学实践，有完善的实验设备和系统的生产实习过程，这一切都是我们要学习的。在他的领导下，西安交通大学先后聘请了十多位苏联专家来校工作，在教学中进行传、帮、带。在教学制度、教学内容、教学方法、教学组织、实验室建设、专业设置、教材建设等方面，学校请苏联专家全面传授经验，并且挑选了优秀的教师、学生作为苏联专家的在职研究生和出国研究生。

在学习苏联经验逐步深入的过程中，彭康又及时提出，学习苏联要联系中国实际，要求教师从我国教育的实际情况出发，对庞杂的课程内容进行缩减，对没有吃透的课程暂缓开设，要根据学生的程度和接受能力来传授知识，同时注意发扬“老交大”教学传统中的优良经验。例如，苏联的教学计划大约要五千个学时，教师认真研究后，进行压缩、取舍，做到基本上符合中国国情，从而缓解了学生学习负担过重的现象。有的教师通过学习实践，编写了适合我国学生学习的教材，如朱公瑾教授编写的《高等数学》、殷大钧教授编写的《物理学》，成了全国高等工科院校普遍采用的教科书。

为了使交通大学的教学改革更符合我国第一个五年建设计划的需要，并且更规范、更有计划地进行，1954年初，彭康请教务长陈大燮、副教务长黄辛白领导编制《交通大学教学改革四年规划》，开始绘制中国社会主义理工科大学的第一张教改蓝图。他要求在马克思主义思想指导下，以服从国家经济建设、顺应重工业的发展为主导，根据第一个五年计划的基本任务，既考虑当前又照顾未来的发展，争取在三四年内完成将旧教育从本质上予以改造的任务，逐步为国家培养出一定数量的合格人才。这个规划的重点是有步骤地继续按苏联的教学计划来完成教学内容的改革，巩固教学组织，改变旧的教学方法，充分发挥苏联专家的作用，争取在1957年前后实现全校多数教师能领会和运用苏联的教学内容、教学方法、教学组织等。规划还要求通过与生产实际联系，现有专业都要编写适合我国学生水平的教材，使人才培养的数量和质量都达到目标。为此，规划还补充了师资培养计划和基本建设规划，强调对师生要加强政治思想教育和系统的马列主义教育，以提高其思想水平，坚定社会主义方向。彭康对这个教学规划很满意，认为这个规划就是今后几年各项工作的依据，教学工作是学校的中心工作，其他一切工作都必须围绕教学工作和配合教学工作来进行。为此，彭康召开全校大会，动员实施这个规划。

（二）排除多方干扰，坚持学校要以“教学为主”

1955年1月，交通大学召开了首次党员代表大会，彭康在会上进一步阐述了他的教育思想。他说，社会主义理工科大学要培养“又红又专”的建设人才，学生的政治水平和业务水平都要提高。学校的中心任务是提高教学质量，今后总的方针是“面向教学，面向学生”，党的工作、政治思想工作、后勤工作都要保证这一方针的贯彻执行。党员、干部和教工都要懂得教学规律、教学环节，掌握教学工作的特点，理解知识分子，熟悉学生，体察他们的困难，支持他们搞好学习和工作。

1958年的教学改革，使学校一度出现了教学秩序混乱、教学质量下降的情况。彭康对此十分着急，他组织大家进行调查研究，总结教学工作中的经验教训，选择了涡轮、机切、绝缘三个专业进行深入分析。同时，还抽出党政干部和教师组成调查组，对知识分子政策执行情况、政治思想工作、毕业生质量等问题进行调查，为后来的教学改革提供了可靠的依据，也为高教部制定政策做出了贡献。

1961年9月，中央批准公布《教育部直属高等学校暂行工作条例》(即“高教六十条”)，对教育战线几年来的成绩、经验和教训做了全面总结，明确了执行党的教育方针的方向。彭康的一些主要教育思想与实践在条例中都得到了肯定。根据文件精神，他对学校的工作进行了调整、巩固、充实、提高，一切准备就绪后，1962年7月西安交通大学召开了第三次党代会。这是彭康教育生涯中又一次重要的活动。他扭转了当时党内外思想上的混乱状态，不失时机地运用“高教六十条”推动学校工作，树立“以教学为主”的思想。在这次党代会上，彭康从教学和党的政治思想工作方面严厉地抨击了“左”的危害，指出学校工作中片面地求大、求全、求高、求快，破坏了学校正常的教学秩序，忽视了基本理论教育；急于独创体系，过分强调大破大立，打乱了教学环节；生产劳动过多，科学研究战线太长，削弱了正常的实验和技能训练。他将形成这些问题的主要原因归结为片面理解“教育为无产阶级政治服务，教育与生产劳动相结合”方针。尤其在处理全民政治任务和学校培养人才基本任务的关系上，考虑学校实际情况和特点不够，往往为完成一个时期的政治任务而忽视了学校的基本任务，“教学为主”的思想没有树立；在教学、生产劳动、科学研究三者的关系上，过分夸大了劳动和科研的作用，任意变更教学计划；在政治思想工作中，混淆了政治问题和世界观问题、学术问题和认识问题的界限。他向全校的干部、党员呼吁，一定要树立“教学为主”的思想，严禁随意改动教学计划、停课改课、更换教师，要求在提高教学质量上做切切实实的工作。

不久，学校又编制了西安交通大学发展规划，提出以猛攻尖端、加强基础、攀登科学高峰为目标，建设新型理工科大学。彭康要求在“教学为主”的思想指导下，大力提高教学质量，开展科学研究，新学科、新技术要以赶超世界先进水平为目标。这是彭康在其绘制的第一幅社会主义理工科大学发展蓝图的基础上，又展开的一幅诱人的雄伟远景。它鼓舞着全校师生，抛开个人得失，奋发拼搏，努力克服困难时期给学校工作造成的损失。1964—1965年，西安交通大学在教学、科研上都取得了可喜的成绩，培养了大批卓有成效的优秀人才。如著名科学家陈惠波、李义怀，著名数学家居规章，著名学者常鹏北等都是60年代的毕业生。

（三）实施科学管理，整顿和建立稳定的教学秩序

彭康在交通大学和西安交通大学工作十多年，特别注重教学秩序的稳定。彭康认为教学环节、教学秩序和专业知识一样，有自己的科学规律，破坏了，事情就弄乱了。为此，他要求大家对树立良好的教学秩序要有足够的认识，共同建立稳定的教学秩序。1956年，他发现学生学习负担过重，政治活动过多，社会摊派的服务性劳动经常冲击上课和学习，造成教学秩序混乱。为此，他立即召开干部会议研究，采取措施予以纠正；并指示政工部门在开展政治活动及组织社会工作时，不要打乱教学计划，课程不要任意调换，教师也不可经常变换。

1958年以后的几年里，极左路线干扰教育战线，学校教学秩序一度被打乱。1961年，“八字方针”下达后，彭康做的第一件事就是稳定教学秩序。为了把教学计划的修订工作做好，他提倡一切从实际出发，克服教学上的薄弱环节，确定各项规章制度，使教学秩序在新的基础上稳定了下来。经过一段时间的努力，学校共修订了96份教学计划，专业从28个调整到25个；对教学、科研、生产的关系也做了调整，规定学生在校的5年，劳动时间累计不得超过20周，教学计划之外才安排科研工作；明确专业基础课和基础课的教学内容，选定相应的教材，固定教师教学任务，强

调按教学进度开展教学；加强了教学工作的领导和管理，恢复了生产实习科、教学法研究科，选拔有实践经验和行政能力的教师兼任实验室主任；改革教学行政管理制度，整顿学籍管理，修订学生成绩考核办法，严格学生报到注册制度。同时，还健全了学校各级领导制度，明确学校各级领导应该做什么，不应该做什么，应该怎样做和不应该怎样做，从而调整了关系，增进了团结，活跃了思想，教职员工的积极性也被充分调动起来了。紧接着，他又确定了一系列的制度，如《校务委员会负责制暂行条例》《系务委员会实施办法》《关于加强行政管理，整顿公共秩序的暂行规定》《教研组工作条例》《总支委员会工作条例》《支部委员会条例》等。在生活后勤管理方面，彭康也围绕稳定教学秩序，做了大量工作，有许多看来是日常生活中的小事，他都要亲自检查过问。他建议教务处在全校所有教室的门上贴一张上课时间表，把该教室上课的科目、课时、任课教师的姓名公布于众，以便接受大家的监督。这个措施流传至今，对建立良好的教学秩序起了一定的作用。他还会亲临各部门，从检查教学计划是否落实，到教室的分配是否恰当，上课教师的安排是否妥善，图书馆架子上的书是否各归其位，门窗关启是否妥帖，宿舍卫生是否有人检查，甚至冬菜储存、棉衣补助、伙食改善等，他都会一一确认。

（四）按照教学规律搞教改，狠抓基础教学工作

彭康十分重视教育教学规律，他认为学校教育有自己的规律，传授知识也有自己的规律，这些规律的科学性、系统性是不容任意变动的，提高教学质量要在尊重客观规律的基础上去研究和深化。依据这一教育理念，他对大学生入学后的基础教育抓得很紧。

1954年，交通大学就成立了一年级办公室，它的任务是帮助新生更快适应大学的学习和生活，明确自己到大学来的目的与任务，为以后四五年的学习打下基础，也为今后成才奠好基石。他指示人事部门调物理教授赵富岭任一年级办公室主任，数学教授徐桂芳任副主任，又配备了优秀的基础课教师和党政干部，针对一年级学生入学后的状况和一年级新生的特点开展工作。在他的领导下，一年级办公室邀请了社会著名人士、科学家、党团负责人、教授等给学生做报告，端正了学习目的，训练了学习方法，建立了远大志向，效果很好。有些报告成为新生入学的传统报告，如张鸿副校长的《谈谈大学生学习中的几个问题》《交大学生光荣的斗争历史和优良学风》等。几年后，一年级办公室改为“基础课程部”。

基础理论、基本知识和基本技能是高等工科大学常说的所谓“三基”，是学生学好后续课程以及将来在工业建设中进行创造性劳动的利器。彭康在各种会议上反复强调“学生到学校来是学习最基本的知识——基础理论、基本知识和基本技能”[①]。理工科大学的基础理论就是物理、数学、化学以及围绕本专业的基本理论课；基本技能是指制图能力、识图能力、计算能力、实验能力、工艺操作能力、设计能力和运用外文工具书的能力；基本知识是指学习本专业知识以外的必要知识。他认为，只有在广泛学习的基础上，才能更好地深入学习专业。

高等学校要传授这些知识，为几十年教学经验所证实，每一名教师也都是明白的。但是在“左”的思想干扰下，人们常常对

① 贾箭鸣著：《彭康：一个人与一所大学的传奇》，西安交通大学出版社2018年版，第196页。

“给猎枪还是给面包”的问题争论不休。在实用主义、形式主义占上风时，曾出现过“先基础就是从理论到理论”“专业课和基础课可以各取所需”“基础课要为专业课服务”等错误思想。彭康对此进行了耐心的解释，他要求大家认清基础课是从科学基础上总结发展起来的，专业课是特殊的，基础课是一般的，应该从一般到特殊。如有些专业把物理课分割成几个部分或者放到三年级去讲，或者讲一些概念的做法，他很不满意。他认为，如果把化学、物理分成若干部分讲，一个专业讲一点，那就不成其为物理、化学了。这是因为，理解掌握一般物质运动的规律是不能分开来的，没有系统的概念来了解物质运动，物理这门课是学不好的。学生对基础课没有一个完整的系统的认识，就不能达到一定的水平。这样做不是加强基础，而是削弱基础。所以他说，大学教师要明白，要使学生将来能进行创造性的劳动，在校内必须打好基础，学好基础理论。

彭康考察化学实验室

（图片由西安交通大学档案馆提供）

（五）坚持理论联系实际，重在培养学生的创造能力

彭康强调，加强基础理论的教学绝不意味着要减少教学中的实践环节。他提出，凡遇到不结合生产的理论便不予讲解，或讲理论又不联系实际的做法都是不对的；学生到学校学习，是为了明天去建设；既要为今天的生产服务，也要为明天的需要打好基础；要赶上和超过世界先进科学技术水平，目光就要看得远一些，要在今天生产发展的基础上，打好明天科学发展的基础，为明天的生产培养人才；科学技术要走在生产的前面，不能老是跟在生产后面跑；科学技术发展了，生产就会不断地发展，离开生产搞科学研究是不对的；他提出眼界不能那么狭隘，不能只管今天，不管明天。早在1957年修订教学计划时，彭康就提出，修订教学计划既要照顾当前，又要考虑长远，理论要联系实际，培养学生独立思考和独立工作能力。同时，他在指导学校教学安排中，也始终强调无论是传授知识还是创造知识，都必须理论联系实际，这一切都是为了改造客观世界。

彭康认为，学校的教学过程主要是传授知识。传授知识和知识的发生、发展的过程是不一样的。知识的发展过程是从实践到理论再到实践的过程，即理论是从实践中产生的，实际中的问题通过总结提高到理论，再由理论到实践。而传授知识是传授已经产生和已有的知识，这些知识是理论知识，是书本知识，也是从实践中来的。他认为，学生在校的学习时间只有四五年，学校要教给他们必要的理论知识、实际知识以及培养他们运用这些知识的能力。如何比较好地使学生获得这些知识，必须按照所学专业的教学计划循序渐进地教授，不能生硬地将《实践论》中关于理论是从实践中产生的认识规律搬到课堂上来。他指出，人类认识

的规律与传授知识的规律是有区别的，高等学校的整个教学过程是传授前人已经证明了的各种理论知识以及积累下来的实践知识，然后通过生产劳动、科学研究实验、实习、设计、计算等许多教学环节来使学生验证和掌握这些知识，达到灵活运用，激发创造力量。这样一个学习—运用—创造的过程便是教学的规律。他还认为，高等学校的每一门课，对学生来说，都是接受间接知识，而不是创造知识。传授知识也就不必像创造知识那样要经过同样的过程，不必每门课、每节课都要经过实践—理论—实践的过程。同时，彭康又十分强调在传授理论知识及进行实践验证的过程中培养学生的创造能力，调动学生学习的主动性，引导学生独立思考与追求真理。他的这些指导教学的思想观点，帮助教师改变了“以生产劳动代替教学”“以生产、科研代替基本实验技能和方法的训练”的做法，纠正了“理论教学挤掉了计算时间”“专业课、基础课排课紊乱”“课堂上给学生满堂灌”等观点，正确地处理了教学、科研、生产劳动的关系，端正了理论与实践、传授知识与创造知识的关系。教师树立了用辩证唯物主义来编写教材、组织教材、传授知识的观点，并注意在教学过程中培养学生具有科学的思维方法、求实的精神和创造能力，从而促进教学质量的提高。至今，许多老教师在回忆彭康时，认为他的这些教育观点对于端正大学的教学思想是一大贡献。

三、重视教师主导作用，建设高素质教师队伍

彭康在创建社会主义理工科大学的过程中，为建设一支政治上、业务上过得硬的教师队伍而呕心沥血。

（一）成立“教师科”，培养师资队伍

彭康认为，教师是教的，学生是学的，教师是主导的，有好的教师才能教出好的学生，古今中外都是这样。为此，高等学校的教师要有广博的科学知识和文化素养，要掌握专门的先进科学理论，熟悉教学规律，富于创造性和进取精神；人格高尚，热爱青年，忠诚教育事业。正是基于这种认识，20世纪50年代初，刚刚开始向苏联学习、进行教学改革的时候，彭康就指示教务部门组织教师学习俄语，翻译苏联教材，请苏联专家到教研室帮助教师掌握苏联的教学计划、教材、考试、实习、实验等教学过程，领会苏联教育经验的思想性，创造性地学习。他提出教师应加强对教学工作目的性和整体性的认识，提高自身的思想、业务水平，以便更好地联系中国的教学实际。

1953年，在彭康的倡导下，交通大学首先成立了“教师科”，并且抽调了政治上、业务上都较强的党员教师任科长，这在当时也是全国第一家。教师科的任务就是培养管理师资队伍，帮助教师提高政治觉悟，管理进修业务和晋级等各种事宜。

新中国刚成立不久，高等学校师资的数量和质量都不能满足需要。为了尽快培养出一支成熟的师资队伍，彭康特别重视发挥老教师的作用，找他们谈心，开座谈会，组织参观学习，向他们宣传党的方针政策，耐心听取他们对教学改革的意见，希望他们能承上启下，为新中国的教育事业培养一支教师队伍。他教导青年教师要尊重老教师，超过老教师，“青出于蓝而胜于蓝”。60年代，他又号召新老教师建立师徒合作关系，结成“一对红”，相互帮助，相互学习，共同提高。

彭康很关心教师政治上的成长，注意保护他们的积极性。1959年，高校开展所谓“拔白旗，批臭资产阶级权威”的斗争。他不赞成这种做法，一次次地告诫干部，对知识分子的问题要循循善诱，要耐心，要以理服人；思想问题、世界观问题、学术问题界限要分清，应该通过学习、锻炼来逐步解决，不要动辄批判、一再搞臭。他在给教师做报告时，也耐心地引导他们正确处理红与专、政治与业务、思想问题与学术问题的关系，正确处理教学与科研、个人与集体、教师与学生的关系。他指示教师科，采取有效措施，加强师资队伍的培养；要编制师资培养的规划，争取尽快把百分之七八十的教师培养成“又红又专”的人才。

（二）蹲点教研室，关心青年教师成长

对于青年教师的成长，彭康寄予了很大的希望。他认为，学校的未来要靠青年教师，科学的新发展也要寄希望于他们。1960年，他到无线电技术教研室，逐个找青年教师谈话，参加他们的党团、工会和业务学习活动。当了解到由于政治运动的冲击，知识分子的感情受到挫伤，再加上当时经济困难，教师的身体素质下降，一些教师思想消沉，政治进取心不强，业务学习信心不足等情况后，他便下决心要解决这些问题。

无线电系团支部书记陈景琦还记得彭康当年和他谈话的内容：青年教师中学习风气要活跃起来，各方面都要活跃起来。应该朝气蓬勃，应该有信心。生活要活跃，思想也要活跃。团内要讲民主，发挥大家的积极性，提高责任心。从团支部做起，把政治学习、文体生活、业务学习，都搞得活跃些，这样才能不断提高业务水平。[1]他带头给青年教师讲革命斗争故事，鼓舞他们向老一辈革命家学习，克服困难，坚定为共产主义奋斗的信念。同时，他还鼓励教师，在政治活动中要发扬民主，自由讨论，敢于发表不同意见；让人讲话，调动大家追求真理；在业务学习和教学工作中要允许争辩，敢于争鸣，把每个人的聪明智慧都发挥出来；青年人的生活内容也要丰富，团支部要关心群众，组织有意义的活动，该休息的时候要好好地休息，该娱乐的时候要痛痛快快地娱乐，做到思想化、科学化、艺术化，让他们都成为有科学头脑、按科学规律办事、具有革命情操的人民教师。他认为，如果教师学术空气浓厚、刻苦钻研业务、生活生动活泼，就能带动学生，成为学生的表率，整个学校的风气就会好转，就能树立良好的校风和学风。

他严格要求青年教师，不仅要政治上积极求进步，业务上刻苦学习，还要熟悉教学规律和教学环节。在年轻教师走上教学岗位前，都要认真备课，在教研室试讲通过以后，才准许走上讲台。有的教师一遍通不过，就得再认真准备，然后再试讲。他还要求青年教师上讲台时要衣冠整洁、仪表大方等。

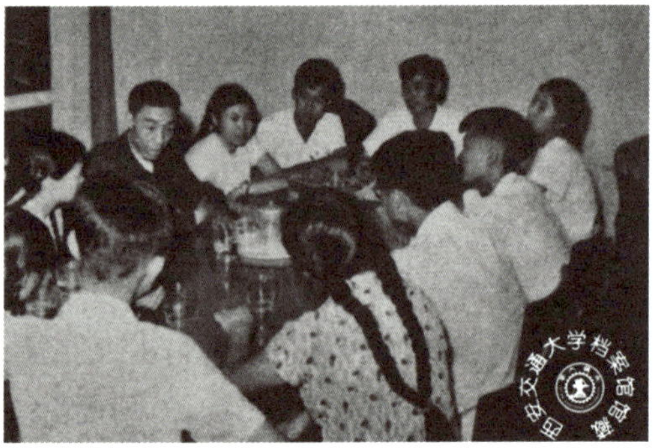

彭康与青年教师座谈
（图片由西安交通大学档案馆提供）

① 西安交通大学编：《彭康纪念文集》，西安交通大学出版社2009年版，第170—171页。

（三）提高对教师的要求，重视业务的再学习

彭康认为，教师必须精通自己的专业，业务上要不断地提升，掌握本专业先进的科学理论和技能。他指示教师科制订规划时，要有计划地安排教师的进修学习。20世纪50年代初，学校有不少教师被送到国内外进修学习。60年代，为了迅速建立一支“又红又专”的师资队伍，以提高教学质量，适应科学技术的新发展，他在无线电系首先推动教师编制个人“红专规划”，不久又推广到全校教师中，每位教师都制订了个人的“红专规划”。彭康指出，我们的教师队伍，不仅要能胜任教学工作，能独立地为社会主义培养高质量的建设人才，在当前能为发展科学，特别是尖端科学技术做出贡献；而且要为未来科学技术的发展，掌握更广泛、更深入的基础知识和熟练的技能（指本专业教师所必要的知识和技能）。因此，教师的“红专规划”要先攻基础理论，再搞专业专门化；掌握实验技能，懂得实验设备、仪器、仪表的使用；还要有实际生产知识。他认为，这三方面的安排，主要包括理论知识、基本技能、生产知识。此外，每个教师要先学好一门外语，关于如何学习外语、掌握哪些基本语法结构等，他都一一提出要求。红专规划经教研室讨论批准执行，个人无权更改，教研室要监督执行并为实现规划创造条件。

1962年，西安交通大学师资培养的基本经验在全国高等教育师资培养经验交流会上得到了传播和推广，彭康关于师资培养的基本思想也得到了肯定。在这样有计划的培养下，一大批教师成长为教师队伍中的骨干力量。大家认为，这种培养方法很实在、见效快，并且确实组建起了一支可持续发展的老中青相结合的教师队伍。

（四）发挥教师主导作用，做到既教书又育人

彭康认为没有教师的主导作用，学生的生动、活泼、主动就会变成“自由”“自流”，学习也是搞不好的。为此，他要求学校各级领导，注意充分发挥教师在教学中的主导作用。他希望教师也能充分发挥主观能动性，对学生全面负责，到学生中间去，做学生的表率，既教书又育人。他认为，学生只有在教师的指导下学习，主动性才能发挥得好，教师的主动性和学生的主动性是不可分割的。教师要严格要求学生，调动学生的学习积极性，在传授知识的过程中培养学生的思考方法、学习方法以及良好的学习风气。他又提出，仅有教师的主动性，没有学生的积极性也是不行的，学生学习的主动性和积极性是教学的重要环节，只有学生有了主动性和积极性，教师才能教好。教师要启发和调动学生学习的主动性和积极性，想方设法使学生把知识真正学到手。1954年，学生学习负担普遍过重，影响到学业和健康。彭康号召教师到学生中去，了解学生，指导学生，与学生同学习、同生活，打成一片。在他的号召和要求下，一大批优秀教师进入学生班级，他们和学生在一起，掌握了学生学习中的薄弱环节，发现了学生学习中存在的问题，采取了有效的措施，用辛勤的劳动，改变了学生学习负担过重的局面。学生在教师的指导帮助下，克服了学习忙乱及忽视政治和体育锻炼的现象，调动了学习的主动性和积极性。不到一年的时间，学生的成绩普遍提高，二年级和四年级全体学生的成绩，从平均3.89分提高到4.07分（五级分制）；党团员的成绩，从平均3.96分提高到4.26分；35%的人成了三好全优生、优良生，优等班也有所增加；学生中要求入党、入团的人数大量增加；绝大部分学生参加了劳卫制锻炼，一、二年级参加的

人数达到全班人数的90%以上。歌声、笑声充满了校园，恢复了青年人的朝气，师生关系也更融洽了。1960年以后，在贯彻“少而精”的教学原则中，教师的认识难以统一，教材精简工作遇到困难，学生学习负担减不下来。彭康请张鸿副校长狠抓教学法的改进工作，要求做到“学少一点，学好一点”，提出教师要对学生全面负责。他耐心地对教师们说，交通大学培养出了许多优秀人才，教师的功绩是主要的；学校还要培养更多的优秀人才，一定要使学生把知识真正学到手，要使他们成为全面发展的人，希望教师们肩负起这个重任。许多教师为了把学生教好，克服了种种困难，到学生中去，既教书又育人。不久，又涌现出像洪春华、蒋璐等一大批“又红又专”的、受学生欢迎的优秀教师，他们中间大多数人是50年代的优秀学生。一代代相传下来，交通大学的师资队伍始终沿着“又红又专”、教书育人的方向前进。

四、扎根西部大地，铸就交大“西迁精神”

彭康在担任交通大学校长期间，积极响应党中央、国务院的号召，亲自筹划交通大学的西迁，铸造了伟大的“西迁精神”，为西安交通大学的后续发展奠定了重要基础。

（一）积极响应国家号召，亲自筹划交大西迁

50年代初期，为了在全国范围内开展大规模的经济建设，实现国防工业化，完成第一个五年计划的建设任务，加之当时帝国主义、国民党反动派不断骚扰东南沿海，大学的许多新专业不宜设在沿海，于是1955年4月，国务院做出交通大学内迁西安的重

大决定。彭康对此表示坚决拥护，他立即主持召开党委会、校务委员会，传达中央的决定，部署西迁工作。同时，他委派总务长任梦林、基建科长王则茂立即赴京请示迁校具体事宜。5月初，彭康专程到西安，与资深学者朱物华、程孝刚、钟兆琳、周志宏、朱麟五等教授一起，实地勘察学校新址。反复比较西安城南多处备选校址后，最终选定具有深厚文化底蕴的唐兴庆宫故址为交通大学新校园，在麦浪起伏的黄土地上铺开新的历史画卷。

在交通大学西迁过程中，彭康充分发动党团组织的力量，紧密依靠教授专家开展工作，由德高望重的陈石英副校长、陈大燮教务长以及任梦林总务长等人牵头，组成了强有力的迁校领导班子，从各个方面进行深入细致的动员和组织工作，认真筹划迁校、建校的每一个环节及其细节。1955年5月25日，交通大学校务委员会关于迁校问题的决定公布后，全校立即开始总动员，上海、西安两地也随之行动起来。在西安市人民政府以及农民群众的大力支持下，土地很快征集到位。新校舍于10月26日开工兴建，来自全国的八支施工队先后开进这片古老的土地。

1956年1月至2月，在西北人民群众热烈的欢迎声中，交通大学西北参观团抵达西安及西北其他各地，目睹了西安新校舍拔地而起的情景，领略了西北工业建设蓬勃发展的新貌，把令人振奋的消息带给在校师生。6月，包括张鸿副教务长在内，交通大学迁校先遣队抵达古城西安。8月10日，第一列满载师生员工的列车在豪迈的歌声中驶往西安新校区。9月10日，开学典礼在西安人民大厦隆重举行。这时，从上海迁来西安的师生员工和家属已达六千余人，并陆续达到八千人。其中，1956年入校的学生全部在西安报到上课。由于西迁深入人心，学校也做了卓有成效的动员工作，当年全国各地报考交通大学的学生大幅增加，录取成绩高于往年。

面对外界对西迁的种种不利影响，彭康坚定不移、坚决果断推进西迁工作。迁校工作出现反复时，校内外议论纷纷，交通大学迁校成为社会热点。此时，彭康充分发扬民主，认真听取各方面的意见，冷静分析所面临的情况，实事求是地向上级反映，最大限度争取校内外和社会各界的理解和支持，在困难情况下牢牢把握学校全局。他坚决拥护国务院的决定，提出要从有利于社会主义建设、更好地动员力量为社会主义服务来看待交通大学的西迁，支援西北的方针不能变。他动员党组织和老教授，在师生中做了大量艰苦细致的工作，统一了全校的思想。根据周总理关于交通大学迁校后在上海“留一个机电底子，以为南洋公学之续”的指示，也针对当时迁校过程中所面临的复杂情况，彭康主持校务委员会调整了迁校方案，并得到国务院批准。交通大学分设西安、上海两部分，由彭康统一领导。根据新的学科专业布局，已确定迁往西安的，按计划逐步西迁，重点仍是向西发展。到1957年底，大部分专业系科和师资已迁入西安新校区，并有针对性地在上海发展了所需要的新专业。在紧张的迁校、建校过程中，教学、科研有序进行，学校各项工作获得新的进展。

1959年10月，中央正式任命彭康为西安交通大学校长兼党委书记。此前，他担任交通大学领导工作已届七年，其中主持西迁工作前后就有四年多，在艰难的西迁过程中发挥了核心、主导作用，以强烈的政治责任感和高超的领导艺术，带领交通大学师生克服重重困难，创造了西迁壮举。当年，接受新的任命时他已年近花甲，但他仍然以饱满的革命热情迎接了新的挑战。

（二）扎根西部大地，铸造“西迁精神”

扎根西安后，为充分发挥西安交通大学在国家和西部建设中的作用，响应国家“向科学进军”的号召，彭康主持兴办了数理力学系、无线电系、工程物理系等，在尖端领域建立了七个新专业，连同迁来西安的电机、动力、机械各系，形成了真正意义上的多科性工科大学学科格局，克服了理工分家的弊端，为学校的大发展奠定了坚实的根基。

扎根西安是交通大学大规模培养科技人才的新开端。1960年，首次冠以“西安交通大学”校名毕业的学生达一千四百余人，是建校以来最多的一年。迁校后至“文革”前，学校向国家输送了近万名毕业生，超过迁校前毕业生的总和。在西安新校园中，彭康继续组织教授专家系统总结老交大优良的办学传统，倡导良好的校风学风，稳定教学秩序，使移师西安的学校依然保持了良好的生源和一流的人才培养质量，解决了人们在迁校前后最担心的一个问题。

为了扎根西安、着眼于全国特别是西部发展，学校成立了一批专门的科研机构，使学术更加活跃，科研工作全面开展起来。在彭康的鼓励支持下，西安交通大学的教师踊跃参加全国学术界的各种活动，是众所瞩目的一支有生力量。如当时在全国高校教材评审委员会的西安交通大学的教授、副教授就有数十人之多，几乎是本校拥有上述职衔教师的全部，其中有九人担任各委员会的主任委员。

如果说迁校、建校是一场巨大的考验，那么迁校后各种考验接踵而来，如“大炼钢铁”“大跃进”的干扰，“拔白旗”、刮“共产风”等。彭康和学校党组织都奋力将它们顶住，把这些危害降低到最低限度。在黄土高原上，在艰苦奋斗的漫长岁月中，他和全校师生员工奋勇前行，稳定和壮大了队伍，发展了学校的各项事业，创造了交通大学发展史上的又一个黄金时代。

交通大学西迁是影响深远的历史性重大事件。当年在领导迁校时，高教部部长杨秀峰多次强调，交通大学到西安，就是要担负起在上海不能担负的任务。1981年4月，教育部部长蒋南翔评价交大西迁说：“这是交大师生向更广阔的建设领域进军，是交大校史上从来没有过的创举，值得大书特书。”[①]2006年4月，教育部在西安交通大学召开“西迁五十周年纪念座谈会”，部长周济发表题为《继承弘扬西迁精神，为创建世界高水平大学而努力奋斗》的长篇讲话。他特别指出：“如果把中国的发展战略比作一盘棋的话，交大西迁则是党中央在这盘棋局中摆下的一个十分关键的棋子。……交大西迁是国家实施西部大开发的十分重要的举措，体现了党中央、国务院的英明决策。正是交大的西迁，改变了整个中国西部高等教育的格局，改变了西部没有规模宏大的多科性工业大学的面貌。”[②]部长周济还特别指出：“在几十年的不懈奋斗中，留在西北的交大人，把毕生都奉献给了交大，奉献给了祖国的大西北。学校在十分困难的条件下，通过自强不息，开拓进取，勤奋办学，铸造出了‘胸怀大局，无私奉献，弘扬传统，艰苦创业’的‘西迁精神’，书写了交大办学历史上光辉灿烂的篇章，也为交

---

① 范效良等编：《西安交通大学校史（1959—1996）》，西安交通大学出版社2003年版，第393页。

② 西安交通大学编：《彭康纪念文集》，西安交通大学出版社2009年版，第389—390页。

大今后的发展留下了极为宝贵的精神财富。这种西迁精神是新中国广大知识分子热爱祖国、服务人民高尚情操的光辉写照，不仅是西安交大的精神财富，更是全国教育战线的精神财富。”①抚今追昔，人们更加怀念率领学校成功西迁、亲手缔造了“西迁精神”的彭康老校长。

西安交通大学的彭康塑像
（图片由视觉中国提供）

彭康在交通大学任职期间，不仅对交通大学的教育教学进行了卓有成效的改革，而且积极响应国家的号召，为交通大学西迁做出了突出贡献。他作为交通大学和西安交通大学的掌舵人，始终保持清醒的头脑，坚持社会主义的办学方向，培养德智体美全面发展的建设人才；他结合中国的实际和外国的先进经验，绘制了新中国工科大学的发展蓝图，为交通大学和西安交通大学的学科建设做出巨大贡献；他遵循教育教学规律，强化基础教学，强调理论联系实际，为国家培养了大批专业知识雄厚的理工科实用人才，有力地支援了国家的经济建设；他深谋远虑、披肝沥胆，建设了一支既教书又育人且结构合理的师资队伍，保证了交通大学持久的、可持续性的发展；他亲自筹划交通大学西迁工作，改变了整个中国西部高等教育格局，引领了中国西部高等教育的发展，培植了“胸怀大局，无私奉献，弘扬传统，艰苦创业”的“西迁精神”。习近平总书记多次点赞“西

① 西安交通大学编：《彭康纪念文集》，西安交通大学出版社2009年版，第390页。

迁精神”，勉励西安交通大学师生传承好“西迁精神”，为西部发展、国家建设奉献智慧和力量。

主要参考文献

1. 李钟善主编：《大学校长的教育思想和实践》，陕西师范大学出版社1989年版。

2. 刘露茜、陈贻芳主编：《交通大学校史（1949—1959）》，高等教育出版社1996年版。

3. 范效良等编：《西安交通大学校史（1959—1996）》，西安交通大学出版社2003年版。

4. 西安交通大学编：《彭康纪念文集》，西安交通大学出版社2009年版。

5.《彭康文集》编辑委员会编：《彭康文集》，上海交通大学出版社2018年版。

6. 贾箭鸣著：《彭康：一个人与一所大学的传奇》，西安交通大学出版社2018年版。

7. 刘露茜、司国安、冯蓉：《励精图治　鞠躬尽瘁——写在彭康诞辰100周年》，《西安交通大学学报（社会科学版）》2001年第4期。

8. 黄辛：《忆彭康——传承西迁精神》，《中国科学报》2018年1月26日。

9. 史瑞琼：《彭康：新中国高等教育的开拓者》，《北京教育（高教）》2018年第12期。

精勤求学　敦笃励志
果毅力行　忠恕任事

西安交通大学校训

撰稿人：

焦彦平，陕西师范大学教育学院博士研究生，主要从事中国教育史和区域教育史研究。

栗洪武，陕西师范大学教育学院教授、博士生导师，主要从事中国教育史和区域教育史研究。

刘新科，陕西师范大学教育学院教授、博士生导师，主要从事中外教育史和教育学原理研究。

陈 赓

CHEN GENG

中国人民解放军军事工程学院院长

（1952—1961）

（图片由视觉中国提供）

陈赓（1903—1961），无产阶级革命家、军事家，中国人民解放军大将，中国人民解放军的优秀领导者。新中国国防科技、军事教育事业的奠基者之一。中国人民解放军军事工程学院首任院长。

新中国成立初期，在美丽的松花江畔，一所神秘的军事院校曾令无数学子神往。这就是中国人民解放军军事工程学院（人们也将其简称为“哈军工”），哈军工的大名享誉神州大地。1952—1961年，开国大将陈赓担任中国人民解放军军事工程学院院长。

一、丰富多彩的革命生涯

陈赓，原名陈庶康，曾用名王庸，湖南湘乡人。1903年2月27日出生于湖南湘乡龙洞乡泉湖村，其祖父为湘军将领。陈赓早年进入湘东地区著名的新学堂湘乡县立东山高等小学堂学习。此后弃笔从戎，开启他富有传奇色彩的戎马生涯。他的辉煌人生主要分为以下几个阶段。

（一）初入军门，南征北战

1922年，陈赓加入中国社会主义青年团，同年12月加入中国共产党。1923年12月考入广州陆军讲武学校。次年，陈赓与同乡宋希濂一起考入黄埔军校，因才华横溢、能力突出、成绩优秀而被誉为“黄埔三杰”之一。毕业后，陈赓留任黄埔军校。1925年，他参加了东征并任蒋介石侍卫参谋，其间曾救过蒋介石一命。1926年，陈赓被中共中央派往苏联学习。次年回国，在北伐军第二方面军任特务营营长，并出席中国共产党第五次全国代表大会。

1927年8月1日，陈赓参加南昌起义并在之后的会昌战役中负伤，被送往上海秘密治疗。此后留在上海，负责中共中央特科工作，成为我党早期隐蔽战线的领导人。1931年，因顾顺章变节，陈赓离开上海赴鄂豫皖苏区，之后任红四方面军第十二师师长。1932年，陈赓调任红四方面军参谋长，不幸在新集西北胡山寨战斗中右腿负伤，后赴上海治疗。1933年3月，因叛徒出卖而被捕，引渡南京，脱险后被中共中央调往中央苏区，任红军第一步兵学校校长。

1934年10月，陈赓随中央红军主力战略转移，任干部团团长、红一军团第一师师长。1935年，陈赓率部参加直罗镇战斗，第三次负伤。同年底，陈赓调任红一军团第一师师长。

（二）驰骋沙场，抗日救亡

1937年8月，第二次国共合作开始。9月4日，陈赓任八路军一二九师三八六旅旅长，10月参加娘子关作战，11月参加昔阳黄崖地之战，重创日军，缴获甚多。1938年3月，日军出动大量兵力对晋东南进行“九路围攻”。陈赓率部协同其他部队连续发动长生口战斗、神头之役、响堂铺战斗、长乐村追击战等，收复广大失地。1938年9月，晋察冀秋季战役打响，陈赓率部进入平汉路以东，协同其他部队转战冀鲁豫平原。

粟裕（右）、陈赓（左）共同研究联合作战计划

（图片由视觉中国提供）

1939年初，陈赓率部配合冀南部队作战。此后奉命为太岳军区司令员，配合决死队作战。1940年8月，参加百团大战。1941

年8月部队整编，陈赓任新组建的太岳纵队司令员。

这一时期，抗大太岳分校成立，陈赓兼任校长。1943年11月，陈赓离开太岳山区前往延安，进入中央党校学习。1945年4月，陈赓参加中共七大，当选为中共中央候补委员。

（三）鏖战群敌，决胜千里

1945年8月15日，日本宣布无条件投降。8月25日，陈赓由延安飞抵太行。9月，太岳军区主力组成晋冀鲁豫野战军太岳纵队，陈赓任纵队司令员，率部投入解放战争。

1946年7月，陈赓率部转战晋南，六战六捷，歼灭国民党军胡宗南主力整编第一师第一旅。1947年7月，陈赓赴陕北参加中央军委召开的小河会议。8月，陈赓返回晋南，率部胜利渡过黄河，之后在陇海沿线陆续解放几十座县城。1948年3月，陈赓率部解放洛阳，后在鲁山创办豫陕鄂人民军政大学。5月至7月，率部参加宛西战役、宛东战役，10月率部解放郑州。11月，参加淮海战役，全歼国民党军第十二兵团。

1949年2月，陈赓任第二野战军第四兵团司令员兼政治委员。4月中旬渡江战役开始后，陈赓率部突破国民党军长江防线，进入江西、福建，5月22日解放南昌。后又转战多地，解放多座县市。

（四）乘胜追击，征战越朝

1950年2月，中国人民解放军西南军区成立，陈赓任副司令员、云南省人民政府主席等职。7月，陈赓以中共中央代表的身份应邀前往越南，帮助越南军民进行抗法战争。

1951年4月，陈赓担任中国人民志愿军第三兵团司令员兼政治委员，率部入朝，参加抗美援朝战争。6月兼任中国人民志愿军副司令员，后又代理彭德怀在志愿军的司令员职务。1952年6月奉命回国，负责筹建中国人民解放军军事工程学院。

（五）殚精竭虑，献身国防

1954年10月，陈赓被任命为中国人民解放军第一副总参谋长，主管作战和科研工作。从这时起，陈赓便开始为我国国防科技事业奋力拼搏。1955年，陈赓被授予中国人民解放军大将军衔，获一级八一勋章、一级独立自由勋章和一级解放勋章。

1958年10月，陈赓带病出席军委会议，参加研讨成立国防科学技术委员会的问题。他向中央请求："我的身体状况已不适应总参的工作，但还可以为国防科技发展做点贡献。国防科委请聂帅挂帅，我当帮手。"[①]军委任命他为国防科委常务副主任。作为新中国国防科技事业的重要领导者，陈赓根据我国当时的实际情况，在借鉴前人和外国先进经验的基础上，创造性地开展工作，成效显著。他组织论证了我国国防科技发展的指导方针、基本思路和总体目标，在健全国防科研管理体系、组建各级研究机构、理顺科研运行机制等方面付出大量心血。

二、办学指导思想与治校方略

（一）办学背景

中国人民解放军军事工程学院是在新中国成立初期，在以毛

① 纪念文集编审委员会编：《百年追思——陈赓大将诞辰100周年纪念文集》上册，解放军出版社2003年版，第12页。

泽东为核心的党和国家领导集体的决策和直接领导下，在著名军事教育家陈赓的亲自主持下，创建和发展起来的我军历史上第一所综合性高等军事技术院校。在当时创建这样一所军事院校有其特殊的历史背景。

第一，新中国成立初期特殊的国际环境。第二次世界大战后社会主义和资本主义两大阵营针锋相对，对新中国的国防安全产生重大影响。1950年2月，《中苏友好同盟互助条约》签订。1950年6月，朝鲜战争爆发时，我军几乎没有懂得新式武器构造又会维护修理的工程技术干部。在战争初期，我军武器装备落后，这个矛盾尚未凸显。随着战争不断向纵深发展，苏联援助我军的新式陆空兵器陆续运达，从战场上缴获的美军现代化装备也日益增多，这些都急需大批军事工程人员去使用、去修理、去保养。我军和美军相比在朝鲜战场上暴露出来了巨大差距，正如陈赓后来所分析的，"我军缺乏现代化装备，部队缺乏精通科技的人才，造成在朝鲜战场的困境。……一个国家科学技术落后了，在战争中就要挨打。最急需的，是要培养前方已有的部队现代化武器装备的维护、使用方面的工程技术人员"①。正是朝鲜战争血与火的教训，使得创办一所高级军事工程技术学院的必要性、紧迫性更加凸显。

第二，中国人民解放军自身的正规化现代化建设的迫切需要。现代战争需要大量能够掌握和使用现代化武器装备的军事工程技术人才，必须有专门学校来培养大量各军兵种的军事工程师。新中国成立之初，解放军以步兵为主，尚未形成海、陆、空等多军兵种的合成部队。解放军急需建设中国军事工业，加强国防现代

① 郭德逊：《毛泽东：把"哈军工"建设成第二个黄埔军校》，《党史博览》2006年第4期。

化，用机械化、摩托化和电气化的先进武器装备来保卫社会主义祖国。为适应新的战争形势，解放军必须把改善作战条件、加强特种兵部队建设放到特别重要的地位，把培养能够掌握和使用现代化武器装备的军事工程技术人才，提高多军兵种合成化程度作为正规化现代化建设的重中之重。要满足国防和军队建设对于现代化军事科学技术及其人才的战略需求，发展国防科学技术和培养军事工程技术人才，必须健全军事人才培养体系。党中央根据国际形势和朝鲜战争的需要，提出了建设现代化、正规化军队的历史任务。

第三，新中国独立的国防工业体系和国防科技自主创新能力建设的战略需要。加强独立的国防工业体系和国防科技自主创新能力建设，必须在我军已有的军政指挥人才培养格局基础上进一步完善军事人才培养体系，加强军事工程技术人才的培养，创办专门为各军兵种培养军事工程技术人才的院校。新中国成立初期，我军已经创办了以培养军政指挥人才为主要任务的中国人民解放军军事学院（1951年1月）、中国人民解放军政治学院（1951年12月），但培养军事工程技术人才的专门院校还是空白。为解决国防和军队建设急需的工程技术人才培养问题，大力发展国防科学技术，支撑国防工业自主发展，创办这样一所院校势在必行。因此，着眼新中国独立的国防工业体系建设，增强国防科技领域的自主创新能力，必须高度重视发展军事工程教育，这是创办该学院的战略考虑。

第四，新中国国民经济发展创造了一定的物质基础。苏联政府给予了大量的军事和技术援助，为创办该学院、推进人民解放军正规化现代化建设提供了良好的外部条件。更为重要的是，随着全国进入相对和平安定的局面，国民经济的恢复发展为建设强大的国防军奠定了物质基础，从而为创办该学院创造了条件。

总之，中国人民解放军军事工程学院的创办是为了适应和平环境下国防和军队现代化建设的新形势、新要求，人民解放军积极推进正规化现代化建设，加强合成化军队建设、培养特种兵部队技术人才的必然要求。它标志着新中国以培养军事工程技术人才为主要任务的高等军事工程教育的探索与实践正式开始。

1953年9月1日，中国人民解放军军事工程学院正式成立并举行开学典礼。毛泽东为军事工程学院题写训词，其全文如下：①

军事工程学院陈院长和全体教授、助教、学员、工作人员同志们：

当你们开学的时候，我向你们致以热烈的祝贺。

在此时机，我并向热诚帮助我们计划和创办这个学院的苏联政府、苏联顾问表示衷心的感谢！

中国人民解放军军事工程学院的创办，对于我国的国防事业具有极重大的意义。为了建设现代化的国防，我们的陆军、空军和海军都必须有充分的机械化的装备和设备，这一切都不能离开复杂的专门的技术。今天我们迫切需要的，就是要有大批能够掌握和驾驭技术的人，并使我们的技术能够得到不断的改善和进步。军事工程学院的创办，其目的就是为了解决这个迫切而光荣的任务。

向苏联学习，这是我们建军史上的优良传统，无论任何时候，任何工作部门，都应当如此。这点，对于你们这个学院，有更加重要的意义。我们必须学习苏联的先进科学和技

① 中共中央文献研究室编：《建国以来重要文献选编》第4册，中央文献出版社2011年版，第11—12页。

术知识，学习苏联军事工程建设的丰富经验，学习苏联顾问同志的学习态度和工作态度，学习苏联顾问同志高度的爱国主义和国际主义精神。在学习上应该是虚心诚恳，不要学到一点就自满和骄傲。

保持和发扬中国人民解放军的光荣传统，特别是全心全意为人民服务的精神和自我牺牲的英雄气概，这在你们的学院，是和全军一样，必须充分领会和一刻也不可忘记的。

希望你们团结一致，办好学院，尊重顾问，努力学习，为完成人民革命军事委员会给予你们的光荣任务而奋斗！

主席　毛泽东

一九五三年八月二十六日

陈赓在开学典礼上授旗

（图片由视觉中国提供）

实践证明，学院达到了它为了建设正规化现代化国防军而培养对党对祖国高度忠诚的，积极负责，英勇顽强，克服困难，坚决执行命令，有高度组织纪律性，精通现代科学技术的各军兵种军事工程师和国防技术人员的办学目的，为新中国国防和军队现代化培养了大批高级军事工程技术人才，为我国“两弹一星”和其他重大国防科研事业做出了巨大的历史性贡献，为新中国建设独立的国防工业体系和增强国防科学技术自主创新能力，提供了强有力的人才和智力支撑。

（二）治校办学方略与思想主张

1. 寓教于爱，寓教于严，坚持严爱合一

创办中国人民解放军军事工程学院旨在培养“又红又专”的德、智、军、体全面发展的一代新人。陈赓指出，对青年的培养是爱与要求相结合。他多次对青年提出期望，他以老一辈打江山、建立新中国的美好愿望激励年轻人快快成长，当好接班人。他认为，建设共产主义的伟大任务需要青年来担负，青年不要忘记过去，而要继承革命先烈的遗志，实现共产主义的伟大理想。陈赓通过请党政军著名人物做报告、树立榜样等方式，激励学员成长成才。

陈赓把关爱学员成长和治校从严统一于办学实践当中，坚持严爱合一，真正把学员当作祖国的人才来培养。“学员事无小事”，陈赓要求全院一切工作要从“让学员学好”着眼。他认为，学员是国家的宝贝，是事业的希望。为把他们造就成“又红又专”的第一流工程师，陈赓要求基层干部对学员开展教育要符合青年学生的特点，采取科学的领导方法，教师要关心爱护学员。在政治活动频繁的历史年代，他要求保证学员的学习和自由活动时间，社会活动和工作不要给学生学习造成太多负担；保证学员的健康，让他们吃好、玩好，生动活泼地搞好学习。他特别关心食堂问题，强调食堂改善学员伙食，提高后勤服务工作质量。

2. 重视教学，与时俱进，以科研促进教学

创办培养高质量军事工程技术人才的高等学府，是中央赋予

学院和陈赓的崇高使命。建院之初，陈赓就确立了“以教学为中心”的办学思想，明确要求全院必须统一思想，步调一致，以教学成绩作为衡量各种工作成绩的主要标准。1953年初颁布的《军事工程学院党委会关于执行教育任务中几个主要问题的决定》明确规定：“学院的中心任务是为完成国防技术教育，培养各兵种高级技术人员。这一繁重而艰巨的任务，如无各种工作的有力保证，是不可能胜利完成的，因此在院党委的统一领导下，加强对教学工作的保证，应成为各部门工作的中心任务。”① 陈赓对学院的政治运动保持着清醒头脑。在他担任院长期间，即使有全国性的大运动，他也强调尽量不要耽误完成教学计划。1958年，在全国执行教育与生产劳动相结合的方针、大力推行勤工俭学的浪潮中，陈赓还努力纠正学院的执行偏差，叮嘱学院领导，勤工俭学不能脱离专业学习。同时，他的“以教学为中心”的思想也从内涵上要求教师要通过学习提高教学质量，满足实践对知识技术的需要。

“以科研促教学”是陈赓军事教育思想的重要组成部分。1952年12月11日，陈赓在教学座谈会上提出：“将来我们这个学院还要成为国家的国防军事学术研究基地，做改良兵器、特种技术研究工作，例如发现敌人的新兵器，加以研究，想出对策；在武器方面有新的创造发明，则由我们负责审查，然后交国家制造机构大量制造；在军事武器技术方面如有什么疑难问题，则由我们研究解决……”② 陈赓认为，科学研究是高等学校教学的基础，没有科学研究工作就不可能完成教学任务；科技强军，关键在人才；科研带动教学更新，促进教学水平的提高。根据陈赓的指示精神

① 滕叙兖著：《哈军工传》，湖南科学技术出版社2007年版，第168页。

②《陈赓军事文选》编辑组编：《陈赓军事文选》，解放军出版社2007年版，第694页。

和苏联顾问的建议，1954年1月，学院科学教育部提出：教学工作与科学研究工作是两件并重的工作，缺一不可。1954年11月6日，学院科学教育部要求各教授会编制科学研究规划，大力开展科学研究工作。陈赓大力支持图书资料的增加和更新，不限制科技阅读；鼓励发明创造，反对一味模仿的奴隶主义思想。同时，陈赓把培养高层次人才纳入教育发展视野。1955年，学院开始培养研究生。

“以教学为中心”保障了学院教育活动的正常秩序和教学质量；与时俱进，重视科研创新促进了教学效果的巩固和提高，锻炼和培养了科研型人才。

3. 以人为本，爱惜人才，凝聚团结办学的主体力量

陈赓认为，只有紧紧依靠专门教育人才，才能使学院兴起。他高度重视引进高水平教师，在全国范围内网罗各类人才，千方百计从全国各地引进高水平的优秀教师。陈赓办学很有战略眼光，提出“军事专家与科教专家相结合”的思想，凝聚力量团结办学。1959年在接见学院学员时，陈赓明确指出，学院培养的不是一般的工程师，是军事工程师。一方面，需要懂得军事的人员来制订相关的军事课程和军事训练计划，培养学员的军人作风和纪律，以及军人应当具有的良好心理素质和强健体魄。另一方面，需要懂得科学、教育的专家，遵循教育规律，编制工程教育的培养目标、教学计划和课程体系，培养学员的科学精神和工程师素养。当时在我国，这两方面的任务很难由一部分人来完成。因此，学院主要抽调了两部分人员来办学，一部分是历经战争磨炼、具有丰富军事管理经验的将军和部队管理干部，另一部分是专业技术知识扎实、教学经验丰富的国内著名专家教授和留学回国的知识

分子。

陈赓强调“善之本在教，教之本在师”，“中国革命没有知识分子是不能胜利的，社会主义建设没有知识分子同样不能胜利”[①]。建院之初，陈赓召集了一批人才，称这些专家、教授是“国家最宝贵的财富”。新中国成立初期，在政治气氛严肃浓重、讲阶级成分的年代，工农干部对出身于旧社会、社会关系较为复杂的老教师在学院备受尊重多有偏见和不理解。在当时的形势下，政治上信任教师十分重要。陈赓认为，办军事技术学院不仅要依靠部队的老干部，而且要依靠老教师，创造性地提出了“两老办学”的思想。陈赓认为上过太行山和去过旧金山的都是学院的宝贵财富，公开宣布办大学主要依靠知识分子。

陈赓提出的“两老办学”思想，即办大学既要依靠老教师、也要依靠老干部，明晰了团结办院的主体力量，肯定了高级知识分子在学院教育教学中的地位。陈赓对爱国知识分子唯才是用，用人不疑，以情感人。他坚持“历史问题看现在，社会关系看本人”的原则，尊重老教师，对他们做到政治上信任、工作上放手、生活上关心，为他们服务，解决他们的思想问题，使他们更好地、更安心地发挥专长，为国防建设做贡献。学院在陈赓领导下编制了各种制度以保证“两老办学”的实施。首先，1956年1月，院系委员会成立七人小组，提出了院系委员会改组方案，确定委员会成员中老干部、老教师各占一半，以保证“两老”在学院办学决策中的作用。其次，为了给予教授充分的学术自主权，1953年，在陈赓的指导下，经中国人民解放军总政治部批准，学院成立了

① 《陈赓传》编写组编：《陈赓传》，当代中国出版社2003年版，第277页。

由教授专家自己管理自己，自己进行政治、文化生活的组织——军事工程学院教育工作者协会，负责组织会员学习马克思主义，向院领导反映意见，开展文化娱乐活动，协助行政组织解决教师生活福利问题等。此后，学院按不同的学科专业成立了教授会，教授会对学院及各系教学计划的制订、教学内容的选取、培养目标的设定等起到了关键性的作用。陈赓在生活、住房和家属子女安置等方面，无微不至地关怀广大教师，尤其是老教师，使得他们无后顾之忧，一心一意从事教学工作。

“两老办学”思想是陈赓结合学院教育实际提出的办学思想，是实事求是地维护团结、尊师重教的体现，也是党在教育领域构筑统一战线的体现。

4. 以身作则当模范，服务示范促管理

坚持党对教育的正确领导，是确保教育政治方向的关键。党在领导过程中，主要对教育起到保障支撑作用，党的干部要全心全意服务于教育。陈赓作为一院之长，其服务思想和服务精神为学院干部和学员树立了榜样，并深刻影响了干部学员。著名的“端盘子”思想在陈赓的倡导下发扬光大。“一切为了学员”，是学院办学的战略宗旨。陈赓形象地说：教师是炒菜的，干部是端盘子的，端盘子的和炒菜的都是为了学生“吃”好；学校的宗旨是培养人，一切为了学员的学习成长。他进一步指出：学员是我们的宝贝，是我们事业的希望，我们所有的工作部门，都要为学员服务。每一期新学员入学，陈赓都要到新学员大队去看望，引导他们端正入学动机，鼓励他们攀登科学高峰。他要求学员们首先要变老百姓为军人，克服自由散漫的习气，要遵守三大纪律、八项注意。其次要去掉“好铁不打钉，好男不当兵”的错误思想，应该是“好男要当兵”，通过学习现代化的科学技术，把我国的国防事业不断地巩固和发展起来。平时，陈赓对学员关怀备至，他总要抽出尽可能多的时间，深入教室、宿舍看望学员，询问他们的学习和生活情况。

陈赓要求党员干部以身作则，发挥示范作用。他要求，对待知识分子不要以改造者、教育者自居，而要为他们解决教学、科研上的困难和障碍，提供良好的工作、学习条件。干部要发扬我党、我军的优良传统，用自己的一言一行为学员做表率，成为学员行为的教养者。陈赓在办学实践中，始终坚持党的教育方针、政策，身体力行地教育全院人员，树立正确的人生观、价值观和世界观。在学院第一次开学典礼上，陈赓指出：我们培养的军事工程技术干部在思想上必须是以马克思列宁主义及毛泽东思想武装起来的。只有在辩证唯物论的正确观点和思想方法指导下，才能充分发挥科学技术的威力，给予科学技术以广阔的发展前途，必须严正地、不断地批判科学领域内资产阶级的唯心论、机械论的观点，保证学术思想的纯洁。在庆祝学院成立一周年大会上，他又指出：“必须加强党对全院人员的思想领导，贯彻党在过渡时期的总路线的教育，加强马克思列宁主义和毛泽东思想的学习，提高全院人员的社会主义觉悟。我们不但要认真的学习军事科学技术（军事科学技术的学习非常重要），而且要认真的学习政治理论，要求将来学院毕业的学员，不仅是具有军事科学技术知识的工程师，而且是一个政治坚定、品质优良的军官。”[①]1960年11月8日，陈赓在一封信中对学院的工作提出了六项要求，首要的就是

①《陈赓军事文选》编辑组编：《陈赓军事文选》，解放军出版社2007年版，第730页。

抓思想，把坚定正确的政治方向摆在首位。党员干部为全院师生树立先进、模范的榜样，靠的是健康良好的组织关系和党员干部自身的品质和作风。陈赓坚持和带动干部发扬民主作风，以身作则，敢于开展批评和自我批评，重视党的内部团结。

学院干部纷纷发扬陈赓言行一致、注重行为示范的精神，在教育实践中高标准要求自己，严格规范和约束自己，切切实实服务于教学、科研，为教师和学员树立做人、做事的榜样。

5. 学习先进，重视交流，把握教育外部关系

中国人民解放军军事工程学院是在国内人才的共同努力和苏联专家、顾问的帮助下，在党和国家及中央军委领导同志的关怀下建立和发展起来的。陈赓把学院创办目标定位在建成全军、全国一流大学，尽管从零开始，也要向先进看齐。把苏联的先进技术学到手，就是学院向苏联学习的目标。陈赓要求全院尊重、信任苏联专家，不卑不亢，正确处理并维护好同苏联专家、顾问的关系，学为己用。学习苏联的教学制度是学院正规化办学的基础，也是校风形成的重要因素。苏联专家、顾问的爱国主义精神和国际主义精神，严格细致的要求等都是有益的学习要素。陈赓主张，学习苏联要“以我为主”，借鉴苏联的教学制度、管理模式、纪律条例等要结合我国实际编制和执行，把学习苏联的原则性和灵活性结合起来。陈赓反对苏联的“一长制”，反对形式主义、教条主义，坚持我党我军的优良传统和作风，是辩证学习先进、结合实际的学习态度，是对马列主义、毛泽东思想的科学运用。

陈赓认为，作为具有保密性质的院校不能片面地理解“保密”，也要在经验技术上与外部交流。学习先进，不仅是学习苏联，也要注重国内交流和借鉴。学院筹建之时，陈赓就向原上海

兵工专门学校校长张述祖等请教国内名校名师的办学治校理念，后来陈赓还任命张述祖为学院筹委会副主任。1957年，陈赓还安排学院访问团到苏联、波兰、捷克斯洛伐克等三国的军事工程院校参观考察。他还到清华大学等知名理工科高校考察，借鉴办学经验，了解仪器设备情况。学院办学能够从无到有、从弱到强，除了自身的艰苦奋斗以外，处理好学院与外部的交流问题也是不可或缺的因素。

6. 多措并举，合力育人，共同提升教育质量

为了完成培养“大批能够掌握和驾驭技术的人”的光荣使命，陈赓要求全院干部职工达成共识：人才培养是学院的头等大事、根本任务、中心工作。学院党委始终坚持用训词精神统一思想、凝聚力量，紧紧围绕人才培养这一根本任务积极开展工作，形成了全员育人、全过程育人、全方位育人的良好局面和氛围。

陈赓要求全院人员都要齐心合力育人。他多次向全院教职工动员和强调：要积极主动地为学员服务、为教学服务。凡是关系到人才培养的事，大家应不分工作大小、贵贱、高低自觉地、心甘情愿地、扎扎实实地去做，尽量把每一项工作都做到最好。陈赓要求学院必须注意了解、掌握和研究每一届、每一个学员从入学入伍到毕业分配各个时期、各个阶段的学习、思想、生活、养成等方面的情况、特点与规律，有针对性地、坚持不懈地开展各种育人活动，自始至终体现一个“严”字：把严格要求、从严治教贯穿于人才培养的全过程。学院形成了严密的教学计划、严谨的教学实施、严肃的教学态度、严格的教学管理、严密的教学秩序、严明的教学纪律，使学员时时、事事、处处都在“严”的环境中生长，潜移默化地逐渐养成自我严格要求的意识和习惯。

陈赓特别强调，全院机关各部门和各单位，都要围绕培养“又红又专”的合格人才这个根本任务，互相支持、互相帮助、同心同德、齐心协力、尽职尽责、齐抓共管。学院还编制了一系列相关制度与规定，要求切实做到上下结合，教管结合，细致的思想政治工作与严格训练、严格管理、有力保障相结合，学校教育与社会教育和家庭教育相结合，以培育良好的校风、教风和学风，营造健康向上的全方位的育才环境和氛围，建立健全合力育人机制，促使学员德、智、军、体全面发展，不断提高办学水平和人才培养质量。

三、领导风格与人格魅力

陈赓是我党历史上具有传奇色彩的高级将领之一。在几十年的戎马生涯和军事教育活动中，他南征北战，战绩卓著，培育英才，成就斐然，展现出独特的领导风格和崇高的人格魅力。

（一）乐观幽默，平易近人

陈赓自幼聪慧活泼，不仅跟祖父学了一身拳脚功夫，还养成了机灵善变、幽默诙谐的乐观性格。在当地一提起陈赓这个名字，无人不晓。凭着练过武功，他经常领着其他孩子打抱不平、惩恶扶弱。1916年，陈赓投奔湘军，开始了闯荡江湖的生活。在旧军阀部队的几年中，陈赓只落下一身疥疮和满腹失望。然而，他却因此丰富了阅历，直爽而不甘寂寞的性情使他在人生道路上有了更多的思考和选择。在黄埔军校时，因为在湘军当过兵，又在长沙当过铁路小职员，陈赓丰富的阅历和乐观幽默的性格使他成为学员中的焦点人物。

中国人民解放军军事工程学院有个无人不知的“教育宪法”，即《军事工程学院党委会关于执行教育任务中几个主要任务的决定》，其中提出：加强对教学工作的保证，应成为各部门工作的中心任务。学院人人必须遵守此“宪法”。1953年9月1日开学典礼，原定上午举行，教育长说上午有课，陈赓立刻将大会改到下午。在他的带动下，从老干部到后勤人员，人人以“端盘子”为荣，万众一心保教学，学院的教学质量在短短几年内突飞猛进。同时，全院上下也在陈赓平易近人的工作作风中变得更加团结一致。

（二）尊师重教，真诚待人

陈赓20世纪30年代曾在江西瑞金任红军第一步兵学校校长。抗日战争和解放战争期间，他又参与创办了抗大太岳分校及豫陕鄂人民军政大学，有着丰富的办学经验，深知教师在办学中的重要性。陈赓指出，军事工程学院要聘请上百名苏联专家，要请国内有名望的几千名教授和助教来院工作，他们都是办好军事工程学院的关键人物，学院能不能培养出高质量的军事工程师，能不能搞出科学研究成果，主要是靠他们。①

陈赓十分重视苏联专家的作用。学院办学之初，我军对高技术兵器知之甚少。当时，西方对我国实行全面封锁，唯一能依靠的是苏联。从查阅到的不完整的学院档案来看，1955年在学院工作的苏联顾问专家就有77人，而在1957年10月的一份专家名单上

① 吴新明编著：《王牌军校——哈军工》，哈尔滨工程大学出版社2003年版，第325页。

注明了姓名、专业和系别的苏联专家有150人。陈赓要求学院的干部、教师、学员依靠苏联专家，尊重苏联专家，虚心向他们学习。在生活上，苏联专家享受的待遇高于陈赓等院领导，陈赓等住在条件简陋的小平房里，苏联专家住进了洋楼别墅。在学院创建之初，苏联专家在办学思想、办学格局的确立，专业和课程体系的建立，教师培养、学风建设等方面都发挥了重要的作用。

陈赓积极从国内各高校、各方面引进高水平教师。1952年下半年，在陈赓的请求下，周恩来总理出面召集中央组织部、教育部、部分高等院校及军队负责人会议，商讨解决学校师资问题，先后从北京大学、清华大学、浙江大学、复旦大学、交通大学、华中工学院、中国科学院、华东军区、民航局等单位抽调59名老教师作为教学骨干力量。这59人中，38人留学欧美，占64%；获得博士学位的16人，获得硕士学位的11人；调入前有大学任职经历的52人，占88%。此后，学院又陆续调入了一批教师，至1957年，学院教师人数已达1 085人，另有教辅人员1 244人。①

陈赓在生活上、政治上极为关心教师。以陈赓为党委书记的学院党委提出对知识分子“政治上信任，工作上放手，生活上关心”的方针。1952年12月，陈赓到达哈尔滨后立即挨家挨户看望刚报到的专家，到食堂了解伙食、卫生情况，问候炊事员，告诉他们要重视教授们的伙食标准。陈赓一般不请客，唯独宴请了老教师。教授结婚，他都要去参加婚礼。他了解到老教师中南方人多，特意指示有关部门从哈尔滨大饭店请来两名厨师给老教师做菜。在学院，老教师购物、理发、洗澡不用排队，看戏坐前排。

① 国防科技大学校史编审委员会编：《国防科技大学校史（1953—1993）》，国防科技大学出版社1993年版，第84页。

陈赓还把当时学院唯一的小红楼腾出来给专家教授住，自己则住在小平房里。陈赓对青年教师同样十分关爱。有一次，听说陈赓到宿舍去看望青年教师，大家都想见到他，结果，陈赓一个一个宿舍走访，直到见到全部青年教师才离开。

陈赓把专家教授当知己，真诚相待、无比信赖。凡是调来学院工作的专家教授，陈赓都要登门拜访、问寒问暖。一次，有个从美国留学回国的知名专家对来学院工作感到很矛盾，陈赓知道后，在一个严冬的夜晚，冒雪登门拜访这位专家，与他促膝谈心到深夜，化解了这位专家心中的矛盾。还有一次，保卫部门向陈赓反映，有个教员不适宜留在学院工作，因为她哥哥在台湾，是国民党的要员。陈赓对这位保卫干部说：你只看到她有一个哥哥在台湾，是国民党的要员，可你没看到她还有一个哥哥是我们共产党的中央委员，她没有跟国民党的哥哥到台湾去，却跟共产党的哥哥留在大陆，这不正好说明她的进步吗？

陈赓还十分注意在专家教授中发展党员，但是有些专家教授因为自己的出身、历史、社会关系背上了思想包袱，陈赓反复做他们的思想工作，以消除其思想顾虑。在一次全体教师会议上，陈赓以自己为例对大家说，要说社会关系复杂，他曾救过蒋介石的命，但问题不在于他和蒋介石有没有关系，而在于是什么样的关系；再说成分，陈赓家是大地主，但他这个大地主的儿子成了共产党员，而出身贫寒、曾在他家打过长工的许克祥后来变成屠杀共产党人的刽子手。陈赓用自身经历说明了，共产党人不看重社会关系，关键在于选择什么样的道路，树立什么样的世界观和人生观。陈赓的一席话使大部分专家教授放下了思想包袱。在陈赓和学院各级党组织的帮助下，先后有多名老教授提交了入党申请书。

（三）卧薪尝胆，艰苦创业

创建中国人民解放军军事工程学院，虽然有毛泽东、周恩来等党和国家及军队领导人的高度重视，有国家和军队的大力支持，有全国人民的鼎力相助，但这毕竟是共和国教育史上一项前无古人的开拓性工程。当时，学校一无校址、校舍，二无师资，三无教材设备，四无办学经验，陈赓发扬我军艰苦奋斗的优良传统和作风，以毛泽东在训词中倡导的“自我牺牲的英雄气概”，白手起家，艰苦创业。陈赓带领专家考察团几乎走遍祖国的大江南北，选校址、调教员、筹经费、学习兄弟院校的办学经验，思考、规划、设计学院建设与发展的宏伟蓝图，协调处理方方面面的关系、困难和问题，呕心沥血。他还常常拄着拐杖拖着受伤的双腿到每一栋正在施工中的教学实验大楼仔细检查施工质量。不管任务多么重、困难多么大、条件环境多么苦，陈赓以学院为家、以建设工地为家，无论严冬还是酷暑几乎吃住都在工棚或十分简陋拥挤的场所，工作起来没日没夜、没有节假日。

陈赓发扬吃苦耐劳、英勇顽强的革命精神，以大无畏的英雄气概，克服和战胜了无数艰难困苦，只用了短短的几年时间，就带领全院上下在一片荒地上建起了占地六十多万平方米，各种设施基本齐全，既雄伟壮观又古朴典雅的现代化大学城。

（四）勇于进取，开拓创新

陈赓从建院一开始就紧紧瞄准和积极跟踪国内外教育科技发展前沿与军事技术发展前沿，敢想敢闯敢干，不惧风险、勇于探索，率先在全国高校开办导弹、原子弹专业，成立电子计算机系，并根据国防尖端技术发展需求，及时提出“尖端集中、常规分散”

的办院思想。同时，将一部分按军兵种设立的专业分散出去单独建院，把电子工程等一批尖端新型专业集中起来，成立了电子工程系、原子工程系、导弹工程系和防化工程系。在科学研究上奋力攻坚，勇攀高峰，创造了新中国历史上多项第一。

1959年11月19日，陈赓正式给中央军委写报告，从整个战略部署出发，根据我军技术装备和科学研究工作迅速发展，工程技术干部的需要日益增大，军事工程学院的任务也日趋复杂、繁重的情况，提出学院分建、改建的意见。建院初期，只有常规武器方面的几个系，培养目标是维护使用工程师和研究设计工程师两者兼顾。根据当时情况，建设这种综合性学院是有利的。但从长远考虑，尖端技术方面的任务必须扩大。根据军委以发展导弹为重点的方针，他建议对军事工程学院的任务做如下调整：将现有空军、海军、炮兵、装甲兵、工程兵、导弹等六个系和防化兵的三个专业改变为五个系；将其余炮兵工程系、装甲兵工程系、工程兵工程系和防化兵专业移交有关兵种，并入指挥学院。陈赓还在信中指出，无论尖端或常规，今后所需工程技术干部的数量都会增长很快，全军只有一所综合性学院无论如何不能满足需要，势必要分。从现实可能性看，军事工程学院常规武器各系已具有一定规模，分建的条件已经基本具备。因此，他建议军委及早把这个方案确定下来，以便有关部门及早筹划。[①]中央军委第五次办公会议原则上同意陈赓提出的军事工程学院分建、改建的建议，并提出分建、新建工作的指导方针是“尖端集中，常规分散”“双方兼顾，照顾尖端”。

---

①《陈赓军事文选》编辑组编：《陈赓军事文选》，解放军出版社2007年版，第779—781页。

经过调整后，学院把力量集中在导弹、原子、电子等尖端技术专业上，这些专业也因此发展得更快、更好，为我国国防科学研究做出了更大的贡献。从历史发展来看，陈赓这一战略思想对我军工程技术的发展起到了重要的指导作用。

四、"哈军工精神"的引领者、倡导者

中国人民解放军军事工程学院成立后，从1953年9月至1966年6月，学院共培养出一万多名毕业生，取得一系列重大科技成果，为我国的国防现代化和国民经济建设做出了重大贡献。同时，学院在建设和发展过程中形成了反映其发展历史和办学经验的"哈军工精神"，给我党我军留下了宝贵的精神财富。

（一）"哈军工精神"的形成

"哈军工精神"既继承了中华优秀传统文化，又传承了我军延安精神、太行精神和龙江精神等红色革命文化基因，更是直接来源于毛泽东写给哈军工的训词的精神，以及陈赓的治校主张和人格风范，凝聚着全体师生的亲身实践结晶。①

毛泽东写给学院的训词为哈军工办学治校育人提出了指导方针，指明了方向，是"哈军工精神"最重要的来源和依据。训词指出了学院肩负的历史使命和重要意义，对全体师生提出明确的要求。训词中强调的"全心全意为人民服务的精神和自我牺牲的英雄气概"等内容，后来逐渐发展成为学院的办学宗旨和光荣

① 谢璐妍、窦隽勇：《论"哈军工精神"的基本内涵及其现实意义》，《黑龙江高教研究》2015年第5期。

传统。

陈赓担任中国人民解放军军事工程学院院长兼政委的近十年时间，是他革命生涯的一个重要阶段，也是他作为无产阶级军事教育家，为新中国国防现代化建设和军事科技人才培养做出卓越贡献的时期。他为学院的创建和发展鞠躬尽瘁，死而后已。可以说，陈赓是“哈军工精神”的引领者，他的人格风范和办学思想既是“哈军工精神”的直接来源，也是“哈军工精神”的重要组成部分。他全心全意为人民服务、为军工服务的人格风范和“两老办学”“以教学为中心”等办学主张贯穿于哈军工创建、发展和壮大的全过程，构成了“哈军工精神”的灵魂。陈赓留下的宝贵的精神遗产——“哈军工精神”，激励着哈军工师生在祖国国防现代化的道路上奋勇前行。

全体哈军工师生的辛勤耕耘和伟大实践练就了“哈军工精神”。从学院的发展历程看，“哈军工精神”寓于全体哈军工师生的具体实践之中。在学院筹建阶段，他们在陈赓的带领下艰苦奋斗，无私奉献，一座座教学楼在荒地上拔地而起。在办学过程中，他们逐步探索出系列办学经验，为我国现代军事高等教育发展提供了借鉴。他们在客观条件十分艰苦的环境下，顽强拼搏，勇于创新，创造出一个又一个奇迹，是可歌可泣的“哈军工精神”的真实写照。

（二）“哈军工精神”的基本内涵

陈赓在学院所大力提倡和在学院办学实践中积极培育起来的“哈军工精神”，既体现在学院教职工和学员当中，也传承到了由学院分建出的后续六所军事院校，成为学院和“军工六校”共同的精神财富。[1] 其内涵主要有以下几个方面。

1. 听党指挥、无限忠诚的政治品质

对党忠诚是哈军工师生与生俱来的政治品质，也是“哈军工精神”的一个重要方面，为学院的发展提供了政治保障。作为我国第一所高等军事技术院校，学院注重对学员的思想政治教育，树立坚定正确的政治方向，坚持“又红又专”，绝对服从党的指挥，真诚地热爱国防事业。哈军工师生在毛泽东训词精神和陈赓的人格魅力的激励和感染下，凝聚起对党和国家坚定不移的忠诚信念。“哈军工精神”是哈军工师生和国防高科技战线的同志对党和国家无限忠诚的优良传统作风在办学实践中的具体体现。

2. 报效祖国、强军卫国的献身精神

报效祖国、强军卫国是学院办学治校的使命担当，也是全体哈军工师生的价值追求。学院诞生于新中国成立之初，我国国防科技事业百废待兴，人民军队的武器装备十分落后。革命战争的实践使党中央深刻认识到建设现代化军队必须有综合性的高等军事技术院校做支撑，必须建立起独立自主的国防科技工业，实现国防现代化。在这样的背景下，强军卫国、献身国防成了全体哈军工师生的共同心愿。陈赓以上率下，使每一个哈军工师生自觉把个人的理想与祖国的命运紧密联系在一起，刻苦钻研，报效祖国，献身国防，满腔热忱地投身于我国国防现代化的建设之中。

3. 不畏艰难、自力更生的奋斗精神

不畏艰难、自力更生的奋斗精神是哈军工师生在实践过程中最突出的人格品质，特别是学院初创期间，全体教职员工和学员

① 米立根:《陈赓院长与“哈军工精神”——纪念陈赓诞辰100周年及哈军工创建50周年》,《军事历史研究》2003年第4期。

在极其艰苦的条件下，奋发图强，无私奉献，谱写了一部可歌可泣的奋斗史诗。新中国成立之初，百废待兴、百业待举，抗美援朝战争尚未结束，西方资本主义国家封锁，国内科研基础薄弱，军事工程方面的专门人才稀缺。在这样严峻的形势下，陈赓扛起了艰苦奋斗的大旗，其他参与指挥和建设学院的建设者也发扬了不畏艰难、顽强拼搏的革命精神，终于在荒地上建起了一座座教学楼。正是在极其艰难的自然环境和国际环境下，陈赓率领全体师生员工养成了艰苦奋斗、发奋图强的优良作风。学院的教员把这种精神品质融入教学和管理之中，精心育人；学生刻苦钻研，使新中国拥有了一批可靠顶用的专门军事人才。毕业生为国防现代化建功立业，他们在参与研制我国“两弹一星”等国防科技事业的重大项目建设中，克服了常人难以想象的困难，攻克了军事高科技领域内一个又一个技术难关。他们的事迹感人至深，催人奋进。

4. 开拓创新、顽强攀登的科学精神

学院担负着为国防科技领域培养军事工程高级人才的神圣使命。毛泽东在给哈军工的训词中明确指出：“为了建设现代化的国防，我们的陆军、空军和海军都必须有充分的机械化的装备和设备，这一切都不能离开复杂的专门的技术。今天我们迫切需要的，就是要有大批能够掌握和驾驭技术的人，并使我们的技术能够得到不断的改善和进步。军事工程学院的创办，其目的就是为了解决这个迫切而光荣的任务。”学院从建院伊始便将目光瞄准国内外的最新研发成果，跟踪军事技术前沿的发展动态，并将教学和科研同我国国防现代化的实际需求结合起来。但是，由于受到国际封锁和武器禁运的限制，没有更多的文献资料可以借鉴，完全要靠我们自力更生、积极探索。陈赓领导学院严格治校，始终以严格、严谨、严密的“三严作风”和开拓创新的精神贯穿在教学的每一个环节中，学员们养成了一丝不苟、脚踏实地、开拓进取、勇攀高峰的科学精神和钻研态度。哈军工人克服了科研基础薄弱、国外的技术封锁等道道难关，在我国重大国防科技攻关中取得了系列创新成果，完成了祖国所赋予的神圣使命。

5. 顾全大局、团结协作的团队精神

团结的力量是无产阶级和革命人民取得胜利的根本保证，也是我党我军的光荣传统。具有大将风度的陈赓在创办学院的过程中，以他海纳百川、广集贤才的宽广胸怀，提出“两老办学”“以教学为中心”等口号，把工农干部与知识分子、高干子女与工农子弟、苏联专家顾问与学院的领导干部和教授学者，紧密团结在一起，把各方面的力量、智慧和积极性充分调动起来，形成了团结干事的良好风气。陈赓、各级党委和广大师长树立了楷模和典范，在这样的环境中哈军工人自然形成团结协作的精神。他们在学习和工作中表现出群策群力、密切协作、集体攻关的作风，得到了全社会的认可。

6. 服从组织、恪尽职守的自律精神

在办学过程中，学院坚持严格的军政教育训练和全面的思想政治工作相结合，严格的校内学习训练与校外工农兵实践相结合，学员们胸怀祖国，服从组织，遵守纪律。他们在专业选择、毕业分配、工作安排的人生选择关头，都能够做到无条件坚决服从组织。学院毕业生无论在部队，还是到地方；无论是国防战线，还是地方经济建设中，都能严格要求自己，自觉服从组织安排，在各自的岗位上忠诚干事，坦荡做人。这种品性的养成与陈赓的率先垂范和学院的校风有密切关系。

与陈赓密不可分的“哈军工精神”历久弥新，是我国高等教育战线的一笔宝贵精神财富。弘扬“哈军工精神”，进一步学习研究陈赓的办学治校思想，对探索我国军队院校建设规律，对国防和军队现代化建设培养更多高素质科学技术人才具有重大意义。

主要参考文献

1. 任学文著:《哈军工》，红旗出版社1993年版。

2.《陈赓传》编写组编:《陈赓传》，当代中国出版社2003年版。

3. 吴新明编著:《王牌军校——哈军工》，哈尔滨工程大学出版社2003年版。

4. 尹家民著:《陈赓大将》，解放军文艺出版社2005年版。

5. 滕叙兖著:《陈赓大将与哈军工》，当代中国出版社2007年版。

6. 姚有志主编:《红色将帅·十大大将·陈赓》，民主与建设出版社2017年版。

7. 刘凤健、刘祖爱、刘长宏:《陈赓军事教育思想与实践初探》，《高等教育研究学报》2003年第1期。

8. 刘祖爱、刘凤健:《新中国军事工程技术教育的奠基人——陈赓》，《当代中国史研究》2003年第2期。

9. 米立根:《陈赓院长与“哈军工精神”——纪念陈赓诞辰100周年及哈军工创建50周年》，《军事历史研究》2003年第4期。

10. 张素珊:《陈赓教育思想及对高等教育的启示》，《黑龙江高教研究》2014年第6期。

11. 王春晖:《论陈赓的办学思想》,《教育探索》2015年第2期。

12. 王春晖:《陈赓与我国高等军事技术教育关系的历史考察》,《学术交流》2015年第5期。

撰稿人：肖全民，管理学博士，广西电力职业技术学院副院长、教授，主要从事教育基本原理和教育管理研究。

蒋南翔

JIANG NAN XIANG

清华大学校长（1952—1966）

（图片由清华大学校史馆提供）

蒋南翔（1913—1988），江苏宜兴人，中国共产党青年运动的杰出领导者、马克思主义教育家、新中国高等教育事业的开拓者。他曾长期担任清华大学校长和党委书记，并历任北京市高校党委第一书记，中共北京市委常委，教育部副部长，高教部部长，中共天津市委书记，国家科委常务副主任，教育部部长，中央党校第一副校长，中国高等教育学会首任会长。蒋南翔是中共七大候补代表，第八届中央候补委员，第十一、第十二届中央委员，第一届全国政协委员，第一、二、三届全国人大代表，第五届全国人大常委会委员。

蒋南翔1952年底出任清华大学校长一直到1966年“文化大革命”爆发，是新中国历史上任职时间最长的清华大学校长，为新清华大学的建设做出了卓越贡献。在长达五十多年的革命和教育实践中，他始终坚持党的教育方针，探索适合中国国情的社会主义教育发展道路，形成了一整套具有中国特色的社会主义教育思想。他把全部的热情、精力和生命都奉献给了新中国的教育事业，为建设新清华大学和积极探索社会主义教育建设道路呕心沥血，取得了卓著的成绩。

一、从清华学子到青年运动领袖

（一）走出江南小镇

1913年9月7日，蒋南翔出生于江苏宜兴的高塍镇，高塍是宜兴四镇之一,四面环水，人文荟萃，人才辈出。蒋南翔的家位于高塍镇北头，是一个普通的农民家庭。蒋南翔的父亲虽然只读过两年私塾，但他思想开明，决心节衣缩食供蒋南翔读书。年少时的蒋南翔非常顽皮，但天资聪颖，读书过目不忘，成绩很好。1929年，蒋南翔考取了江苏省立镇江中学读高中，三年后又考取了清华大学，成为中国文学系的一名学生。

2013年是蒋南翔一百周年诞辰，为了纪念他宜兴建立了一座蒋南翔纪念馆，让他“回到了”自己一直怀念的家乡。

（二）投身革命的清华学子

1932年秋天，考入清华大学的蒋南翔第一次北上来到北平。入学之初，他的计划是成为一名学者，在入学的第一个学期，他埋头学习。但是国难当头，清华园里的书桌难以平静，爱国气氛日益高涨。蒋南翔入学后便加入了清华校园里的“三三读书会”“社会科学研究会”，以及共产党领导的“社会科学研究会联合会”（简称“社联”），开始接触马列主义。在这样的环境里，蒋南翔迅速成长。1933年10月，大二的蒋南翔在清华大学加入中国共产党，更加积极地参与并组织各种爱国救亡活动，他加入了“民族武装自卫会”，并主编《清华周刊》等刊物。1935年8月，蒋南翔接任清华大学党支部书记，并任北平市西郊区党委委员，开始了他一生投身爱国和革命事业的征程。

一二·九运动前夕，在中共北平市委工作的何凤元赶回清华找到了蒋南翔，要他赶紧起草一篇对外宣言。[①]蒋南翔在清华学堂地下室的印刷车间里撰写了著名的《清华大学救国会告全国民众书》，痛陈华北危机，鞭挞当局的不抵抗主义，并大声疾呼：“华北之大，已经安放不得一张平静的书桌了！”蒋南翔从清华园里

① 史轩：《清华园里发出第一声爱国救亡的呐喊》，《新清华》2004年12月10日。

发出的这一声爱国救亡的呐喊，表达了清华学子的共同心声，激励了一批热血青年投身于抗日救亡运动，对唤起全国爱国学生奋起抗日救亡发挥了重要影响、做出了重要贡献，也成为传诵久远的名篇。蒋南翔是北平一二·九运动的重要领导人之一，他还起草了“一二·一六宣言”以及北京市学联的一些重要文件，在学生运动中起了重要的作用。蒋南翔后来写过一首朴素而感人的自述诗，回忆参加一二·九运动的情况。诗云[1]：

奋力为前驱，开路披荆棘。
春夏勤播种，秋冬号角鸣。
寒冬十二月，慷慨传檄文。
搏战危城下，不辞冒锋刃。
踊跃齐冲锋，突破西便门。
古城起风暴，举国奋人心。
救亡宣传团，跋涉下农村。
建队高碑店，抗击伪宪警。
……

一二·九运动后，蒋南翔组织并率领南下宣传团，开创知识分子与工农相结合的道路。1936年3月，蒋南翔任中共上海市学委江湾区委书记，领导复旦大学和同济大学等校的支部工作，同年秋天回北平担任中共中央北方局直接领导的北平市学生运动委员会书记。

全民族抗战爆发后，蒋南翔担任北方局青委委员兼北方局宣传干事，曾协助刘少奇编党内刊物《斗争》。1937年12月，蒋南

① 清华大学《蒋南翔纪念文集》编辑小组编：《蒋南翔纪念文集》，清华大学出版社1990年版，第317页。

翔赴武汉任中共长江局青委委员。1938年，蒋南翔担任全国学联党团书记，筹备和主持召开了第二次全国学联代表大学，并参加创立武汉青年救国团。1939年初，他担任中共中央南方局青委书记，在周恩来领导下，在大后方青年工作中坚决贯彻执行中央关于“隐蔽精干”的政策，保存和发展了青年运动骨干力量。1941年2月，蒋南翔奉命撤回延安，担任中共中央青委委员、青委宣传部部长，以《解放日报》社论委员会委员身份撰写了多篇关于青年工作的文章与调查报告。

抗战胜利后，受中共中央派遣，蒋南翔带领青年工作队到东北地区开展青年工作，先后担任辽北分省委委员兼宣传部部长，哈尔滨市委常委兼宣传部部长、教育局局长，哈尔滨青年干部学校校长，中共中央东北局青委书记，东北局党报委员会秘书长，为根据地培养了一大批青年骨干，其间曾到布拉格和华沙参加国际青年会议。1949年1月，蒋南翔调至中共中央青委，担任中国新民主主义青年团筹委会副主任，并在全国第一次团代会上当选团中央副书记，之后担任团中央书记处书记并主持创办了《中国青年报》，为新中国成立初期的团的工作做出了重要贡献。

自一二·九运动起，历经抗日战争、解放战争至新中国成立初期，蒋南翔一直奋战在我国青年运动的前列，堪称青年运动的杰出领袖。

二、出任清华大学校长

1952年11月，蒋南翔调离了团中央，被中央任命为清华大学校长、校务委员会主席。蒋南翔没有立即走马上任，而是带领工作人员前往鞍山等工业城市展开扎实的调研。除了参观工厂，召开技术人员和清华大学毕业生座谈会，他们还专程到学习苏联经验进行教育改革较早的哈尔滨工业大学进行调查，征询各地领导特别是主管经济建设的领导干部的意见，并对清华大学的建设方向进行思考。在沈阳市街头看到清华大学1949年毕业生林宗棠的照片和“向劳动模范学习”的标语后，蒋南翔对随行调研的同志讲：“清华要多培养一些像林宗棠这样的学生。业务能力好，组织能力强，政治上表现好的。”①经过一个多月的扎实调查，蒋南翔初步了解了新中国社会主义建设对高级专门人才培养的要求。在回到清华园正式上任之前，他已经有了对清华大学培养学生的方向和质量的筹划。

1952年的最后一天，蒋南翔在离校十余年后再次走进清华园，就任清华大学校长。在清华大学教职员工和学生代表的欢迎会上，蒋南翔深情地说：清华大学是我的母校，在1932年到1937年期间，我在这里度过了自己的大学生活。也正是在这个强敌压境、我们祖国处在风雨飘摇的困难时期，我在这里开始参加了革命活动，参加了共产主义青年团和中国共产党。现在有机会再回到母校服务，我感到非常高兴。他在会上坦诚而坚定地表示：“我没有学过工程，担负工业大学的领导工作是有困难的、力不胜任的，但是作为一个共产党员，不能在困难面前退却。我自己不懂业务，但可以作为一个见习生，向其他有经验的教师和职工同志学习，依靠大家的帮助和合作，共同来努力完成国家交给我们的任务。”②

1951年11月，中央教育部召开全国工学院院长会议，拟订全

①方惠坚等编著：《蒋南翔传》，清华大学出版社2013年版，第146页。
②《刘冰文集》编辑委员会编：《刘冰文集》，甘肃人民出版社2011年版，第100页。

国工学院院系调整方案，揭开了1952年全国院系大调整的序幕。1952年秋，中央教育部在高等学校教师思想改造的基础上，以“培养工业建设人才和师资为重点、发展专门学院、整顿和加强综合大学的方针”为原则，在全国范围内进行了高等学校的院系调整工作。蒋南翔走上了母校清华大学的领导岗位，从1953年的元旦起全面主持清华大学的各项工作。他到清华大学的时候，院系调整政策已经实施。通过院系调整，清华大学基本上落实了中共中央关于高等教育“要很好地配合国民经济发展的需要，特别要配合工业建设的需要”的要求，但是院系调整也在一定程度上削弱了清华大学的综合实力。

蒋南翔不完全赞成把清华大学这样理工科基础较好又有特色的著名综合大学改为多科性工业大学的做法。对理学院和文学院、法学院调出清华大学，他再三表示惋惜。当时有人提出，清华大学图书馆已没有必要再保存文法图书和古籍，应该把这部分收藏分给北京大学。蒋南翔马上制止了这件事，说大学的图书馆除了供人阅读图书，还应该是一个藏书所在，不能分开，甲骨文等许多宝贵的文科资料都应保留下来。北京大学和其他学校也都可以来看，但不应该把一所大学的图书馆拆得七零八落。蒋南翔认为清华大学的理工科基础要加强，但清华大学的人文素养也不可减少。他坚持保留了清华大学图书馆馆藏的近三十万册文科图书和期刊以及一批重要文物，为数十年后清华大学文科的复建打下了基础。

三、建设清华大学的方略

蒋南翔到清华大学就职时，院系调整格局已定。他从高等教育的全局出发，从国家科学技术的长远发展出发，考虑清华大学的办学传统优势和社会主义建设的新形势下清华大学的发展和肩负的责任，果断提出在清华大学创建新技术专业，逐步发展应用理科，主动适应国家经济建设与科技发展需要的发展战略。他主张集中力量，把清华大学建设成为第一流的大学，为国家培养第一流的人才。事实证明，在清华大学的发展历程中，蒋南翔的远见卓识起到了非常积极的作用。

（一）改造老清华，提高教师觉悟

清华大学的前身是始建于1911年作为留美预备学校的清华学堂。二十世纪中叶开始，清华大学在为国家培育“又红又专”、全面发展的工程技术和尖端科技人才方面成绩卓著。

1950年，毛泽东号召文化教育战线和知识分子开展一个自我教育和自我改造运动。学校的任务主要是贯彻党对知识分子的团结、教育、改造方针，关心他们思想进步，消除封建及资本主义的思想影响，同时做好对他们的安排、使用工作，在各个岗位上发挥他们的作用。对此，蒋南翔十分重视，他说：“加强党的领导，日益巩固和扩大马克思列宁主义在学校中的阵地，这是我们学校胜利完成教育改革的关键。”① 他从学校发展的大局出发，重视如何巩固和扩大学校中马克思主义的思想阵地和组织阵地，同时

① 方惠坚、郝维谦主编：《蒋南翔教育思想研究》，清华大学出版社1999年版，第17页。

又防止“左”的情绪的产生。1952年初，全国开展了“三反”运动，高等学校的工作重点一开始并不明确。他提出不能以总务等部门的反贪污为重点，否则不能解决高校的办学方向，要把重点放在知识分子的思想改造上。在清理知识分子中的政治历史问题的运动中，他又提出，宁可不彻底也要自觉自愿，防止追逼。

蒋南翔特别关注提高学校干部的思想水平。他组织学校的十余位主要干部进行“甲组政治学习”，他本人任组长，学习毛泽东的《实践论》、斯大林的《苏联社会主义经济问题》等著作，成为全校师生政治学习的一个亮点。1958年11月，甲组学习会人数增加到五十人，并分为两组；各系也组织了乙组学习会，由教授、副教授及部分讲师参加，开展政治学习。

蒋南翔认为，办大学必须有一批大师，而办好社会主义大学，必须有一批“又红又专”的大师。他非常重视教师的政治学习，组织教师学习《实践论》《矛盾论》，要求教师以自学为主，精读文件，组织报告，适当地安排讨论，他还亲自为教师做辅导报告。1952年，为办好社会主义大学，蒋南翔提出“两种人会师”，号召既要帮助非党员的教授、副教授提高思想觉悟和政治水平，吸收其中一些符合党员标准的人入党，又要帮助中青年党员教师提高学术水平，成为新一代专家、教授，从而使新老教师沿着“又红又专”的方向提高成长，实现“会师”，在教师队伍中扩大马克思主义思想阵地和组织阵地。

蒋南翔提出“团结百分之百”。他多次谈道：高等学校最宝贵的财富，不是巍峨的高楼大厦和贵重的仪器设备，而是富有科学知识和教学经验的教师——教授和副教授。团结老教师，充分发挥他们的作用，是办好高等学校最重大的问题之一。学校全体教师的名字都被做成一个个卡片插在他办公室的墙上，他经常去看，熟悉教师的情况。对一些教学效果好的教师，他特别关注。他说：我们对学校中原有的教师和工作人员，一概采取团结和尊重的态度，不只是“团结多数”，而且是“团结全体”。这种团结不是一种表面的客气或是虚伪的敷衍，而是出于对教师作用的正确估价和工作上的实际需要，是出于一种真诚的愿望。因为这些年资较老的教授、副教授具有较高的业务水平，大家都很尊敬他们。他发现有的教师因为政治历史问题被解职了，就坚持要请这些教师回来继续担任教学工作。他多次对学校干部讲：“用人不能有‘洁癖’，……要有团结百分之百的愿望和气魄。”①

当时，清华教师中有副教授职称以上的教师一百余人，蒋南翔称他们是学校的稳定因素。他很坚定地认为要依靠知识分子、依靠原有的教师办好学校。在他的正确领导下，这些教师对新清华的建设发挥了重要作用。

蒋南翔对于高水平教师队伍建设对大学的意义有深刻的认识，他说：清华大学所以能称得上是清华大学，就是因为它有知名教授，如果没有了这些知名教授，那么，清华大学也就称不上是清华大学了。蒋南翔还常引用清华老校长梅贻琦的名言表达对高水平教师队伍的重视：“所谓大学者，非谓有大楼之谓也，有大师之谓也。”他连续多年组织老教授双周座谈会，及时听取大家的意见与建议。

1954年3月10日，蒋南翔在各大区学校教育处长会上介绍清华大学的教学改革工作经验时讲道：院系调整后，清华有讲师以

① 忻福良主编：《当代中国高等教育家》，上海交通大学出版社1995年版，第57页。

上职称的教师一百多人，一般的业务上比较好，是学校中的主要教学力量。对老教师要团结百分之百，而不是团结多数或少数的问题。不管是落后与说怪话的，到现在为止，对旧人员没有辞去一个。要团结百分之百，但不是无原则的团结。团结在马列主义基础上，并不是要求他们是百分之百的马克思主义者，但方向是马克思主义，一定要前进。

1955年，作为爱国知识分子的代表，年逾六十的清华大学第一副校长刘仙洲加入中国共产党，成为新中国成立后最早入党的知名老教授之一。1955年12月4日，《人民日报》上发表了刘仙洲的文章《我为什么加入中国共产党》。在刘仙洲入党大会上，他的入党介绍人蒋南翔做了题为《共产党是先进科学家的光荣归宿》的发言，后来发表在《北京日报》上，极大地鼓舞了全校教师队伍。

清华大学先后选派多位老教授到苏联进修，还安排一些青年教师到苏联学习原子能、自动控制等新专业，其中有担任过政治辅导员工作的青年教师，后来他们都成为学科带头人和院系的学术领导骨干。学校同时选派青年教师到哈尔滨工业大学等国内高校学习。

（二）创建“双肩挑”的学生政治辅导员制度

蒋南翔坚定社会主义办学方向，强调人才培养的方向与质量。他对学生的思想政治工作建设非常重视，最突出的是在清华大学创建了“双肩挑”政治辅导员制度。

蒋南翔认为，办好一所大学要依靠一批政治坚定、有一定马克思主义水平、懂得党的方针政策的骨干，但他们中的大多数必须有较高的文化科学水平。这样的骨干不可能从校外大批调入，只能从本校学生中选拔和培养。蒋南翔参照青年运动和清华地下党的经验，提出要从觉悟高、学习成绩好的学生党团员中挑选学生政治工作干部，建立半脱产政治辅导员制度。他让何东昌按设想起草了一份向高教部、人事部请示设立政治辅导员制度的报告。报告中明确提出："挑选学习成绩优良、觉悟较高的党团员担任辅导员，其学习年限延长一年……由于今后政治工作必须密切结合学习进行，这些辅导员具有一定业务水平，及其在学习上的模范作用，对开展工作是会有很大便利的。""这样，并可培养辅导员成为比一般学生具有更高政治质量及业务水平的干部。"[①]

蒋南翔（前排右二）与学生在一起
（图片由清华大学校史馆提供）

选择一些政治上、业务上优秀的高年级学生担任政治辅导员至少有三个好处：一是这些辅导员本身也是学生，容易与同学打成一片，有利于深入了解学生的思想状况，有针对性地开展工作；二是辅导员与学生吃住在一起，有利于结合学生学习生活的实际，见缝插针地开展思想政治工作；三是还可以防止学生党员骨干一头扎进业务，政治意识和先锋模范作用减弱。这是一项目光长远的思想政治教育创新。

1953年初，从三年级学生中选拔了二十余人担任政治辅导员。

① 清华大学《蒋南翔纪念文集》编辑小组编：《蒋南翔纪念文集》，清华大学出版社1990年版，第149页。

蒋南翔很重视政治辅导员制度，政治辅导员队伍的第一次会议就是在他家里、在他主持下开的。他语重心长地对大家说："一个人年轻时担任一些政治工作，树立正确的思想方法和工作方法，对今后一生的工作都会有好处。这就像唱京戏要从小训练，科班出身一样。"① 第一批政治辅导员大多是各系共青团组织的负责人，蒋南翔把他们组织起来学习《实践论》《矛盾论》，要求他们努力学会运用辩证唯物主义和历史唯物主义的观点去观察社会、分析问题、指导工作，并亲自辅导他们。

政治辅导员制度初建时，在国内高校中是有争议的。有人认为高年级学生做政治工作，不如专职政治干部；有人认为让学习好的学生做政治工作是"屈才"，不利于专业学习。蒋南翔顶住了来自各方面的不同意见，坚持实行了这一制度。实践证明，"双肩挑"政治辅导员制度符合中国国情和高校实际，既解决了充实政治工作队伍加强学生工作的问题，又通过实际工作的锻炼，培养了一批高素质的"又红又专"的干部。长期以来，担任过政治辅导员的许多清华毕业生成为各行各业的骨干，涌现出了一批学术大师、兴业英才和治国栋梁。"双肩挑"政治辅导员制度成为学校人才培养中极具特色、极其重要的一项制度，始终焕发着旺盛的生命力。

清华大学化工系1951届校友、中宣部原副部长滕藤，回顾1953年担任校团委书记时协助校长蒋南翔挑选首批政治辅导员的经历时说，面对当时学生规模快速扩大、思想政治工作任务较重的实际情况，蒋南翔提出从高年级学生中选拔一批政治上强、业

① 方惠坚等编著：《蒋南翔传》，清华大学出版社2013年版，第151页。

务也好的同学担任政治辅导员，因为“他们来自学生群众，服务学生群众，跟学生群众心连心，作为学长和学生中间表现比较好的标兵，他们也很容易得到学生的亲近感，很容易跟学生交流”。同时，蒋南翔对政治辅导员也悉心培养，这些人走上工作岗位后，“没有离开本行，同时又做思想政治工作，成为真正‘双肩挑’骨干”。

曾任清华大学校长、国家教委副主任的张孝文回忆担任学生政治辅导员的经历时说：“这段时间我比较集中地阅读了一批经典原著，理论水平及思想方法都有了提高。后来我无论是主要承担行政工作，还是有一段时间集中搞业务，包括到美国能较快地在研究工作中做出成绩，都深感辩证唯物主义的认识论和方法论，不仅是认识社会和指导各项工作的强大武器，而且也是认识自然规律、指导学术研究的强有力的武器。这方面的基础主要就是在这段时间打下的。”①

蒋南翔始终坚持清华大学的社会主义办学方向，强调为国家培养“又红又专”的人才。他富有创造精神的理论和实践，都是围绕要培养“又红又专”、全面发展、具有一流科学水平、为我国社会主义建设服务的一代新人，都是要解决高等教育的社会主义方向问题。

蒋南翔始终强调“又红又专”。他说不仅政治家要“又红又专”，不光懂政治也懂业务；科学家也要“又红又专”，既要精通科学，也要爱国。

“双肩挑”政治辅导员制度蕴含着深刻和先进的教育理念，这

---

①庄丽君主编：《世纪清华之三》，清华大学出版社2001年版，第41页。

一制度深刻把握了社会主义大学人才培养方向的本质要求，深刻把握了因材施教、互相激励的教育规律，深刻把握了时代前进和人才成长的发展需要。邓小平在1978年6月对这一制度给予了充分肯定："清华过去从高年级学生和青年教师中选出人兼职做政治工作，经过若干年的培养形成了一支又红又专的政治工作队伍，这个经验好。"①

（三）走自己的大学发展道路

蒋南翔推动清华大学学习苏联先进经验，开展教育教学改革。对于学习苏联的重要意义，他曾说："我国新建的重点企业绝大部分是在苏联的帮助下建设的，不但重要的机器设备来自苏联，而且从设计、施工到运转，也都是在苏联专家指导下进行的。只有学习苏联的先进经验，才能保证我们学校培养出足以适应我国工业建设实际需要的干部。"②为此，他组织学校的干部和教师认真学习苏联教育的先进经验，聘请苏联列宁格勒土建学院的萨多维奇专家担任校长顾问，后来又陆续聘请了六十余位苏联及东欧专家来校工作，虚心听取苏联专家对学校各项工作的意见，要求各系认真贯彻专家的建议，积极推进学校教学改革。③

蒋南翔坚持以辩证唯物主义的观点来处理独立自主与借鉴外国经验的关系。他提出学习苏联要结合中国的实际需要，反对教条主义和形式主义的学习，努力把苏联经验同我们国家和学校的

① 杨振斌主编：《双肩挑50年——清华大学辅导员制度五十年回顾与展望》，清华大学出版社2003年版，第3页。

② 中国高等教育学会、清华大学编：《蒋南翔文集》上卷，清华大学出版社1998年版，第621页。

③ 方惠坚等编著：《蒋南翔传》，清华大学出版社2013年版，第157页。

实际情况适当地结合起来。他在1953年3月初的全校党团员大会上，针对当时学习苏联过程中发现的问题，明确提出学习苏联不能满足在形式上，不能满足于简单抄袭，要用思想，要开动脑筋。他说："在学习苏联的过程中，我们另外还反对了教条主义和形式主义的学习。我们反对只是简单抄袭苏联现成做法而自己不假思索和具体分析的那种学习态度，主张注意研究我们国家和我们学校的实际情况，努力把苏联经验同我们的实际情况适当地结合起来。"①

蒋南翔始终从国情与校情出发，实事求是地编制政策、推动工作，不唯上、不唯书、只唯实。关于学习国外先进经验，他明确地指出为什么学和怎么学，强调要学习苏联培养人的原则，但不能照搬，同时还要吸收欧美大学理工结合的经验。他说："学习苏联不应该躺下，不能简单地照搬和偷懒，专家不一定对我们的每一个学生和每一件事都了解，要我们用思想。"②"我们学习苏联，绝不是说就要完全拒绝学习英美有用的东西，相反，我们是要采取批判的态度吸取一切国家有用的东西。"③中苏关系恶化后，他又指出，学习苏联还是必要的，不能全盘否定。

（四）创办一批高新技术专业

20世纪50年代，世界各国科学技术迅速发展。1956年1月，党中央提出向科学进军，先后做出研制原子弹、氢弹的战略决策。1958年5月，毛泽东发出"我们也要搞人造卫星"的号召，"两弹一星"工程快速推进。

---

①②③ 中国高等教育学会、清华大学编：《蒋南翔文集》上卷，清华大学出版社1998年版，第622、441、622页。

1955年9月到10月，蒋南翔率中国高等教育代表团赴苏联就和平利用原子能和人才培养、专业设置等问题进行了考察。蒋南翔深感为国家培养原子能干部的任务重大。他在代表团访苏报告中提出：培养原子能的干部需要设置一批新专业，这些专业有些是直接和原子能的利用有关的（如核子物理、放射化学、稀有元素工艺学等等），有些是配合原子能的研究工作和实际运用所必需的（如无线电物理方面的专业）。

在当时，由于基础薄弱和时间紧迫，要想短时期内筹建十几个反映当代世界最新科技水平与方向的专业，困难极大。蒋南翔排除阻力，克服困难，从50年代中期开始在清华大学先后创建和充实了工程物理、工程化学、自动控制与计算机等新兴科学技术的系和专业，并自力更生建造了试验原子能反应堆。到1965年，清华大学已发展为十二个系四十个专业。

关于新专业的师资建设，蒋南翔提出，可以从国内别的学校调一些人过来，也可以从留苏的学生中找一些教师，骨干还要靠我们自己培养。教师人选的确定，蒋南翔或亲自挑选考察，或委派专人抓紧落实。据滕藤回忆，筹建工程化学系时，蒋南翔要他去物色国内化工方面的权威，经过努力，将在天津大学任教的汪家鼎调到清华大学。汪家鼎教授到清华后，主要从事化学工程和放射化工方面的教学科研工作，培养了一大批业务骨干。他主持的核燃料后处理萃取工艺与设备的研究，为我国原子能事业做出了贡献。

1956年建立工程物理系时，蒋南翔专门赴苏联考察，并把苏联莫斯科工程物理学院、列宁格勒工学院等几个主要培养原子能干部的学校的教学计划带回来研究。为筹建工程物理系，他挑选了何东昌、滕藤、余兴坤、吕应中等得力干部担任系领导。工程物理系的学生则是从清华二、三年级挑选政治、业务都好的学生来学这个专业。这支年轻师生队伍，克服了种种困难，终于在1964年国庆节建成了我国第一座自行研究设计、建造、运行的核反应堆，填补了空白。清华大学原校长、当年参与实验研究的王大中院士回忆起那时在艰苦条件下取得的成功，感慨地说：这不仅培养了一支队伍，掌握了反应堆的设计技术，更重要的是培养出一种精神，一种严谨求实的科学作风，一种敢想敢干的创新精神。

清华的工程物理、工程化学、工程力学、无线电、自动控制、计算机等专业后来都壮大起来，成为清华大学的半壁江山。这些高新技术专业为学校的建设，为我国的国防建设、经济建设和新兴科学的发展做出了贡献。蒋南翔强调新技术专业要适应国家重点尖端工业和科研部门的需要，主动配合国家的有关部署。1957年初，钱学森与蒋南翔签署合作协议，确定航天工业与清华大学的自动控制专业与计算机专业共同培养人才，并派骨干教师参与国防科技工作。1957年9月，为满足我国尖端工业的人才需求，国家从全国十所高等院校抽调了近三百名四、五年级学生，到清华大学自动控制系学习，为五院（航天工业部前身）和二机部（核工业部）对口培养人才，这批学生在1960—1962年陆续毕业，成为我国尖端工业的第一批技术骨干。

（五）理论联系实际，真刀真枪搞设计

针对以往部分清华大学毕业生刚走上社会时不能独立工作的问题，蒋南翔决定提高清华大学学生的培养质量。他在向中央的

报告中表示，为了争取今后教学工作进一步走上正轨，已经着手修订教学计划，要加强理论和实际的联系，即有计划地加强生产实习、课程设计、毕业论文设计等项工作，培养学生独立思考和独立解决问题的能力。在新中国成立之初，把生产实习等实践环节纳入教学计划是一个重要措施。根据蒋南翔的这一思想，学校在1953年的教学计划中增加了生产实习、教学实习等实践环节。他还提出把清华大学建成先进的教学、科研、生产三结合基地，办成“红色工程师的摇篮”，为国家重点建设工程、国防建设、科学技术研究任务服务。

为提升基础理论研究和生产科研实践，清华大学曾经两度延长学制。经过严格训练的清华大学毕业生水平远高于其他学校毕业生，实现了蒋南翔所提出的“实际价值高于票面价值”[①]。蒋南翔对工科实践性的认识清晰准确，这也是他决心延长学制、加强毕业实习的根本原因。

1958年，党中央提出“教育与生产劳动相结合”的方针，清华大学一些系便结合生产实际进行毕业设计。水利系的毕业生在教师指导下，结合建设密云水库进行毕业设计，取得了良好效果。师生与二十万民工在现场同吃同住，经过两届毕业班学生和教师的接力奋战，胜利完成了任务，受到了工程界的好评。密云水库经受了六十多年的考验，至今仍然是华北大地上的一颗明珠。蒋南翔及时肯定和总结了这个先进典型，生动地提出了“真刀真枪”进行毕业设计，改变了毕业设计做假拟题目的惯例，使学生在设

① 王孙禺、谢喆平：《来源与精髓：蒋南翔工程教育思想轨迹探讨》，陈旭主编：《深切的怀念　永恒的记忆——纪念蒋南翔同志诞辰100周年》，清华大学出版社2014年版，第4页。

计过程中受到生产实际的锻炼。与此同时，他提出学校结合教学开展科学研究、进行生产，实行教学、科研、生产三结合。这些措施取得了丰硕的成果。机械系毕业班学生设计的一千吨水压机、土木系毕业班学生设计的桅杆塔、电机系毕业班学生设计的绝缘子等都获得好评，也为国家、地方或企业直接获得较大的经济效益。①

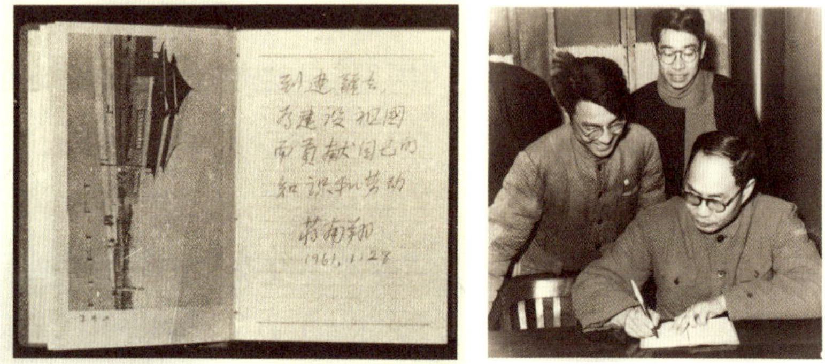

蒋南翔为去边疆的学生题字
（图片由清华大学校史馆提供）

（六）全面育人，组建三支代表队

蒋南翔把培养高级专门人才放在重要的位置。他对清华大学的干部们说：我们相信我们能够培养出一批国际上有名望的专家。我们能否培养出林家翘这样的科学家？培养不出，我们只好承认领导失败。②蒋南翔非常强调生源的质量。每年新生入学，他都要和其中的优秀学生座谈。他要求学校和院系为这批优秀学生研制单独的教学计划、指定导师，实行因材施教。他一直没有改变

---

① 安洪溪：《蒋南翔理论联系实际教育思想在清华的实践》，《清华大学教育研究》1999年第3期。

② 清华大学校史研究室编：《清华人物志》第3辑，清华大学出版社1995年版，第52页。

立场，始终坚持把好教授、好设备集中在一起，努力培养好学生，培养国家所需要的少数高级人才。蒋南翔在清华大学抓教师质量和学生质量，集中力量，因势利导，成绩显著。

1953年，新中国第一个五年计划即将开始实施，需要快出人才，早出人才，以满足大规模经济建设发展的需要。在1952年入学的全国大学新生中安排了很大比例的学生读专科。因此，清华大学1952年入学的新生中近一半被分配到专科，学校还动员了一批学习成绩好的学生去专科，以满足人才的需要。但是蒋南翔反对在教育上搞分散主义，认为停办专科更利于清华大学的发展，更有利于为国家培养高级专门人才。为此他专门向中央打报告，申请清华大学停办专科。为使学生成才，他坚持大学要敢于给不合格的学生降级，反对勉强把学得不行的学生塞进大学。他明确地说："大量招收许多水平很低的学生，名曰办大学，实际是浪费国家经费，无益于国家。"①

蒋南翔强调"又红又专"、全面育人，希望学生们思想好、学习好、身体好。蒋南翔培养高级专门人才的成功经验中还有很重要的一条就是"三支代表队，殊途同归"。他提出："培养学生要抓好三支代表队（政治思想队、业务代表队、文艺体育队），通过多种渠道殊途同归，向着又红又专、全面发展目标前进。"②

第一支队伍是政治思想队，即半脱产的政治辅导员队伍。"两个肩膀挑担子"，一个肩膀挑政治，一个肩膀挑业务，政治工作和业务工作都挑得好，简称"双肩挑"。政治辅导员队伍是"双肩

① 清华大学《蒋南翔纪念文集》编辑组编：《蒋南翔纪念文集》，清华大学出版社1990年版，第21页。

② 方惠坚等编著：《蒋南翔传》，清华大学出版社2013年版，第207页。

挑”的最好代表队。蒋南翔建立的政治辅导员制度在新中国的教育史上是首创。这个制度为清华大学培养了大批领导骨干，为企业、科研院所和党政机关培养了大批领军人物。

第二支队伍是文艺体育队，包括文工团和体育代表队。1958年文工团成立，从全校各系抽出骨干队员百余名进行集中训练、住宿和管理，并单独配备了辅导员，单独成立党团组织，加强政治思想工作，业务学习时再各自回班，每个队员都有“两个集体”（班集体和文工团集体）。1960年，文工团陆续集中了冶金系、水利系、无线电系、建筑系和化工系的同学。队员每天早上就在宿舍前面的小路上练功，直到吃早饭。舞蹈队几位集中住宿的同学学习时间要少一些，但他们合理安排时间，提高学习效率，平均成绩比班上一般同学还要高一些。[①]

蒋南翔主张学生的文化活动应该做到“下里巴人”和“阳春白雪”相结合，既要抓好普及，也要抓好提高。他十分关心文艺骨干的全面成长，提出了建设好“两个集体”的口号，鼓励文工团员成为学习上、政治上都过硬的学生。他经常找政治、业务、文体等方面表现突出的学生谈话谈心，常问某某文艺骨干的学习情况怎样，某某入党没有，入团没有。他从不拒绝学生的活动邀请，观看学生运动会总是从始至终，参加学生文工团联欢还自告奋勇演奏二胡，与学生打成一片。在他的关怀下，文工团人人努力奋进，力争全面发展。

1960年从清华大学土木工程系毕业后留校任教的郑小筠教授回忆说：文工团的每一场重要演出，蒋南翔都会来观看，有时由

①《刘冰文集》编辑委员会编：《刘冰文集》，甘肃人民出版社2011年版，第104页。

于他有重要工作，不能准时到来，哪怕演出已经过半，也会看到他匆匆赶来的身影；他亲手为文工团自编的节目改台词、改歌名；他为学生的诗集题写鼓励的话语——“时代的心声”；他请来了吴雪等著名艺术家为文工团的节目做指导；他指示把文工团员中的优秀队员送到一流的专业团体去学习；他对清华文艺的关心，是从方向到政策，从队伍到水平无所不及的。①

文工团每年校内大规模的演出有两次，一次是校庆前后为北京市中学生演出，一次是纪念一二・九运动为校内同学汇报演出。每年还要为新生做迎新演出，参加在天安门广场的演出。另外还要承担一些临时性的演出任务，如为全国民兵会议专场演出，为全国青年联合会的联欢演出。1964年，新中国成立十五周年时，《东方红》大合唱的不少成员是清华大学文工团的学生，他们出色地完成了这次演出任务。

蒋南翔继承清华大学重视体育的优良传统，提出了“至少为祖国健康工作五十年”的口号。1957年11月29日晚，在学校召开的体育干部会上，蒋南翔讲道：“体育工作是学校工作中的一个重要组成部分。因为体育不但能增强人的体质，而且能够锻炼人的意志和毅力。……我希望同学们在大学毕业后，要争取至少为祖国健康地工作五十年。”②在蒋南翔的倡导下，清华大学重视学生的锻炼身体，也重视通过运动培养坚韧不拔的体育精神。“争取为祖国健康地工作五十年”的口号与学生在清华园的美好青春紧密联系在一起，激励着他们为国家努力工作。

---

① 郑小筠：《学习南翔校长的教育思想　坚持全面发展的方向》，《清华大学教育研究》1994年第1期。

② 方惠坚、郝维谦主编：《蒋南翔教育思想研究》，清华大学出版社1999年版，第210页。

第三支队伍“科学登山队”是业务代表队。20世纪60年代初，蒋南翔要求教务处从全校学生中选拔几个学习最优秀、有特长的学生，因材施教，研制单独的教学计划，配备指导教师，加强学习指导，多指定一些参考书。由于是万里挑一，这些学生被学校称为“万字号”学生。这批学习尖子后来很多成长为高精尖工业和科技领域的中坚力量，如今很多院士、学科带头人都曾是“科学登山队”的队员。

1965级电机系学生胡东成回忆：大一时通过了一次专门考试，于是学校为我们单独组织课外小组进行培养，他参加的英语口语组由后来担任外语系主任的口语专家吴古华老师负责指导；1966年四五月份，英语口语组学生举行汇报会，用英语或俄语进行演讲，为电影配音，蒋南翔亲临现场观看并予以鼓励。[①]当时的清华大学校领导向学生们做报告时常说，“苏联的卫星上天，靠的是一万博士，十万副博士。中国现代化也必须培养自己的高级人才，培养一支‘科学登山队’，一切有志青年都应该报名参加，为发展祖国的科技事业做出更大贡献”。很多学生听完报告后，马上树立了党和国家的需要就是我们的志愿，纷纷报名参加考试，很多人继续攻读硕士学位，钻研业务。[②]

三支代表队是拔尖人才培养制度。三支代表队的学生人数虽然是少数，却成了全校学生的学习榜样和努力方向，每个学生都能找到自己的爱好和优势，发挥自己所长，极大地提升了清华大学学生的质量。

---

① 胡东成：《往事的启示——从我的学生经历看蒋南翔教育思想体系》，《新清华》2013年11月8日。

②《刘冰文集》编辑委员会编：《刘冰文集》，甘肃人民出版社2011年版，第104—105页。

四、当之无愧的马克思主义教育家

（一）尊重规律，求真务实

蒋南翔对教育的规律有正确认识，他在校长任内的许多决策非常有前瞻性，这也是他能取得办学成绩的原因。他认为学生的培养质量不仅要看现在，还要看三年、五年、十年、二十年，明确指出了教育的长期性特点。他多次说过，衡量一所学校的教育质量，不是看几年十几年，而是要看几十年后出不出伟大的工程师和科学家。

蒋南翔对清华校史研究提出了“三阶段、两点论”，三阶段是指新中国成立前的旧清华时期、新中国成立后学习苏联经验时期以及1958年“大跃进”以后的时期；两点论是说对三个时期都应一分为二地看，要吸收每个时期的优良传统和优秀学风。在这一思想的指导下，清华大学没有抛弃自己的历史和传统，为国家培养了大批优秀人才，取得了许多重大科研成果。

蒋南翔认为学校的建筑物是百年大计，要从学校长远发展考虑。1953年底，他在清华大学基建委员会上强调：“设计要符合适用、经济、美观三者相结合的原则，而适用是应首先考虑的，假使为了省钱而造出不适用的房子，这实际上并不经济，应该在不降低质量的条件下，力求节省。同时，艺术的形式应该和实际的内容相统一，形式应该服务和服从于内容。”[①]蒋南翔在校长任内还主持设计建造了当时北京最高的建筑物——清华大学主楼。这栋花费十年时间建造完工的建筑，至今仍是清华园的一个标志，发

---

① 方惠坚等编著：《蒋南翔传》，清华大学出版社2013年版，第155页。

挥着重要的作用。

由于圆明园的文物保护政策，清华大学向西发展的策略遇到了困难。从1955年开始，蒋南翔决定逐渐向东发展校园，将学校的一些教学楼建在了京张铁路以东。但这样一来，铁路距离教学楼过近会影响精密仪器的使用，学生上下课要穿过铁路也存在着安全隐患。为此，蒋南翔向国务院打报告并得到支持，将校园内的那段京张铁路东移八百米，现在校园内的南北干道就是当年铁路经过的地方。清华保持了近五千亩面积的完整校园，为几十年甚至上百年的发展留有余地，至今每一个清华人仍为老校长蒋南翔对学校发展的远见卓识感到由衷钦敬。①

（二）坚持原则，刚直不阿

蒋南翔坚持原则和刚直不阿的品格为清华大学师生所敬仰。清华大学原校长、也是清华大学毕业生的张孝文回忆说，蒋南翔强调理论要联系实际，要培养分析问题和解决实际问题的本领。他说：即使你满腹经纶，但不能用来解决实际问题，只是个“两脚图书馆”。当年让学生真刀真枪地去做毕业设计，蒋南翔实际上是突破了重重阻力的。当时苏联专家就认为，像密云水库这样浩大的工程，学生是不可能完成设计的。然而蒋南翔却以自己求真务实、刚正不阿的品德和作风，让这些“不可能”真真切切地变成了现实。

蒋南翔坚持党的实事求是的原则，坚持真理，无论什么“风”来了，绝不随“风”转。1955年，他不同意在学生里搞群众性

① 方惠坚等编著：《蒋南翔传》，清华大学出版社2013年版，第155页。

"肃反"，在学校党委常委会上表明了自己的反对态度。1958年"大跃进"，尽管高等学校也受到"大炼钢铁"、劳动过多的影响，但蒋南翔在主持学校工作中，顶住了来自方方面面的"浮夸风"压力，努力把握正确方向，紧紧抓住密云水库、电子模拟计算机、数字程序控制机床、试验电厂以及试验原子反应堆等重点项目，取得了显著成绩。其根本原因就在于蒋南翔没有随波逐流，人云亦云，盲目跟风，而是高瞻远瞩，结合学校的实际情况创造性地开展工作。[①]在"左"的思潮对学校工作形成很大冲击的情况下，蒋南翔进行了坚决的抵制。

"文化大革命"中，蒋南翔受到了残酷迫害，但始终坚贞不屈，他坚持对过去和现在的工作要从实际出发，客观评价。他说：彻底的唯物主义者是无所畏惧的。1969年中秋节，在被隔离审查期间，他提笔写下一首《钗头凤》表达自己的气节与态度，词曰：

月当头，又中秋，玉兔默窥庭前柳。西风促，秋叶落，欲笺心事，孰诉衷曲？莫！莫！莫！　　身虽囚，心如旧，"俯首甘为孺子牛"。傲霜菊，耐萧索，清寒自守，素质永笃。乐！乐！乐！

（三）思路清晰，业绩卓著

"我国长期的教育实践告诉我们一条最重要的经验，办高等教育，必须优先考虑和解决两个根本性的问题，一个是方向问题，一个是质量问题。评价教育的成败优劣，归根到底，取决于这两

① 顾秉林：《唯实求是　刚正不阿——写在〈蒋南翔传〉出版之际》，《光明日报》2006年1月18日。

个根本问题解决得如何。”[①]这是蒋南翔发表的最后一篇关于教育的论文中的话，也可以视为他对自己教育思想的总结。蒋南翔的教育思想以马克思主义哲学为根本指导，是中国特色社会主义教育思想的重要组成部分。

清华大学的蒋南翔塑像

（图片由视觉中国提供）

蒋南翔是社会主义高等教育事业的开拓者，他为清华大学把握住了正确的发展方向。“蒋校长有一个宏伟蓝图。他要把清华办成一所什么样的学校呢，用现在的话说，就是要办成一个高水平的所有大学中的国家代表队。”清华大学原副校长、教育部原副部长高沂如是说。蒋南翔七十余年的人生旅程中有二十余年在清华园度过，他在清华的工作成绩清华人有口皆碑。

蒋南翔是卓越的学生领袖、杰出的青年导师、新中国高等教育的奠基人。中共中央最后给予他极高的评价：“忠诚的共产主义战士、无产阶级革命家、马克思主义教育家、我国青年运动的著名领导者。”[②]新中国成立七十多年来清华大学的人才培养工作和新中国的教育成就见证了蒋南翔做出的重要贡献，蒋南翔是当之无愧的马克思主义教育家。

① 蒋南翔:《高等教育要认真解决两个根本问题》,《高等教育学报》1987年第1—2期。
② 方惠坚等编著:《蒋南翔传》，清华大学出版社2013年版，第433页。

主要参考文献

1. 中国高等教育学会、清华大学编：《蒋南翔文集》，清华大学出版社1998年版。

2.《刘冰文集》编辑委员会编：《刘冰文集》，甘肃人民出版社2011年版。

3. 方惠坚等编著：《蒋南翔传》，清华大学出版社2013年版。

4. 王孙禺、谢喆平：《来源与精髓：蒋南翔工程教育思想轨迹探讨》，陈旭主编：《深切的怀念　永恒的记忆——纪念蒋南翔同志诞辰100周年》，清华大学出版社2014版。

5. 蒋南翔：《高等教育要认真解决两个根本问题》，《高等教育学报》1987年第1—2期。

6. 胡锦涛：《在庆祝清华大学建校100周年大会上的讲话》，《人民日报》2011年4月25日。

7. 陈吉宁、胡和平：《学习发扬蒋南翔教育思想　加快建设世界一流大学》，《光明日报》2013年10月8日。

自强不息
厚德载物

清华大学校训

撰稿人：

谢喆平，博士，清华大学教育研究院副研究员，主要从事高等教育研究。

王孙禺，清华大学教育研究院教授，主要从事高等教育管理研究。

林迪生

LIN DISHENG

兰州大学校长（1953—1959）

（图片由兰州大学档案馆提供）

林迪生（1903—1997），原名林攸绵，浙江三门人。我国著名的无产阶级教育家，新中国成立初期著名大学校长。

1921年，林迪生考入上海大同大学专修英文，1923年入上海大夏大学专攻教育学。1926年秋加入中国共产党。1937年6月，任中央苏维埃西北办事处教育部社会教育科科长。次年，被任命为鲁迅师范学校校长。1939年被调回陕甘宁边区教育厅工作。1941年任延安大学中学部主任。1945年任延安大学教育处长。1949年任西北人民革命大学第二部主任。1950年调任西北军政委员会教育部副部长。他在兰州大学工作二十余年，其中1953—1959年任兰州大学校长。1979年起，任中国教育学会常务副会长兼秘书长、顾问。他为兰州大学的发展及新中国教育事业做出了不可磨灭的贡献。

一、革命教育生涯

（一）成立乙丑读书社与创办泗林小学

林迪生六岁进私塾，十二岁进入桃渚镇天妃宫书院，后就读于大汾乡小学，毕业后考入台州省立第六中学。五四运动中开始萌发爱国反帝思想，并参加了焚烧日货行动。[①]

1921年，林迪生以优异成绩考入上海大同大学，专修了一年英文。之后，又在上海惠灵英文专科学校学习了一年。1923年，考入上海大夏大学，专攻教育学。后来，由于大夏大学遭到当局查封，林迪生离校回家，与进步青年陈韶奏、李敬永、蒋益谦等

① 梅军主编：《风雅乡贤——三门人物传记》，浙江人民美术出版社2008年版，第108—110页。

人以补习功课为名，组织了“消夏社”。“消夏社”在当地群众中产生了强烈的反响，许多青年在“消夏社”中受到了革命启蒙教育。

不久，林迪生等人在“消夏社”的基础上成立了读书社，因为1925年是乙丑年，所以，读书社的名字就叫乙丑读书社。林迪生当选为读书社常委，读书社以“努力读书、改造社会”八个字为宗旨。[①]读书社开辟图书馆、阅览室，对社员进行马克思主义的理论教育，扩大革命影响。当时社员自愿出资从上海买回许多进步书刊，如《中国青年》《向导》《共产党宣言》《共产主义ABC》《左派幼稚病》等，并规定《中国青年》《向导》为社员必读刊物，在每周一次的生活会上交流学习心得。读书社的门前有一副对联：革命青年请进来，投机分子滚出去。

1926年，当时在上海大学读书的张崇文受党组织的委派，来临海组建中共临海特别支部并担任支部书记。特别支部成立后，加强了对乙丑读书社的领导。是年秋，林迪生加入中国共产党。1927年5月，林迪生被派到宁海中学工作。1928年春，党任命林迪生为农运特派员，到仙居开展建党工作和农民运动。1929年，林迪生被调到上海，在闸北区委的领导下，参与组织工人识字运动，并于当年秋天去日本留学。1930年秋，中共东京特别支部遭到破坏，他被日本当局拘留三个多月后，于1931年1月被驱逐回国，失去了与党组织的联系，回到大夏大学继续完成他的学业。1931年秋，林迪生结束学习，回到家乡。

回家乡后，林迪生和徐明清商议不能消极地待在家里，于是

① 徐明清著：《明清岁月：徐明清回忆录》，中共党史出版社2014年版，第11—13页。

二人开办了泗林小学，普及小学教育，提高当地百姓的文化水平。[①] 1932年5月1日，林迪生和徐明清又以这两所小学为基础，在桃渚区（泗林小学和晓村小学都属该区）举行了一个全区抗日救国游行示威活动。这次活动影响很大，涌现了一批进步青年积极分子。后来，这些同志先后入党，在临海桃渚区建立了第一个党支部。泗林小学和晓村小学办得红红火火，声名远扬。

1932年秋，林迪生经徐明清介绍加入教联[②]，后又参加陶行知先生创办的“山海工学团”的活动。次年他受教联指派，到湖北宜昌的四川中学教书并开展革命活动。1934年秋，他到浙江新登县（后并入桐庐县）一所小学教书，并应县长张任天之邀，在教育局担任过一段时期的督学，发表了《浙江之新城》等文章。

（二）延安岁月：从鲁迅师范学校到延安大学

1. 在徐特立身边工作

1936年9月，林迪生经老同学蒋瑞青介绍到了西安，后被党组织分配到延安师范任教。林迪生在党中央机关进驻延安之际，遇到时任中央工作团主任的老战友王观澜。后经王观澜介绍，林迪生到徐特立身边工作，任中央苏维埃西北办事处教育部社会教育科科长，并解决了党组织关系问题。

林迪生在徐特立的直接领导下工作，学到了老革命家、教育

---

① 梅军主编：《风雅乡贤——三门人物传记》，浙江人民美术出版社2008年版，第108—110页。

② 教联是属于中国左翼文化界总同盟（文总）领导的，全称为中国左翼教育工作者联盟。文总领导左翼作家联盟（左联）、社会科学家联盟（社联）、左翼戏剧家联盟（剧联）等八大联，各联之间，党内是不发生横向关系的，但有群众的地方，大家都去，互相创造条件。参见徐明清著：《明清岁月：徐明清回忆录》，中共党史出版社2014年版，第231页。

家徐特立的许多优秀品质。徐特立艰苦朴素的工作作风，严于律己、率先垂范的美德，给予林迪生以深刻的影响。林迪生身上一直保持着的艰苦朴素、兢兢业业、宽以待人、严于律己的高贵品质，他自己说是向徐特立学习来的。林迪生联系实际、爱生如子等教育思想和教育作风，也受到徐特立的深刻影响。

2. 战火中执掌鲁师的艰难岁月

鲁迅师范学校于1937年2月正式成立，这所学校是中共中央在西北创办的第一所专门培养陕甘宁边区师资力量的中等师范学校，也是为了纪念鲁迅先生而创立的。1938年3月，林迪生被任命为鲁迅师范学校校长。①

鲁迅师范学校创办时，地址在延长。林迪生上任后率全校师生跋涉四百多千米，从延长迁往关中马家堡。学校初迁马家堡时，学校共编三个班：师范班两个，学生文化程度为高小毕业，学习时间为半年；预备班一个，学生文化程度为初小毕业，学习时间暂定为一年或两年，毕业后升入师范班。

鲁迅师范学校的课程分为政治课、军事课和文化课。预备班的课程内容与师范班相差不多，只有深浅之分。在教学方法上，鲁迅师范学校主张集体学习、集体研究或开讨论会。教务科制发结论纸，讨论时由学生做主席并把讨论结果记录在结论纸上，讨论后把结论纸交给教务科，再分发给各课程教员批改。

战争环境下，办学条件差，鲁迅师范学校设在几间旧房和几孔破窑洞里，利用破庙、旧戏台上课。随着学生增加，校舍不够用了。1938年7月，林迪生带领全校师生，在马家堡西崖畔挖窑

① 筱云：《鲁迅师范的过去、现在和将来》，《新华日报》1938年6月24日。

洞，修建新校舍。1939年春耕时节，林迪生带着师生开荒种地，改善生活，大湾山里常常回荡着歌声和笑声。当年的学生这样回忆“老校长”的形象：“校长的衣袖和裤子都很破，穿双草鞋。面孔是慈祥而亲切的。只有从那络腮胡子和坚定光亮的眼睛里，你才可以察觉到他不仅是个苦口婆心的教师，而且是个经受过大的生活波涛的人。”[①]

1939年9月中旬，中共中央决定在关中和三边两分区成立两所师范学校。随后，边区政府将鲁迅师范学校与陕甘宁边区中学（1938年8月在延安成立）合并，成立延安师范学校。林迪生离开师范学校，调回边区教育厅工作。1939年10月，边区教育厅开办教师训练班，林迪生被指定为负责人。1941年7月，他转到中央党校继续学习。[②]

3. 参与创办中国共产党第一所综合性大学——延安大学

1941年9月，陕北公学、中国女子大学、泽东青年干部学校合并成立延安大学，下设社会科学院、教育学院、法学院和中学部等。校长是吴玉章，副校长是赵毅敏，林迪生任中学部主任。林迪生在1943年的延安大学整风审干运动中，接受了一年的审查。后来随同由蒋南翔任组长的调查研究组，到甘肃庆阳等地搞教育调查研究，为召开陕甘宁边区文教大会准备材料。文教大会后，林迪生重返延安大学，任延安大学教务科科长兼高中部主任。

1945年8月，日本宣布无条件投降。延安大学大部分学生被调出工作，只剩下一个行政学院及一部分学生。这时，由江隆基

① 符德新：《一个世纪的追求——记共产党员林迪生》，中国教育报编：《春天的故事——中国教育报纪念创刊20周年通讯集》，北京师范大学出版社2003年，第289页。

②《中国现代教育家传》编委会编：《中国现代教育家传》第8卷，湖南教育出版社1988年版，第320页。

主持延安大学的领导工作，林迪生任教干处长。1947年初，胡宗南军队进攻延安，延安大学撤出延安。林迪生和延安大学的其他师生员工一起到山西去搞土地改革。1948年5月，我军收复延安。8月，延安大学迁回延安。解放战争进入反攻阶段后，一些知名学者相继到达延安，延安大学成立教育研究室，林迪生任主任。

1949年8月，因形势需要，延安大学迁到西安，并改名为西北人民革命大学，林迪生任第二部主任。1950年3月，他调任西北军政委员会教育部副部长。1953年3月，他调任兰州大学校长。此后，他在兰州大学一直工作到1979年。

二、大学治理成就

1953—1959年，林迪生作为校长主政兰州大学的这一时期，正是兰州大学夯实基础、发展壮大的重要时期。

林迪生担任兰州大学校长期间，争取到一千余亩土地建设新校区，请来朱子清等一批专家组建兰大教授队伍。在他的领导下，兰州大学由一所新中国成立初期规模较小的学校发展成为重点综合性大学，为国家建设事业培养了一大批人才。他的艰苦朴素、重视调查研究、密切联系群众等优良作风，带动兰州大学形成了优良校风。许多学生继承了他的这些优良作风，并在实际工作中保持了下来。[①]

① 符德新：《一个世纪的追求——记共产党员林迪生》，中国教育报编：《春天的故事——中国教育报纪念创刊20周年通讯集》，北京师范大学出版社2003年版，第288—297页。

（一）重视教学计划与教学大纲，推动学校教学改革

经过在兰州大学一段时期的摸索，林迪生提出，抓教学计划与教学大纲是推动学校教学改革工作的重要环节。这一观点的提出也有一个认识过程。起初，林迪生根据中央提出的教学改革的方针任务，着重抓政治理论学习，特别是中国革命史的学习，提出学习中国革命史，就是学习马克思列宁主义，就是学习毛泽东运用马列主义立场、观点、方法，解决中国革命问题；通过学习中国革命史，批判教学工作中某些教师的资产阶级教学思想，表彰教学工作中的集体主义思想。这样做，对教学改革起到了一定的推动作用，但是没有抓住教学改革的核心，因而见效甚微。因为教学改革应以教学内容的改革为主，只着重抓政治思想学习，对于教学内容改革的作用是有局限性的。①

1955年，国家为开发西北，决定将兰州大学办成一所综合性大学，教育部约请林迪生到北京来，向他当面安排工作。同时，让他参加教育部工作检查组，去复旦大学、南京大学和山东大学学习办综合性大学的经验。教育部还在这三所大学抽调了十多位教授、副教授、讲师支援兰州大学。以后又在北京大学、南开大学、武汉大学、山东大学等综合性大学调了好几批研究生到兰州大学，以充实和加强兰州大学的师资队伍，为兰州大学办综合性大学奠定了基础。②

林迪生一回到学校，就贯彻办综合性大学的决定，同时结合这一任务继续抓好教改。他深入教师、学生中召开座谈会，了解理论联系实际的教学原则的贯彻情况。在此基础上，他不仅提出

①②《中国现代教育家传》编委会编：《中国现代教育家传》第8卷，湖南教育出版社1988年版，第322、322—323页。

了在整个教学改革过程中始终要抓住明确教学计划与教学大纲的目标，而且采取了具体措施，如要求教师在备课及授课过程中，均注意贯彻教学计划和教学大纲。此外，还要求各系系主任向本系学生做一次教学计划的报告，使学生基本上明确本专业的规格要求，基本上明确每门功课在教学计划中的地位以及与其他课程的关系，并将教学大纲印发给学生。这样使学生明确了学习的目的，解决了诸如“物理系学生为什么要学习化学”一类的问题。这些举措在教学实践中收到了很好的效果。

林迪生在兰州大学
（图片由兰州大学档案馆提供）

（二）保证教学时间，提高教学质量

保证学生有充分的学习时间，保证教师有足够的教学时间，才能真正提高教学质量，才能使教学任务的完成有可靠的保证。林迪生于1956年4月就在兰州大学领导编制了《关于保证兰州大学教师每周有六分之五的时间（四十小时）进行教学工作的暂行办法》，并规定了九条具体办法。他还领导编制了《兰州大学各种会议暂行办法》，要求精简会议，会前必须有充分的准备，按时到会，按时结束，发言简要，解决问题，并要求在规定的时间内召开。对于兼职教师，也采取了一些措施，要求他们保证有足够的教学时间。由

于规定具体，措施合理，保证了充分的教学时间，其他配合教学的工作也比较得力，兰州大学在这一时期内教学质量得到较大提高，学生学习的风气较浓，向科学进军成为全体师生的实际行动。

1958年，不少大学大量教学时间改为劳动，片面理解“教育与生产劳动相结合”的教育方针，林迪生对此有所警觉。他反对浮夸冒进的教学方案，对学生自编教材等办法也有看法。林迪生说，学生是学习的，还没有掌握没教过的知识，怎么能自编教材？教师编教材时，可以向学生做调查，学生可以一定程度地参与，但怎能自己编教材呢？自己编教材教自己，就不需要上课了。林迪生强调指出，高等学校是培养人才的，要有稳定的教学秩序。他针对化学系某次考试，全年级没有一人及格的情况，强调学生的主要任务是学习，不能因为生产劳动太多影响学习。

林迪生对“大炼钢铁”中砸碎现成铁器炼铁的做法极为反感，对学生说：“你们炼出来的这种钢铁有什么用呀！”他还写信给兰州市委书记：“我们这样大炼钢铁，损失不小。”他坦率直言，不同意将一些知名教授定为右派，不同意划一些学生为右派，而对教授、民主人士采取亲近的态度，所有这些在极左思潮泛滥的当时，显然是“不合时宜”的。他遭到错误批判，罪名是“右倾机会主义分子”。兰大总务处处长任雄士和一位姓康的科长，与林迪生一起被定位为“林、任、康”反党集团，并被罗织一些莫须有的罪名，进行批判。林迪生不服，向党中央申诉。中央组织部副部长帅孟奇很快率领调查组到兰州大学，及时纠正对林迪生的错误处理。①

---

①《中国现代教育家传》编委会编：《中国现代教育家传》第8卷，湖南教育出版社1988年版，第325页。

（三）重视教师队伍建设，落实知识分子政策

在同等客观条件下，办好高等教育的一个主要因素，是师资队伍的素质与合理使用。师资力量强，教学科研成果丰硕，自不必言。于是，全面落实党的教育方针和政策，调动教职工积极性，不断提高教师业务和品德素养，就成了学校工作的重中之重。林迪生来校后紧紧抓住师资队伍建设这个关键问题，他亲自去沿海发达地区的兄弟院校，诚聘高质量教师和专家来校任教。在有关部门积极协助和鼎力支持下，不少留学归来的学子和著名专家、教授，放弃了沿海地区及大都市的优越条件，投身于相对艰苦的兰州大学创业行列中。他们当中很多人后来成为院士、博士生导师、著名教授、专家学者，如：郑国锠、刘有成、朱子清等。于是兰州大学教学、科研迅速发展，从一所原本规模极小的普通高校，发展成一所多学科、在国内外具有影响的重点综合大学。①

时任兰大生物系主任郑国锠和化学系教授刘有成是从国外回来的知识分子，林迪生多次交代教务长要注意加以适当照顾。他经常去教授家里登门拜访，问寒问暖，让归国的知识分子感受到党的温暖，更加感到祖国的亲切可爱。化学家朱子清教授是林迪生亲自从上海复旦大学聘请来的。林迪生非常看重朱子清的人品和学问，常与他促膝谈心，希望他为兰州大学、为祖国的植物化学事业做出贡献。对于朱子清教授的生活，林迪生也是关怀备至，两人相互尊重，建立了深厚友谊。

① 韩学本著，孔敏编选：《陇上学人文存·韩学本卷》，甘肃人民出版社2015年版，第344—345页。

（四）为人师表：关心爱护与严格要求相结合

对待青年与学生，林迪生始终如父母对待孩子那样，既使人感到和蔼可亲、平易近人，又绝不放任、严格要求。这是他的许多学生的共同感觉。

兰州大学的几代学生都无法忘记这位慈祥、可亲的林校长。兰州大学生物系1952级是林迪生抓的教学点。他对这个年级的每个学生都很熟悉。每到周末，他必到学生宿舍来看望住校学生，数年如一日。许多学生在学习上、生活中遇到问题，都愿意找他谈心。有的年岁较大的调干学生谈恋爱，也请他出主意、当参谋。毕业分配时，林迪生会和学生进行个别谈心，勉励学生毕业分配后刻苦工作，为祖国做贡献。在林迪生和教师的努力下，全年级学生都坚决地服从祖国分配，积极地要求到祖国最艰苦的地方去锻炼自己。他长期从经济上支援的学生有五六人。这些当年受林迪生资助的学生现在大都做出了优秀的业绩。

在兰州大学里，林迪生特别注意培养学习成绩优异的尖子学生，注意从思想上、政治上帮助他们。他与一些尖子学生保持着长期的、密切的联系，如物理系学生张敬业、化学系学生胡之德、生物系学生岳德超等，无论他们在校学习期间还是毕业后在工作的岗位上，都经常受到林迪生的教育。他们由衷地说，在他们的成长过程中，充满着林迪生校长的心血。

类似的例子举不胜举。为什么许多学生在回忆他们敬爱的老校长林迪生时，都自然而然地引用“父亲”“母亲”这些人类最珍贵的字眼，为什么林迪生给他们的印象那么深刻，原因就在于林迪生在他教育工作实践中对青年倾注了深沉的爱，他用父母般的深情来对待教育学生，使他们在温暖的感情下成长。

三、坚持教育规律

（一）总结教育经验，阐发办学思考

林迪生在主持兰州大学工作期间，重视革命传统教育的总结、介绍，致力于新中国教育方针、政策的宣传以及教育教学等工作的研究思考，他先后在《西北教育通讯》《民大生活》《兰州大学校刊》等刊物上发表了不少文章。这些文章、讲话，大致有以下三方面的内容。

一是回忆延安大学的革命历史，对青年学生和教育工作者进行革命传统教育。如发表在1950年《民大生活》第三十一期上的《校史简述——延大》等文章。由于这是很有价值的史料，《陕西师大学报（哲学社会科学版）》1981年第一期转载了文章中延安大学校史的沿革部分。

二是关于贯彻、执行新中国的教育方针和介绍新中国教育体制的文章。如《西北教育通讯》1951年第四期上的《新中国的新学制》，发表在《西北教育通讯》1952年第八期上的《试行中学新行规程》等。

三是反映他教学工作和教育行政工作等方面的文章，散见在当时的《西北教育通讯》和《兰州大学校刊》等刊物上。

林迪生写的文章，观点非常鲜明，体现了他对办学规律性的认识。例如，他在论述科学研究和教学工作的关系时指出："必须使科学研究与教学工作密切结合起来，科学研究和教学工作不是对立的，二者是相辅相成的。没有一定的理论科学的研究作基础，绝不可能真正提高教学质量；作为一个科学家，既有不断发展科学事业的责任，又有传播、推广他的知识，培养下一代科学工作

者的义务。”“争取使我国的文化科学和技术尽快地接近世界先进水平，就必须大力开展科学研究，同时也要搞好教学工作。”①

林迪生传授教学经验

（图片由兰州大学档案馆提供）

（二）掌校之余坚持上教学一线

在兰州大学的长期工作中，林迪生在领导学校、管理学校的同时，始终坚持在教学一线，亲自教政治理论课、中共党史等课程。对于高校政治理论课教学，他总结出三点基本看法。

第一，把政治理论课的教学放在培养总目标中来看。他认为要培养“又红又专”、全心全意为人民服务、具有无产阶级世界观的建设人才，需要先进思想的灌输与实际生活的锻炼，而政治理论课主要是为解决世界观问题奠定认识基础，因此在上政治理论课时要紧密结合青年学生的思想实际。

①《中国现代教育家传》编委会编：《中国现代教育家传》第8卷，湖南教育出版社1988年版，第336页。

第二，政治理论课、思想政治工作与形势时事教育这三个方面要结合起来，缺一不可。但比较起来，政治理论课教育应是第一位的，不可忽视。

第三，强调政治理论课教育的系统性，认为系统的政治理论教育是社会主义大学不可缺少的。在后来动荡的岁月里，教育教学受到冲击，林迪生也能坚持自己的认识与观点，保持清醒的头脑。

（三）身处逆境，立场坚定

1966年，当“文化大革命”阴云笼罩整个中国大地的时候，兰州大学作为西北地区的重要高等学府，毫无疑问地被卷入其中。林迪生也未能幸免。在批判“资产阶级教育路线统治学校”的大会上，林迪生当着全校师生员工的面说：“如果兰大确实存在资产阶级教育路线的话，那么主要责任应由我来负，因为我主管教学，而且，我比江隆基同志来得早；对资产阶级知识分子实行投降路线，也应由我负责，因为我觉得，搞好一个学校，必须依靠这些教授、讲师。”[①]

隔三岔五接受批斗，就是林迪生在“文革”开始后两年的全部生活。这段时间内，他受尽了精神和肉体的折磨。韩学本教授回忆道：当年林校长头上的“帽子”，如同军阀混战年代“城头变换大王旗”似的换来换去：“目光短浅”“延安习气”“老右倾”直至“兰大陈独秀”，便从一个侧面为我们提供了那段历史的佐证。[②]

①《中国现代教育家传》编委会编：《中国现代教育家传》第8卷，湖南教育出版社1988年版，第336页。

② 韩学本著，孔敏编选：《陇上学人文存・韩学本卷》，甘肃人民出版社2015年版，第341页。

林迪生在困境下力挽狂澜，坚持党的教育方针和政策，提出在校学生的主要任务是学好理论知识，学习脑手并用的技能、方法；要以报效祖国的态度去学习，而不是空谈。

而对于学生在“文革”中犯的错误，他后来选择用爱来宽恕。崔乃夫[①]在一篇回忆文章中这样写道：林迪生中等身材，背微驼，说话时总是带着微笑，说起话来带着浓重的浙江乡音，慢慢的，软软的。他给我的印象是和善、朴实，毫无锋芒。但在工作中，他是个外柔内刚的铮铮铁汉。

1975年，林迪生开始担任兰州大学革命委员会副主任。从1953年3月到兰州大学，到1979年离开兰州大学，林迪生为兰州大学的发展付出了全部的心血，从某种意义上讲，他是兰州大学走向国家重点建设综合性大学的奠基人。

四、清廉奉献一生

1979年4月，中国教育学会成立。林迪生从兰州到北京担任中国教育学会常务副会长兼秘书长。1988年，他八十五岁时正式离休。但他离而不休，仍一如既往地关心教育事业发展。

（一）老骥伏枥

林迪生的夫人陈楚平曾是邓颖超的秘书，后任中共中央文献研究室室务委员会委员、《周恩来选集》编辑研究组组长。1980年

① 崔乃夫，曾任兰州大学党委常委、宣传部部长、教务长。任教务长期间，协助校长江隆基整顿教学秩序，提高教学质量，做了不少工作。“文革”期间任兰州大学林场场长。1978年，调民政部政治部任负责人，后任民政部副部长、部长。

12月22日，陈楚平猝然病逝，林迪生极为痛苦。邓颖超闻讯后去函致唁："迪生同志：惊闻楚平同志突逝，至深悲痛，非言可喻！除献上鲜花一束，伴她遗体火化，聊表我们之间的深厚革命友情，寄我哀思和悼念！特函致唁，望你节哀保重。今后凡事都应实事求是，力避主观强求，这也是对楚平同志的最好的纪念。匆匆草此，临颖不尽。紧紧地握手！邓颖超。"[①]

陈楚平去世后几天，林迪生的学生岳德超约了几位从外地来京出差的老同学去看望他，想去安慰这位老人。没想到林迪生看到大家难过的表情，反而给大家做起了思想工作。他说："楚平逝世了，对我来说，当然是最大的损失，这是谁也不能弥补的。与你们比起来，我的损失最大。告慰于死者的，是我们活着的人要振奋精神，为'四化'做出贡献，这才是楚平同志所希望的。"[②]在场的学生无不为之深深感动，岳德超说："林老这样的老革命家，在任何时候也忘不了为党工作，为党的事业奋斗。有这样的老前辈，真是我们党的光荣，是我们的幸福。"[③]

1981年，林迪生已年近八十，又遭逢晚年丧偶之痛。但这位革命老人足迹遍布西南、西北、华北、华中，仍忘我地工作着。春天，他去参加贵州省教育学会成立大会。5月12日，他历时两个月，撰写出《坚持又红又专，培养专门人才》一稿。5月20日他到河北保定去参加为期一周的教育部召开的高校思想政治工作会议。6月18日，到山东济南去参加中国教育学会的会议。7月18日，到甘肃兰州大学等地调查、访问。9月撰写了一篇文章发表在

① 中共中央文献研究室第二编辑部编：《邓颖超书信选集》，中央文献出版社2000年版，第256页。

②③《中国现代教育家传》编委会编：《中国现代教育家传》第8卷，湖南教育出版社1988年版，第339页。

《甘肃日报》上，对社会上的不正之风进行了鞭笞。10月到广西、广东等地参加会议，检查工作。从广东归来的第二天早晨，就不顾长途跋涉的劳顿，又到中国教育学会上班了。[①]

（二）永不脱离群众

一次林迪生和陈楚平去看望邓颖超，晚饭时，周恩来问林迪生："兰州的大路菜和北京一样也是大白菜？"林："是大白菜，但不如北京的好，另外还有洋芋。"周："洋芋是由国外来的吧？"林："是，听说是从美国引进的。"周："白菜多少钱一斤？"林语塞，大家笑了。邓颖超解围说："难为林老了，大学校长亲自上街买菜的不多，更不会讨价还价。"陈楚平也插话说："兰大的围墙比延安大学的高，把老林给圈住了。"周总理笑了。邓颖超仍是笑着说："早就听说你很注意深入群众，能同学生们打成一片；还同学生们一起打排球，给学生盖被子。难怪当年延大和鲁迅师范的学生管您叫'林妈'，不叫林老师、林校长。"[②]

林迪生生活节俭，艰苦朴素，不吃请、不受礼，住的是国家教委宿舍一套普通的两居室，穿的是老粗布衣服，用的是一台黑白电视机。可是对农民集资建校舍，他一次捐助了五千元，党费有一次就交了一万元，乡亲们到京打工的、办事的，常在他家落脚，他管吃管住，还自己掏钱给他们买火车票。[③]

---

①《中国现代教育家传》编委会编：《中国现代教育家传》第8卷，湖南教育出版社1988年版，第339—340页。

② 韩学本著，孔敏编选：《陇上学人文存·韩学本卷》，甘肃人民出版社2015年版，第349页。

③ 符德新：《一个世纪的追求——记共产党员林迪生》，中国教育报编：《春天的故事——中国教育报纪念创刊20周年通讯集》，北京师范大学出版社2003年版，第288—297页。

不管是从哪个省份来的教师、学生或教育行政部门领导同志来看望他，林迪生都详细问人家，学校里课程怎么设置，讲什么，课外活动怎么安排，有些什么问题，等等，然后经过自己的思考，整理出来，向有关方面反映或提出建议。

碰到年轻人，林迪生总要聊上几句，叫什么名字，读了几年书。已经参加工作的，就问人家有什么收获体会，写不写日记。要人家订出自学计划给他看，还把家里地址留给人家，欢迎写信联系。一次在宾馆住宿，他给一个小服务员布置了写一篇日记的“任务”，服务员因为值夜班没有写，她以为这位老先生说过就算了，没想到第二天林老又来问她。小服务员十分感动，终于把“任务”完成了。

先后有几个来他家帮忙的小姑娘，都在林老的援助下到外面学文化、学技术，学成之后找到新的工作，离开了他家。平易近人的林迪生，结交了许多普通百姓朋友。家乡来打工的、当保姆的、办事的，常在他家落脚。林迪生爱说的一句话是：社会主义的江山是靠人民打下来的。因此，我们什么时候也不要忘记人民、脱离人民。①

（三）离休不离党

1988年，林迪生正式办理了离休手续，但他坚持离休不离党，其在党为党、在党爱党、在党护党、在党兴党的意识更加坚定。在浙江省台州地区六个县市的街头巷尾，有几年常可见到一位普通农民打扮的老人和人拉话。他穿着一身洗得发白的蓝色中山装，

① 符德新：《一个世纪的追求——记共产党员林迪生》，中国教育报编：《春天的故事——中国教育报纪念创刊20周年通讯集》，北京师范大学出版社2003年版，第293页。

普通的布鞋，线袜上打着补丁，农民们不拿他当外人，有啥说啥。很少有人知道，这位老农模样的人，就是六十多年前在这一带从事过党的地下工作的林迪生。1990年以后，林迪生三下浙江，以党群关系、今昔对比为题，进行深入调查研究。他把调查中发现的问题，一件件记下来，整理出来，然后向有关部门反映。有的材料，还附上自己的意见。

林迪生是具有七十年党龄的老共产党员，他深知党风、党群关系的好坏，对执政党的重要性。他对人说：党内腐败现象不消除，会亡党亡国，苏联、东欧就是例子。我岁数大了，精力体力不行了，这类事情，我不知道没办法，知道了就得管。

当他发现有些干部以权谋私、贪污受贿、铺张浪费、失职渎职时，他再也坐不住了。1993年4月14日，林迪生和离休干部江汉一道，向中纪委递上一篇六千字的报告，尖锐指出了腐败问题的严重性及其对党风的伤害，并且建议目前“先就防止以权谋私方面规定几条，像‘三大纪律八项注意’那样，公之于众”。中纪委办公厅很快就于5月4日给两位老人复信：“现中央纪委常委正在传阅和研究。你们忠诚党的事业，关心党的建设特别是党风廉政建设的精神，令人敬佩。”也许是参考了像林迪生一样关注党风的许多老党员的意见，中央很快就下发了颇像是“三大纪律八项注意”的“几不准”。[①]

熟悉林迪生的人都知道，跟他一起出差，绝无大吃大喝的机会。一次秘书陪他去杭州，晚上八点才赶到。吃饭时，林迪生看

① 符德新：《一个世纪的追求——记共产党员林迪生》，中国教育报编：《春天的故事——中国教育报纪念创刊20周年通讯集》，北京师范大学出版社2003年版，第294—295页。

到桌上摆着七八个菜，立即招呼服务员端走几个。女服务员不肯端，林迪生就自己动手。等秘书进来时，看到桌上只剩下三盘很普通的素菜。吃请不到，送礼不要，是林迪生给自己确定的铁的纪律。当时在他身边照料他的侄女，牢牢记住了不能收下任何人送来的礼物。因为如果收下了什么，林迪生就要花费很多精力，千方百计把东西退回去。

林迪生说："延安时代，物质条件很差，但人们有革命理想，精神很愉快。我们在物质生活方面，要考虑到人民群众的生活水平，绝不要搞特殊化。"他还说："手头钱过多，对个人没有用，也不要留给子女。"林迪生病重以后，经组织过问，才知道他根本没有什么积蓄。这位为党和人民奋斗一生的老人，真正如他所说，把人民的钱，还给了人民。[①]

主要参考文献

1. 林迪生：《鲁迅师范学校关中时期简史》，陕西师范大学教育研究所编辑：《陕甘宁边区教育资料·中等教育部分》中册，教育科学出版社1981年版。

2.《中国现代教育家传》编委会编：《中国现代教育家传》第8卷，湖南教育出版社1988年版。

3. 符德新：《一个世纪的追求——记共产党员林迪生》，中国教育报编：《春天的故事——中国教育报纪念创刊20周年通讯集》，北京师范大学出版社2003年版。

4. 梅军主编：《风雅乡贤——三门人物传记》，浙江人民美术

① 符德新：《一个世纪的追求——记共产党员林迪生》，中国教育报编：《春天的故事——中国教育报纪念创刊20周年通讯集》，北京师范大学出版社2003年版，第297页。

出版社2008年版。

5. 徐明清著：《明清岁月：徐明清回忆录》，中共党史出版社2014年版。

6. 韩学本著，孔敏编选：《陇上学人文存·韩学本卷》，甘肃人民出版社2015年版。

7. 王戈、王作人著：《江隆基的最后十四年》，作家出版社2015年版。

8. 筱云：《鲁迅师范的过去、现在和将来》，《新华日报》1938年6月24日。

9. 王德凤：《兰州大学往事》，《档案》2009年第5期。

自强不息
独树一帜

兰州大学校训

撰稿人：王娟娟，管理学博士，兰州大学高等教育研究院讲师，主要从事教育管理学和高等教育研究。

钟师统

ZHONG SHITONG

北京体育学院（北京体育大学前身）院长（1953—1982）

钟师统（1913—2001）是新中国体育教育事业的拓荒者和引领者，为中国体育事业发展和体育教育事业创新做出了奠基性贡献。他在北京体育学院院长职位上勤恳工作近三十年，逐渐使北京体育学院成为国内体育类院校的“领头羊”。

一、生平与教育活动

1913年12月20日，钟师统出生于陕西华县（今渭南市华州区）高塘镇吉家河村一个农民家庭。他的人生轨迹可分为以下几个阶段。

（一）青少年时期

钟师统从少年时期起就投身于轰轰烈烈的大革命运动之中。1924年，他在陕西省华县高塘区公立高等小学读书，开始接受了孙中山的三民主义教育，接着又接受了共产主义教育。1926年，他参加了中国共产主义青年团，任团支部书记、团区委委员。当时是国共第一次合作时期，中国共产党为了支持孙中山领导的国民革命，打倒军阀，让他参与开展相关工作。1927年，他又转为共产党员，任党支部书记。1928年，他参加“渭华起义”。起义失败后，他转入地下，从事学生运动和军运工作。曾任任村苏维埃主席、赤卫队队长。

1931年，钟师统受中共陕西省委指派去莫斯科中山大学学习，因为错过出发时机，后辗转来到北平，以第二名的优异成绩考入北平市立师范学校。[1]在北平市立师范学校期间，他担任中国共产党领导下的“反帝大同盟”北平西城区召集人。按照党组织指示，他一边读书，一边做学生运动工作。1933年，冯玉祥、吉鸿昌等组织成立“察绥民众抗日同盟军”，钟师统带领部分北平学生参加同盟军，他先是在教导团学习，后任宣传队副队长。1936年12月，任陕西省民众运动指导委员会指导员。

（二）协助贺龙从事军事教育工作时期

钟师统积极投身抗战救亡运动之中。西安事变后，钟师统历尽艰险，奔往革命圣地延安。途经三原县时，他遇到了贺龙领导的红二方面军，便于1937年初参加红二方面军。

钟师统受贺龙委派到干部大队做培训工作。此后，他便成为红二方面军以及后来的一二〇师、晋西北军区、晋绥军区负责抗日统一战线的专职或兼职工作人员。

1945年，贺龙把文水中学师生和一些进步青年组织起来，成立“陕甘宁晋绥五省联防军驻晋随营学校”（后更名为“贺龙中学”），任命钟师统为校长。该校培养人才一千余人，为其后成立西北军事政治大学奠定了基础。

抗战胜利后，钟师统继续从事教育工作。1946年，钟师统任晋绥军区军政干部学校政治部主任，在兼任该校校长的贺龙领导下工作。随后，他任陕甘宁晋绥联防军步兵学校政治委员。1948年，贺龙中学与步兵学校合并成立西北人民军政大学，钟师统任党委书记兼副校长。

---

①《新中国体育教育的开拓者——钟师统》，北京体育大学出版社2002年版，第12页。

新中国成立初期，钟师统调任中共中央西南局干部教育处处长兼西南行政委员会干部教育局局长、四川省文教委员会副主任、中共四川省委高等学校委员会书记等职。经过长期的战争洗礼和考验，特别是战争时期地方教育和军队教育的磨砺，他对教育事业的理解更加深刻，教育经验也更加丰富。

（三）担任北京体育学院首任院长时期

新中国成立后，中央人民政府非常重视国民健康和体育运动工作。1952年11月15日，中央人民政府决定成立中央人民政府体育运动委员会，任命西南军区司令员贺龙为中央人民政府体育运动委员会主任。上任伊始，贺龙积极筹备成立中央体育学院，规划培养体育干部和体育人才。中央体育学院（1956年、1993年分别更名为北京体育学院、北京体育大学）要成立了，经过协商，决定由钟师统担任我国第一所体育学院院长。

1953年9月20日，贺龙在西南军区司令部接见钟师统，对他说，体育这一行咱们没有基础，因此首先要培养干部，我们正筹划成立中央体育学院，想让他去负责。钟师统没有思想准备，没想到让他搞体育工作，就对贺龙说，自己没有搞过体育，不懂体育，可否去搞工业或其他工作。贺龙以自己为例耐心劝说：人民需要开展体育工作，增强体质，更好地建设社会主义祖国；部队同志需要开展体育活动，锻炼身体，保卫祖国。所以，自己就接受任务干体育工作。任务接受了，问题是非常缺少学过体育的专业干部，所以首先要考虑解决体育干部的培养问题，成立中央体育学院。办体育学院，需要一位有办学经验的院长，钟师统多年在解放区、在部队从事教育工作，因此，筹办中央体育学院的任务非他莫属。

钟师统于1953年10月赶到北京，入住中央体委招待所，次日便到中央体委报到。贺龙在百忙之中挤出两天时间，亲自主持研究中央体育学院的办学问题。贺龙指出：中央体育学院直属中央体委领导；中央体育学院要继承红军大学、抗日军政大学的优良传统，面向全国，为国家培养德才兼备、身体健康、忠于祖国、忠于社会主义的体育专业人才；为各体育高校和师范院校体育系培养专业教师。钟师统决心努力完成党中央和贺龙主任交给自己的光荣而艰巨的任务。他认真贯彻党中央关于办理中央体育学院的指示精神，深入思考怎样克服各种困难，怎样尽快使自己成为内行，创办一所继承革命传统的新型体育学院。经过钟师统的具体筹办，1953年11月1日，中央体育学院在北京正式成立，3日，举行了隆重的开学典礼。

为了积极响应党中央关于干部“四化”的号召，也考虑到身体和年龄因素，1982年8月钟师统从北京体育学院院长位置上退职，改任北京体育学院名誉院长。此后，他的工作重心由北京体育学院转移到中国奥委会，对培养我国优秀运动员和在中国传播和发展奥林匹克理想做出了重要贡献。

二、培养体育专门人才的思想和路径

钟师统担任北京体育学院院长近三十年，任名誉院长十余年，为我国体育院校和体育系科发展做出了示范，也赢得了“新中国体育教育的开拓者”的赞誉。李庚全和闫旭峰在《钟师统体育办学思想研究》一文中指出：“他的体育办学思想包括：确立‘又红又专’的体育人才培养目标；提炼出‘提高教学质量、运动技术水平和科学研究水平’等几个基本的办学思想；制定了‘一专多能’的体育人才规格；在专业理念上把体育当作一门科学来办，把教育规律当作体育教学工作的准则。”① 钟师统在北京体育学院长期担任主要领导，把北京体育学院创办为国内体育类示范院校和体育院校的标杆。这是与他的个人智慧、人格魅力、个体经验密不可分的。

（一）重视政治教育在人才培养中的重要作用

钟师统就任北京体育学院院长，首先要做的是贯彻党的教育方针，确立社会主义的人才培养目标，同时借鉴苏联的经验，探索我国体育学院的办学路径。

1. 以政治教育统领人才培养

1953年，钟师统就任院长后就一再强调贯彻教育方针和开展政治教育的重要性。他说：政治理论、政治思想教育是提高社会主义觉悟，贯彻实现党的教育方针、体育运动方针和学校培养目标的强有力武器。体育学院的根本任务是要培养“又红又专”、德、智、体全面发展的体育人才。为此，学校工作必须把政治教育放在首位，用政治统帅一切，把政治思想工作渗透到学校工作的各个方面。只有政治落实到业务，才能坚持“红与专”的统一，才能体现政治的统帅作用，才能精神变物质，出成果，同时才能有检验政治工作效果的主要标尺。如果政治不能统帅业务，那就是敲边鼓。他反复强调贯彻教育方针、加强政治工作、强化思想

① 李庚全、闫旭峰：《钟师统体育办学思想研究》，《北京体育大学学报》2013年第4期。

工作对确立培养目标和落实人才目标的重要作用。

钟师统把北京体育学院的思想政治教育总结为四个方面。其一，群众性的政治运动，他指出，根据党和国家不同时期提出的中心任务在学校里有节奏地进行群众性的政治运动，是最好的理论联系实际的政治思想教育形式。其二，方针、政策、时事教育，他指出，学习总路线、学习党的教育方针、学习六中全会决议、讨论国内外重大事件等，对于师生领会党的方针政策是很重要的。其三，系统的马列主义政治理论教育，他强调，学习马列主义基础理论知识，树立辩证唯物主义的世界观，对于学生的政治觉悟、立场观点、思想方法，正确领会党的教育方针，改进教学训练、科学研究及指导一切工作实践都是非常重要的，一切低估系统的政治理论学习的想法都是错误的。其四，正确处理各课程之间的相互关系，他要求逐步彻底改进教学内容，使得学校的教学、科学研究工作符合党的教育方针、社会主义建设和体育运动实践的要求。①

2. 注重政治思想教育与实际工作相结合

钟师统强调学习马列主义基础理论知识，树立辩证唯物主义的世界观。他要求对青年学生进行政治觉悟、立场观点、思想方法的引导和教育，认真领会党的方针政策，以马列主义的观点方法改进教学教练和科学研究以及指导一切工作实践。同时把加强政治教育贯穿于学生培养过程中，他要求本科四年必须系统地学习社会主义共产主义基本知识、中国革命史、政治经济学、辩证唯物主义和历史唯物主义四门政治理论课程。他要求领导班子亲

① 钟师统：《贯彻党的教育方针的几个问题》，《体育文丛》1959年4月。

自抓马列主义教研室建设，自己也身体力行，从中央党校、中国人民大学、北京大学和其他院校调进教师，选派学院本科毕业生到中国人民大学、北京大学进修，以充实政治教师队伍，努力促使马列主义基础教学与体育教学相结合，用马列主义的立场、观点、方法解决体育学院办学和体育教育中的问题。

钟师统指出：生动活泼的政治教育一旦脱离了人们的思想实际，脱离了人们的工作实践，脱离了人们的具体表现就变成了只有教学没有教育，只教书不教人的枯燥的说教。他着重要求：政治理论教育必须与政治思想教育相结合，政治理论、政治思想教育必须与人们的思想实际、工作实践、日常表现相结合。[①]他要求马列主义理论教师必须兼一个班的班主任，深入学生的学习、生活、课外活动的全方位育人过程中，以便了解学生、熟悉学生、指导学生，在工作中获得第一手资料，并丰富课堂的理论教学。这样的做法，使得思想政治教育统领学校具体工作的要求落地生根而基础稳固。

3. 加强政治教育与时事政策教育相结合

钟师统还特别重视对师生进行形势教育和时事政策教育。他认为：学校应及时将国内外政治、经济、体育的形势和党的各项方针政策，向全校师生及时传达。师生们了解了国内外的形势，了解了党的方针政策，他们才能自觉调整工作和学习，自觉地执行党的方针政策。他邀请贺龙、李达、荣高棠、李梦华、张非垢等领导到学校给全校师生做“形势与任务”“党的方针政策”“体育的形势与任务”“全国体工会议精神”等专题报告。钟师统和其

① 钟师统：《北京体育学院的教育改革》，《体育文丛》1958年10月。

他学校领导为师生做国内外形势、党的方针政策、体育形势与任务报告，传达国家领导人及体委领导人的讲话精神，请老将军、老红军和前线英模来学校做长征、抗日战争英雄事迹报告。在钟师统领导下，学校举行的形势政策报告年均三次以上，以此使学校教育、人才培养与大政方针、时事政策有机结合起来，以引导学生始终紧跟时代步伐，与时俱进。

在粉碎“四人帮”之后，各方面工作都需要拨乱反正。1978年底，钟师统撰写了题为《正本清源　拨乱反正》的文章，纠正各种歪理邪说和错误言论，引导全校干部和师生认清形势，把握时代发展的大势，恢复各项工作。他重申北体的办学思想问题、贯彻党的教育方针问题，对按照学校的规律办好学校问题做了较详细的论证。①在时代转折的关键时刻，他总能把握大局，及时予以引导。

4. 关注思想教育，强化学校学生工作

钟师统认为，马列主义、毛泽东思想是指导各项工作的指导思想，也是指导体育院校的指导思想。学校的教学、科研、训练等各项工作都要重视思想引领，必须用马列主义和毛泽东思想的基本观点、方法指导具体工作。学校的思想政治工作要渗透到各项业务工作中。加强师资队伍的思想政治教育，他们学习和掌握马列主义基本理论后，就会自觉地运用马列主义的立场、观点、方法解决课程间的相互关系，努力使学校的教学、科研工作符合党的教育方针、社会主义建设和体育运动实践的要求。在迎接第一届全国体育运动大会中，教练员们用辩证唯物主义观点、方法，

①《正本清源　拨乱反正——钟师统院长在校庆廿五周年大会上的讲话（摘要）》，《北京体育学院学报》1979年第1期。

分析大运动负荷训练中的时间、密度、强度、质量四个方面的相互关系，使训练工作取得良好效果。

钟师统十分重视学生的思想动态和思想教育，他时常夜访学生宿舍，与学生促膝谈心，了解学生思想状况，疏导思想问题，强化专业思想和体育信念。他积极改进教育方法，探讨思想教育的新路径，提出了四条措施：一是把学生编为班组，并配备班主任负责政治思想工作和日常管理工作。实行半军事化管理，成立政治辅导处。二是集中时间对新生进行专业教育，组织学生观摩各类体育运动会和体育赛事，请领导和专家学者做专题报告，以强化学生的专业思想和职业信念。三是撰文予以疏导，他先后撰写了《端正对人民体育事业的认识和态度》（1954年）、《体育是没有理论可钻的吗？》（1955年）、《培养又红又专的体育人材》（1964年）、《重读〈体育之研究〉有感》（1979年）等文章，以巩固学生的体育思想。四是择优选拔马列主义水平较高和善于做思想政治工作的毕业生留校充实政工队伍，保证思想政治工作的人才和组织建设。

5. 校内工作与社会实践有机结合

为了拉近学校与社会的联系，锻炼师生和教练员，钟师统主动联系和协调社会资源，利用区位优势和人力资源条件，派出大批师生参加国家历届大型运动会的组织、裁判、后勤等工作，让广大师生直接为体育运动和体育事业服务。这样做，在锻炼队伍和培育人才方面可直接提升其才干，让学生较全面地了解我国体育事业的基本状况，弥补校内教学的不足。学校依据中央“关于搞好卫生工作，开展群众体育活动”的指示精神，1960年派出303名师生，组成31个体育卫生小分队，奔赴乡村、企业、厂矿等

钟师统（前排左二）在首届全国青运会上

（图片由视觉中国提供）

525个基层单位，因地因人因时制宜，发动340万名群众参加各种形式的体育运动和体育锻炼。学校还结合不同工种的特点和需求，创编了109套生产操，培养了16 000多名基层体育骨干。通过社会实践活动，使师生了解到基层单位和人民群众的基本状况和对体育工作的需求，加强了院校与工农之间的联系，也锻炼和磨砺了师生的意志品质，提高了思想觉悟和工作能力。学校还在师生编创的各类生产体操中，选择部分有代表性的精品由人民体育出版社出版。

（二）借鉴苏联经验，健全学科体系

钟师统带领领导班子成员，一边借鉴和继承苏区解放区的教育经验，一边借鉴苏联社会主义院校的办学经验，力求建立健全北京体育学院的办学体制和学科体系。

1. 学习苏联经验，办学与普及结合

1955年，钟师统在《新体育》发表《在列宁主义的光辉照耀下前进》文章，提出向苏联学习。他说："苏联的体育科学是以马克思列宁主义为指导思想的，是以辩证唯物主义的巴甫洛夫学说为其自然科学基础的。学习马克思列宁主义和巴甫洛夫学说是我们体育工作者面前摆着的一个严重任务。当我们纪念伟大列宁八十五周年诞辰的时候，让我们重温列宁的‘学习、学习、再学习’的名言，深刻地体会列宁关于共产主义教育和体育的指示，加倍努力地去学习、工作和锻炼身体，把我国的体育与运动事业继续向前推进。”列宁在论及体育运动与工作的关系时说："可以大胆地说，体育不但增强和改善我们身体的发育，而且帮助我们工作得更好。”[①]为了适应当时我国对体育教师和短期培训体育积极分子的需要，在高等教育部和中央体育运动委员会的领导下，中央体育学院聘请了苏联专家担任教学工作，系统地学习苏联的体育理论、技术和体育教学经验。

钟师统认为，苏联专家的帮助，不仅能够带动学校各方面的快速提升，而且对于群众体育、科学技术水平也十分重要。学校开办了不少短期训练班，以培养群众体育活动中涌现出来的积极分子。为了不断地提高我国体育科学、技术的水平，在苏联专家指导下，学校逐步开展体育科学研究。

2. 大胆启用外国专家，设立新学科

中央体育学院建校伊始，向苏联学习是执行国家战略，聘请苏联专家到学校任教，也是学校自身发展的需要。在钟师统主导下，学院于1953年12月聘请苏联体育教育理论家凯里舍夫到校任教，并兼任院长顾问。到1959年，先后有八个学科十位专家和两个学科的两位教师到校任教。除此之外，学院还借机把访问我国

① 钟师统：《在列宁主义的光辉照耀下前进——纪念列宁诞生八十五周年》，《新体育》1955年4月。

的民主德国手球专家请到学校为举办的手球训练班授课讲学四十天。在学习苏联和借鉴外国先进经验方面，钟师统总是以一种积极稳妥的态度对待工作，收到了良好的效果。

钟师统身体力行，尊重外来专家并虚心向他们学习，并要求全体师生一定要谦虚谨慎、虚心求学。因为外籍专家是来帮助我们培养专业教师，指导我国体育教育改革和开展体育科研工作的，是帮助我们开阔视野和建立新学科的。他同时强调对外国的东西要区分对待。学习他们各科的理论、技术和方法，要考虑到不同的历史背景、不同的环境条件。当时学校的一些翻译人员来源于部队，对体育不够熟悉，对各个学科的知识和基本术语也较生疏，无论口译或笔译，难免出现“译不准”和“译不懂”的问题。怎么解决这些问题？钟师统强调：一方面，先做到原样照搬，争取译准、译懂，把原意理解好，不要原意尚未吃透就急于考虑如何结合实际运用的问题。另一方面，请老教师和能力较强的年轻教师担任专家的助手或助教，以利于更快更好地掌握这个学科的知识内容，这不仅推进了学科建设，也培养了学科建设队伍。

3. 借鉴外国经验与立足我国实际相结合

钟师统一再强调，要从国家实际情况出发，合理吸收苏联和其他国家的有益经验。他带团出访苏联、捷克斯洛伐克、民主德国、保加利亚等国，到这些国家的体育学院进行考察学习。在借鉴外国经验的同时，他结合我国和学院的实际情况，逐步建立起具有我国特色的办学模式。

第一，适时调整学制和专业设置。在学院成立之初，他认为学校的重要任务是又快又多地向国家输送各种体育人才。为此，前两年招生一千余名专科生，学制为两年制专科。1955年起，结合社会需求，学校调整为四年本科学制，立足培养较高质量的体育人才。引进外国专家后，他又借鉴国外培养研究生的经验，把国外研究生的导师制调整为研究生班制。为了又快又多地培养高层次的体育专业人才，学校成立了研究生部，为长期培养研究生做好了各方面准备。1959年苏联专家撤走后，学校于1960年开始实行导师制自主培养研究生，也恰逢第一届本科生毕业，这样本科教育与研究生教育就有机地衔接起来了。此外，还利用学院优势为其他体育院校培训师资和开设中专教育。例如，1954年招收初中毕业的体育中专生，学习三年后分配到各级学校当体育教师，也可以考试升入本科继续深造。1958年，学院又试行预科制，还根据需要开设干训班，为各级体委、工会和共青团培养体育干部。

第二，完善教育教学体系。钟师统考虑应该为新办的体育学院培养专业师资和教练员。他认为，体育的任务就是为国家培养德才兼备、身体健康、忠于祖国、忠于社会主义事业的体育专业人才，经过多方征求意见，反复论证，最后学校决定设置六个运动技术系和一个基础理论系。依据生源和师资、需求等条件，学校最终设立了田径、球类、体操武术、水上冰上和基础理论五个系。以运动专项设置系级单位，在北京体育学院先行先试，走在了全国前列，为其他体育学院起到了示范作用。1962年，学校进行了调整，新生先在基础部修习两年体育师资所需课程，再到各专项运动系学习专项技术。1963年，基础部恢复为体育系，并设置运动系，运动系以培养教练员为主。这种院系设置模式一直持续到改革开放以后，其他体育院校也都以北体为蓝本来设置教学机构。

第三，人才培养直接服务于社会需求。1959年，为了迎接新中国成立十周年，部分有条件的省（自治区、直辖市）筹备举行各自的第一届运动会，但是特别缺乏教练员。针对这一社会需求，钟师统于1958年独创性地提出援助运动会举措。在有关省（自治区、直辖市）决定筹备运动会之际，北京体育学院将首届三百余名本科生下派到十六个省（自治区、直辖市），为各地举办运动会组织训练和服务。这样既解决了各地专业人才不足的困难，也在体育运动的实践过程中培育了学生的才干。为了按照学制规定按时毕业，这批学生在各地完成训练比赛工作之后，及时返校修完课程计划的内容，保证了准时毕业。北京体育学院全面周到的教育教学举措，受到贺龙的肯定和称赞。他还亲临学院参加“下放誓师大会”，给毕业生送行。另外，为了适应社会需要，在办好体育系和运动系的基础上，1960年起先后办起了大专班、中专班、研究生部、教师进修班、干部训练班、函授部、运动部、预科班，以及手球训练班、教练员训练班、俄语训练班，还设置了业余体校等。学院灵活机动、不拘一格培养体育专业人才，体现了钟师统强烈的使命感、责任感和职业精神。

（三）强化队伍建设，建立规章制度

中央体育学院创建伊始，师资有限，与办成一流体育学院的目标还存在很大差距。为此，钟师统立足学校实际，订立了许多规章制度，强化师资队伍和干部队伍建设。

1. 采取多种措施，组建师资队伍

在1953年中央体育学院成立时，学校从北京师范大学、河北师范学院和武汉干部进修学院调来了二十四位教师。但是，在这些教师中，助教和实习助教占三分之二，而他们由于缺乏教学经

验不能独立开课。仅仅依靠现有的少数教授和讲师，又远远满足不了学院的教学任务与教学需求。针对这种情况，钟师统说：我们缺少有经验的教师，别的学校也缺，怎么办？我们在老解放区办学时也缺教师，我们就采取了以老带新，集体备课，先统一主要观点，分头准备教案，然后逐个试讲，最后由课程负责人批准上课。这样既解决了师资不足的困难，又保证了教学质量、扩大了教师队伍。老区采取的办法，就是从实际出发的革命的办法。经过论证和讨论，学院决定在目前师资短缺的情况下，可以学习、移植、借鉴解放区的办学经验。其后，教师按照体育的专项分组，依据各组和各人的特长分配教学任务，要求必须在学校正式开学前，抓紧时间商讨和备课，做好开学前的准备工作。从这一事例可以窥见，钟师统坚持马克思主义实事求是的基本观点，与学校的具体情况相结合，创造性借鉴老解放区的办学经验，解决了师资队伍不足带来的问题。

2. 面向全体学生，强化专业思想教育

钟师统在与学生接触和交谈时发现，有的学生专业思想上存在问题，认为从事体育工作不如其他行业，没有前途。于是，他在1954年7月《新体育》上刊文《端正对人民体育事业的认识和态度》，实事求是地进行了详细剖析和解释。他说：1953年学校招生五百多人，入学时将近百分之八十的是指导志愿，是不愿学体育的；就连那百分之二十志愿学体育者，对人民体育事业也有各种不同的认识，存在许多糊涂思想和错误态度。[①]这样的想法，在当时不是个案或个别现象，这势必影响到学生的积极性和人才质量。

① 钟师统：《端正对人民体育事业的认识和态度》，《新体育》1954年7月。

针对有些学生对体育与经济建设和社会主义建设关系的认识问题，钟师统在文章中指出："我国的体育运动是为人民的健康、为生产建设和国防建设服务的。体育事业在共产主义者看来是对人民进行共产主义教育的重要组成部分，是培养全面发展的人的重要手段之一。""体育运动的作用，在于它能改进人民的健康，增强人民的体质。""体育运动的作用还在于它能培养人的机敏、灵巧、坚毅、勇敢、集体主义和革命英雄主义的品质。""体育运动为社会主义建设服务，随着社会主义建设的成就，人民的物质生活和文化生活将日渐提高，这就为体育运动的广泛开展提供着条件。"针对有些学生认为"学体育没出息不光彩"的问题。他说："光彩不光彩首先取决于认识不认识。从前人们认为劳动不光彩、下贱，那是受了剥削阶级思想的影响，现在劳动是最大的光荣、最大的光彩，谁不认识这一点，只能证明他自己落后，另外别无解释。"①

为了切实解决学生的专业思想问题，钟师统采取具体措施予以落实。第一，半军事化管理。新生入校即编定班组，每班配备一名班主任，每组配备一名教师，负责思想政治教育。学校成立政治辅导处，加强新生的政治思想教育、养成教育和日常管理。第二，集中时间对新生进行专业思想教育。首届新生开学典礼后就赴天津观摩"全国民族形式体育运动会"，了解群众体育状况，提升职业认同。请专家、教授做相应专题报告。第三，撰文进行宣传教育引导。他陆续发表多篇文章阐述体育与人才培养的关系、体育与国家经济建设的关系、阐明体育是技术和理论相结合的科

① 钟师统：《端正对人民体育事业的认识和态度》，《新体育》1954年7月。

学等等，以此加强师生的专业教育，指导学校的办学工作。

3. 健全组织系统，加强思政工作

依据高教部和中央体委规定，钟师统在建校伊始就对学院的组织机构设置进行了规划。经过对各地新建行政机构设置状况及其对干部的考察，在首届新生开学一个月之内，钟师统就宣布成立院级组织机构和各级行政组织机构，指定各个部门负责人，规定了各个职能部门的职责范围。他指出：体育学院各部门的各种工作，都要围绕教学，提高教学质量，保证教学任务的顺利完成，教学是学校压倒一切的中心工作。可见，钟师统以教学为中心的管理理念和办学思想，符合教育规律、人才成长规律，至今对北京体育大学都有重要影响。学校组织系统的建立，保证了学校工作的正常运转，学校也走上了正规办学轨道。

三、提高体育人才培养质量的举措

为了办好体育学院，培养高素质的体育专门人才，钟师统采取了许多卓有成效的措施。

（一）坚持“四严”原则，保证“三基本六会”

钟师统曾经担任过西北军事政治大学党委书记兼副校长，在该校的办学经验基础上，他总结出“四严”原则和“三基本六会”教学目标。[①]“四严”原则的基本内涵为：（1）严进：是指入学考试要严格审查和把关，包括入学的文化课考试和素质与技术测验。

①《新中国体育教育的开拓者——钟师统》，北京体育大学出版社2002年版，第371页。

（2）严教：是指一定要把学生教会，包括会讲、会示范、会分析错误、会组织教练、会组织战斗。（3）严管：是指学生一律按军事化学习和生活。（4）严出：是指学生没有达到要求不准结业。对于不能结业者，学校或院系会派教员帮助或辅导，直到达到教学要求才准结业。实践证明，坚持“四严”办学原则，对于学校办学、规范办学程序、提高办学质量都起到了很好的作用。

钟师统针对北体学生以往的考试不能反映全面的水平，在“四严”原则的基础上，又提出“三基本六会”的学生考核标准。他认为：现在考试只是按照讲义评分，往往只考学生的记忆力和记笔记的能力。学校要保证教学质量，必须设法弥补这一缺陷。为使学生在毕业时确实具备独立工作能力，考核标准也必须从实际工作出发去拟定。经过调研和讨论，他领导出台了更高更具体的“三基本六会”评定标准。“三基本”就是要求毕业生必须掌握所学专业的基本理论、基本技术、基本技能；“六会”就是以会讲、会示范、会组织教法、会分析帮助、会保护帮助、会组织竞赛和裁判等为衡量标准。这有效地保障了学生培养质量的提高。

（二）注重全面发展，处理好技术与学术关系

钟师统关注学生的全面发展。他认为要确保学生全面和谐地发展，教师首先要端正教育思想和育人理念，克服只关注条件较好的学生专项培养，而忽视对他们的基本素养及基本知识培养教育的倾向。他认为这样做的结果只能是舍本求末，欲速不达。不仅影响教学质量，而且偏离了学校的办学方向，混同于运动队或体校。为了更加具体了解学生情况和贴近学生，他拖着病体，经常是早上出现在操场，中午在食堂与学生一起进餐，晚上出现在

图书馆、自习室或学生宿舍。他还经常深入教研室、课堂、操场实地调研，征求各方意见，提出解决方案。为了培养学生的科研兴趣和科研能力，他建议在学生中成立科研小组，在教师指导下发挥主观能动性，动脑动手写文章，在教师指导下动手搞科研，培养他们的创新思维和实践能力。

针对一些教师和学生重术科轻学科的情况，钟师统于1962年在《新体育》上发表了《在全面的基础上有所专长——关于培养体育师资的问题》一文，揭示了人才培养中存在的问题：第一，原来的教学时数与培养目标有矛盾。由于各系增加了专业课教学时数，致使基础课教学时数少于其他体育学院。第二，专业课学习的范围过窄，以单项代替专业，混淆了培养教练员和培育教师的区别。第三，思想上偏重专项提高，忽视其他课程学习。第四，把注意力主要集中到使学生达到等级运动员标准和创纪录上，忽视对学生教学技能的培养。为此，钟师统特别强调：体育教育具有特殊性，培养具有大学文化水平和体育专业知识的体育人才，必须正确处理技术与专业、单科与全科、教学与科研的关系，不可偏废。他指出：体育学院是一所技术大学，必须保证有足够的运动技术训练，否则便不能称为体育学院；体育学院同时又是一所高等学校，必须保证相当的学术水平，否则又不配称为大学。只有处理好这些关系，体育学院才能为发展我国的体育事业做出应有的贡献。

（三）出台“一本经”，落实“十六条”

所谓“一本经”，是指在钟师统主导下于1965年确定的《北京体育学院教育革命试行方案》，这个方案是在认真研究贯彻“高教六十条”，落实全国体育工作会议精神，听取全校教职工意见建议基础上出台的文件。《北京体育学院教育革命试行方案》总论中提出：“贯彻执行‘三从一大’，反对骄娇二气，进行教学改革，初步取得了一些成绩。”①院党委在查找问题中认为，学校存在官僚主义作风、骄傲自满、故步自封、跟不上毛泽东思想等一些问题，所以提出：“在几年之内，全院都念这一本经，写这一本经。在贯彻执行过程中，根据实践的经验，不断补充修改，使之逐渐完善。”②

所谓“十六条”，系《北京体育学院教育革命试行方案》所列举的具体内容，是经过钟师统修订后确定的。具体内容如下：第一条，指导思想——突出政治，实行教育革命；第二条，方法；第三条，四年总时间的分配；第四条，教育计划、教学大纲修改问题；第五条，编写新教材；第六条，改进教学方法问题；第七条，考试；第八条，教育实习；第九条，竞赛；第十条，科学研究；第十一条，研究生培养工作；第十二条，关于基层组织；第十三条，当前教研室的组织领导；第十四条，机关革命化；第十五条，勤俭办学；第十六条，思想政治工作。这“十六条”，每条又依据情况和具体内容，再设定若干具体细则，譬如第十六条的思想政治工作，又分为七小条：（1）做好学习毛泽东著作的思想工作和组织工作；（2）形

《新中国体育教育的开拓者——钟师统》封面
（图片由张朝平提供）

①②《新中国体育教育的开拓者——钟师统》，北京体育大学出版社2002年版，第305页。

势与任务教育；(3)阶级教育；(4)狠抓劳动教育；(5)开展比、学、赶、帮、超；(6)政治工作的基本建设；(7)开展群众性政治工作。[①]

在当时情况下，钟师统主持确定这样一个方案是很不容易的。今天看来虽然不是那么完善，但是放到历史进程和具体的历史阶段去考察，可谓难能可贵。正是学校颁布了这个方案，才使学校工作有“法”可依，事出有据，才使学校运行井然有序。后来在总结办学经验时，钟师统就把这个“一本经”和“十六条”作为经验固化，以便其他体育院校借鉴和效法。

(四)重视体育与劳动教育的结合

党中央提出“教育必须为无产阶级政治服务，教育必须与生产劳动相结合”的教育方针之后，钟师统积极撰写文章，如1958年12月在《北京体院》上发表《搞体育的必须搞生产劳动》，回应了党的教育方针，阐明了自己的态度观点，并在其后的文章、讲话、学校规划中反复强调“劳动教育”，以实际行动落实培养劳动者的任务。

1. 批判错误思想，强调劳动的意义

钟师统的《搞体育的必须搞生产劳动》一文，是他在进行共产主义教育的全院大会上所做报告的一部分，着重讲解体育学院落实教育方针和参加劳动的重要性。他指出，“体育特殊论”者认为，教育方针应该贯彻，但是，在体育学院与专业结合不上；体育学院贯彻党的教育方针就是理论联系实际，因此，只要办业余

①《新中国体育教育的开拓者——钟师统》，北京体育大学出版社2002年版，第305—318页。

体育学校，到厂矿实习辅导就行了，不必再搞工农业劳动；在体育学院贯彻党的教育方针必须结合专业，否则就会影响技术提高。针对学校师生中存在的这些思想问题，钟师统既从教育必须为无产阶级政治服务、教育必须与生产劳动相结合的政策层面分析，又从封建社会、资本主义社会上层阶级轻视劳动甚至鄙视劳动上论证，批判找借口而回避劳动或反对劳动的各种观点，他说："结论是什么呢？搞体育的必须搞生产劳动，不能例外。""'体育特殊论'的人对我们的培养目标也是不明确的，以为只要把专业搞好，再参加政治学习改造思想就行了，不明白我们培养的是有社会主义觉悟有文化的劳动者，是既能从事脑力劳动，又能从事体力劳动，能文能武，又红又专，全面发展的新人，只会搞体育专业，不符合共产主义的要求。光会脑力劳动不会体力劳动这是阶级社会的畸形儿，是一种半身不遂的病症，共产主义要消灭这种病症。"① 至于劳动形式和劳动时间的安排，这是个具体问题，这可由不同的学校进行具体安排。为什么在教育与生产劳动相结合上会存在这么多问题呢？他指出："这不是偶然的，这说明了大家身上还有许多资产阶级思想，有的还有严重的轻视体力劳动、看不起劳动人民的剥削阶级思想，资产阶级的教育观点……'劳心者治人，劳力者治于人'还有深厚的影响，这也说明了我们集中时间学习教育方针是完全必要的。当然，无产阶级思想和资产阶级思想的斗争还将是长期的，在今后继续贯彻党的教育方针还要不断与各种各样的资产阶级思想进行斗争。"②

①②《新中国体育教育的开拓者——钟师统》，北京体育大学出版社2002年版，第192、193页。

2. 合理安排体育生的劳动

体育也是体力活，可否算是劳动？钟师统在1959年3月《北京体院》杂志上撰文《我院贯彻教育方针，大搞技术革命的概况》中指出：因为体育不等于劳动，体育学院的学生就必须参加生产劳动，这是教育方针所要求的，也是每个体育专业人才必须具备的条件之一。另外，体育运动中的各项练习，又是与体力劳动一样很消耗体力，这与其他专业学生从事脑力活动不同。同时，运动技巧的形成和提高又需要较多的练习时间，因而学生参加生产劳动的时间不宜太多，经过反复考虑之后确定了1∶2∶9的比例（一个学年中有1个月假期，2个月生产劳动，9个月学习），对于体育学院是比较合适的。

钟师统认为组织学生参加生产劳动，可以两种劳动形式并行。一是参加校外的工厂、人民公社和公共工程的劳动。二是校内的农场、工厂中的劳动。在校外参加社会生产劳动，学生与工人、农民接触机会多，有利于向工农学习，培养工农感情。参加具有政治意义的大规模公共工程建设或参加炼钢这样的全民运动，能使生产劳动与国家的中心任务相结合，既是生产劳动，又是政治教育运动。校内劳动分散于每周进行，比较容易与教学配合安排，特别是不中断技术课全年的训练。但这种劳动的方法与工农群众接触较少，是个缺点。钟师统认为，2个月的劳动时间，一部分用于校内，一部分用于校外，两者结合比较合适。

在1959年的开学典礼上，钟师统做了题为《迎接全运会，向国庆献礼》的报告，对每周课程和劳动时间上做了具体要求。每周进行训练时间（包括正课与课外活动）为54小时技术课每周从30小时减少为19小时，其中专项训练15小时，非专项训练4小时；理论课程11小时，其中外文课3小时，政治课4小时，基础理论4小时。这样安排，每周正课30小时。其他24小时的分配是：理论自学13小时，劳动3小时，技术课自学8小时。这样的安排，有技术又有理论，有学习又有劳动，有政治理论又有时事政策，在技术中有专项又有非专项，总结起来，就是用两条腿走路。

3. 组织大型公益劳动，培养劳动习惯

钟师统在主持北京体育学院工作的过程中，对劳动教育有独特的理解，对劳动教育给予实实在在的重视。1959年5月刊登在《北京体院》的《为建设成为培养共产主义新人的新型体育学院而奋斗》中，他指出，今后任务是：培养有社会主义觉悟，有从事生产劳动的习惯，有较丰富的体育专业知识和较高技术水平的教师、教练等体育工作者。

钟师统认为，体育运动的根本任务是增强人民体质，为劳动生产和国防建设服务。他组织学生先后参加了修建十三陵水库、绿化西山、协助人民公社秋收、校内修建游泳池、绿化校园等劳动，每人平均劳动时间两三个月，收获很大。劳动的效率与质量也都比较高，取得了较好的成绩，这就具体地显示了体育运动对生产劳动的直接好处。劳动教育所起到的积极作用有哪些呢？钟师统说：去年两三个月的生产劳动，在实现培养目标方面，已经起到了显著的作用：第一，批判了轻视体力劳动、轻视劳动人民、计较名利、贪图享受等剥削阶级思想。培养了劳动光荣、热爱劳动人民、热爱集体、吃苦耐劳和全心全意为人民服务的思想。第二，向能上能下，能文能武，既有专业知识，又懂得一些生产知识，既能从事脑力劳动，又能从事体力劳动的多面手方面前进了一大步。参加生产劳动，是使脑力劳动和体力劳动的差别逐步缩小以至消灭的开始，就这一点而言，学生和干部参加生产劳动的意义是深远的。

四、拨乱反正清本源，服务奥运做奉献

“文革”结束之后，特别是党的十一届三中全会召开以来，党的教育事业面临着拨乱反正和继往开来的新任务。钟师统依据新时期的要求，对学校进行调整和改革。随着“奥运争光”计划的推进，他又投身于参与奥运和申办奥运活动中。

（一）正本清源，批判极左路线

钟师统在1979年第一期《北京体院学报》上发表《正本清源 拨乱反正——钟师统院长在校庆廿五周年大会上的讲话（摘要）》一文，在“关于办学思想问题”中，他全面地梳理了1953年以来的思想路线和实施情况。他对学校始终贯彻党的教育方针做出了肯定的回答，同时批判了“四人帮”对学校三个方面造成的最大破坏。关于按照学校的规律办好学校，他对学校以往的办学和工作予以总体肯定。他说：实践证明，我们搞的规则制度，多数是好的，是行之有效的。譬如“一本经”，再如学院的教育教学方案“十六条”，是努力学习、贯彻党的教育方针和毛主席无产阶级教育路线的结果，绝不是什么“推行修正主义教育路线的黑纲领”。

钟师统在报告中明确指出：我院的历史经验证明，我们过去许多的方针、政策、制度和方法是正确的。我们不仅要肯定和恢复好的东西，而且要学习和吸收古今中外一切有用的教育方法和现代化的教育手段，不断创新。只有这样，才能迅速提高教学质

量，才能为实现四个现代化培养更多的“又红又专”的体育专业人才。在拨乱反正、正本清源的政策导向下，钟师统及时把握时局，深刻批判林彪、“四人帮”反党集团的错误思想路线，使学校很快恢复了正常的教学和训练秩序。

（二）学习《体育之研究》，明确体育使命

为了尽快肃清“文革”负面影响，统一学校师生思想，钟师统又一次认真学习了毛泽东的《体育之研究》，并撰写了《重读〈体育之研究〉有感》，刊发于1979年8月的《体育报》上，对学校乃至全国体育院校的拨乱反正工作起到了指导作用。他写道：五四运动前夕，中华民族又一次处于生死存亡的危急关头，中国的先进知识分子都在努力寻求救亡图存的办法和道路。正是在这样的历史背景下，毛泽东发表了《体育之研究》。毛泽东研究体育，提倡体育，是忧虑民风不武，民族体质衰微，目的是要强国强种，救国救民。今天，我们要实现四个现代化，要开始艰苦卓绝的新长征，同样要求人民有健壮的身体，提高民族体质，才能胜任艰巨的任务，为“四化”建设出大力。体育是一门科学，体育事业要发展，科学研究必须跟上去。他在文章最后呼吁：“看今日，春光明媚，形势喜人；望未来，任重道远，灿烂辉煌。我希望我国的体育工作者和运动员在党的领导和关怀下，鼓起最大的干劲，做出不懈的努力，在第四届全运会上创造优异成绩，并在今后新的长征途中取得更大的成绩。我愿和同志们一起，认真学习毛主席的体育理论和实践，为极大地提高中华民族的体质，为加速提高我国运动技术水平，攀登世界体育高峰，而共同努力。”[1]

---

① 钟师统：《重读〈体育之研究〉有感》，《体育报》1979年8月。

在他的领导下，北京体育学院得以快速回归正轨，给全国体育院系带了个好头。

（三）任职中国奥委会

1953年至1982年，钟师统担任中国最高体育学府北京体育学院的院长，后长期担任该学院名誉院长。1964年任中华全国体育总会副主席，1979年任中华全国体育总会主席和中国奥委会主席，对培养我国优秀运动员和在中国传播和发展奥林匹克理想做出了重要贡献。1981年任国务院学位委员会委员。曾经当选为第三届全国人大代表，第五届全国政协委员，第六届全国政协常务委员。他转任北京体育学院名誉院长之后，在继续关注学院建设的同时，奥林匹克事业和社会活动成为主业。他依靠自己的社会声望和社会影响力继续为我国体育事业奉献自己的力量。

1984年10月2日，《体育报》发表《国际奥委会主席萨马兰奇向钟师统授勋》。萨马兰奇在北京亲自把奥林匹克银质勋章戴在钟师统的胸前。他高度赞扬钟师统对发展奥林匹克运动的贡献。在授勋仪式上，萨马兰奇发表了热情的讲话。他说：在短短的几年内你们已发展成一个很重要的体育国家。我们不仅要看到你们举办1990年亚运会。同时，我们还要看到你们举办举世瞩目的奥运会。

钟师统长期在北京体育学院（早期为中央体育学院）担任院长，认真贯彻党的教育方针，落实党的教育政策，创造性地开展工作，总结出特色鲜明的“北体经验”，为全国体育院校和体育院系树起了一面旗帜，发挥了示范和引领作用。

主要参考文献

1.《新中国体育教育的开拓者——钟师统》，北京体育大学出版社2002年版。

2. 陆钦仪主编：《新中国北京高等教育的开拓者》，北方交通大学出版社2002年版。

3. 钟师统：《端正对人民体育事业的认识和态度》，《新体育》1954年7月。

4. 钟师统：《搞体育的必须搞生产劳动》，《北京体院》1958年12月。

5. 钟师统：《贯彻党的教育方针的几个问题》，《体育文丛》1959年4月。

6. 钟师统：《培养又红又专的体育人材》，《新体育》1964年10月。

7.《正本清源　拨乱反正——钟师统院长在校庆廿五周年大会上的讲话（摘要）》，《北京体院学报》1979年第1期。

8. 李庚全、闫旭峰：《钟师统体育办学思想研究》，《北京体育大学学报》2013年第4期。

文明其精神
野蛮其体魄

北京体育大学校训精神

追求卓越

北京体育大学校训

撰稿人：陈晴，教育学博士，武汉体育学院教授，主要从事中国教育史和中国体育史研究。

匡亚明

KUANG YAMING

吉林大学校长（1955—1963）

南京大学校长（1963—1966，1978—1982）

匡亚明（1906—1996），著名的无产阶级革命家、教育家。1906年出生于江苏省丹阳县（今丹阳市）导士镇。他先后就读于苏州第一师范学校与上海大学。1926年加入中国共产党，先后在上海、无锡等地从事革命工作。1931年后与邓中夏合办中共沪东区《前锋报》。第一、第二次国内革命战争时期先后四次被捕。抗日战争与解放战争时期先后在大众日报社、新华日报社、中共中央社会部等单位工作。其间撰写了大量的文章，培养了一大批新闻工作者。1949年以后，任中共中央华东局宣传部常务副部长。1955年任东北人民大学（后改为吉林大学）党委书记兼校长。1963年，匡亚明调到南京大学任党委书记兼校长。1966年，“文革”开始之初，他就成为全国范围内最早被打倒的对象之一。1978年，被平反并继续任南京大学党委书记兼校长。当时虽然已过古稀之年，但他励精图治、忘我投入，使南京大学在短短三年时间内，一跃成为全国高校中最有起色的学校之一。1982年，他辞去南京大学党委书记兼校长职务，任南京大学名誉校长。1991年6月，他被任命为国务院古籍整理出版规划小组组长，极大地推动了全国古籍整理和出版工作。1996年12月16日，因病医治无效，在南京逝世。

一、矢志教育，管理有方

（一）志在兴学，坚定不移

早在解放战争时期，匡亚明在同张黎群聊天时就表达了他的志趣：革命胜利了，我立志振兴教育。1955年，曾在《大众日报》工作过的匡亚明的同事说：“党派匡亚明去干一个重要的领导职务，他婉辞曰：让我去办教育吧！于是，当了吉林大学校长兼党委第一书记。”[①]

匡亚明矢志教育，与他早期的经历是分不开的。参加革命以后，匡亚明做过一段时间教师，并在1931年发表了《学校中师生关系恶化的基因》。文章除抨击国民党当局对教育事业的漠视外，还提出：“学校是建设未来新社会的人员之训练所，在文化发展的进程上，它是负了极重大的使命的；学校教育应与社会实际生活相结合，培养的学生应通‘世务’，不应是不通世事的书生。”[②]这样的教育观念对他以后从事高校领导工作是有影响的。

1955年5月，匡亚明受命执掌东北人民大学，任校长兼党委第一书记。1958年8月，东北人民大学更名为吉林大学（以下在论述中原则上统称吉林大学），他继续担任校长兼党委书记，直至1963年5月调任南京大学校长。匡亚明在吉林大学辛勤耕耘，以渊博的学识、丰富的经验、革命的胆略，为学校的建设和发展建立了卓著业绩。南京大学在“文革”以前只能算第二集团高校内不引人注目的一员；然而“文革”结束以后，在匡亚明的领导下，南京大学发生了翻天覆地的变化，很快从第二集团中脱颖而出。

（二）雷厉风行，严格管理

匡亚明工作雷厉风行，一抓到底，不见成效，誓不罢休。熟悉匡亚明的人，都很欣赏他的工作风格。他对工作认真执着，要求严格，言必信，行必果，任何事情都有始有终，从不放松。这

① 张黎群：《五十年友谊的故事》，《匡亚明纪念文集》编委会编：《匡亚明纪念文集》，南京大学出版社1997年版，第111页。

② 王春南：《匡亚明同志早年写作生涯》，《匡亚明纪念文集》编委会编：《匡亚明纪念文集》，南京大学出版社1997年版，第81—82页。

从他对待校委会的工作上，可见一斑。匡亚明到吉林大学后，为更好地发挥老教师的作用，依靠老教师办好学校，在领导体制上实行了党委领导下的“校委会负责制”。

校委会主要由校、系领导和学有成就富有办学经验的老教师组成，并从中选定一个精干的领导班子组成校常委会，凡有关学校建设和工作中的重大问题，都经校常委会及校委会讨论决定。校委会每两月召开一次会议，校常委会每两周召开一次会议。每次会议前，匡亚明都会亲自确定议程，并提前一周发书面通知，有些议程要事先准备必要的书面材料，随通知附发。开会时按议程逐项讨论落实，形成相应的决议。每次会后，匡亚明都会要求相关人员深入检查贯彻执行情况，丝毫也不放松。

为实现把吉林大学建成名副其实的一流大学的目标，匡亚明博览群书，通晓古今，精钻文史，深研哲学，曾与宋振庭合编《马克思列宁主义哲学》教科书。博学广识，这是匡亚明在遇到办学理论和实践问题时，能够应付自如、处理得当的力量源泉。

1. 深入实际，依靠师生

匡亚明始终把教师看作办学的依靠，注意向师生学习，密切关心师生的利益。他采取多种形式同师生员工保持直接的联系。他虽工作繁忙，却经常深入课堂、实验室、学生宿舍和食堂，同他们广交朋友，同他们切磋学术、倾心交谈，听取他们的意见和心声，了解师生的情绪和要求，及时帮助他们解决遇到的难题。比如，物理系要进行万摄氏度以上高温热源的实验，必须用大功率的直流电源，而当时最简便的办法就是从电车上拉天线出来。为此，匡亚明专门派人把电车公司经理请到家中，盛情款待，在融洽和谐的气氛中，当场拍板解决了这一难题。

2. 身体力行，从严治校

建立一所高标准的学校，必须有严格的管理，而这正是匡亚明治校的方略。他要求职能部门，恪尽职守，不可有丝毫的懈怠。一次，匡亚明从走廊路过，看见教学研究科房门虚掩，便推门询问，室内却无人应声。匡亚明当即命人将其牌子摘掉，严厉地批评了工作时间无人在岗的现象，并多次在全校大会上点名批评当事者，以警策他人。回忆起这件事，吉大人无不感慨地说，吉林大学能够迅速崛起，与匡亚明从严治校是分不开的。

3. 讲究效率，严格要求

匡亚明对工作的要求是非常严格的。他严格遵守时间，同时也要求其他人遵守时间。凡是他出席的会议，他总是准时到会，他主持的会议更是如此。会上，他要求发言者不能超过规定时间，发言中涉及的事实和数字必须准确，提出的建议必须明确和实在。他办事很细心，抓得很紧。事情一经提出，就一抓到底，绝不半途而废。无论大事小事，都是这样。他工作非常讲究实效，要求严格，特别反对拖拉作风。一次，他让秘书为一位老教授送信，要求中午十二点送到，十二点刚过，他便打电话询问收信人是否收到。当得知延迟了送信时间时，他当即毫不客气、极其严厉地批评了那位秘书。

4. 具体指导，不尚空谈

匡亚明善于把日常工作中看起来极为琐碎的问题同重大的原则问题结合起来，强调实际，指导具体，不尚空谈。对公文和通知的起草都要求规范化。一次，一位干部起草一份报告，请他过目，他字斟句酌，在“请帮助解决”前，加上一个“恳”字，并告诉那位干部，这样能表明诚意，便于问题解决。

5. 奖惩分明，体贴关心

匡亚明在工作中奖惩分明，对称职的敢于重奖，对失职的绝不姑息。他对于在工作中犯了错误的同志，批评是很严厉的。但他对事不对人，批评是为了帮助同志改正错误，改变作风，改进工作。他的严厉批评从不使被批评者感到难堪、无地自容，反而使被批评者产生决心和信心去改正自己错误，投入新工作。当年曾被他严厉批评过的同志，至今回忆起来仍感颇受教益和启迪，丝毫没有怨恨之意。匡亚明经常以慈母般的爱护心情，在日常生活方面关心同志。即使是在最繁忙的校务工作中，他也从来没有一刻放松过对同志、对学者、对学生、对工人的工作、学习、生活条件和健康情况的细致周到的关心。中文系冯文炳教授视力不好，他便嘱咐后勤同志特制了一个书桌架。他时刻把教师的冷暖放在心上，20世纪60年代，个别教师家无暖气，他要求后勤为他们烧火墙，随时检查，确保温暖。

同匡亚明在一起工作过的同志，对他的工作风格钦佩不已。他就是这样，对工作既严格要求，又耐心细致；对同志既奖惩分明，又体贴入微；办事情既雷厉风行，又细致周到。这两方面的统一，就是匡亚明的风格。

（三）致力于校风、学风建设

匡亚明一贯重视并致力于校风、学风的建设。他说：“建设良好的校风，是提高教育质量的一个重要方面，也是高等教育现代化的一个标志。”[1]1955年，为了推动吉林大学的精神文明建设，匡

① 中共南京大学委员会、南京大学：《学习匡亚明校长，把南京大学办成一流大学》，《匡亚明纪念文集》编委会编：《匡亚明纪念文集》，南京大学出版社1997年版，第214页。

亚明首先在全校第一届党代会上，继而在开学典礼上提出，要逐步树立良好的校风。后来，他根据学校的革命传统和建设新型社会主义大学的要求，提出要形成和发扬“五种空气”，即高度的政治空气、高度的学术空气、高度的生产劳动空气、高度的社会主义团结与文明空气、高度的文娱体育空气。他生动地指出，空气流动而成为风，这“五种空气”就是我们的校风。每逢新学年开学典礼，匡亚明都大讲树立优良校风问题。他反复强调树立良好校风是长期的事情，因此内容也应有所发展。在不同的时期，校风的内涵应有所丰富和发展。匡亚明不仅大力倡导“五种空气”，而且带头树立优良校风。校园政治空气高涨，学术空气浓厚，文体空气活跃，文明空气成风。校长尊重专家，工作人员对教授不直呼其名，学生见师长微笑、点头、敬礼。匡亚明提出的这“五种空气”，逐渐深入人心，成为鼓舞全校师生员工前进的精神力量，为吉林大学形成具有传统特点的优良校风起到了举足轻重的作用。

在南京大学工作时，匡亚明也非常重视建设优良的学风和校风。1963年，他刚到南京大学时就再次明确提出，一所社会主义大学应当具有高度的社会主义政治空气、浓厚的社会主义学术空气、严肃的社会主义文明空气、活泼的社会主义文娱体育空气。尤其需要指出的是，在当时的背景下，能够把“浓厚的学术空气”当作一种学风和校风提出来，既体现出匡亚明作为教育家的远见卓识，又体现出他具有战略家的勇气和魄力。

匡亚明深刻认识到，在社会主义大学里，建设良好的校风，关键在于要有好的党风。他说：“我们的党是执政党，要做好学校的工作，首先要加强党的建设，提高党员素质。要以好的党风，带出好的校风。”①

二、坚定地依靠知识分子办学

匡亚明一贯主张要依靠知识分子。1955年，匡亚明到任吉林大学伊始，便旗帜鲜明地提出，标志一所大学水平的，是教授的数量和水平，充分昭示了他依靠知识分子办学的思想。他还说：“一所大学，如果没有教授，就不成其为大学。”“学校的教学主要依靠教师。依靠的问题很重要，刘备依靠诸葛亮，不惜三顾茅庐。我们对教师也要真心实意地依靠。”②他是这样说的，也是这样做的。1963年，他到南京大学上任后办的第一件事，就是登门拜访老教师，征求办好学校的意见。为建设一支学术水平高、学科比较齐全、结构合理的教师队伍，匡亚明想方设法，呕心沥血。

（一）器重人才，广纳鸿儒

在吉林大学，匡亚明亲自主持向社会招聘人才，凡是爱国且有一技之长、符合学校事业发展需要的人，都设法聘请来校。著名古文字学家于省吾教授，就是他与副校长刘靖亲自去北京聘请来校的。于省吾是当时国内研究甲骨文的一流学者，驰名海内外，郭沫若在整理和重刊自己的《殷契粹篇》时，曾专门请于省吾为其校订。新中国成立以后，于省吾一直赋闲在家，匡亚明知道此事后，多次登门拜访，请他来吉林大学工作。于省吾被匡亚明求

①② 中共南京大学委员会、南京大学：《学习匡亚明校长，把南京大学办成一流大学》，《匡亚明纪念文集》编委会编：《匡亚明纪念文集》，南京大学出版社1997年版，第214—215、213—214页。

贤若渴之情所感动，欣然应聘。于省吾来校后，在党的政策感召下，积极参加学校活动和政治学习，致力于古文字学研究，潜心教书育人。于省吾八十多岁高龄仍指导博士研究生，在生命垂危之际，于病床上还用手指画字指导学生。于省吾著作甚丰且桃李满天下，一些著名的学者和学术带头人，均出自其门下，为吉林大学历史学科的建设、发展和人才培养，可谓鞠躬尽瘁。尔后，著名先秦历史学家金景芳教授、著名诗人张松如（公木）教授相继受聘来校，一时吉林大学校园硕学鸿儒云集。

1978年，匡亚明出任南京大学的领导职务，他做的第一件事就是延揽人才。程千帆是中国古代文学研究方面的著名学者，张月超也十分有才华，他们都是武汉大学的教授，“文革”前两人均被打成右派分子，“文革”结束后虽然摘掉了右派分子帽子，但有关部门却让他们“自愿退休、去安享晚年”。匡亚明知道此事后，便派人去武汉请他们来南京大学任教。

这时距“文革”结束不久，人们大都心有余悸，尤其是碰到有关“叛徒”“右派”等敏感的政治问题时，更是顾虑重重，不敢轻易表态。而匡亚明仍保持一贯的作风，大刀阔斧，雷厉风行，为南京大学多方吸引人才，充分展现出他作为一个以国事为重、以党的事业为重的革命家和教育家的风范。上述这些名教授来南京大学后，安居乐业，潜心治学，在教学和科研上取得了显著成绩。

（二）慧眼识才，不拘一格

匡亚明善做伯乐，对于青年教师中的拔尖人才，不搞论资排辈，常是力排众议，破格提升。在哲学界颇有影响的吉林大学高清海教授就是在当时被匡亚明发现的。高清海当时只有二十几岁，教学深受欢迎，科研成果也很多，20世纪50年代中期，结合教学中出现的问题，先后在《东北人民大学人文科学学报》上发表了两篇论文。发表在《人民日报》上的另一篇文章，内容是评哲学大纲的，在全国反响较大，这引起了匡亚明的高度重视。当时高清海刚晋升为讲师，为了使人才尽快成长起来，匡亚明认真地审阅了高清海的材料，在校委会上做了认真的介绍和推荐，决定破格晋升其为副教授，经过评审，校委会一致通过了决定。此时，高清海年仅二十六岁。但决议公布后，遭到一些人的反对，教育部为此也专门派人了解情况，并派校外专家评审高清海的科研成果，对此匡亚明又专门写信给时任高等教育部部长杨秀峰，问题才算顺利解决。高清海具有真知灼见，在哲学领域造诣精深，成为国家重点学科——马克思主义哲学学科学术带头人，他培养的二十多名博士生，成为中国哲学界的“新生代”，知名度颇高，有的在社会发展研究领域走在国内前列，有的在“哲学本土”大有作为，引起同行的关注。

匡亚明经常深入课堂，调查研究，挖掘人才，栽培人才，任用人才，对一位教学效果显著的青年助教，给予“授予讲师学衔，工资晋升三级”的奖励。20世纪60年代初，理科还有四名不满三十五岁的教师被晋升为副教授。正是由于匡亚明有识才的眼力、选才的勇气和用才的魄力，一批青年教师脱颖而出，迅速成长。这些人后来均成为吉林大学第二代学科带头人。

（三）生活关心，政治保护

匡亚明对教师的生活关怀备至、体贴入微，政治上尽最大限度去保护他们的积极性。为了认真贯彻依靠知识分子办学的方针，1956年4月，吉林大学党委做出了一项关于改善知识分子工作条件和生活条件的决定，其中规定了一系列具体措施：调整家属宿舍，系主任宿舍安装电话；为教授配备助手，减轻他们的行政事务工作；设立粮食供应站，为教师送粮到家；校医院设特诊室，教授、副教授看病、取药优先；财务室实行为副教授以上教师送工资到家制度……这些制度虽然执行的时间短暂，却在全校教职员工心中留下了永久的美好回忆。校党委还十分关心教师政治上的进步，注意在教师中积极慎重地发展党员。1956年12月，在知识分子中发展了三十余名党员，其中在高级知识分子中发展了唐敖庆、金景芳等九名党员。当时，校党委曾在一些问题上，采取原则性与灵活性相结合的方法，在政治上尽力保护教师的积极性。

在聘请程千帆、张月超来到南京大学后，在工资待遇上又出现了问题，两人虽然摘掉了右派分子帽子，但工资却没有恢复。匡亚明决定每月暂发给他们各一百五十元，但财务部门感到十分为难，不知道此项开支应放在哪个名目下。匡亚明表示：从哪里开支我不管，但每月必须把这笔钱发下来。党的十一届三中全会后，中央下达了甄别错划右派的决定，匡亚明随即派人去武汉了解程千帆、张月超的问题。武汉大学有关部门表示程千帆、张月超改正之事有困难。为了尽快解决此事，匡亚明找到当时的江苏省省长惠浴宇，由他亲自写信给湖北省委第一书记陈丕显。从程千帆、张月超的事情中足见匡亚明对人才的关心和爱护。如果没有匡亚明的积极努力，程千帆也就不可能在他的后半生，在中国古代文学研究和教学领域取得突出成就。在匡亚明病危期间，程千帆亲自前往医院探望，并对匡亚明的夫人说：是匡老给了我二十年的学术生命，我终身感谢他老人家。

（四）选拔骨干，重点培养

匡亚明始终把造就一支高水平的教师队伍，当作一项战略任务常抓不懈。1962年5月，吉林大学党委做出《关于重点培养提高教师工作的决定》。根据这个决定，学校分两批确定培养提高骨干教师近八十名，规定的培养目标是在十年左右的时间内，达到当时国内学术造诣较深的教授水平。为了使重点培养提高的教师能集中精力钻研业务，切实保证有六分之五的时间用于教学、科研和进修等业务工作，学校果断采取了一系列重大措施，减轻他们在参加社会活动和劳动方面过重的负担，同时在图书仪器的使用和生活条件方面，也给予适当照顾。做出这些规定，在当时是要冒很大风险的。然而，实践证明，这项工作效果十分显著，对吉林大学的发展是具有重大意义的。当初被确定为重点培养的青年教师，进入20世纪80年代以后，绝大多数成为各学科、专业的教学和科研骨干以及学术带头人，多数人成为颇有成就的博士生导师，有的当选为中国科学院院士，还有一位担任吉林大学校长。

（五）实行学生评价教授制度

怎样更合理地评价教师的教学水平，是匡亚明一直思考的问题。他在美国威斯康星大学考察期间看到学生评价教师，评价内容有几十项，逐月打分，如发现有绝大部分学生强烈不满的教师，立即辞退。这一方法给他留下深刻印象。回国后匡亚明就在南京大学实行了类似的制度，在开设公共课时，由学生自由选修，自由选择，不断给教师评分。这些措施使南京大学的教学面貌发生了巨大变化，呈现出生动活泼的大好局面。

匡亚明挖掘人才、提拔人才、培养人才、使用人才的一些独到的做法，随着时间的推移，越来越显示出他作为一位教育家的远见卓识，在这方面吉大人、南大人都是有目共睹、有口皆碑的。

三、加强科研的强校策略

不论是在吉林大学还是在南京大学，匡亚明一贯坚持教学与科研并重的办学思想。在教学工作迅速走上轨道后，他及时组织开展科学研究，并为此开展了一系列卓有成效的工作。

（一）认真谋划，校领导牵头负责

对于科研工作，匡亚明抓得很紧。他经常说：“学校办好了，必须是教学、科研两朵花一齐开。”[①]他积极支持和推动吉林大学自然科学学术委员会和社会科学学术委员会开展工作，坚持贯彻“百花齐放，百家争鸣”的方针，并与主管科研工作的副校长唐敖庆教授一道，认真规划学校的科研工作，确定有关科研工作制度。他还出面与中国科学院等单位及有关领导同志联系，积极促成了学校数、理、化三系与中国科学院吉林分院共同建起物质结构与特殊材料性能研究室、高分子研究室、化学动力学与催化剂研究室、半导体材料及其应用研究室、基本理论问题研究室等六个理科研究室。这些研究室的建立，既支援了地方的科学事业，又进一步加强与完善了学校的科研机构与设施，大大增强了学校的科

① 刘中树、王文金：《缅怀匡老　建设吉大》，《匡亚明纪念文集》编委会编：《匡亚明纪念文集》，南京大学出版社1997年版，第230页。

研实力。

在匡亚明主持下，校党委常委每人分抓一项具体科研项目。匡亚明与唐敖庆教授经常过问重点项目，发现问题，及时解决。他们正确掌握党的知识分子政策，让研究人员充分发挥聪明才智，钻研业务，从而形成了学校科学研究工作大发展的局面，重要成果不断涌现。

1955年下半年，东北人民大学先后创办学术刊物《东北人民大学人文科学学报》和《东北人民大学自然科学学报》。匡亚明在《东北人民大学自然科学学报》发刊词中强调："我校是综合大学，根据目前师资的情况，则更需要大力提倡科学研究，特别是基础科学和理论科学的研究，提高教师们的学术水平，才能逐步提高教学质量。""教学工作与科学研究工作必须密切配合，相辅而行。"[①]在短短的两年时间里，学校的科研工作初见成效，首批成果相继问世。其中唐敖庆教授在分子内旋转课题方面取得的成果，引起国内外专家的重视，并荣获首届国家自然科学奖三等奖。

1956年，党中央发出"向科学进军"的号召，如春风吹来，为刚刚兴起的科学研究增添了生机和活力。在学校召开的共青团第二次代表大会上，匡亚明发表了重要讲话，动员全校团员青年向科学进军，勉励大家要有决心、有信心、有恒心。在这一号召下，各系学生科学研究小组，如雨后春笋般纷纷建立。匡亚明还千方百计地为学生搞科研创造条件，历史系一名学生创作了一部很有轰动效应的历史小说，他得知后，当即吩咐后勤部门，为其腾出一间宿舍，以便创作，并给予经费资助，鼓励其成才，调动

① 中共吉林大学委员会:《功昭吉大校史的匡亚明校长》,《匡亚明纪念文集》编委会编:《匡亚明纪念文集》，南京大学出版社1997年版，第206—207页。

和培养了学生对于科学研究的浓厚兴趣，形成了良好的学术空气。

（二）集体攻关，科研实力显著增强

为了适应社会主义建设的需要，匡亚明从学校的长远利益出发，进一步加强与完善学校的科研机构与设施，增设新的专业和学科。为实现建设具有国际先进水平的社会主义大学的奋斗目标，学校成立尖端科研领导小组，匡亚明任组长，带领全校人员向科学的高峰攀登。师生艰苦奋斗，夜以继日，协力攻关，攻下了许多尖端项目。1960年5月，在北京由教育部举办的“高等教育科研成果展览会”上，吉林大学有41项尖端、重大的研究成果在京展出：有达到国际水平或国内先进水平的环氧树脂、光弹性塑料、计数管等；有耐高温材料和高温测试设备系统的研究，对近代的动力工业、喷气飞机、火箭、原子反应堆等尖端技术都有巨大的意义。可谓硕果累累，水平颇高，受到各级领导的肯定。20世纪50年代后期至60年代初期，吉林大学在基础研究方面逐渐显示出雄厚的实力。

经过50年代的艰苦创业、不断进取，吉林大学各项事业得到蓬勃发展。初建综合大学时，只设有8个系8个专业，全日制在校生880人；至1960年，已发展为设有13个系25个专业31个专门化实验室，全日制在校生增加到4 550人，已建起71种教学与科研实验室；仪器设备约14 000台件；图书馆藏书由29万册增至97万册。校舍面积大幅增加。1959年，经中共中央书记处通过，并于1960年10月22日正式公布，批准吉林大学为全国重点综合大学。从此，这所建校只有15年，建成综合大学不过9年的新兴学府，开始跻身于“我国高等教育的主要骨干”行列。吉林大学能够迅

速发展崛起，跻身重点大学，匡亚明做出了不可磨灭的贡献。

在南京大学，匡亚明被任命为党委书记兼校长后，高度重视培养学术带头人。他认为，一所大学的学术水平，就取决于各学科带头人的水平。学术带头人的培养起点要高，要能在国内国际都享有名望。这个观点的提出在全国高校中是最早的，体现了匡亚明深厚的学术功力。

四、积极促进国际学术交流与合作

20世纪70年代末，匡亚明在南京大学复出不久就指出，一所重点大学，一所一流大学，要加强国际交流与合作，要办成中外文化交流的重要阵地。在他的倡导与支持下，南京大学成为改革开放后我国对外开展学术交流活动最早、最活跃的大学之一。

1979年，匡亚明率领中国大学校长代表团首次访美时很有感慨：中美之间只是在校际做个别留学生的交流，而这又仅限于几所名牌大学。匡亚明针对这种既少又慢的做法形象地说："这不是像小脚女人走路吗？这要走到猴年马月？如此下去，怎能适应我国建设的需要？"[1]他执意要摆脱这种小生产的交流方式，主张中美大学共同办学。这是一种大胆的设想，也是一步险棋！这在当时是谁都不敢提的，既没有红头文件为依据，也没有任何先例。大家都认为匡亚明想得太离谱了。可匡亚明不仅要突破合作办学的禁区、不仅要在理工科领域与外国人合作，而且要在人们更为敏感的文科领域进行合作。他说50年代学苏联的一套早就

① 张怀亮：《对匡老在外事工作方面的回忆》，《匡亚明纪念文集》编委会编：《匡亚明纪念文集》，南京大学出版社1997年版，第319页。

过时，十年“文革”封闭又使我们对西方文化与社会、国际贸易和国际金融、国际经济、国际关系国际法、跨国公司、生态环境等都极少了解，难道不要大量培养这批干部吗？俗话说知己知彼，方能立于不败之地，同样外国人也需要了解中国。他就是这样一个“咬定青山不放松”的人，一头钻进合作办学的“怪圈”，而他的这种构想与宣传，在访美时得到了美国约翰斯·霍普金斯大学穆勒校长的高度赞赏，他说匡亚明是他一生中所接触的最有远见卓识的教育家。他俩一见如故，一拍即合，“霍大”愿意出人出钱与南大合办一所高级研究院，从全美招聘优秀教师来华任教。这就是后来“中美文化研究中心”的雏形。当然这仅是意向性的，但美方却先行报道了这条新闻。匡亚明回国后，有人支持，有人反对，很多好心人还劝他：你不要为此栽跟头。他说，我绝不在乎个人得失，凡事只要对党对国家有好处，我就敢闯关。他随即将此事向蒋南翔（时任教育部部长）、方毅（时任分管文教卫生的国务院副总理）做了汇报，得到二人的大力支持。随后万里（时任国务院副总理）及国务院其他领导对匡亚明的创意与构想也予以充分的肯定。终于在1981年，两校正式签订协议，正式创设南京大学—约翰斯·霍普金斯大学中美文化研究中心。这是自1949年以来中国与西方第一个合办的教学实体。经过五年筹备，1986年开学，培养了近千名硕士以上从事中美及国际事务的高级人才。《人民日报》《中国教育报》等报刊都发表过长篇的报道。《光明日报》还称它为“不出国的留学园地”。南京大学—约翰斯·霍普金斯大学中美文化研究中心的成立，为发展国际高校间的学术交流创造了一种新的模式。这是匡亚明关于中外文化交流和联合办学理念付诸实践的成功范例。继中美文化研究中心之后，南京大学又陆续成立了中德经济法研究所、中日文化研究中心等一系列机构，使学校的国际化办学水平得到极大的提升，为南京大学创建世界一流大学奠定了更加坚实的基础。

《匡亚明教育文选》封面
（图片由张朝平提供）

五、努力改善办学条件，倡行勤俭办学

匡亚明认为，办好一流的大学，不仅要有优秀的教师，还要有必需的物质条件，否认物质条件的重要性，就不是唯物论者。匡亚明在来吉林大学后的第一次全校大会上，就提出“办一个像样子的大学”的指导思想。在吉林大学的八年，匡亚明把全部心血，都倾注在办一所像样子的大学上。办一所像样子的大学，就要有像样子的教师、像样子的科研成果，还要有像样子的办学条件和设施。匡亚明常说，后勤工作是学校的门面，物质基础是办学的保证。了解匡亚明的人，都说他在抓学校基本建设上目光远大、有超前意识。1956年，吉林大学建理化楼，他提出的标准是

建全国最像样的，不应搞短期行为。当年理化楼以其颇为雄伟壮观的英姿，展示了高等学府的神圣，引起人们对知识殿堂的痴迷和向往；建体育馆，他要求建一个高标准的风雨操场，让学生上课风雨无阻；建服务楼，他提出要二十年不落后，设有淋浴、盆塘……为扩大校舍，他几经争取，从市里购买下大礼堂（鸣放宫），抓住了学校发展的绝好机遇；修大礼堂门前的马路，他亲自丈量，强调要修成能并排走两辆车的宽度；安装电话总机，他力主上容量大的500门。这时期，新建的文科楼、宿舍楼矗立在校区。这些举措极大地改善了教职工的教学、科研和生活条件，改善了学校的办学条件，为吉林大学的发展和腾飞奠定了坚实的基础。

匡亚明对于改善办学条件与勤俭办学之间的关系认识非常透彻，“勤俭办学绝不意味着教学科研设备上可以满足于落后，实现教学科研设备的现代化，是客观规律的要求，而不是人们主观决定要不要的问题”①。同时，他还指出，改善办学条件要与勤俭办学、节约办学的精神结合起来，“一方面能省的必须省，能因陋就简的必须因陋就简；但另一方面必须现代化的一定要在节约的前提下力争现代化，必须精密的一定要在节约的前提下力争精密。这两个方面结合起来，就是勤俭办学的方针”②。在过去多年办学经费相对短缺、软硬件相对不足的条件下，南京大学的各项办学指标之所以能够跻身国内高校的前列，是与全校师生弘扬匡亚明所倡导的勤俭办学精神分不开的。匡亚明关于勤俭办学的思想，值得大学管理者深入学习。

---

①② 曲钦岳：《功昭校史　风范长存》，《匡亚明纪念文集》编委会编：《匡亚明纪念文集》，南京大学出版社1997年版，第225页。

六、坚持以党的理论武装学生

作为马克思主义理论家、教育家，匡亚明十分注重对学生进行马克思主义教育。他亲自为学生讲授政治课、马克思主义课，为党员师生讲党课，教育广大师生走“又红又专”的道路。他还特别注意对师生进行时事政策教育，经常请当时的江苏省委领导、南京市委领导到学校做形势与任务的报告，请他们为党员师生上课。除此，他经常亲自为党员讲党课。有位学生回忆匡亚明校长讲“红与专问题”的情形：“什么是红？他说，红就是方向，就是坚持正确的政治方向。讲方向的核心就是要坚定地坚持共产党领导，坚持走社会主义道路，坚持马列主义毛泽东思想指导，坚持为实现共产主义理想而奋斗。他说，只有这样的信念还不够，必须努力钻研，认真学习专业知识，掌握科学文化知识，掌握为人民服务的本领，这就叫作专。没有丰富的知识，没有过硬的本领，就不能做到很好地为人民服务，为社会主义建设服务，讲红就是空话。如果只掌握了知识、本领，不讲政治、不讲方向，也不能做到很好地为人民服务，为社会主义建设服务。他强调既不要只红不专又不要只专不红，应努力做到又红又专，红与专相统一。培养这样的人才，才是合格的社会主义建设人才。”[①]

匡亚明的教育效果非常好，这堂党课对同学们的影响非常广泛、深刻。学生们都热血沸腾，立志为党、为人民而学习，为参加社会主义建设而学习。

匡亚明曾先后担任吉林大学和南京大学的党委书记兼校长。

① 戴舟：《谆谆教导　永记心怀》，《匡亚明纪念文集》编委会编：《匡亚明纪念文集》，南京大学出版社1997年版，第37—38页。

作为党委书记，他表现出一位马克思主义者的高度理论修养和党的高级干部的卓识和远见，深入实际，治校有方。这两所综合大学，既有的历史和根基不同，但在他的领导下，都有了重大的发展和长足的进步，都是在国内外享有盛誉的大学。在这两所大学，他都按照一流大学的标准，在致力于学科体系、教师队伍、物质条件这三项基础建设的同时，紧紧抓住科学研究和教学质量这两个办学核心不放。在不长的时间里，这两校都以出人才、出成果的优异成绩为全国高校所瞩目。他在吉林大学八年，就把学校从他去时只有不完整的文科和初建理科的大学，建成一所学科结构完整，既有突出成果，又有可持续发展基础的综合大学。他奉命调离吉林大学到南京大学时，全校师生对他恋恋不舍，赋诗送别，在高教界传为佳话。在匡亚明和同事们努力下，吉林大学跻身于国内重点大学之列。在吉林大学四十周年校庆之际，吉林大学专门送给匡亚明一块匾，上书“功昭校史”，这是吉林大学对匡亚明所做的最好评价。

匡亚明主持南京大学工作，除去“文革”的十年，实际工作还不到八年，但仍然在南京大学既有基础上因势利导，使南京大学得到了全面发展与提高。科研的“五朵金花”（即“分子筛选研究”“华南花岗岩研究”“金属缺陷研究”“内蒙古草原综合考察”“大米草引种与利用”重点研究成果），教学上的“学分制”和“大学语文”教学，学科建设上的重建社会科学类各学系和计算机科学系，两篇有重要影响的论文（《关于抓主要矛盾的主要方面》和《实践是检验真理的唯一标准》）的问世，“中美文化研究中心”的建成，党代会做出关于提高学报质量的决议，都曾在国内产生轰动效应。至今还为南大人所津津乐道，是极富南京大学特色的业绩，是匡亚明主持工作时期许多重要发展的组成部分，是南京大学今日取得成绩的基础。

一所大学的发展靠积累，但是一所大学发展的快慢有赖一定时期助推的加速作用。匡亚明主持两校工作期间，都因他的特殊作用而产生了助推效应。匡亚明对两校功昭校史的建树，都已载入两校史册而永垂青史。

在高校领导的岗位上，匡亚明努力探索社会主义大学的办学规律，积极推动高等教育的改革与创新，大力倡导“敢为天下先”的精神，形成了一系列至今仍然值得当前高等学校领导认真学习和体会的治校办学理念。当今的高等教育者尤其是高校管理者应以匡亚明为榜样，与时俱进，继承和发展匡亚明关于办好中国特色高等教育事业的科学理念，不断增强自主创新能力，早日把我国高等教育办成世界一流的高等教育。

主要参考文献

1.《中国现代教育家传》编委会编:《中国现代教育家传》第3卷，湖南教育出版社1986年版。

2.《匡亚明纪念文集》编委会编:《匡亚明纪念文集》，南京大学出版社1997年版。

3. 南京大学高等教育研究所编:《匡亚明教育文选》，南京大学出版社2000年版。

4. 沈道初:《教育家匡亚明的胸怀与胆识》,《钟山风雨》2002年第6期。

5. 洪银兴:《学习匡亚明教育思想　努力创建世界一流大学》,《中国高教研究》2006年第5期。

求实创新
励志图强

吉林大学校训

诚朴雄伟
励学敦行

南京大学校训

撰稿人：王建梁，教育学博士，华中师范大学教育学院教授，主要从事中国教育史和比较教育研究。

杨石先

YANG SHIXIAN

南开大学校长（1957—1969，1979—1981）

（图片由南开大学档案馆提供）

“负笈而重洋，问道以求真。学成三度返，情系一往深。科研青云志，报国赤子魂。春风化细雨，桃李吐芳芬。”①2015年5月17日晚，在南开大学迎水道校区的礼堂，一出名为《杨石先》的大型原创话剧正在排演。此时，话剧的主人公杨石先离世已有三十年。这位从清末一路走到新中国的科学家、教育家，是继南开大学创始校长张伯苓之后在任时间最长、威望最高的一位校长，被聂荣臻赞为“学者楷模、人之师表”②，不仅对南开大学产生了巨大影响，也在新中国高等教育史上书写了光辉的一页。

不仅如此，杨石先还是我国化学界的泰山北斗。他一生怀着报国的赤子之心，在教学、科研、社会服务三方面都取得了卓越的成就：在教学上，他积极培养研究生，为祖国“四化”建设服务，中国科学院和中国工程院院士中有十五人是他的学生；在科研上，带领南开大学元素有机化学研究所突破一个又一个科研难关，他所研制的有机磷农药，有三种获国家一等奖，一生发表八十余篇学术论文，编译和撰写八部论著，有关科技和教育方面的论述六十余篇③；在社会服务上，他和团队一起研制的杀虫剂、杀菌剂、干枯净等农药推动了我国农业生产的发展，他热情回复和帮助来自全国各地有关化学教学和研究的咨询，在化学界拥有崇高的威望。

① 龙飞：《杨石先：“学成三度返”的南开大学校长》，《名人传记》2017年第6期。
② 雷丽君、张廷朝：《杨石先：师道无私》，《教育与职业》2011年第4期。
③ 杨际贤主编：《中华百年教育家思想精粹》，中国盲文出版社1999年版，第414页。

一、逐梦科教：不平凡的求学教学治学之路

1897年1月8日，杨石先出生于浙江杭州（祖籍安徽怀宁）。六岁以前，和弟弟一起跟随母亲、祖父母生活。1902年被送入家塾中读书，学习四书五经等传统教育的内容，但这一阶段对他影响更深的是祖母。1903年，他随父杨嘉辰迁居山东济南，跟随家庭教师继续学习四书五经等内容，同时增添了数学和地理方面的知识。

（一）求学时代："我要做一名科学家"

1907年，杨石先因父调职，进入天津民立第二小学高小部读书，正式开始新式学校生活。1910年，小学毕业后，杨石先报考了刚刚成立的留美预备学校——清华学堂，并在激烈的竞争中顺利通过考试，成为该校第一届学生中的一员。当时，中国社会发生急剧动荡，军阀混战，民不聊生，杨石先的父亲也因政见不合退出官场，靠卖文为生。家庭的变故和社会的动荡在少年杨石先身上留下了深刻的烙印。因而，杨石先发奋苦读，"始终以最严肃的态度对待学业和锻炼身体，其余一概置之不问"[①]，希望有朝一日承担家庭责任，救国于水火之中。正是在这一过程中，他树立了成为科学家的梦想。"当时我认为中国之所以软弱无能，受人欺侮，主要是教育和科学不发达，国家不富强。所以，我曾三次赴美求学和从事科研工作，梦想走'教育救国''科学救国'的道路。"[②]带着这样的梦想，1918年，杨石先进入美国康奈尔大学学习

① 杨石先：《我的自传》，陈洪主编：《南开学人自述》第1卷，南开大学出版社2016年版，第2页。

② 杨石先：《在全国科学大会上的发言》，南开大学校史研究室编：《杨石先文选》，南开大学出版社2017年版，第36页。

农科，但因当时美国加入“一战”，全美青年男性被召入伍，农科只招收女生，加之农科教授被征召到欧洲帮助恢复农业，他于第二年转入了他感兴趣的应用化学学科。[①]

1922年，杨石先获得学士学位，本想进入有机化学工厂取得实际经验后再继续研究，但因其黄种人身份而被美方工厂歧视，于是打算继续在康奈尔大学研究院攻读博士学位。在之后一年多的学习中，一切进行得极为顺利，实验亦已完成一半。正当杨石先满怀信心继续研究工作时，不料他外叔祖去世，由于家庭经济困难，他不得不将已完成部分的研究作为硕士论文进行答辩，提前回国。1923年夏，杨石先获得康奈尔大学硕士学位后回国了。在归国的途中，他接受了清华同学李济的推荐，来到南开大学执教，开始了他的从教生涯。

（二）艰难时世：从执教南开大学到担任西南联大教务长

二十世纪三四十年代，天津南开大学是与国立北京大学、清华大学和燕京大学、辅仁大学不相上下的著名私立大学，在“允公允能，日新月异”的校训指导下，一大批名师硕儒汇聚于此，为国家培养了众多有用人才。然而，1923年秋杨石先到南开大学任教时，该校正处于建校初期，经费拮据，师资力量薄弱，学生人数不多，课程体系也尚未建立起来。在杨石先所在的化学系，只有他与邱宗岳两位教师，他们不但要教授化学系的基础课和实

① 关于转科的原因，有不同的论述。杨石先在《我的自传》中提到，“一战”导致学农科的全部变为女生，且因为战争原因化学专业大大加强，而他自己对化学又很感兴趣，所以转科。王学孝等人则认为，当时康奈尔大学的农学教授被征召到欧洲帮助恢复“一战”造成的农业的伤害，杨石先认识到化学对人类的作用，所以转科。这里综合了两种因素。

验课，还要负责理学院各系和矿科的化学基础课和实验课，杨石先甚至还要去南开中学兼课，不时给学生们开设相关讲座。[①]这一切都让初入职场的杨石先应接不暇，但也正是这一段经历锻炼了他，六年的南开生涯让他在"教学上有成绩"[②]。1929年夏，他争取到了出国进修两年的机会，进入美国耶鲁大学进行杂环有机化合物的研究，于1931年获得博士学位。因为出色的研究，他获得了诺贝尔奖得主维兰德教授的赏识，被邀在德国做研究员。然而，他辞谢了这一邀请，回到正处于煎熬中的中国，继续在南开大学执教，一面开设新的课程，一面从事合成药物方面的研究。

1937年，卢沟桥事变爆发，南开大学不幸遭日本侵略军狂轰滥炸，三分之二的校舍被毁。因张伯苓校长正在重庆开会，杨石先和黄钰生临危受命，负责保护一百多名在校师生及撤退学校的物资、图书和仪器设备，而能抢救出的毕竟有限，眼睁睁看着多年心血毁于一旦，杨石先坚定了抗战复校的决心。10月，南京国民政府令国立北京大学、国立清华大学和私立南开大学迁往湖南，联合成立国立长沙临时大学，并于11月1日正式开学，杨石先担任化学系主任。但不到一个月，长沙也遭到日军的轰炸，无奈之下，三校师生决定入滇。1938年，三校在昆明组成国立西南联合大学。杨石先被联大常务委员会任命为理学院化学系系主任和师范学院理化系系主任，1943年被推选为西南联大教务长。

在中国近代教育史上，西南联合大学是极为特殊的，它会聚

---

① 比如，杨石先曾在1935年为南开女中做过《从事科学事业的人所应具的个性态度和习惯》的专题讲座。参见南开大学校史研究室编：《杨石先文选》，南开大学出版社2017年版，第3—5页。

② 杨石先：《我的自传》，陈洪主编：《南开学人自述》第1卷，南开大学出版社2016年版，第4页。

了北京大学、清华大学和南开大学的师资和学生，在管理上面临着极大的挑战；然而，它又是特别耀眼的，它在极为艰难的历史条件下，培养出了大批杰出人才。作为化学系系主任、教务长，杨石先无疑是有贡献的。正如学生何炳林所回忆的，杨石先之所以能在名流荟萃的西南联大做系主任、教务长，是因为他“作风正派、办事公道、顾全大局、不在人背后说坏话，大家对他非常尊敬”①，从而保证了化学系良好的学风、教风。在任期内，学校虽然面临经费短缺、设备简陋等困难，但在他的有力领导和组织下，全体师生员工群策群力，第二年就把实验室因陋就简地建设起来了，学生们也都能做有机化学和物理化学等方面的实验。②除此之外，他还坚持授课，“每天上午到办公室处理完工作后，便参加教学工作。他带头讲基础课，联大师范学院理化系的普通化学讲义就是他亲手编写的。他还讲授了有机化学和药物化学等课程。就是后来又兼任了联大的教务长，仍坚持讲课”③。

（三）再度赴美，为复校做准备

尽管西南联合大学取得了不少成绩，但自然科学的研究不可避免地受到了飞涨的物价、简陋的屋舍、匮乏的设备仪器的限制，“研究工作几乎无法进行”④，对国外相关领域的研究新进展和新趋势也难以知晓。随着抗战胜利曙光的来临，三校都开始为复校做准备。1945年，南京国民政府教育部通知各大学，每所大学可

---

① 何炳林：《敬重的师长　人生的楷模——回忆杨石先教授》，《离子交换与吸附》1986年第1期。

②③ 杨光伟编著：《杨石先传》，南开大学出版社1991年版，第40、41页。

④ 杨石先：《我的自传》，陈洪主编：《南开学人自述》第1卷，南开大学出版社2016年版，第5页。

派一两位有经验的教授出国。[1]作为南开大学的代表之一，杨石先被派往美国印第安纳州立大学做访问教授兼研究员两年。临行前，他收到了张伯苓校长的一封信，请他和姜立夫教授共同为即将复校的南开大学物色教师人选。[2]

在印第安纳州立大学的两年间，杨石先做了几项工作：一是担任高等有机化学和有机碱化学的授课工作；二是从事药物化学研究，重点关注一种中国植物抗疟要素的化学性能，同时还搜集了不少植物激素方面的资料；三是写信给南京国民政府教育部、实业部、中央研究院等机构，希望他们组织力量收集化工研究方面最新资料；四是遵张伯苓校长嘱托，为南开大学选聘了有机化学家高振衡、昆虫学家萧采瑜、农药学家陈天池、药物化学家王积涛等十几位教师。第三次来到美国，杨石先面临的是与前两次截然不同的环境。“二战”后，美国联邦政府通过了《退伍军人重新安置法》，大批退伍军人入学导致美国高校学生人数激增，但教师数量远远不足，因而像杨石先这样的外国学者非常受欢迎。反观中国，抗战结束后，国民党反动派又挑起内战，局势一直不稳定。因此，当两年期限到期时，杨石先被印第安纳大学的同人力劝留任，然而，因心怀祖国、身兼使命，又有南开大学来函敦促，他还是于1948年2月返回天津，继续在南开大学任教。

一年后，全国各大城市相继解放。国民党败逃台湾之时，曾试图拉拢众多教育界名人南下，杨石先也在其中，但最终他选择了新生的人民政权：“天津解放前夕曾有人约我离津南下，伪教育

① 清华大学选派了刘仙洲、任之恭，北京大学选派了张景钺，南开大学选派了杨石先、姜立夫。

② 杨光伟编著：《杨石先传》，南开大学出版社1991年版，第61页。

部亦有指令随时乘机退出。我对国民党和蒋介石自抗日战争以后完全丧失信心，不愿追随他们。而对中国共产党又毫无认识，曾为之彷徨多日，举棋不定。后来经过一番分析，觉得前面一条是毫无希望的道路，后面一条虽属不可知，但可能有好的成分，应当留下来看看。”①

二、重整旗鼓：将全部精力奉献给新中国

新中国成立伊始，杨石先刚过知天命之年，当时，高等教育面临着战后重建和修复的迫切任务。1950年6月，全国第一次高等教育会议在北京召开，会上讨论了新中国高等教育方针、任务等重要问题，确定了高等学校暂行规程、课程改革、领导关系等问题的草案，经政务院批准实行。1951年8月，政务院又做出了《关于改革学制的决定》。上述会议和文件明确了高等教育的性质、宗旨与任务，规定了高等学校的修业年限、教学内容和方法，以及领导管理体制。作为南开大学的实际领导者②，杨石先顺应新的历史条件，积极执行党的教育方针政策，将其大半生的教书育人经验付诸实践，实现其教育救国、科学救国的梦想。

---

① 杨石先：《我的自传》，陈洪主编：《南开学人自述》第1卷，南开大学出版社2016年版，第6页。

② 根据《南开大学》一书的记载，杨石先在1949—1950年担任南开大学代理校长、1957—1968年和1979—1981年担任南开大学校长。按照杨石先的人事行政秘书李万华（1950年）的说法，1950年学校实行校务委员会制，没有任命校长，杨老受任为校务委员会主席，而1952年中央人民政府又任命杨石先担任南开大学副校长（正校长空缺），直至1957年被任命为校长。可以说，新中国成立后到80年代初的南开大学一直是在杨石先的领导下开展工作的，时间超过三十年，因而在这里把他担任代理校长和副校长时的经历也作为重点来论述。参见李万华：《南开精神永存　杨老音容常在》，南开大学办公室编：《杨石先纪念文集》，南开大学出版社1999年版，第157—160页。

（一）切实落实院系调整的教育方针

根据“维持原有学校，逐步加以必要的与可能的改良”的基本方针，新中国成立初期，南开大学进行了初步的改造，如取消国民党党义课程，注意招收工农出身的学生，开设马列主义课程等。1952年，为适应大规模有计划的社会主义建设，加强一些学科的优势，集中人力、物力和财力办好一些大学，在对旧大学接管和初步改造的基础上，新中国开始对高等学校进行院系调整。7月17日，南开大学成立院系调整筹备委员会，在教育部的领导下，积极进行调整工作。11月29日，南开大学举行盛大集会，庆祝院系调整的胜利结束和新南开大学的诞生。当时作为总务长的杨石先在集会上发表了《新南开大学的成立和它的方针任务》的报告。报告对南开大学调整后的学校性质、任务、院系结构、行政机构等做了清晰的说明。在公立综合性大学的新定位下，他提出了南开大学的两项任务：其一，为国家培养高级干部，包括各种研究人员、高等及中等学校的师资和机关的文化与专业干部；其二，发扬学术与提高文化，使人类能更好地掌握事物的发展规律，更有效地征服自然、改造环境，更丰富更美满人的生活内容。[①]他认为，从国家长远利益考虑，甚至第二个任务更加重要。在院系结构上，新南开大学由旧南开大学文、理、财经三院的十四个系，天津大学理学院的数、理两系及津沽大学财经学院的贸易、会计、企业管理三系所组成，共设置了十八个专业、三个专修科，组成十四个系，领导二十六个教研组。在行政机构上，废除院一级组织，在教务长领导下成立了教学科，在总务长领导下设立了生活

① 杨石先：《新南开大学的成立和它的方针任务》，南开大学校史研究室编：《杨石先文选》，南开大学出版社2017年版，第141页。

管理科，在校长办公室领导下设立了政治辅导科，从教学、后勤、党政三个方面加强领导。1956年学校成立党委后，召开了第一次党代会，党在学校的工作得到进一步加强。1957年，学校确定科研计划和长远科学规划，此后定期召开科学讨论会，掀起科学研究的热潮。

（二）在苏联专家指导下开展教学改革

新中国成立初期，苏联是最早与中国建交的社会主义国家，因而成为我们建设社会主义的榜样。1949年12月，第一次全国教育工作会议就根据《中国人民政治协商会议共同纲领》提出了“借助苏联经验，建设新民主主义教育”的方针。此后十多年间，苏联的高等教育模式成为新中国高等教育的样板。引进苏联高校专家，翻译苏联高校教材，按照苏联模式改革高校教学制度，去苏联参观学习等成为高等教育发展的主轴。

然而，在学习苏联的过程中，也出现了一些脱离实际的问题。杨石先在1957年7月9日的一次发言中，总结了新中国成立八年来教育改革的成绩和问题，认为总体而言教学质量在不断提高，并指出“整套搬用苏联教学制度，要很好地了解内容和作用需要一个过程，再结合中国实际又需要一个过程”①，强调大家不必急于批评。然而，他也指出教学改革中的一些问题。比如，当时大学外语课均以俄语取代英语，他认为这是一种非常狭隘的做法，将来必定会由于语种的偏狭而造成我国科学发展上的极大缺陷。②针对当时只强调高校教学职能而忽视科研职能的情况，他指出：“在

① 杨石先：《党在高等学校的领导是绝对必要的》，《新华半月刊》1957年第16期。
② 张衡主编：《民国科教精英百人传》，南京出版社2013年版，第84页。

全面学习苏联的高等教育过程中，我们体会到教学和研究是一个事情的两个方面，必须统一起来而不能互相对立的。教师如果只从事教学而不进行研究，久而久之必然要成为教条主义者。进行研究，发现新的知识和新的事物规律，同时也就丰富了教学。这不但解决了教学结合实际的问题，而且解决了提高教学质量的问题。”①

三、治校方略：南开大学的“新生”

1957年冬，杨石先随以郭沫若为首的中国访苏科学技术代表团赴苏，和苏联广大科学家商讨中国的科学技术规划，这是杨石先担任南开大学校长以来极为重要的一个事件，也是对他“具有极端重要意义”的事件，使他“有机会座谈、参观和深入了解苏联科学发展的情况和工作的方法，收获是甚大的”②。回国后，杨石先不仅参与了编制全国科学规划的工作，还在南开大学重新兴起了重视科研的风气，理顺了教学与科研之间的关系。“文革”爆发后，南开大学的不少工作几乎濒于停顿，但已在暮年的杨石先依然在力所能及的范围内坚持从事科学研究。1979年，杨石先被重新任命为南开大学校长，直至1981年卸任。

在两段校长任期内，杨石先都始终坚持党的领导，贯彻党的教育方针政策，为社会主义教育高等教育事业殚精竭虑，自觉地将高等教育与社会主义建设事业相结合。概言之，他主要从教学、

① 杨石先：《在第一届全国人民代表大会上的发言》，南开大学校史研究室编：《杨石先文选》，南开大学出版社2017年版，第9页。

② 杨石先：《我的自传》，陈洪主编：《南开学人自述》第1卷，南开大学出版社2016年版，第8页。

科研、师资、国际交流、学生培养等方面着手，将南开大学推向了一个快速高质发展的新阶段，正如他的人事行政秘书李万华教授所说：“杨老对学科建设，师资队伍的建设，科学研究工作，与国外大学的学术交流和人才培养的关注更是不遗余力。”[①]

（一）重视教学质量

重视教学质量是南开大学的传统风气。1961年和1962年，针对当时学校忽视教学质量的倾向，在连续两年的新学期开学典礼上，杨石先都将提高教学质量作为新学期的重点工作来论述，并积极支持编制《南开学则》，整顿教学秩序，规范教学管理。

首先，他认为“教学的数量和质量是辩证统一的，数量过多，并不能提高质量，相反，却会造成消化不良，巩固不住，影响质量”[②]，这种观点是对马克思主义辩证法的运用，体现了高等学校的办学规律。

其次，提高教学质量，要重视学生的基础训练，这既包括基础知识、基础理论的教学，也包括技能的训练。在20世纪60年代，杨石先在多个场合反复提及学生基础训练的问题。他认为，“没有好的基础，很难进一步深造”[③]；“只有比较系统、广博而又牢固地掌握了基础知识，受到了严格的基本训练之后，才能比较顺利地进行专门训练，才能在毕业后比较顺利地独立工作和继续

① 李万华：《南开精神永存　杨老音容常在》，南开大学办公室编：《杨石先纪念文集》，南开大学出版社1999年版，第159页。

②③ 杨石先：《在1961年开学典礼上的动员报告》，南开大学校史研究室编：《杨石先文选》，南开大学出版社2017年版，第161—162、162页。

自修”[①]；“只有把基础课学好，掌握独立的工作方法，这样才能为将来攀登科学尖端打下更结实的基础”[②]。他是这样说的，也是这样做的。很多学生[③]在回忆时都不约而同地提到，从在西南联合大学做系主任时起，杨石先就带头讲基础课。最有名的教授讲授最基础的课，成为南开的优良传统。

再次，提高教学质量，还要重视应用学科的价值，基础学科和应用学科二者不可偏废，应全面发展。在1980年发表的《对教育工作的几点意见》中，杨石先进一步阐发了基础学科全面发展的观点：“我们不但要重视基础理论学科，也要重视应用学科。各门基础学科要全面发展。我们培养的学生是又红又专，而这个专是一专多能。因为现代的科学是相互渗透、相互影响的，所以从小学、中学就要全面打好基础。”[④]

最后，提高教学质量的关键，要有一批高水平的教师。

（二）论高校的科研工作

作为一个在美国受过严格学术训练的科学家，杨石先对科学研究的认识和理解早就融入骨髓，他曾在《我的自传》中坦言西南联合大学时期科研难以为继的现实困境。作为一名二十世纪五六十年代的中国大学校长，他依然坚持科研在高等学校中具有重要地位，努力在当时艰难的物质条件下推动科研的发展。1954年，在与周恩来总理谈话之后，杨石先深感我国科研力量的薄弱，

① 杨石先：《踏踏实实提高教学质量——在1962年开学典礼上的讲话》，南开大学校史研究室编：《杨石先文选》，南开大学出版社2017年版，第171页。

② 杨石先：《在化学系迎新会上谈有关学习的三个问题》，南开大学校史研究室编：《杨石先文选》，南开大学出版社2017年版，第215页。

③ 何炳林、陈茹玉、申泮文等都曾有过讲述。

④ 杨石先：《对教育工作的几点意见》，《人民教育》1980年第9期。

发表了《发挥科学潜力，积极开展高等学校研究工作》一文，提出了“高等学校是国内具有最雄厚的科学研究后备力量的机关”[①]的基本思想。他希望党和政府能够重视和发挥高等学校的科学研究潜力，以适应祖国建设和发展的需要。同年，他就身体力行，推动在南开大学成立了科学研究委员会，并明确了该委员会的目的和任务：科学研究委员会的成立是为了协助校长从政策、方针上领导科学研究工作。科学研究委员会是一个审议机构，它的任务将是：（1）讨论全校科学研究的方针，通过全校科学研究总计划及学年工作总结；（2）对有关执行科学研究计划之重大问题提出意见；（3）讨论决定学报编辑委员会之编辑方针与编辑计划；（4）最后审查、通过全校性科学讨论会及学术报告会的科学报告；（5）对其他有关科学研究工作之重大事项提出意见。[②]

“发展学术，繁荣经济”是杨石先的一贯立场。他强调科学研究应为国民经济服务，并率先开展农药研究，助力我国农业发展。[③]他还认为，科研需要合作，需要民主，需要科学管理。早在1954年，根据当时高等学校以教学为主、忽视科研，很多教师心向科学院的情况，他就指出科学院应与高等学校密切联系和合作，“一方面，可以通过各专门学会与科联来了解与组织各地区，包括学校、厂矿、机关等方面的科学人员，使其发生联系，进行讨论，发挥集体的智慧，形成解决问题和指导研究的核心，为将来各地区成立科学研究机构创造条件并打下基础。另一方面，可以通过

① 杨光伟编著：《杨石先传》，南开大学出版社1991年版，第88页。

② 杨石先：《切实推进科学研究工作的开展——在南开大学科学研究委员会第一次会议上的讲话》，南开大学校史研究室编：《杨石先文选》，南开大学出版社2017年版，第157页。

③ 陈舜礼：《毕生科研为兴国　呕心沥血育英才》，南开大学办公室编：《杨石先纪念文集》，南开大学出版社1999年版，第48—52页。

中央高等教育部与各高等学校取得密切配合，有计划、有步骤地大力开展研究工作和培养青年科学研究人员”[1]。在《科学需要民主》一文中，他指出，科学要繁荣，就必须有民主作为它的前提和保证。[2]此外，他还非常重视科学管理工作，认为“只有搞好科学管理，才能充分发挥科学技术的作用。如果不懂科学管理，会使优秀人才的作用得不到充分的发挥，使很好的技术设备可能糟蹋掉，造成很大的浪费。因此，应该从战略转移的需要来认识科学管理的重要性”[3]。

杨石先明确提出高等学校要正确处理教学与科研的关系。他指出：“大学既是教育中心，又是科研中心，这在国外早已经是人人皆知、毋庸置疑的了，因为许多研究工作都是首先从大学搞起来的。”“教学与科研是一件事情的两个方面，是不应割裂分离的。

杨石先（前排右一）在南开大学化学实验室

（图片由南开大学档案馆提供）

① 杨石先：《发挥科学潜力，积极开展高等学校研究工作》，南开大学校史研究室编：《杨石先文选》，南开大学出版社2017年版，第19页。

② 杨石先：《科学需要民主》，《南开大学学报（哲学社会科学版）》1979年第4期。

③ 南开大学元素有机化学研究所：《毕生做学问，寒暑育英才》，南开大学办公室编：《杨石先纪念文集》，南开大学出版社1999年版，第129页。

不但理科和工科是这样，文科也是这样。”“教师一面进行教学，一面开展研究，教学的理论可以指导研究，研究的成果可以丰富和提高教学。所以，科学研究是教师岗位工作的一部分，而且是不可缺少的部分。”① 在如何处理教学和科研关系上，他曾做过明确说明：“从思想上明确教学和科学研究的关系，并从工作安排上加以正确处理，在教学为主的前提下，积极开展科学研究工作。高等学校必须以教学为主，在搞好教学工作的前提下，从实际条件出发，积极开展科学研究工作。”②

（三）多种途径引进和培养师资

不管是新中国成立初期，还是“文革”结束后，人才问题都是困扰新中国的一个大问题。为适应多快好省地建设社会主义的需要，政府在大力开展扫盲教育的同时，非常重视高等学校的师资培养的功能，希望高等学校能快出人才、多出人才。然而，高等学校本身也面临师资匮乏的问题，而且多年来一直没有得到有效缓解。

作为培养高级人才的机构，高等学校的师资问题一直是杨石先等新一代大学校长十分关心的问题。1956年，他在《人民南开》上发表过关于教学、科学研究和教师进修问题的谈话，认为对青年教师的培养，应该区别对待。他指出：“一般说来，除少数毕业不久的专修科和提前毕业的助教需要以一部分时间补课以外，主要的途径是教学和科学研究。而一般青年教师，应该首先熟练

① 杨石先：《对教育工作的几点意见》，《人民教育》1980年第9期。

② 杨石先：《在南开大学第六届科学讨论会开幕式上的工作报告》，南开大学校史研究室编：《杨石先文选》，南开大学出版社2017年版，第178页。

教学业务，通过教学工作来培养提高；有条件时，就开始科学研究。”①老教师也应该认真地担负起培养师资的职责，关心青年教师的进修和提高。在谈话中，他还提到了加强有计划地选派教师出国进修的建议。但是，限于当时中国封闭的办学环境和落后的物质条件，能够出国进修的教师数量十分有限。

“文革”结束后，人才断层问题十分严重，以南开大学为例，“若干届高校毕业生留校的很少，因而年轻教师少，教师队伍老龄化问题严重。中年教师业务被耽搁了十几年，因此，出现了青黄不接，后继乏人的现象”②。随着邓小平“尊重知识、尊重人才”方针的提出，以前被打倒的“反动学术权威”、被辱骂为“臭老九”的教师重新得到重视。在这种背景下，杨石先为解决南开大学的师资问题提出了以下解决办法。其一，要求教师结合教学和科研逐步提高自己的业务水平，同时对现有教师队伍采取在职学习、脱产进修和出国培养多种方式。其二，鼓励有基础的老教师多招研究生，积极培养年轻的后备力量。为此，他自己就招了二十多名研究生，待这些研究生毕业后把他们充实到教师队伍里来。其三，把“文革”中被调离南开大学的骨干教师调回来，充实师资和科研队伍。他的学生申泮文在回忆文章中就提到，他被杨石先于1978年底从山西调回南开大学，并认为这使他争取到了老年来临之前的一段“黄金时代”。③

---

① 杨石先：《教学、科学研究和教师进修》，南开大学校史研究室编：《杨石先文选》，南开大学出版社2017年版，第27页。

② 杨耆荀：《回忆父亲》，南开大学办公室编：《杨石先纪念文集》，南开大学出版社1999年版，第241页。

③ 杨光伟编著：《杨石先传》，南开大学出版社1991年版，第159页。

（四）开创南开大学国际学术交流新局面

早在西南联合大学时期，杨石先就积极支持学生出国深造、进修、交流，新中国成立前由他送出国培养的学生达二百多人，注重国际交流的习惯延续到了他做南开大学校长的时期。石玉民教授是1958年来南开工作的教师，在他的记忆里，杨石先“十分重视学校的外事工作，主张加强与扩大对外联系和交往，以提高教学水平和扩大学校的影响。他注意选派人员外出学习深造，更强调聘请外籍教师来任课。他常亲自出面接待外籍教师，甚至邀请他们到家做客，向他们介绍有关情况，听取他们的意见”①。1972年，中日邦交正常化之后，南开大学多次接待来自日本的大学代表团，也派代表回访日本的有关大学，与爱知大学、一桥大学、立命馆大学等签订了双边协议，与早稻田大学、神户大学等校也建立了学术交流关系。直到现在双方每年还都有一些学者和留学生分别在对方学校进修、讲学和学习。1982年，他打报告给胡耀邦、方毅、蒋南翔，邀请陈省身回国任教。②

（五）注重工作艺术，坚持有教无类

在常年的教学、研究和行政管理工作中，杨石先不仅得到了他身边教师、学生、工作人员的赞赏，还得到了众多校外人士的交口称赞，是世人眼中的纯真学者、正直君子③，张伯苓的孙子张元龙就称其为中国“士”的典型④。这与他注重工作艺术、热心帮

---

① 石玉民：《深切缅怀杨石先校长》，南开大学办公室编：《杨石先纪念文集》，南开大学出版社1999年版，第155页。

② 杨光伟编著：《杨石先传》，南开大学出版社1991年版，第151页。

③ 这是早年曾在南开大学英文系任教的学者柳无忌对杨石先的评价，参见韩诚：《杨石先：纯真学者　正直君子》，《南开大学报》2009年10月16日。

④ 张丽：《南开纪念杨石先诞辰120周年》，《南开大学报》2017年2月24日。

助青年的精神品质是分不开的。

杨石先与毕业学生代表座谈

（图片由南开大学档案馆提供）

西南联合大学时期，何炳林曾担任过一年多的化学系办公室秘书，协助杨石先处理一些来往文牍和事务性工作。四十多年后的1986年，何炳林在回忆老师的文章中，仍然对杨石先的行政管理艺术记忆尤深：“杨老从不搞命令主义，要我办什么事情，一般只对我提出要求，告诉我一些原则，至于具体如何办，由我自己决定，以发挥我的主动性和积极性。所以我觉得在杨老领导下工作，总是心情舒畅，能开动脑筋想问题，敢于大胆负责。”①这种行政管理艺术延续到了他任南开大学校长时期。而在教书育人上，他也从不马虎。他的教学可以用“严”和“活”两个字概括，对自己严，也要求别人严；自己教得活，也要求学生学得活。不仅如此，他非常注重自己的仪容仪态，“每天都是衣冠楚楚，而且面孔严肃，使学生们总怀有敬畏之感”②。在带助手和研究生的过程中，他也十分严谨。1977年10月，在天津市召开的教师代表大会上，他曾说：“对研究所里的其他青年同志，从实验操作到基础理论的研究，我也都是从难从严要求。我经常要亲自修改他们的翻译资料，亲自

① 何炳林：《敬重的师长　人生的楷模——回忆杨石先教授》，《离子交换与吸附》1986年第1期。

② 杨光伟编著：《杨石先传》，南开大学出版社1991年版，第24页。还有一段故事可以体现杨石先教授的为学之严和对仪容仪表的重视。20世纪20年代，杨石先刚担任南开大学教授时，每次上课，他都换不同的笔挺整洁的西装，背心的小口袋里揣着一块金壳怀表，表链垂出连在纽扣上，同时手腕上还戴着一块表。上课时，为了掌握课堂节奏、把握小测试的时间，他有时看怀表，有时看手表，引起学生们的好奇。

审查他们的实验记录，对他们不懂的问题就详细地给以讲述。同时，我还和其他中老年教师一起结合科研任务，定期为青年同志开设专题讲座和学术报告，加强对他们的培养，使他们尽快地成为能独立工作的研究人才。”[①]

杨石先的这些工作艺术并不仅仅针对他直接指导的学生和同事，对已经毕业的学生、社会青年、中学教师等高校之外的人，他也热情帮助，关心他们的成长。1973年，杨石先收到了来自鞍山的一位中学青年教师高丽敏的信，信中历数她在从事高中化学教学中遇到的教材缺乏、无人指点等问题，请求杨石先校长提供一些帮助。杨石先接到信后，及时寄去了《有机化学》《基础化学》两本书，并向她解答了信中提到的疑难。[②]1977年，已毕业学生王明德当时是一名中学教师，她想回到南开大学读研究生，为此写信给杨石先。鉴于当时尚未恢复研究生招生制度，杨石先鼓励她自学未完成的大学课程，待到恢复招生后再报考。身为一校之长，同时身兼十几个社会兼职，杨石先的繁忙劳碌可想而知，但他仍然不辞辛苦地回复来自全国各地的信件，努力帮助青年成长。

杨石先还很关心科普和中学化学教育工作。他曾为《科学与生活》杂志撰写创刊一周年祝词，支持科普工作。在《普及科学知识　加速四化建设》一文中，他从“四化”建设的角度谈论了科技工作者做科普的重要性，认为“搞好科普工作，不仅可以开拓青少年的知识领域，为他们将来的学习、研究创造有利的条件，同时也可以使科技工作者从中了解其专长之外的知识，开阔视野，

① 杨光伟编著：《杨石先传》，南开大学出版社1991年版，第161页。
② 王学孝著：《杨石先的故事》，河南少年儿童出版社1985年版，第85页。

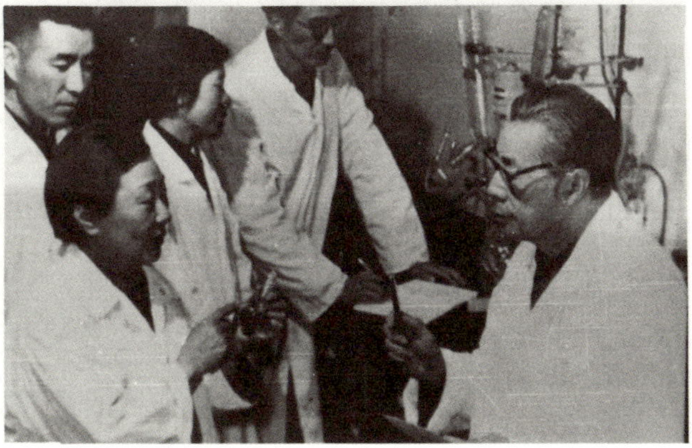

杨石先（右一）指导实验
（图片由南开大学档案馆提供）

启迪智慧，以便互相利用各门学科的研究成果"①。在写给《化学教育》的创刊词中，他指出："要有领导、有计划、有步骤地加强实验，加强演示，编出新的教材。希望各级教育行政部门对中学的化学教育给予必要的重视，尽可能地多创造些条件。"②

四、贡献与影响

1985年2月19日凌晨，杨石先因心脏病逝世于天津。他的一生是为祖国的教育、科学事业奉献的一生，他对我国的化学教育和科学事业、对南开大学乃至我国整个高等教育事业的发展都做出了突出的贡献。

（一）对我国化学教育和科学事业的贡献与影响

作为一个学者型校长，杨石先的首要身份是教师，是学者，

① 杨石先：《普及科学知识　加速四化建设》，《科学时代》1980年第2期。
② 杨石先：《祝贺〈化学教育〉创刊》，《化学教育》1980年第1期。

是科学家，其最宝贵的品格是尽一切力量培养人才。从1923年在南开大学执教到1981年辞去南开大学校长职务，杨石先为我国的化学教育和科学事业培养出了很多人才，其中有的是他在西南联合大学时期的学生，如曾在南开大学化学系、元素所的何炳林、陈茹玉、申泮文、王积涛、陈荣悌等等，其中前四位都做过中国科学院数理化学部委员、南开大学化学系和元素所的负责人；有的是五六十年代的大学毕业生，他们大多成了各方面的学术带头人、科研骨干。除了亲授的学生外，很多私淑弟子也从杨石先处受益颇多，比如前文提到的高丽敏、王明德就是一例，甚至与化学毫不相干的姜丁铭①、胡孚琛②等也受到学识渊博的杨石先的启发、教导，成为忘年之交。作为中国化学会理事长（1956—1982年），杨石先除了主持全国化学科学年会和发表讲话、审阅化学期刊文章之外，还因为德高望重而经常成为专家之间的“和事佬”。孙君坦在回忆杨石先时说道：“化学界专家发生意见分歧矛盾不好解决时，总是请杨老出面调停，他不分亲疏、不分远近总是秉公处理，大家都能心悦诚服。”③

---

① 姜丁铭曾在南开大学学习，后到北京大学学习俄语，毕业后在中央编译局工作，1957年被划为右派分子，在山东接受监督劳动，后来在泰安中学担任英语教师。1979年，摘掉右派分子帽子后回到天津，通过杨石先的推荐被分配到天津理工大学做英语教师，后来双方来往密切。参见姜丁铭：《怀念杨老》，南开大学办公室编：《杨石先纪念文集》，南开大学出版社1999年版，第183—187页。

② 杨石先与胡孚琛的师生情缘源于“文革”时期。当时，杨石先搬到了学生宿舍，因而有了与胡孚琛交流的机会。胡离开学校后，被分配到一个偏僻的农场接受再教育。在那里，他不断收到杨石先安慰和鼓励他继续自学的信笺。农场劳动结束后，胡孚琛被留在当地工作，但是当时农村的条件相当艰苦，许多大学生到农村后都是所学非所用。胡孚琛不断写信向杨石先反映当地的情况，并倾诉他的苦恼，杨石先每次都很快回信。胡孚琛离校十五年多，杨石先给他写过四十多封信。参见杨光伟编著：《杨石先传》，南开大学出版社1990年版，第201—203页。

③ 孙君坦：《高山仰止　景行行止——回忆杨石先校长对我的教诲》，南开大学办公室编：《杨石先纪念文集》，南开大学出版社1999年，第166页。

杨石先（右一）调研农药使用情况

（图片由南开大学档案馆提供）

作为一名怀抱科学报国梦想的科学家，杨石先开拓了有机化学、农药化学研究的新领域，研制出杀虫剂、杀菌剂、除草剂等十余种农药，推动了我国农产品的增产提效，进而促进了经济发展。此外，他还作为科学家、教育家参与过多次全国科学规划会议、全国高等教育会议等具有影响力的会议，提出了中肯的建议和意见，从而直接影响了科教事业的规划和决策。这些工作他在晚年也一直坚持做，他的学生戴树桂说："杨老已经八十四岁了，还整天为我们的国家，为我们的科学发展忙着。春节前，刚开完化学科技会议，接着又开教育领导工作会议；这刚回来，又要开学了，抓教学、抓恢复科研工作，把他忙得从没有睡过午觉，没有休息过星期天。"①

（二）对南开大学和我国高等教育事业的贡献与影响

新中国成立后，南开大学虽然经历了风风雨雨，但在杨石先和南开大学各位同人的共同努力下，南开大学旧貌换新颜。自创

① 觉非：《苍松赞——访南开大学校长、蒙古族化学家杨石先》，《中国民族》1979年第3期。

办到1949年的三十年间（除去西南联合大学的八年），南开大学共培养毕业生一千余人。而从1949年到1965年，南开大学就培养了本科生近万人、研究生二百余人。在高校内部建设上，杨石先始终坚持教学和科研两个中心的思想，注重提高教学质量，拓展引进和培养师资的途径和方法，争取建校资金创立研究所，鼓励支持教师指导研究生，为南开大学学术交流风气的形成奠定了基础。南开大学也因此实现了由教学型大学向教学型与科研型相结合的大学的转型，成为世界知名的综合性大学。

南开大学的杨石先塑像
（图片由视觉中国提供）

杨石先的影响并未止于南开大学，他在南开大学的教育思想和实践也影响了全国高等教育的发展。以他本人为例，他的一生，始终坚持讲课、著书、指导研究生、培养中青年教师，同时还担任校内外的各种领导职务，兼任各种社会工作，可以说，教学、科研、社会服务三项职能，在他身上体现得淋漓尽致。他为我国综合性大学校长自身如何处理好教学、科研与社会服务的关系树立了典范。

当前，人们对杨石先在南开大学乃至全国高等教育和科学研究事业发展史上的杰出贡献还没有充分的认识，换句话说，他对我国高等教育和科学研究事业的作用和影响值得我们进一步研究。在新的历史时期，介绍和宣传杨石先的教育思想、品行，讲述杨石先科学救国、科学报国的故事，传颂他教书育人、为国奉献一生的事迹，有着重要的现实意义。

主要参考文献

1. 杨光伟编著:《杨石先传》，南开大学出版社1991年版。

2. 南开大学办公室编:《杨石先纪念文集》，南开大学出版社1999年版。

3. 杨际贤主编:《中华百年教育家思想精粹》，中国盲文出版社1999年版。

4. 南开大学校史研究室编:《联大岁月与边疆人文》，南开大学出版社2004年版。

5. 程斯辉主编:《新中国著名大学校长（1949—1983）》，湖北人民出版社2007年版。

6. 郝维谦、龙正中、张晋峰主编:《中华人民共和国高等教育史》，新世界出版社2011年版。

7. 陈洪主编:《南开学人自述》第1卷，南开大学出版社2016年版。

8. 南开大学校史研究室编:《杨石先先生图传》，天津古籍出版社2016年版。

9. 南开大学校史研究室编:《杨石先文选》，南开大学出版社2017年版。

允公允能
日新月异

南开大学校训

撰稿人：姜玉杰，北京师范大学教育学部博士研究生，主要从事中国教育史研究。

郭影秋

GUO YINGQIU

南京大学校长（1957—1963）

（图片由视觉中国提供）

郭影秋（1909—1985），江苏铜山（今徐州市铜山区）人，出生于一个普通农民家庭。1930年考入江苏教育学院。1932年毕业后在沛县中学教书，1934年任该校教务主任。1935年加入中国共产党。抗日战争全面爆发后，郭影秋先后任中共铜山县工作委员会书记、八路军山东纵队挺进支队政委、苏鲁豫支队四团、独立团、三团政委、中共湖西地委委员兼军事部部长、湖西军分区政委和司令员。解放战争时期，他先后担任中共济宁市委书记、冀鲁豫军区政治部主任兼区委敌工部部长、中国人民解放军第十八军政治部主任。新中国成立后，郭影秋先后任川南行署副主任、云南省省长兼云南省委书记处书记。他还是第二、三、五届全国人大代表、第五届全国政协常委。1957—1963年，郭影秋任南京大学校长兼党委书记。1963年，郭影秋任中国人民大学党委书记兼副校长，协助吴玉章校长主持学校的全面工作。1978年，中国人民大学复校，郭影秋带病出任第二书记兼副校长，协助成仿吾校长工作，为中国人民大学的恢复和发展呕心沥血。从1983年起，郭影秋任中国人民大学名誉校长，直至1985年10月29日因病逝世。他为我国的教育事业殚精竭虑，是一位令人敬仰的教育家。

一、辞掉省长当校长，一心服务教育事业

（一）辞掉省长当校长

新中国成立初期，我国的教育事业严重缺少领导干部，20世纪50年代，党中央提出向科学文化进军，加强对高等学校的领导。1957年，中央有意从高层党政领导中选派一批骨干到大专院校充实教育战线。郭影秋主动向中央请缨，要求到教育部门工作。同

年7月，中共中央组织部部长安子文找郭影秋谈话，转达了中共中央政治局的意见，决定调他任南京大学校长兼党委书记。周恩来曾十分赞赏地对云南省籍的辛亥革命老人李根源先生说："贵省的省长郭影秋，不愿当省长，自愿到大学当校长，难能可贵。"①

1958年，时任武汉军区空军政治部主任吕鸿因公去上海路过南京时，去看望这位老友，问他究竟为什么要这样做。郭影秋回答道：省长、校长并没有大小、高低之分，只是职务分工不同罢了。无论干什么事，都同样是为人民服务。他说自己对教育工作很感兴趣，也有感情，特别是到高等院校，与高级知识分子交朋友，同他们打成一片，既能提高自己的知识水平又可为国家培养有用人才、创造科研成果，岂非"一举两得"！

南京大学师生闻讯而喜，又觉新奇。郭影秋刚到南京大学时，正是"大跃进"热潮冲击全国之际。他千方百计地使学校教学、科研得以正常进行。尤其是在中央提出"调整、巩固、充实、提高"八字方针后，他更是积极贯彻执行，结合学校工作实际，倡导"坐下来，钻进去"，把教学、科研作为压倒一切的中心任务。这对于恢复教学科研秩序，提高教学质量，确保多出人才、多出成果，起到了决定性的作用。短短几年，他便把南京大学治理得有条有理，使南京大学教学与科研质量显著提高，很快跨入全国重点高等学校行列。郭影秋也随之成为一位深孚众望的大学校长。

（二）受命于学校艰难之际

中国人民大学是在老解放区革命大学基础上建立和发展起来

① 王俊义：《我所认识和了解的郭影秋》，《纵横》2003年第6期。

的，是新中国成立以后中央创办的一所新型的综合性社会科学大学。中国人民大学建校后在培养政治理论师资和经济管理干部、宣传马克思列宁主义、毛泽东思想等方面做了大量工作，取得了很大成绩。但1959年的“反右倾”和1960年的“反修”教学检查，使学校元气大伤，多名校系领导与教学骨干受到批判，一些人还被扣上“右倾机会主义”“修正主义”的帽子。当时，党内团结、民主集中制原则、批评与自我批评作风以及实事求是的思想路线遭到了破坏，许多干部教师的积极性受到挫伤，学校工作基本上处于停滞不前的状态。鉴于这种状况，吴玉章校长于1963年初急请周恩来为他选派一名得力助手，以改变中国人民大学的工作局面。中央经慎重研究，决定让郭影秋任中国人民大学党委书记、副校长，协助吴玉章校长主持学校的全面工作。同年5月，郭影秋来到中国人民大学任职。

1963年9月1日，在中国人民大学开学典礼上，吴玉章校长在讲话时，着重介绍了新来的郭影秋，他说：“我们人民大学需要一位有能力的领导同志主持日常的工作。我于是找周总理要人。总理告诉我，他手中有四个人可以任我选择。当我选了影秋同志时，总理称赞我有眼力，说原准备调影秋同志担任国务院副秘书长的。”①听了吴玉章这番话，在场的师生无不惊讶，迅速把目光集中到这位新领导身上。只见他衣着整洁、温文尔雅、器宇轩昂、彬彬有礼。郭影秋在开学典礼上所做的工作报告，更是有的放矢，深得人心。他针对“大跃进”以来各种政治运动对学校正常秩序的冲击，有理有据地指出：全校要树立以教学与科研为中

①《郭影秋纪念文集》编委会编：《郭影秋纪念文集》，南京大学出版社2002年版，第399页。

心的观念，迅速转到提高教学科研质量、恢复正常教学秩序的轨道上来。要尊重知识，爱护人才，以老带新，加强对青年教师的培养。①如此等等，整个报告，条理清晰，逻辑严密，文采飞扬，使人感到这位新领导，既热爱教育，又懂得教学规律。

由于郭影秋对中国人民大学的情况掌握得清，矛盾抓得准，身体力行，到校后半年工夫就驾驭了局面，顺利地召开了学校党的第七次代表大会，调整了学校机构和领导班子，为中国人民大学的发展奠定了思想基础和组织基础。中国人民大学呈现出生机勃勃、欣欣向荣的大好局面，郭影秋也被人们称颂为“德才兼备的好领导”。

（三）呕心沥血为复校

“文革”中，中国人民大学陷入“停办”状态，这令郭影秋万分焦急。1976年粉碎“四人帮”以后，郭影秋起草了一封给邓小平的信，陈述恢复教育秩序、整顿教学环境、强化教学质量的必要性与紧迫性，同时强烈要求恢复中国人民大学建制。除向上级领导上书申请外，他还为中国人民大学恢复重建开展了许多工作。1977年春，郭影秋强忍着病痛，召集了一部分原中国人民大学的教师、干部座谈，讨论了复校问题，会后将大家意见整理成报告，委托王宗伯（曾任吴玉章秘书）设法送给邓小平。1977年12月18日，教育部副部长李琦在全国招生工作座谈会上说：“中国人民大学肯定要恢复，但工作不能等，复校前可以先招研究生。”②与会的

---

① 王俊义：《我所认识和了解的郭影秋》，《纵横》2003年第6期。

②《郭影秋纪念文集》编委会编：《郭影秋纪念文集》，南京大学出版社2002年版，第396页。

中国人民大学原教务部主任胡林昀，专程到医院向郭影秋报告了这个好消息。郭影秋万分喜悦，即委托胡林昀，尽快把中国人民大学原负责人召集起来，通报这一情况，并商议落实研究生的招收工作，并要求趁热打铁，抓紧进行复校的各项准备工作。

1978年3月24日，教育部部长刘西尧到积水潭医院，向正在住院的郭影秋传达了邓小平关于恢复中国人民大学的指示。次日一早，郭影秋便把胡林昀、李恩宇（中国人民大学原党委办公室主任）召集到医院，向他们传达了邓小平的指示并提出了复校的一系列具体意见，由胡林昀整理成文，第二天上报教育部。

当时，军队还占着中国人民大学的部分房舍，学生没有住的地方。郭影秋拄着拐杖艰难地爬上总参大楼，找当时主持总参工作的杨勇将军，请求军队退还校舍，给学生一块安静的地方。后经中央军委做出决定，二炮机关逐步撤出了学校，中国人民大学得以逐步恢复正常的教学、科研活动。

1978年7月，中央任命成仿吾为中国人民大学党委书记。7月26日，在复校大会上，郭影秋说："时间是宝贵的。我们从现在起步到本世纪末的时间大约是七亿秒。七亿秒是一个很长很长的天文数字。如果我们能一秒秒地思考问题，一秒秒地处理工作，一秒秒地培养青年，就是说，争分夺秒地大干快上，我们会在一年、三年、八年、十二年之内，飞跃前进，多出成果，多出人才。"① 同年9月29日，中国人民大学党委成立，成仿吾、郭影秋分别任第一、第二书记。12月，中国人民大学学术委员会成立，郭影秋任主任委员。

① 郭影秋口述，王俊义整理：《往事漫忆》，中国人民大学出版社1986年版，第209—223页。

复校后，郭影秋来回奔走操劳，同有关单位负责人联系人员、校舍、物资回归问题，主持各种会议，周密细致地安排各项工作。对于常人轻而易举的事，对拖着病残之躯的郭影秋来说却无比艰难。很多同志建议把有些会挪到医院病房举行，他坚决不同意。宁愿自己承受疼痛，也不能丝毫影响工作，这就是他的信条。正是在这种精神的鼓舞下，全校教工和干部克服重重困难，仅用几个月时间，就完成了招生工作，正式开学上课。随后，学校逐年增加招生人数，逐年改善教学和生活条件，教学质量也逐年提高，为国家培养出一批批有用人才。复校后仅几年工夫，就远远超过了"文革"前的规模和水平。到1983年，全校设有研究生院、计统学院、劳动人事学院和十六个系、十一个研究所，共有三十二个专业，各类在校学生八千多人，其中博士、硕士研究生八百多人，研究生班四百多人，成人教育在校生两万人。人们看到学校的发展，很自然地联想到郭影秋为中国人民大学的恢复和振兴所做出的特殊贡献。

二、以马克思主义统领学校各项工作

（一）加强团结，重视党的领导

郭影秋受党教育多年，深知只有在党的领导下，全校师生团结在党的周围，才能达到多出人才、快出人才的目标。

在南京大学，郭影秋任校长兼任党委书记。他是党委班子的好班长，他能团结来自不同岗位的同志，齐心协力搞好工作。在党委内部，他坚持实行民主集中制，少数服从多数，重大问题都要拿到党委会上集体讨论。讨论问题时，他总是在充分听取了大家的意见之后，再做出结论。遇到意见分歧时，他能够心平气和地与他人交换意见，不急于下结论，力求弄通思想，尽可能取得一致。工作有了成绩，他不居功，有了差错，他不诿过。

为了增强领导班子的团结，郭影秋经常召开民主生活会和务虚会，交流思想，开展批评与自我批评，提倡有意见摆到桌面上来，不准背后叽叽喳喳，他自己也从不在别人面前议论领导班子中的问题或是流露出对某个成员的不满情绪。由于他以身作则，处处起表率作用，他受到了党委其他同志的尊重，党委班子成为步调一致、有战斗力的核心力量。党委班子的团结，带动了全校各级组织的团结。在那几年，党委几乎每个假期都要召开为期一周的党员干部会议。他们学习上级文件，回顾总结工作，统一全党思想，明确今后任务，既务虚，又务实，从理论到实践武装骨干的思想，从而带动了全党的一致，使支部的战斗堡垒作用和党员的先锋模范作用得到充分发挥，有力地推动了学校的工作。

郭影秋离开南京大学后，回忆起在南京大学的这段时间，他深有感慨地说："当时要不是党委领导班子的团结一致，党员骨干的团结一致，在那几年情况复杂、困难重重的局面下是很难做好工作的。"①

在中国人民大学，郭影秋同样注意加强团结。郭影秋到校后，坚持党的密切联系群众、深入调查研究的优良作风，广泛地同教职员工交谈，掌握了学校的基本情况。很快摸清问题症结后，郭影秋正确解决和处理了历史遗留问题。他提出要在分清是非的基础上团结起来向前看，不要老是纠缠于个人恩怨和历史旧账。他

---

①《郭影秋纪念文集》编委会编：《郭影秋纪念文集》，南京大学出版社2002年版，第313—314页。

提出，各基层党组织要建设成战斗的堡垒，而不要在堡垒内战斗。他亲自找那些受过错误批判的同志促膝谈心，消除他们的怨气，勉励他们大胆工作。他也找那些错误地批判过别人的同志谈心，要求他们总结经验教训，鼓励他们主动去做解疙瘩、讲团结的工作。

在郭影秋和其他领导的共同努力下，全校终于出现安定团结的局面。从此，中国人民大学的教学和工作秩序得到了很大改善。

（二）大力加强马克思主义理论教育

作为坚定的马克思主义者，郭影秋十分重视马克思主义理论的教育和传播。在担任南京大学校长期间，郭影秋亲自主讲马克思主义理论课。1964年，在中国人民大学，他深入贯彻党的教育方针，又首先抓政治理论课的改革。对于教师、学生提出的教学或学习中的问题，郭影秋总是先加思考，然后明确地表示意见，不回避问题，不隐讳自己的观点；他真诚坦率地讲述自己的认识和体会，从不强加于人；不清楚的问题，他经过调查研究再做回答，从不故作高深；他不仅重言教，更重身教，他讲的道理使人信服，他的实际行动更获得了人们的信任。许多政治理论课教师深深地感到，郭影秋不仅是一位令人钦佩的领导者，也是他们中间模范的一员。

郭影秋在各种场合多次说过，中国人民大学有一个鲜明的传统和特点，就是学习和宣传马克思列宁主义、毛泽东思想。中国人民大学培养马克思主义的理论人才，一贯重视马克思主义理论教育，各个学科的教学和科学研究都是以马克思列宁主义、毛泽东思想为指针，有着比较扎实的理论基础。学校培养的人才在各条战线，特别是在上层建筑的各个领域为巩固社会主义基础、发展社会主义建设服务。他认为，办好中国人民大学，要从这样的高度来认识。郭影秋十分珍视这个传统和特点，他在同历史系部分师生谈话时特别指出："千万不能削弱这个传统，丢掉这个特点。"①

中国人民大学复校以后，郭影秋以垂暮之年和多病之身回到他熟悉的学校和同志们中间。在复校后的第一次迎新大会上，他以亲切而坚定的语调说："我们的革命办学特点之一就是坚持实事求是、理论联系实际的作风。怎样做到实事求是，理论与实践相结合呢？毛泽东同志在延安整风中指出：学习理论，联系实际，改造思想，用马克思主义的立场、观点、方法，去观察、处理问题。这就是我们的努力方向。"②在关于实践是检验真理的唯一标准的讨论中，他发言指出：做一个哲学社会科学工作者，要坚持实践标准，做彻底的唯物主义者；要实事求是，敢于讲真话。郭影秋亲身践行了他讲的这条原则。

"他没有所谓'原则指示'，只有'具体意见'。"③这是中国人民大学一位马克思主义理论课教师对郭影秋领导作风的描述。这句话有几个方面的含义：其一，所谓没有"原则指示"，不是说不讲原则，或者放弃领导；而是指不讲空话，不作官样文章。其二，所谓只有"具体意见"，是指不仅指出工作任务，而且具体说明完成任务的方法。其三，说明郭影秋从不高高在上，指手画脚；而是深入实际，同大家平等地讨论问题，提出自己的看法。

郭影秋认为所有的教师和干部都要用两个肩膀挑担子，一个

---

①②③《郭影秋纪念文集》编委会编：《郭影秋纪念文集》，南京大学出版社2002年版，第382、384、385页。

挑传授知识的担子，一个挑传授革命思想的担子，使教书与育人相结合，政治理论教学与思想政治工作相结合；使学生的学业进步和品德提高成正比，而不是成反比。他要求加强马克思主义理论教师与党总支、辅导员的联系。

郭影秋说，对马克思主义理论要认真地学，系统地学；现在不是学多了，而是学得不够；关键是学习理论要联系思想和工作，分析解决实际问题；理论要同实际相结合，学了就要付诸实践。否则，学得再多也没用处，也算不得真正学懂。1982年的一天，郭影秋对来看望他的师生说，要加强以马克思主义为指导对现实生活中新情况、新问题的研究，加强对当代马克思主义发展的研究。他非常关心中国人民大学几个理论系科的建设。在他病逝前不久，还向国际政治系的同志询问科学社会主义专业的建设情况，并指出应对马克思主义的三个组成部分进行扎扎实实的、深入的研究。他说，学习理论的困难在于克服理论与实际的脱节。他认为，师生参加社会调查、进行基层工作锻炼，很有必要，这能够扩大和加深在课堂上学到的理论知识，有助于防止那种“从书本上讨生活的本本主义的社会科学研究法”。

（三）重视政工和后勤工作，注意调动两支队伍的积极性

郭影秋在领导学校工作中，经常强调：要办好学校，要提高教学质量，没有政治思想工作队伍和总务、后勤工作队伍的密切配合是不可能的。他在到中国人民大学后的第一次开学典礼上就指出：办好人民大学必须依靠教学、政工、后勤这三支队伍。他还深刻阐明在以教学为中心的前提下，这三个方面的工作的辩证关系，明确指出政工干部和后勤干部都是办学不可缺少的力量，

从领导到师生都要尊重他们、爱护他们，而他们也应严格要求自己，积极为教学科研工作服务。

在郭影秋的倡议下，1964—1965年，中国人民大学党委六次组织党内干部学习毛泽东哲学著作，注重学习理论，联系实际，改造思想，落实行动。他要求各级干部和政工人员要学习唯物辩证法，反对形而上学，克服盲目性，提高自觉性。对群众（包括学生）要耐心教育，启发自觉。思想政治工作要落实到教学中去，具体表现在提高教学质量和学习质量上。郭影秋对政工人员的个人修养提出了三点要求：以身作则，严格要求自己；敢于创造性地工作，多用脑子想问题；埋头苦干，踏踏实实，经得起检查，经得起考验，甘心做无名英雄。

郭影秋对从事后勤工作的同志既严格要求，又切实关怀。他要求职工干部们热爱本职工作，以校为家，尽心尽力管好这个家，严肃劳动纪律，提高服务质量。同时，郭影秋又号召全校同志都要尊重后勤人员的劳动。他指出，工人同志和知识分子应该互相学习，取长补短，共同前进。为了加强团结，郭影秋带领教师干部参加建校劳动。郭影秋还深入伙房、基建工地，关心他们的学习和生活，尽可能改善他们的工作条件，特别是节假日，总要去看望坚守岗位的同志。一些老职工都记得，1964年春节，学校举办除夕联欢晚会，同一天郭影秋接到邀请他参加国务院招待会的通知。郭影秋没有出席在人民大会堂举行的国宴，却兴致勃勃地来到学校饭厅参加联欢会，同全校师生员工欢度春节。一些老炊事员还记得，在炎热的暑天，郭影秋走进职工食堂，看到炊事员们汗流浃背，艰苦劳动，心中极为不安。他立即找来有关同志研究解决食堂降温设备问题。当时物质条件比较困难，郭影秋便决定从领导同志办公室中抽出部分电风扇供伙房使用。他的关怀使后勤员工将感激之情化作全心全意为师生服务的实际行动。

郭影秋认为，总务后勤工作应该努力为学校建立起良好的生活秩序、工作秩序和教学秩序，使师生员工有一个良好的生活环境、工作环境和教学环境。他对环境要求特别严格。有一次，郭影秋在校园里看到成片的马粪，就把后勤部门的负责人都叫到现场。批评之后，他说，这次我替你们收拾，以后再出现这样的情况，你们自己干。说罢，就抄起铁锹干了起来。

郭影秋到校后明确提出，大学就应该有个大学的样子，校园应该是整齐有序、和谐统一、安静优美的。因此，他亲自抓校园总体规划，在上级支持下加快了基本建设的速度。两年多时间里，盖起了教学大楼、图书馆大楼和可容纳八百人的大教室，新建了游泳池。在校园规划的实施过程中，郭影秋还根据教学的需要予以具体指导。如大教室的位置、高度，是否遮光、通风，人员疏散等，他都一一过问。郭影秋病重住院期间，仍然十分关心学校的总务后勤工作，详细询问校园规划，教学中心区、学生区的布局，每栋楼的位置、层数等。

在郭影秋的言传身教下，中国人民大学的政工干部和后勤人员都能比较自觉地面向基层，为基层服务，为教学服务，甘心默默无闻地工作。许多学生毕业以后给母校来信，回忆母校给他们的温暖，怀念与感激为他们的健康成长付出了辛勤劳动的老师们、政工干部们、后勤职工们。

三、教学科研统筹安排，协同服务人才培养

（一）学校工作以教学为中心

郭影秋不愧是马克思主义的教育家。他懂得教育工作规律，明确学校的中心任务是教学。

郭影秋在上任南京大学校长后的首次开学典礼上就明确指出："学校的中心工作是继续贯彻党和政府关于高等教育的方针政策，把一切工作都转移到以教学为中心的轨道上来，进一步提高教学质量。"[①]他主持校务委员会，统一大家的思想，又亲自兼任教务部主任以贯彻落实各项措施。他要求各专业各学科根据学校的发展方向制订或修订教学计划，强调要加强基础知识、基本理论和基本技能的训练。他认为："基础课学得好不好，不只关系到专业课能否学好的问题，而且关系到学生毕业以后在业务上能否继续前进的问题，关系到今后若干年内科学、学术领域继续前进的问题、攀登科学高峰的问题。"[②]因此，他认为不必拘泥于本科前三年学完专业基础课的传统做法，要求专业基础课学得不好、不扎实的，要在后两年补课，务必使学生把专业基础课学得深厚一些，知识面宽一些，掌握得牢固一些。

郭影秋于1957年秋季来南京大学任职时，正值反右斗争扩大化期间，可以说是在艰难中受命，在困阻中工作。不难想象，在那样的历史条件下，他仍坚持全面贯彻党的教育方针，始终认为学校的中心任务是教学和科研工作，是培养人才，而培养人才主

① 中共党史人物研究会编：《中共党史人物传》等48卷，陕西人民出版社1991年版，第270页。

②《郭影秋纪念文集》编委会编：《郭影秋纪念文集》，南京大学出版社2002年版，第376页。

要依靠教师。因此，他始终把精力倾注在教学、科研工作上。他广泛接触教师，或召开座谈会，或登门造访，逐个系地了解情况，亲自过问教学和科研工作。同时，他深入课堂、宿舍了解学生对教学工作的意见和要求。不论在什么情况下，教学和科研工作总是学校党政会议的主要议题。就算是在“大跃进”进入高潮时，政治活动多，生产劳动多，动辄就要学校停课的情况下，他依然清醒地认为，学校要以教学为主。

为了减少政治运动对教学的冲击，他划定了三条防线，确定了教学是主线，规定了教学、科学研究和生产劳动各占多少时间，三者不得相互侵占，基本保证了教学工作的正常进行。1958年底，勤工俭学的热潮在南京大学兴起后，引发了勤工俭学是仅仅进行体力劳动，还是要结合专业的争论。郭影秋果敢地坚持走后一条道路，从实践中摸索到了勤工俭学的三条门路：文科主要从事农业与工业劳动，接受群众教育，体验群众生活；理科结合教学和科学研究，进行工业生产，办工厂，从事与专业有关的劳动；地学各系利用生产实习，进行野外工作。这样做，把实习与生产结合起来，从而加强了理论与实践的联系，保证了教学质量。与此同时，在校内办起了教学仪器厂、化工厂等，这些工厂为教学和科研服务，也为学校创造了收入。现在南京大学的几个工厂，有的是那时兴办起来的，有的是在当时办厂的基础上发展起来的。

1959年初，中央提出了“调整、巩固、充实、提高”的八字方针，郭影秋根据当时的形势和高校的实际，在当年的全校运动会上，向师生提出了“坐下来，钻进去，认真读书”“教学是压倒一切的中心任务”的口号，要求学生“不只要做运动场上的英雄，而且要做课堂上的英雄”[①]。这些口号深得广大师生拥护，反响十分强烈。从那时起，南京大学师生就从生产劳动转向了认真读书的轨道，教师认真教学、学生认真读书的气氛逐渐浓厚。事后，不少教职工说，郭影秋能在当时“左”的思潮包围的情况下，明确、尖锐地提出“认真读书”的口号，这既是他敢于面对现实、有胆有识的高贵品质，也是他教育思想的生动体现。这些口号和随后采取的有力措施，如减少劳动时间，规定每学期要进行教学检查，加强教学薄弱环节，抓好学生的基础理论、基本知识和基本技能的“三基”训练，提倡“有经验的教师上（教学）第一线”“老教师上第一线”，等等，对稳定师生情绪、克服教学中“左”的倾向、恢复正常的教学秩序、提高教学质量起了极大的推动作用。这一切，现在看来似乎是平常的、简单的，但在当时，却是难能可贵的。从这些鲜明口号、有力措施中，我们不难看出郭影秋所倾注的心血和他善于办学的才能。

在中国人民大学，郭影秋在领导教学工作中，不仅善于提出好的思想、意见，还经常深入教学的各个环节，掌握教学一线的全面情况。他喜欢到教研室蹲点，同教师一起讨论教学方面的问题；他常到教室听课，帮助教师总结课堂教学经验；他还会参加学生的课堂讨论，察看学生晚间自习。1965年，郭影秋参加了公共政治理论课教研室全部教学活动。这个教研室开设的“辩证唯物主义与历史唯物主义”课，每周一次，每次四小时，郭影秋每次都从头到尾听完。为了保证听课时间，他把听课列入工作计划。有时因为要到上级机关开会，他必定写明原因请秘书向授课教师

①《郭影秋纪念文集》编委会编：《郭影秋纪念文集》，南京大学出版社2002年版，第306页。

请假。他对课堂教学有严格的要求，他认为，课堂讲授的内容不同，可以有不同的讲授方式，“但有几点必须统一要求：思路明确，条理清楚，难点讲透，不约束学生的独立思考能力”[①]。一次，一位教师讲完课后征求郭影秋的意见，郭影秋直率诚恳地说：“你讲的还是老一套。我们要真正培养学生，就应当在每一堂课里给学生一点新的东西、新的感受，使它深入人心，使学生一辈子都用得上，忘不了。”[②]这位教师深受教育，他说，非常感谢郭影秋如此中肯的批评，从此他在教学中一直努力这样做。

（二）实施科研强校战略

郭影秋极为重视科学研究工作，他把教学和科研作为办好学校的两个中心环节来抓。在南京大学，为了加强对科研工作的领导，他同党委同志研究后，提出了“教学为主，科研突出”的口号。在“科研突出”的要求下，根据国家建设需要和学校的现有基础，确定了科研任务。郭影秋狠抓尖端，保证重点，利用学校基础雄厚、学科齐全的特点，采用多学科协同作战的办法，组织专职人员与兼职人员相结合的科研队伍，大力攻关。郭影秋亲自拟定了贯彻“双百”方针的“十二条意见”，进一步明确了科研方向，落实了措施，调动了各方面的积极性，促进了科研工作的发展和提高，开始形成南京大学科研的特色和风格。在20世纪50年代末和60年代初，学校先后取得了被誉为“五朵金花”的五项重大科研成果，即华南花岗岩研究、内蒙古草原综合考察、分子筛选研究、金属缺陷研究、大米草的引种与利用。这个时期南京

①②《郭影秋纪念文集》编委会编：《郭影秋纪念文集》，南京大学出版社2002年版，第379页。

大学科研成果累累，在高校中名列前茅。1962年5月，南京大学庆祝建校六十周年，举行了大型学术报告会和科研成果展览，系统地展示了教学和科研工作，并将每年5月20日定为学术活动节，校庆期间举行学术报告会。自此，南京大学的学术空气日益活跃和浓厚起来。

郭影秋认为，只有加强科学研究，才能丰富本学科的内容，提高教学质量。开展科学研究必须有明确的方向，考虑自身的特长，扬长避短，突出特色和个性；而且，要善于组织科学研究力量，加强科学研究的组织机构；还要有长期和短期的研究计划，经常检查计划的执行情况。中国人民大学清史研究所就是郭影秋根据周恩来和董必武生前的愿望亲自领导筹建起来的。目前该所已成为全国清史研究的中心。为了筹建这个研究所，郭影秋倾注了自己的大量心血。他亲自兼任该所的前身——清史研究小组组长，确定研究方向，拟定研究规划，参加学术讨论，评介研究成果。筹建之初，教学研究人员仍在位于江西余江的“中国人民大学五七干校”，他们正面临重新分配的问题。为了保存这批研究力量，郭影秋费尽口舌说服上级领导机关把中国人民大学中国历史教研室改为清史研究小组，把相关专业的教师吸收进来，成建制地附设在北京师范大学。这样，一批具有相当专业基础和研究能力的队伍才得以完整地保留下来。

（三）尊重知识，爱护人才

郭影秋深知党的社会主义建设事业需要依靠知识分子，因而在工作中特别尊重知识，爱惜人才。即便是在特殊时期，他也是这样做的。他对知识分子特别是对那些学有专长的专家教授非常爱护和尊重。1957年，正是南京大学中文系三位学术造诣深、桃李满天下的著名教授陈中凡、胡小石、汪辟疆三人的七十寿辰。郭影秋为了表彰他们辛勤执教和对国家培养人才所做出的卓越贡献，在自己家中设宴为“三老”祝寿，为“三老”斟酒祝贺，令“三老”及其他老教师深受感动，难以忘怀。“郭影秋为中文系三老祝寿”的消息在校园内不胫而走，传为美谈，也给心怀疑虑和不安的知识分子送去一缕春风。

郭影秋深知党的社会主义建设事业需要发挥党内专家的作用，必须把那些有政治觉悟的优秀党员专家提拔到党的领导班子中来。在1958年召开的南京大学第二次党代会上，郭影秋提议要有高级知识分子进入党委会，以加强党对高校的领导，并显示党对知识分子工作的重视。根据这个提议，当时任教务长的高济宇和任外文系副主任的陈嘉这两位入党不久的教授，被选为党委委员。这是新中国成立后南京大学历史上第一次有高级知识分子党员参与党委领导。对担任领导职务的非党员知识分子，他也很尊重，注意发挥他们的作用，并把他们视为党的宝贵财富，倍加爱惜。

郭影秋不只要求各级党组织和宣传、统战部门做知识分子的工作，而且亲力亲为，为大家做出榜样。他善于同党外同志谈思想，谈工作，交朋友。他还会尽量抽出时间，参加民主党派的组织生活。每逢过年过节，他都要到一些老教师家中拜访，问寒问暖，促膝攀谈。三年困难时期，副食品供应紧张，教师生活不好。有一年，郭影秋要统战部门出面，举办副教授以上教学骨干和民主党派成员的联欢会，并破例用学校农场生产的副食品给每个与会者做了两个肉包子。大家济济一堂，边吃边谈，给联欢会增添了不少乐趣。虽然这仅仅是两个包子，却充分体现了学校领导对知识分子的用心与关怀。每逢这种联欢会，郭影秋总是和教师们一道娱乐，谈笑风生。别人要他出个节目，他从不推辞，爽快地站起来为大家唱段京戏。不少教师和干部有什么问题都愿意找郭影秋。无论是到他办公室还是家里，他都热情接待，交谈时全神贯注，从不打断别人讲话，有时对方讲很久，或是缺乏条理，他还是不动声色地聆听，有时还做记录。在听完意见后，他才发表自己的看法，晓之以理，动之以情，使人心悦诚服，愉快地离去。有一次他要乘车去无锡会见一位老战友，临行前两三个小时，来了位教师找他汇报工作，他随即放下手头工作接待。谈话时间很长，可郭影秋只字不提他中午要外出，交谈中也没有流露任何不耐心的神色。到谈话结束时离发车仅有半个多小时，险些误车。

郭影秋爱护知识分子更主要地表现在他对教师的培养和使用上。南京大学是所老学校，老教师比较多，他们有较深的学术造诣，其中有些人是蜚声国内外学界的著名学者，但大都体弱多病，如何更好地发挥他们的作用，使他们的专长得以继承和发扬，这是郭影秋经常思考的问题，他同党委的同志说："这是抢救遗产！不能不急，不然来不及啦！"[①]他提出要尽快为学有专长的老教授配助手，采取"对号入座"的办法带徒弟，"层层挂钩"，老年带中年，中年带青年，帮助中青年教师迅速成长。后来，学校便陆续为一批老教授配上了助手，调动了他们的积极性。同时，郭影秋勉励青年教师要虚心向老教师学习，练好基本功，把他们的专长接过来，努力做到青出于蓝而胜于蓝。他要求各级组织帮助青年教师结合教学和科研有计划地进修提高，制订赶超老专家的规

①《郭影秋纪念文集》编委会编：《郭影秋纪念文集》，南京大学出版社2002年版，第310页。

划。他主张对崭露头角的中青年教师一方面压重担，另一方面为他们创造条件，尽快地培养出一批教学、科研骨干。由于各级领导重视，措施得当，青老合作得较好，中青年教师在业务实践中得到了锻炼，南京大学的师资队伍素质不断得到改善与提高。

在中国人民大学，郭影秋同样认为，要办好学校，必须要有一支政治素质好、业务水平高的教师队伍。中国人民大学的教师队伍中有许多人经过革命战争的锻炼，而且是学有专长的；还有一大批是新中国成立后党直接培养起来的，他们都是办学的依靠力量。因此，尽管当时受到“左”的错误影响，但郭影秋在工作中，十分尊重和爱护知识分子，尽他所能正确贯彻党的知识分子政策。他刚到中国人民大学，就登门拜访了三十多位学有专长的教授、副教授，虚心听取他们对办学的意见。一些教授回忆，郭影秋在听取意见时，总是细心听、认真记，并且也谈他自己的看法，互相交流思想，就像同老朋友谈心一样。对于曾受到错误批判的教授们，郭影秋从各方面给予关怀，带给他们党的温暖。尚钺是我国著名的马克思主义历史学家，他一生坎坷，曾在全国范围内受到错误的点名批判。郭影秋亲笔给他写信，勉励他放下包袱，著书立说，还建议他编写一本适合青年阅读的简明扼要的《中国通史》。尚钺接受了郭影秋的主要建议，将其《中国历史纲要》于1980年重新修订再版。郭影秋还十分关怀尚钺早就向组织提出的要求恢复1927年至1945年这段时期的党龄问题。经过党委部门多方调查、审查核实，这个问题终于得到实事求是的解决。在郭影秋的关心帮助下，尚钺重新焕发了革命青春，为办校办系出谋献策。

尤为令人感动的是，郭影秋为了保护和爱护知识分子，难免要冒着风险抵制一些“左”的做法。例如，有的上级权威人士在会议上点名批评某位教师。郭影秋听到后，首先实事求是地了解真实情况，当他发现与事实不符时就勇于向上级反映事实真相。

（四）关怀学生的全面发展

学校全部工作的最终目的是什么？对于这个问题，郭影秋的回答是极为明确的。他说：我们学校工作的目的就是培养“又红又专”的革命接班人。郭影秋经常宣传周恩来1963年对北京市高等学校毕业生提出的要求：青年们要不断加强阶级观点、劳动观点、革命观点和集体观点的培养和锻炼，这是青年们加强思想政治修养的基本功。他还谆谆教导青年学生：一切基本功的困难都不在于懂，而在于练。业务技术上的基本功要练，思想政治上的、道德品质上的基本功也要练，不练就经不起考验。他要求各级党组织要逐步摸索出一套指导青年学生在政治思想方面练基本功的办法。

郭影秋从培养德、智、体全面发展的人才出发，十分关心学生体质的增强，重视学生的体育文娱活动。他对学生说：体育是我们党的教育方针的一个重要组成部分，健康的身体是“又红又专”的物质基础。在中国人民大学时，他深入体育教研室，同教师交换意见，力争学校体育工作进入北京市高校先进行列。他批准建立了体育集训队，带动学生的体育锻炼。每逢重大的比赛，他常常随队观看，鼓舞士气。他又以自己坚持体育锻炼的实际行动来影响、指导体育运动的开展。在1964年的春季运动会上，他参加了竞走比赛，这是学校领导人第一次参加全校性的运动会，师生们受到很大的鼓舞。郭影秋鼓励学生积极开展健康的文娱活动。他指出，文娱活动对锻炼意志，培养集体主义思想，增强团结，调剂学习生活等方面都有重要作用。他提出：希望每一位同学在文娱体育方面要有一技之长，在表演的时候能博得群众的掌声。如果每一个班、每一个系都能很好地开展起来，全校也就活跃起来了。在郭影秋的关怀下，学校的话剧队、舞蹈队、合唱队、诗社都很活跃，整个校园充满了青春的活力、蓬勃的朝气。

四、严于律己，一身正气

郭影秋在长期的革命斗争实践中，锻炼成了许多优秀的品德和作风。他对待工作一丝不苟；研究和处理问题亲自动手，讲求实效；对待他人以诚相见，谦谨朴实；对待自己，言行一致，不谋私利。郭影秋参加会议，总是保持着军事指挥员特有的仪态，腰板挺直，精神饱满地端坐着，聆听发言，摘要记录，提出问题。如果是他主持会议，会提前印发材料，以便与会者有所准备。开会时不允许随意出出进进，以便集中精力解决问题。他的总结发言总是提纲挈领，具体明确，使大家心中有数，满怀信心。

南京大学的郭影秋塑像
（图片由视觉中国提供）

郭影秋经常深入群众，深入实际，掌握全面的真实的情况。他经常会出现在教室、学生宿舍、饭厅和基建工地上。一天晚上，郭影秋路过正在修建的一条马路，他借来皮尺丈量，发现未达到设计宽度。第二天他就对修建科负责人说了此事，要他再去量量。这位负责人丈量结果确实如此。这件小事使修建科同志深受教育，尔后他们随时注意掌握施工现场情况。中国人民大学复校以后，郭影秋已经病重，但师生们曾经多次看见，他架着双拐，默默地在教室外窗下聆听着教师的讲课。许多干部反映：郭影秋最恨官僚主义，官僚主义欺负不了他。

郭影秋在中国人民大学先后担任吴玉章和成仿吾的助手。他对这两位德高望重的老革命家、教育家十分敬重，多次说过："吴老在世时我是吴老的助手；成老在任，我仍然是成老的助手。我要努力当好这个助手。"一旦学校的工作有所失误，他总是自责："我这个助手没有做好。"①郭影秋勤奋好学，知识渊博。无论工作多么繁忙，他都坚持学习马克思主义，学习历史、文学、教育学。他对明史有高深的造诣，对诗词也很有研究。他的《李定国纪年》这部史学专著，受到国内学者的高度评价。他在住院期间整理的《郭影秋诗选》也受到读者的欢迎。

郭影秋在生活上对自己和家属要求也十分严格。他曾多次婉言谢绝学校为他重新安排住房，改善居住条件。组织上分配供他使用的专车，他从不让家属乘坐，甚至连顺路搭车也不允许。

郭影秋对教育一往情深，新中国成立后，他响应党的号召，主动到高等学校工作。"文革"结束后，一些老同志邀请他到政府

① 王俊义：《郭影秋学术传略》，《文献》1985年第2期。

机关工作，他却说他的最高理想就是当一个大学校长，办好一所大学。而在生命无多的日子里，他说："在病中，最使我怀念的，一是湖西的同志，再就是南大和人大。人大几十年，是我毕生难忘的。我不会有太多的日子了。我最后安息的地方也是人大。我对这个学校是有感情的。"①

郭影秋从教办学成就显著，他确实做到了既"当得了省长"又"当得了校长"，为南京大学和中国人民大学的发展做出了突出贡献。他的高等教育思想，至今仍然有着重要的现实指导意义。

主要参考文献

1. 郭影秋口述，王俊义整理:《往事漫忆》，中国人民大学出版社1986年版。

2. 金木:《对马克思主义理论教育的深切关怀——纪念郭影秋同志》,《教学与研究》(北京)1986年第1期。

3. 王俊义:《我所认识和了解的郭影秋》,《纵横》2003年第6期。

撰稿人：王建梁，教育学博士，华中师范大学教育学院教授、博士生导师，主要从事中国教育史和比较教育研究。

①《郭影秋纪念文集》编委会编:《郭影秋纪念文集》，南京大学出版社2002年版，第382页。

郭沫若

GUO MORUO

中国科学技术大学校长（1958—1978）

（图片由视觉中国提供）

郭沫若（1892—1978），原名郭开贞，四川乐山人，中国现代著名的文学家、历史学家、社会活动家和教育家，中国科学院首任院长、中国科学技术大学首任校长。他开创的科教融合的新事业，为中国科学技术大学的长远发展奠定了坚实的基础。

郭沫若有着传奇般的人生经历，在他所涉猎的各个领域都取得了令人瞩目的成绩。他有时干文艺，有时搞研究，有时从事政治，有些生活好像是分裂的，但这些方面都是相互关联的，它们像是一个有机体的各种官能。他还有一个为一般人不太了解的身份——中国科学技术大学的校长和创建人，是一位有着深邃教育思想和独特人格魅力的教育家。

郭沫若于1914年赴日本学医，后来受到斯宾诺莎、泰戈尔、惠特曼等人思想的影响，决心弃医从文。1921年6月与成仿吾、郁达夫等组织创造社，积极从事新文学运动。这一时期的代表作诗集《女神》摆脱了中国传统诗歌的束缚，充分反映了五四时代精神，在中国文学史上开一代诗风，是当代优秀的革命浪漫主义诗作之一。1923年后，他系统学习马克思主义理论，提倡无产阶级文学。1926年参加北伐，任国民革命军政治部秘书长、副主任、代主任。

在1927年蒋介石发动反革命政变后，郭沫若参加了中国共产党领导的南昌起义。1928年2月，因被国民党政府通缉而流亡日本。在日本的十年间，他埋头研究中国古代社会，发表了《中国古代社会研究》《甲骨文字研究》等一系列重要学术著作。1930年加入中国左翼作家联盟。1937年，全民族抗战爆发后，他毅然回国，任国民政府军事委员会政治部第三厅厅长，后改任文化工作委员会主任，积极团结进步文化人士从事抗日救亡运动。1946年后，他站在民主运动前列，成为国民党统治区文化界的革命旗帜。

1949年7月，郭沫若当选为中华全国文学艺术界联合会主席。中华人民共和国成立后，历任中央人民政府委员、政务院副总理兼文化教育委员会主任、中国科学院院长、全国人民代表大会常务委员会副委员长等职。他是一位才华卓著的学者，在文学艺术、哲学、历史学、考古学、金文、甲骨文研究以及马克思主义理论著作和外国进步文艺作品的翻译、介绍等方面，都有重大建树。他一生著作宏富，由郭沫若著作编辑出版委员会编辑的《郭沫若全集》收集作者生前出版的著作共计三十八卷（其中“文学编”二十卷、“历史编”八卷、“考古编”十卷）。此外，还有不少未编辑和未发表的作品、书信等。

郭沫若是中国科学技术大学的主要创建者之一。1958年5月，时任中国科学院院长的郭沫若联合部分著名科学家倡议，由中国科学院创办一所新型大学——中国科学技术大学，得到国家的批准。同年9月，中国科学技术大学在北京正式成立，国务院任命郭沫若兼任校长。此后，郭沫若担任中国科学技术大学校长长达二十年。他以深邃的教育思想和独特的人格魅力为学校的长远发展奠定了坚实的基础。他率领广大师生艰苦创业，使中国科技大学迅速成长为国内外有影响的著名大学。

一、开创科教融合的新事业

中国科学技术大学的诞生具有鲜明而深刻的时代背景。第二次世界大战结束后，世界进入了以原子能、计算机、半导体、激光、生物技术、航空技术为代表的新兴科学技术的快速生长期。

新中国成立之初百废待兴，科技力量和综合国力十分薄弱，难以适应国家发展和国际竞争的需要。1956年，中共中央发出“向科学进军”的号召后，国务院科学规划委员会提出我国第一个科学技术发展规划，即《1956—1967年全国科学技术发展远景规划》。这一规划对1956—1967年的科技发展做出了全面部署，并列出若干填补空白及追赶国际先进水平的项目。当时流行的“破除迷信、解放思想”的口号，也为科学家们开辟新的研究领域、攀登科学高峰增添了勇气和力量。中国科学院于1956年建立半导体、电子学、计算机和自动化等研究所，1958年诞生了制造人造地球卫星和人工合成结晶胰岛素的设想，并着手开始原子弹、导弹等尖端科技领域的研究。所有这些，标志着中国科学技术的现代化开始起步。

郭沫若担任中国科学院院长期间，非常重视科技人才的培养，中国科学院每年都要选派青年科技人员到苏联和东欧的社会主义国家留学或进修，以提高业务水平。作为全国学术科研中心的中国科学院，当时会聚了众多全国一流的高级科技人才，但由于科技工作开展得很快，每年国家分配给科学院的大学生，各研究单位都反映满足不了需要，并在业务对口上不能完全符合要求，特别缺乏新兴技术学科方面的尖端人才。另外，中国科学院本身拥有强大的科学力量和实验设备，只让研究人员到学校兼职并不能充分地把这方面的潜力发挥出来。在这种情况下，利用中国科学院的自身优势，创办一所培养新兴、边缘、交叉学科尖端科技人才的新型大学，就成为中国科学院领导和许多科学家的共同构想。

1957年10月3日，苏联第一颗人造地球卫星上天，无疑是当时社会主义阵营的一件大事。1958年1月，结束到非洲访问的郭沫若赶往苏联，与早已在那里访问的中国科学技术代表团会合，前去参观新建的西伯利亚科学分院及同时建立的新西伯利亚大学。该大学依托科学分院各研究所的师资和实验设备，培养研究所的后备人才，使郭沫若和团员们深受启发。同年3月18日，在中国科学院院务常委会议上，访苏归来的郭沫若和部分科学家倡议，发挥中国科学院各研究单位高级科学家及中青年科学家众多的优势，可以考虑在中国科学院附设高等学校，采取“全院办校、所系结合”的办法，改变我国传统的教育模式，把教育和科研密切结合起来，创办一所新型的大学。

1958年5月9日，中国科学院党组书记、副院长张劲夫代表中国科学院党组向负责全国科技工作的聂荣臻副总理呈交请示，建议由中国科学院试办一所大学。这一建议很快得到刘少奇、周恩来、邓小平、聂荣臻等党和国家领导人的赞成，他们纷纷在报告中予以批示。中央书记处会议于6月批准中国科学院成立附属大学。6月8日，由中国科学院院长郭沫若为主任委员，黄松龄、竺可桢、吴有训、杜润生、郁文、严济慈、赵守攻、钱学森、于光远等九人为委员，组成筹备委员会，并召开了第一次会议。在这次会议上，许多人提出，不必照搬当时苏联理工分家的办学模式，应实行理工结合，向科学与技术紧密结合的方向发展。听了大家的发言，郭沫若当即拍板，将即将诞生的大学定名为“中国科学技术大学”。会议通过了建校方案，明确教学设备原则上由科学院各有关研究所负责，会议决定学校设置原子核物理和原子核工程系、技术物理系等十三个系，与北京大学、清华大学建立协作关系。会议决定立即着手面向全国招生，于1958年秋季正式开学。

郭沫若早年就有从教和主持办学的经验。20世纪20年代，他曾担任过大夏大学讲师、学艺大学文科主任。1926年，他亲历过广东大学的筹备，受聘担任广东大学文科学长。由于当时的广东大学办学没有特色，课程设置混乱，有些中学的课程也在大学里滥竽充数。他在担任学长期间，极力主张教学改革，让学生自由改选喜欢的科目，得到了校长褚民谊的支持。尽管担任学长时间不长，但他的办学才干和魄力深受全校师生的好评。当有机会创办一所大学，郭沫若激动万分，决心认真规划好这所新型大学的蓝图，做好筹备工作。

筹备创建一所大学，需要相当的人力、物力和财力，绝非一日之功，何况当时中国科技大学除了一纸批文外一无所有，其中的艰辛和困难可想而知。1958年6月18日，《人民日报》《光明日报》《中国青年报》分别登载了中国科学技术大学的招生简章。从登报招生到秋季开学，只有一百来天的时间，筹办遇到的首要问题是校址尚未确定。根据聂荣臻副总理指示，时任中共中央办公厅主任的杨尚昆决定将原中央党校二部的校址让给中国科学技术大学当校址。只是这块校址在此之前已商定交给解放军工程兵设计院。时任中央军委秘书长的黄克诚，得知中国科学技术大学的办学困难后，立即下令已进驻的工程兵设计院搬家。郭沫若亲自去工程兵设计院拜访院长唐凯少将并从中协调。学校宿舍不够，他们向隔着一条马路的中国人民解放军政治学院借了两座宿舍楼。实际上，满足学校基本教学科研需要的校内设施直到1959年10月才基本完工。在筹备工作中，郭沫若首先聘任了钱学森、华罗庚、郭永怀等一批著名科学家到校兼职任教，华罗庚等著名科学家还利用到各地做学术报告的机会，为学校做招生宣传，号召优秀青年报考中国科学技术大学。有了这些著名学者的影响，加上中国科学院的金字招牌，自然吸引了一大批有志于投身科技报国的青年。各地考生报名踊跃，生源素质普遍很高。

学校筹备的时间虽短，但背后却是大量细致认真的工作。一次次的行政工作会，一次次的系主任会，一次次的教学工作会，从学科课程的设置到教学计划的安排，从教学大纲的审定到任课教师的选任，从学校设施的协调到开学典礼的筹划，郭沫若领导这群热情似火的科学家们亲力亲为，逐项落实。9月初，在北京考区录取的一百五十名新生提前报到，参加整理校园和修建操场等义务劳动；9月15日，京外新生办理报到注册手续，全校共录取一千六百余名学生。学校正式开学前，聂荣臻副总理在郭沫若的陪同下到校视察，与学生亲切交谈。当看到来自全国各地的青年学生个个精神饱满，许多学生穿着补丁衣服，不少人还光着脚板，有些学生甚至从北京火车站用扁担挑着行李走到学校时，聂荣臻非常感动，连连点头赞许，勉励学生继承抗大优良传统，保持艰苦朴素的良好学风。

学校成立前，郭沫若亲自起草开学典礼致辞。在这份致辞中，郭沫若规划了中国科学技术大学的未来发展方向，初步确立了办学的理念，明确了培养目标。起草后，郭沫若送周恩来总理过目，周恩来阅后十分赞许。郭沫若还亲自起草校歌歌词《永恒的东风》，并特请抗大校歌的作曲者、中国音乐家协会主席吕骥谱曲。开学前夕，郭沫若再次邀请吕骥在大礼堂为全校师生教唱校歌：“迎接着永恒的东风，把红旗高举起来，插上科学的高峰……”

郭沫若在中国科技大学开学典礼上致辞
（图片由中国科学技术大学档案文博院提供）

1958年9月20日，一所崭新的大学如期顺利开学。借用中国人民解放军政治学院的大礼堂，中国科学技术大学的师生济济一堂，郭沫若亲自主持中国科学技术大学的开学典礼。国务院副总理聂荣臻、中国人民大学校长吴玉章、北京大学副校长周培源、中国科学院副院长张劲夫、陶孟和等嘉宾到会祝贺。学校的创办，正如聂荣臻在开学典礼上所说的："经过很短的时间，在郭沫若院长直接领导下进行了筹备工作。一个共产主义的新型大学——中国科学技术大学诞生了。这将是写在我国教育史和科学史上的一项重大事件。"[①]在开学典礼上，郭沫若以《继承抗大的优秀传统前进》为题，发表了热情洋溢的致辞，郭沫若满怀信心地说："我们的学校是新建立起来的，前无所承，缺乏经验，这是我们的缺点，但也是我们的优点。毛主席说过：'一张白纸，没有负担，好写最新最美的字，好画最新最美的图画。'我们的学校如果可以说是一张白纸，就请把它办成最美的学校吧！"[②]他希望新诞生的学校

①《中国科学技术大学开学》，《人民日报》1958年9月21日。
② 中国科学技术大学新闻中心编：《中国科学技术大学新闻辑刊（2016）》，中国科学技术大学出版社2017年版，第36页。

能继承和发扬革命战争年代抗大为革命事业培育大批优秀人才的优良传统，在新的历史时期为国家建设事业培养急需的尖端科技人才。

一所新型大学伴随着推土机的轰鸣声、激昂嘹亮的歌声，在老一辈革命家的祝福和广大科技工作者的期盼中开学了。由郭沫若主持的学校筹备委员会凭着一股革命的激情和科学家认真执着的精神，在不到半年的时间里将不可能变成了现实。中国科学技术大学的诞生体现了革命的浪漫主义和理性的现实主义的完美结合。

1958年9月24日，国务院全体会议通过任命郭沫若为中国科学技术大学校长的决定。

二、培养“红透专深”的科技人才

郭沫若早年有过从教的经历，他对教育有着独特见解。在民主革命时期，他对教育就曾有专门的论述，他还特别对无产阶级的教育方针进行过系统研究。他认为，“有优美纯洁的个人才有优美纯洁的社会”，因此“人类社会根本改造的步骤之一，应当是人的改造”。而教育正是改造人、塑造人的最主要的手段。他把教育事业提到挽救民族危亡的高度，他说：“我们中国目下是需才孔急的时候，有许多热心国事的友人，彼此一谈到救国的问题，大多以为非从打破家庭做起不可。这种毁家纾难的古英雄的事业我们自然赞仰欢迎，但是从自家的儿童着手，为国家作育人才，这也正是人人能行的新英雄的事业吧。”[①]

1957年，在中国科技大学尚未创办之时，教育界就展开了一场关于确立无产阶级教育方针的大讨论，红与专的关系问题是这次大讨论的核心。郭沫若作为文化界的名人在这场讨论中旗帜鲜明，主张红专并进。他认为：“红与专的问题，在今天应该是不成问题的问题。在解放前的旧时代，一个人可以先专后红或先红后专，甚至于不红而专或不专而红。但在今天我们的国家已经基本上完成了社会主义革命，我们是在为社会主义建设服务，因此我们每一个人都应该成为社会主义的建设人才。社会主义的建设人才就是红色专家，也就是又红又专的人。”[②]针对什么才算“红”，他提出：“应该以忠于社会主义事业、忠于祖国、忠于党为标志。我们每一个人都应该做一个好的公民，做一个毛主席的好学生，树立无产阶级的人生观，全心全意地在党的领导下献出自己的一切为社会主义建设服务，为人民服务。这可以算作红的标志。”[③]他明确指出：“知识分子一定要又红又专。为了建成社会主义社会，我们需要大量的社会主义建设人才，知识分子应该成为工人阶级的知识分子，所以党号召全国知识分子又红又专，而且要红透专深。红，是思想立场问题；专，是业务技术问题。”[④]“红、专是不可分的，必须又红又专；但红是第一，专是第二。”[⑤]

鉴于以上认识，在中国科学技术大学创办之始，郭沫若就期望学校成为尖端科学加共产主义的大学，也就是“又红又专”“红

---

① 郭沫若：《天才与教育》，郭沫若著作编辑出版委员会编：《郭沫若全集（文学编）》第15卷，人民文学出版社1990年版，第180页。

②③ 郭沫若：《讨论红与专——答青年同学们的一封公开信》，郭沫若著作编辑出版委员会编：《郭沫若全集（文学编）》第17卷，人民文学出版社1989年版，第259、262页。

④⑤ 郭沫若：《关于红专问题及其他》，郭沫若著作编辑出版委员会编：《郭沫若全集（文学编）》第17卷，人民文学出版社1989年版，第263、265页。

透专深”的大学。郭沫若提出学校首先要“政治挂帅、以党的坚强领导”为纲，坚持社会主义的办学方向。他非常强调党的领导，校长、教员、学生都必须服从党的领导，不能例外。他说，假使我们忽视了党的领导，不仅学校办不出成果来，连已有的政治水平也有可能降低，那是绝对不能允许的。当时学校强调的“红”的核心就是为谁服务的问题，中国科学技术大学的目标就是要培养为社会主义建设服务的国家科技发展与国防建设急需的高精尖人才。这样的教育目标让每一个来到中国科学技术大学的学子都深感责任重大，做一个“又红又专”的合格的科学家成为每个学生的人生理想和奋斗目标。他们将自己的热血青春与国家荣辱、民族发展紧紧相连，用刻苦学习、奋力拼搏的方式报效祖国，踏实的科大学生成为一批有理想有抱负的年轻人。

早在20世纪30年代，郭沫若在展望中国未来的现代化建设时就提出，必须采取“后来居上”的战略，“赶最新锐的利器来采用，而免掉先进者所走的枉路与其束缚”。他对中国赶上和超过世界先进国家充满信心。他说：“捷近的路是摆在那儿的，只要我们肯驾起飞机冲出自己前程，我们敢保证，努力的‘后来者’一定又可以‘居上’。”[①] 在50年代编制科学规划的过程中，为了赶上世界先进科技水平，我国明确了采用“迎头赶上、重点发展”的方针。面对当时的国际环境，面对帝国主义的核讹诈，作为中国科学院院长的郭沫若深知，积极发展国家的科学事业，尤其是通过教育来推动科技的整体发展对于新中国的重要性。他说：“大力培养科学研究的新生力量，以壮大科技工作的队伍，是发展我国科

① 郭沫若：《后来者居上》，郭沫若著作编辑出版委员会编：《郭沫若全集（文学编）》第18卷，人民文学出版社1992年版，第198页。

学事业、保证我国建设进展的重要环节。”①“没有新生力量的不断增长，科学事业将停滞不前。”②国家要强盛，首先要在科技的前沿占有一席之地，要通过教育来振兴科技，“科技强国”是身为中国科学院院长的郭沫若创办中国科学技术大学的宗旨和目标。因此，在办学中，学校首先把人才培养的目标确定为培养从事最新尖端性学科的科学研究工作干部，所开设的专业也是当时一般大学中尚有困难建立，但在中国科学院则具有一定条件的“两弹一星”工程急需的专业。

尽管郭沫若提出的“红透专深”的办学指导思想带有明显的时代印记，但红与专问题讨论背后所反映的德与才的关系却是教育学的永恒课题。而中国科学技术大学通过办学培养科技人才以实现“科技强国”的办学理想，既是当时国家的整体发展战略的客观要求，也符合当时中国科学院自身的学科优势。中国科学技术大学是老一辈革命家和科学家亲手创办的红色大学，建校目标就是为新中国“两弹一星”事业培养尖端科技人才。在郭沫若的领导下，建校元老中既有后来成为“两弹一星”元勋的钱学森、郭永怀等，也有赵忠尧、杨承宗等“没有勋章的功臣”。他们把红色基因注入科大人的文化血脉，“又红又专”的“红”就是科大人的底色。

作为文化名人，兼任校长的郭沫若还身兼政治、学术、社会各方面的职务，平日公务相当繁忙，但他在百忙之中仍时刻牵挂着他一手创办的大学，牵挂着学生，尽可能为学校的发展、为学

① 郭沫若：《在中国科学院学部成立大会上的报告》，《新华月报》1955年第7期。
② 郭沫若：《关于中国科学院的基本情况和今后工作任务的报告》，《新华月报》1954年第4期。

生的成长创造条件。他为学校的发展尽其所能，他多次主持学校的校务会议，为学校的发展指明方向。他将《光明日报》作为中国科学技术大学的阵地，宣传学校成长中的进步，不断扩大年轻的学校在教育界和文化界的影响。每逢学校重大节庆活动、学生开学、毕业典礼，他都亲临学校发表演讲。他为学生做报告，为学生朗诵诗歌、题词，为学校设计副刊并多次亲笔撰文。在学校的成长过程中，他充分发挥自己身兼多职、社会交往广泛的优势，经常邀请国家领导人、开国元勋、部门领导人、专家和英雄模范到学校参观视察，聂荣臻、陈毅、谭震林、罗瑞卿等人都到学校做过形势报告和参加毕业典礼，来校做报告的科学家、英模人物、艺术家就更多了。这些报告，大到国际形势和国家政策，小到英模事迹和治学之道，内容极其丰富，在学生中产生了巨大的影响。邀请名家到校做报告对于中国科学技术大学迅速形成自己独特的办学特色，形成“勤奋学习、红专并进”的校风，在较短的时间里形成凝聚力，起着非常重要的作用。

中国科学技术大学创办初期，正是三年困难时期之始。中国科学技术大学的许多学生是贫下中农出身，经济条件不是很好。郭沫若在百忙之中深入学生食堂，了解学生的伙食状况，与大家一起就餐，有几回甚至亲手给学生打饭。1959年寒假，由于时值困难时期，绝大多数学生都没回家。除夕之夜，郭沫若等校领导和学生一起吃团

郭沫若在食堂和学生一同用餐
（图片由中国科学技术大学档案文博院提供）

圆饭。饭后，学校召开春节晚会。演出前，郭沫若笑容满面地走上舞台，双手抱拳高拱给师生员工作揖拜年。大家都感动得站起来，热烈鼓掌，高呼“向校长拜年！”校党委书记郁文宣布：“郭老把他刚收到的《沫若文集》稿费两万元捐赠给学校，其中大部分用于补助生活困难的学生。为使同学过好年，郭校长提议发给每人两元，一元入春节伙食费，一元发到每个学生手中，作为‘压岁钱’。”① 在极其艰难困苦的年代，郭沫若的关心，使远离家乡和亲人的学生们感到格外温暖。

为丰富学生的文体活动，郭沫若捐款帮学校修建标准游泳池，将自己在外交活动中得到的放映机和影片等礼品送给学校，请全校师生免费观看自己创作的历史剧《蔡文姬》。学生将业余时间创作的诗歌寄给郭沫若，郭沫若亲笔复信给予鼓励。1961年五一劳动节，各系在学校大操场及校内空地围成圆圈联欢。同学们兴高采烈地唱歌跳舞，郭沫若和其他校领导走走停停，一个系一个系地观赏表演。看到精彩表演，郭沫若脱下布鞋垫在地上坐着，并一再摇手不让工作人员去搬椅子。

郭沫若在学生中具有很高的人气，即使在“文化大革命”期间，学校发生两派斗争，大礼堂的喧闹也因为郭沫若的到来而平息。他力劝学生要团结，要珍惜大学的宝贵时间，要认真学习。他的言传身教激励着青年学生的成长。1968年，中国科学技术大学建校十周年，郭沫若题词鼓励科大人：“十年校庆欣逢，把抗大作风莫放松。要服务工农，一心一德，赶超国际，有始有终……”

1969年12月，中国科学技术大学开始南迁，1970年1月辗转

① 陆钦仪主编：《新中国北京高等教育的开拓者》，北方交通大学出版社2002年版，第134页。

迁至安徽合肥。处在“文化大革命”旋涡中不能自拔、身心疲惫的郭沫若仍然十分挂念校园的重建、教职员工和教学设备的安置。南迁后的中国科学技术大学失去了中国科学院“院系结合”的办学优势，同时受到“文化大革命”的冲击，学校发展一落千丈。“文化大革命”结束后，1977年郭沫若再次被任命为中国科学技术大学校长，病重中的郭沫若呼喊“科学的春天来了”。在中国科学院召开中国科学技术大学第一次工作会议期间，郭沫若不顾病痛，重新审定校歌，并抱病赶往会场与代表座谈，亲手题词“忠诚党的教育事业”，这给正在二次创业的科大人带来了激励和鼓舞。

1978年6月12日，郭沫若病逝于北京。著作等身的郭沫若生前将著书所得的十五万元稿费全部捐献给中国科学院。至今，在这笔资金的基础上成立的“郭沫若奖学金”[①]仍然是激励科大学子奋发向上的重要奖项之一，成为老校长留给中国科学技术大学一笔宝贵的精神财富。

三、实施“全院办校、所系结合”的办校方针

筹办中国科学技术大学时，郭沫若就确立了“全院办校、所系结合”的办校方针，这在当时来说无疑是一个“多快好省”的办学策略。

在专业设置上，中国科学院当时动员了各主要院所的科研力量来兴办急需创办的专业，并只办科学院对口的专业。钱学森、严济慈、华罗庚等一大批著名的科学家先后参与学校的创办、管

① 1980年2月25日，国务院正式批准中国科学技术大学设立“郭沫若奖学金”。

理、教学和科研，他们同时兼任了建校之初十三个系的系主任。比如，原子核物理和原子核工程系系主任赵忠尧是中国科学院原子能研究所副所长，技术物理系系主任施汝为是中国科学院物理研究所所长，中国科学院力学研究所副所长郭永怀任化学物理系系主任，中国科学院电子研究所所长顾德欢任无线电电子学系系主任，自动化系系主任武汝扬是中国科学院自动化研究所所长，中国科学院力学研究所所长钱学森任力学和力学工程系系主任，地球化学和稀有元素系系主任则由中国科学院地质研究所所长侯德封担任，高分子化学和高分子物理系系主任华寿俊是中国科学院化学研究所副所长，担任应用数学和计算技术系系主任的是中国科学院数学研究所所长华罗庚，生物物理系系主任贝时璋是中国科学院生物物理研究所所长，应用地球物理系系主任赵九章是中国科学院地球物理研究所所长，另外放射化学和辐射化学系系主任由中国科学院原子能研究所研究员杨承宗担任，物理热工系系主任吴仲华则是中国科学院动力研究室研究员。可以说，当时的中国科学院积聚了中国科学界的精英，而担任中国科学技术大学各系主任的中层干部则是当时中国科学院各个学科领域的顶级科学家，是精英中的精英。

中国科学技术大学成立之时，受教育部和中国科学院双重领导，实行在党委领导下的校务委员会负责制。1959年4月，学校成立校务委员会，郭沫若任主任委员。1961年9月，校务常委会成员由郭沫若、严济慈、华罗庚、郁文等十五人组成。校务常委会每两周召开一次会议，研究教学、科研和行政工作。严济慈、华罗庚于1961年4月担任副校长，分别主管全校教学、科研和负责协调有关系室工作。两位副校长经常召集有关系室的教师座谈，征求校务工作意见，广开言路，民主治校。在郭沫若的领导下，有了这两位既精通科研又熟悉教学的专家具体管理校务，科大在教学科研各方面的工作很快迈上了一个新的台阶。当时学校办学的师资主要依靠中国科学院的科研力量，同时请教育部从北京大学、清华大学调配一定数量的讲师、助教支援办学。

在人才培养上，为了争取时间尽快培养国家急需的高科技人才，学校采取“所系结合”的培养方案。学生大一、大二的基础课程在学校内进行，专业课程则主要在各有关研究所内学习。毕业前，学生即在科学家的指导下开展一定的研究工作，以便在理论基础和研究工作方面打下良好的基础，让学生一毕业就能迅速进入科学研究的角色，加快人才培养的进度。

在“全院办校、所系结合”的办校方针的指导下，中国科学院发挥人才、设备等优势，全力支持中国科学技术大学办学，所系之间对口合作，大批科学家到校兼职讲课和开展合作研究。建校初期，中国科学院每年到校授课的科研人员达三百人次。一批国内最有声望的科学家亲自登台授课，及时把最新科技成就和科研前沿课题传授给学生。他们承担了编制专业设置教学计划、教学大纲，以及编写讲义等一系列工作。这样，既解决了建校初期师资缺乏的困难，也极大地丰富了教学内容，保证了高起点、高水平的教学质量。

截至1961年9月，中国科学技术大学从建校时的“一张白纸”，发展成为初具规模的大学，教职工1 530人，教授8人，副教授12人，全校学生5 437人、藏书247 338册。依靠“全院办校、所系结合”的办学模式和科大人艰苦创业的精神，建校初提出的“苦战三年打下基础”的目标得以实现。

中国科学技术大学实行“全院办校、所系结合”的办校方针，在我国高等教育界独树一帜，有力地促进了科教融合，改变了教育体制和科研体制相互割裂的状况，促进了教学与科研一体化建设，开创了中国迅速发展科学技术教育的新篇章，在实践中显示出强大的生命力。各有关研究所的所长兼任系主任，聘请一大批著名科学家任教，这种创新的办学模式是中国科学技术大学迅速跻身国内一流大学的秘密所在。从中国科学技术大学自身的发展来看，坚持这一办学模式，中国科学技术大学就能稳步发展，失去这一方针的指导，中国科学技术大学就可能面临发展的困境而踌躇不前甚至倒退。今天的科大人在新形势下仍然遵循着这一办学方针，探索着新的实施形式。

四、学科发展和专业设置瞄准尖端和薄弱

第二次世界大战后，第三次技术革命悄然发生并迅速发展，产生了原子能、计算机、自动化等尖端技术。郭沫若非常关注这些尖端技术的发展，指出“尖端科学技术是现代科学技术中发展最迅速的部门”①。他认为发展尖端技术对于推动经济发展具有特别重要的意义。“实践证明，尖端科学技术一经在生产中应用之后，就引起了生产技术的重大变革，给国民经济带来很大的利益。”②为了实现科技强国的办学理想，郭沫若提出，中国科学技术大学的任务就是抓尖端科学技术，为国家建设服务。他解释说，所谓科学尖端，包括两方面的含义：一是向高层突破，二是向全面铺开。向高层突破是向未知的领域突进，揭示自然界的更深的秘密，掌

①② 郭沫若：《高举毛泽东思想红旗　更快地攀登科学高峰》，《科学通报》1960年第9期。

握还隐藏着的物质和规律，找到钥匙去自然界的最秘密的宝库中寻宝。而向全面铺开，不是普通的科学普及，而是把新科学新技术的成果加以综合创造，投入生产，投入国防建设，以提高人民的物质生活和文化生活的水平。

郭沫若在中国科学技术大学建设中倡导科学与技术的结合、教学与科研的结合、大胆创造与实事求是的结合。在专业设置上，中国科学技术大学针对中国在开发利用原子能及空间技术方面技术薄弱的现状，将基础科学与技术科学紧密结合。专业设置均体现尖端、边缘、空白、新兴、交叉学科对人才需求，设立的绝大多数是国内空白或紧缺专业，特别是核物理、空间技术、计算机技术、无线电电子学、自动化、化学物理、近代力学及其相关的系和专业。中国科学技术大学在系科专业设置上没有采用苏联理工分家的模式，实行理工结合、科学与技术结合。

在之后的发展中，学校始终坚持开创时期的指导思想，坚持科学与技术结合、理实交融的传统，形成了具有鲜明科大优势与特色的学科体系。1959年8月，中国科技情报大学并入中国科学技术大学，学校增设科学情报系。60年代初，撤销物理、化学、生物专业，增设了激光专业。1961年5月，根据中央“调整、巩固、充实、提高”的方针，经报中国科学院、教育部同意，学校将原有的13个系41个专业合并为12个系30个专业。1964年4月，中国科学院同意将原来的12个系再次合并成数学系、物理系、近代化学系、近代物理系、近代力学系、无线电电子学系6个系。教育部新核定学校设定专业24个，1966年减为23个，学制5年。根据中国科学院的要求，院系和专业调整后，专业课程基本不变，教研室继续保留，以便和研究所取得密切联系。

郭沫若反复强调，科大师生要“在实事求是的基础上大胆创造、在大胆创造的风格中实事求是”，“不仅要创建校园，而且要创建校风，将来还要创建学派，把大胆创造和实事求是结合起来”。[①]

中国科学技术大学的学科专业在不断调整中勇于创新，取得了重大成就。1959年3月，《中共中央关于在高等学校中指定一批重点学校的决定》发布，中国科学技术大学被列入十六所全国重点大学之一，是这批重点高校中最年轻的大学。1960年，中国科学技术大学与科学院计算研究所联合研制成功“107计算机”，这是我国第一台自主设计研制的通用数字计算机，也是我国高校中第一台电子数字计算机。1960年2月，学校召开第一次科学研究工作报告会，钱学森、赵忠尧、侯德封、郭永怀、柳大纲等到会听取师生报告并做总结。华罗庚、施汝为等分别到校主持数学、物理研讨会，与师生一起开展科研活动。中国科学技术大学于1963年开始招收第一批研究生。1963年9月，为纪念建校五周年出版的《科学论文集》，选入师生论文共八十篇。郭沫若在《发刊词》中指出：“科学技术现代化尤其是四个现代化中的关键问题。为国家多多培养人才，多多贡献出科研成果，这是本校建校的根本任务。”

五、“重视基础、理实结合”的办学特色

理工分家，过分强调学生专业知识的学习而轻视基础课教学，

① 郁文：《郭沫若与中国科技大学》，《光明日报》1992年9月20日。

是20世纪50年代我国高等教育照搬苏联模式的一大弊端。因此中国科学技术大学在建校之初就把重视基础、理实结合作为学校的办学特色之一提了出来。

学校十分重视基础学科的教学，学校成立之初就组建了普通物理、化学、数学和政治等四个教学组。普通物理教学组组长由施汝为所长担任，化学教学组组长由柳大纲副所长担任，数学教学组则由华罗庚所长召集。学生入学后，首先着重基础课的训练，特别在数学、物理、化学、力学等方面打下扎实的基础。1960年1月21日，郭沫若在《科大校刊》上撰文《必须有深厚基础才能向高层次突破》，重申打好学科基础对于科技创新、攀登科技高峰的重要性。由于郭沫若的提倡，学校在教学上选最深、最难的基础课教材，专业课教材一律新编，注意吸收最新的科研成果。华罗庚担任教材审委会主任，各系成立教材编审小组，做好教材编审工作。学校还在国内大学中率先将外语列入全校基础课，并鼓励学生学习第二外语。学校规定本科五年学制中用三年到三年半时间学习基础课程，数、理、化、外、电、图从此成为中国科学技术大学的理论基石。为了保证教学质量，学校鼓励和支持教授深入本科课堂讲授基础课。一批著名科学家亲自讲授基础课和指导实验技能的训练。以近代力学系高速空气动力学一个专业为例，一、二年级讲授基础课的著名科学家有严济慈、吴文俊、蒋丽金、钱临照等。我国第一个获得法国国家物理学博士学位的著名物理学家严济慈亲自登台，给八个系几百名学生在大礼堂讲授力学和物理，每周讲三次，每次两小时。许多学生在中学读书时就读过严济慈编写的课本，他撰写的《普通物理学》是大学的标准课本。每逢他讲课，走道都挤满了人，连周围大学的助教也赶来听课。这样的“大课”，他连续讲了六年。著名科学家钱学森在繁忙的工作之余也坚持为学生讲课。1961—1962年，他为近代力学系1958级、1959级学生主讲“火箭技术导论”，每周一次，每次三小时。他还为化学物理系1958级学生主讲“物理力学”课程，《物理力学讲义》是他在美国时用英文写成的，为学生学习方便，他主持将此讲义翻译成中文出版，作为中国科学技术大学的专用教材。1963年3月，钱学森还为学生做了“如何撰写毕业论文”的报告，要求学生以严肃、严密、严格的作风来对待论文。著名物理学家赵忠尧将突破重重阻力从国外带回的加速器送给学校，并亲自指导学生做实验，为后来中国科学技术大学承担国家同步辐射实验室的科学工程项目打下基础，也为国家培养了一大批优秀人才。

中国科学院的一流专家学者有着丰富的研究工作经验，知识渊博，见解深邃，讲课各具风格，这对于培养学生扎实的基本功起着举足轻重的作用。大师们治学严谨，他们的一言一行对于学生的成长起着潜移默化的作用，也吸引着更多高素质的学生进入中国科学技术大学学习。当时的中国科学技术大学课程以量多质高闻名，学生的学习任务很重，但学生们学习勤奋，积极性很高。注重夯实基础、重视基础学科的教学也成为中国科学技术大学人才培养的突出特色。中国科学技术大学在教育界最早强调宽口径培养人才，低年级学生学习基础课程，高年级学生到中国科学院相关研究所做科研实践或撰写毕业论文，不仅保证了毕业论文的质量，而且使学生较早受到科学研究的训练，增强了他们毕业后从事科学研究工作的能力。

教育的目的绝不是单纯地传授知识，重要的是促进人的全面发展。郭沫若继承和发挥了马克思主义关于人的全面发展的重要原理，认为教育对人的全面发展具有重要的作用。他说："发展人的天赋的是甚么？便是教育——广义的教育。教育的至上的目标便是使人人完全发展其所有的天赋。"[①]从培养全面发展的人和为社会培育人才的目的出发，郭沫若强调要认真贯彻德、智、体全面发展的教育方针。他十分重视学生的科学精神的培养。他认为教育的"目的在使每一个青年熟悉自由思想的法则，养成自由研究的习惯，发挥自由创造的精神"[②]，使学生"养成自己学习，自由研究，用自己的头脑来想，用自己的眼睛来看，用自己的手来做的这种精神"[③]。他认为，"科学精神应是一切的人生活动的准则。科学精神是以客观的真实为依归的纯正的精神动向。认识客观的真理更依据真理以处理客观或促成客观的进展而使之服务于人生以增进人类生活的幸福，这便是科学精神"[④]。在强调德育、智育、体育的同时，郭沫若还特别强调美育。他历来重视美育的作用，他认为"人的根本改造应当从儿童的感情教育、

郭沫若给学生改剧本

（图片由中国科学技术大学档案文博院提供）

① 郭沫若：《天才与教育》，郭沫若著作编辑出版委员会编：《郭沫若全集（文学编）》第15卷，人民文学出版社1990年版，第174—175页。

② 郭沫若：《答教育三问》，郭沫若著作编辑出版委员会编：《郭沫若全集（文学编）》第19卷，人民文学出版社1992年版，第455页。

③ 郭沫若：《教育与学习》，郭沫若著作编辑出版委员会编：《郭沫若全集（文学编）》第20卷，人民文学出版社1992年版，第86页。

④ 郭沫若：《文艺与科学》，郭沫若著作编辑出版委员会编：《郭沫若全集（文学编）》第20卷，人民文学出版社1992年版，第37页。

美的教育着手”[1]。郭沫若要求学生要做到“八好”：思想好、作风好、工作好、学习好、互助好、身体好、劳动好、休息好。[2]这“八好”的要求正是他一贯坚持的红专结合、德智体各方面全面发展的育人思想的体现。

郭沫若还对学生提出了“技能多面化”和“人人都成为多面手”的要求。他说：“技能多面化就是希望我校的同学们，人人都成为多面手，我们不仅要掌握尖端，而且要有深厚的基础，广博的知识，丰富多彩的技能。”[3]他在解释“多面手”的含义时，对学生们提出了艺术素质方面的要求。他说：“毛主席说过：‘搞科学的人应该懂点文学，搞文学的人应该懂科学。’我们搞尖端科学技术的人尤其应该懂些文学艺术和各种体育活动。在红透专深的保障之下，同学们不妨成为诗人、画家、音乐家、戏剧演员、运动员或者其他。”[4]为了做到这一点，郭沫若认为：“我们的同学只要不荒废学业，尽可以在文化艺术等方面发挥自己的兴趣。我们的学校应该有适当的文娱活动和弦歌之声。这弦歌之声在我们中国古代是和教学工作联系起来的，我觉得是好的传统，我们今天应该保留着这个传统。”[5]这种科学教育与人文教育相结合的思想至今仍有现实意义。在郭沫若的倡导下，学生组织了各种文艺社团，课余生活丰富多彩。

郭沫若认为教育与生产劳动相结合，是造就全面发展新人的基本方法。他认为勤工俭学，教学、研究和生产劳动相结合，应

① 郭沫若：《儿童文学之管见》，郭沫若著作编辑出版委员会编：《郭沫若全集（文学编）》第15卷，人民文学出版社1990年版，第275页。

② 郭沫若1958年12月31日在中国科学技术大学元旦献礼上的讲话。

③④⑤ 1958年9月20日，郭沫若在中国科学技术大学1958级学生开学典礼上的致辞《继承抗大的优秀传统前进》。

是实行共产主义教育制度的一条新纲领。他指出，要建立最新、最美的国家，使每一个人逐步享受最富裕、最优美的生活，关键在于劳动，尤其是体力劳动和脑力劳动的密切结合。中国科学技术大学除了学习兄弟院校开展勤工俭学，组织师生员工参加当时各种劳动运动，还十分注重学生的劳动与学校自身的建设紧密联系，更注意学生通过参加科研，开展勤工俭学。1959年，学校将全校工厂合并成六个生产性工厂（机械工厂、无线电元件工厂、仪器工厂、半导体工厂、化工厂、煤的综合利用工厂）、四个试验性工厂（电子计算机工厂、火箭工厂、加速器工厂、原子反应堆工厂）和两个实验室（防护试剂实验室、稀有元素实验室），探索教学、研究和生产劳动相结合的勤工俭学模式。

由于办学中坚持“夯实基础、全面育人”策略，中国科学技术大学形成了基础“宽、厚、实”，专业“精、新、活”，注重培养全面素质和创新精神的教学思想和教学原则，使学校在人才培养方面独具特色，取得了令人瞩目的成绩。学校既培养了强大的后备力量，又不断攻克科研难题，人才荟萃，号称“千生一院士”。截至1966年，中国科学技术大学为国家培养了五千余名毕业生，大部分分配在科研部门和高等院校工作，他们中的绝大多数人成为各领域的业务和领导骨干，仅后来当选为中国科学院院士、中国工程院院士的就有白以龙、徐建中、龚惠兴、吴有生、赵忠贤、杨秀敏、陈颙等人。

1961年5月1日，学校召开庆祝五一国际劳动节大会。
校长郭沫若（前排左二）与华罗庚（前排右二）、
严济慈（前排左一）等在观看学生演出
（图片由中国科学技术大学档案文博院提供）

六、为年轻教师的成长提供民主的学术氛围

郭沫若非常重视教师的培养工作，他认为这是一项光荣的、非常有意义的工作。他说："立志作人民教师的青年是我所特别尊敬的。这样的青年是培养新生力量的原动力，不仅他自己就是新生力量，还要以自己来帮助更多的新生力量。这有如原子能的连锁作用。""教师要有高度的牺牲精神，目的不必在使自己登上科学的最高峰，但要使更多的青年登上科学的最高峰。这样的教师自然也就登上了教育科学的最高峰了。""中国有句俗话'行行出状元'，我觉得很好。凡是在一定的岗位上尽到最善努力的人，便

是登上了最高峰。”[①]

郭沫若历来反对灌输式教育，主张教师应发挥学生的主体精神。他在论及古代中国教育时说：“古时候我们中国的教育，差不多是把青年当成罪人在看待的。”[②]他深受卢梭以及裴斯泰洛齐自然主义教育思想的影响，主张“儿童本位”“青年本位”。他认为青年的精神是向上的精神，应该避免划一主义与灌入主义，因为这种教育“不能使个人的天赋尽量的发展”，“归根只养成得一些千篇一律的庸才，归根只是把天才杀死了”。[③]他认为，教育的过程如同树木的培植。“我们对于青年应该充分地给以营养资料，不时地对于外来灾害加以防护，让其自然发展，那他一定是可以成为大器的。”[④]他十分欣赏孔子和王阳明的教育思想，注重启发式的教育。他主张利用青年的好胜心，积极引导青年的成长与学习。在谈到教育与学习的关系时，他说“我所理解的教育是要人怎样去学习”，教育事实上是帮助学习的工具，“学习是主，帮助的工具是辅。这种主从的地位是不容颠倒的”。[⑤]

郭沫若认为教师应根据学生的特长和兴趣所在，注意因材施教。中国科学技术大学至今还流传着郭沫若和痴迷写戏剧的理科生的故事。1963年，生物物理系的大三学生曲信先整天想的不是专业课程，而是古罗马的斯巴达克斯。他抱着试试看的心理，将自己创作的三幕话剧《斯巴达克斯》送到郭沫若手里，哪知百忙

① 郭沫若：《给北京师范大学团委会、学生会的信》，1956年2月24日。

②④ 郭沫若：《青年哟，人类的春天！》，郭沫若著作编辑出版委员会编：《郭沫若全集（文学编）》第19卷，人民文版社1992年版，第80、81页。

③ 郭沫若：《天才与教育》，郭沫若著作编辑出版委员会编：《郭沫若全集（文学编）》第15卷，人民文学出版社1990年版，第175页。

⑤ 郭沫若：《教育与学习》，郭沫若著作编辑出版委员会编：《郭沫若全集（文学编）》第20卷，人民文学出版社1992年版，第84页。

之中的郭沫若不仅认真看完、亲自改过，还专门写信给学校有关部门征求曲信先的意见，问他是否愿意转入其他学校学习。有了大剧作家郭沫若的推荐，痴迷写戏剧的曲信先顺利地转入上海戏剧学院戏剧文学系学习。后来曲信先不仅成为优秀的剧作家，而且成为著名的戏剧创作教育家。

郭沫若对教师提出了严格的要求。他认为："真正可以作为青年导师的，认真说只有那永远不老的伟大的人。"[①]他和著名教育家陶行知交往甚密，1946年陶行知逝世时，他亲书陶行知的联语"千教万教教人求真，千学万学学做真人"，并称颂陶行知是一位有人格修养的学者，一位真、善、美三者具备的完人。他认为："经师是供给材料的技术家，人师是指导精神的领港者。"[②]中国科学技术大学是新中国年轻的大学，年轻大学里拥有的是大量的年轻教师。要培养红专并进的科技人才，对教师更应严格要求，"经师易遇人师难，做到人师要红专"[③]。在郭沫若的倡导下，中国科学技术大学重视学校师资队伍的建设，始终以"忠诚党的教育事业"为原则培养和要求教师。

学校的未来发展依靠的是年轻人，而促进年轻人迅速成长和发展的关键是为他们提供好的学术环境。从中国科学技术大学创建起，郭沫若就提倡学校应具有浓厚的学术气氛，要让年轻人有施展才能的机会。"学校是搞学问的场所，学术活动的特色是其独创与革新，要有追求真理的大无畏精神，要有尊重实际的科学态度，更要有对祖国、对民族的忠贞不渝，要满腔热忱地扶植新

①② 郭沫若：《青年哟，人类的春天！》，郭沫若著作编辑出版委员会编：《郭沫若全集（文学编）》第19卷，人民文学出版社1992年版，第81页。

③ 1963年，郭沫若为广西师范学校建校十周年的题词。

秀。”[①]郭沫若在论及民主与科学时说，“二者本质上并不是两种对立的东西，科学的思维与方法用之于实际生活的处理便成为民主”，“科学是始于人民终于人民的，故科学精神实质上也就是民主精神”。[②]他提倡发扬学术民主，兼容不同学派，允许各种学术观点自由争鸣，尤其对于学术批评，他主张“明辨是非，分清敌友，与人为善，言之有物”[③]。中国科学技术大学在他的倡导下，坚持以“双百方针”指导科学研究，校内学术空气浓厚而活跃，学校形成了学术思想开阔、学术研讨气氛浓厚、学术流派纷呈、科学思想活跃、青年人才辈出的局面和优良传统。

当时，华罗庚、关肇直、吴文俊被称为中国科学技术大学数学系“三龙”，他们的学术观点和授课风格各异。学校兼容不同学派，提倡学术自由，特别安排华罗庚、关肇直同时给学生上课，不同学术观点联袂登台，在教育界、科技界一时传为佳话。

由于当时一大批曾留学海外的著名科学家和研究所的骨干在学校兼职任教，指导科研，不仅带来了最新的科研成果、研究方法和严谨的科学精神，也带来了教学与科研结合的工作模式与特色，培养了科大自身的年轻教师队伍。截至1963年底，科大教师共计782人，其中教授10人，副教授12人。1963年12月，学校召开校务常委会议，经讨论原则同意教务处拟定的《中国科学技术大学1963—1972年教师培养十年规划》，确定了10年后达到教授水平的教师34人、副教授71人、讲师350人的师资队伍建设目标。

---

① 1958年9月20日，郭沫若在中国科学技术大学开学典礼上的致辞《继承抗大的优秀传统前进》。

② 郭沫若:《学术工作展望》，郭沫若著作编辑出版委员会编:《郭沫若全集（文学编）》第20卷，人民文学出版社1992年版，第68页。

③ 郭沫若:《三点建议——1958年12月8日郭沫若在中国文学艺术界联合会主席团中国作家协会主席团扩大联席会上的讲话》,《光明日报》1954年12月9日。

七、中国科学技术大学精神气质的缔造者

中国科学技术大学的成功，充分说明郭沫若不仅是一位文化大师，也是一位具有深刻教育思想的大学校长。

（一）缔造了中国科学技术大学的学校文化

郭沫若对新中国的科技、文化和教育事业所做的贡献是有目共睹的。作为大学校长的郭沫若，不仅是中国科学技术大学的主要创建者之一，更重要的是他是中国科学技术大学学校文化的缔造者。他为学校的筹办奔忙；他为它命名、题名，为它谱写歌词、撰写校训，请人谱曲，在开学典礼上致辞，是他铸造了中国科学技术大学的灵魂。他为中国科学技术大学确立了培养人才的目标，为学校规划了美好的未来，指明了发展方向。中国科学技术大学的诞生虽然有着鲜明的时代背景，但郭沫若将革命的浪漫主义和理性的现实主义相结合的办学理念体现了他鲜明的个性。

（二）确立了中国科学技术大学科教融合的办学优势

在尖端科学技术急需加快提高、高科技人才急需有效培养的时期，中国科学院办大学，无疑是一个重要举措，它在新中国教育史和科学史上是具有开创意义的事业。在郭沫若的领导下，中国科学院贯彻“全院办校、所系结合”的办校方针，实施科教融合的政策，充分发挥中国科学院各研究所师资力量雄厚、科研设备优良的优势，全力支持学校建设，将高等教育与科研机构结合起来，创造了培养新兴、边缘、尖端科技人才的高教新机制。

（三）领导中国科学技术大学形成了独特的办学特色

郭沫若所坚持的“又红又专”、全面育人的为社会主义建设服务的办学方向，他所主张的理工结合发展尖端学科和根据社会需要开办急需专业的办学思路，他所确立的教学与科研、科学与技术、理论与实践相结合的办学原则，他所倡导形成的“勤奋学习、红专并进”的优良校风，一大批中国顶尖科学家亲自组织管理教学，亲上讲台为本科生授课，形成了开明开放、兼容不同学派的民主学术氛围，这都是新中国教育史和科学史上前所未有的，也成为中国科学技术大学有别于其他国内高校的特色。这些办学思想在中国科学技术大学以后的办学实践中显示出强大的生命力，为学校的长远发展奠定了坚实的基础。在郭沫若的领导下，中国科学技术大学形成了自己的办学理念和特色，在较短的时间里迅速跻身中国一流知名大学的行列。郭沫若与新中国第一代科学家一道用他们的风度、才华、品德、情操铸就了“大志、大师、大爱”的学校文化。

中国科学技术大学的成长和发展深受郭沫若的教育思想影响。郭沫若十分注重超常教育，他实施超常教育的主张在他逝世当年得到了实施。[①]尽管他因社会兼职多而无暇顾及科大发展的具体事务，但他以深邃的教育思想和独特的人格魅力对中国科学技术大学的诞生和发展产生了深远的影响。在建校三十周年之际，中国科学技术大学在东区校园竖立郭沫若铜像，以纪念这位中国科技大学的创建者和他们心中永远的校长。

① 中国科学技术大学于1978年首创少年班，招收培养少年大学生至今不断。

主要参考文献

1. 郭沫若著作编辑出版委员会编:《郭沫若全集(文学编)》(共20卷),人民文学出版社1982—1992年版。

2. 龚济民、方仁念著:《郭沫若传》,北京十月文艺出版社1988年版。

3. 中国郭沫若研究学会编:《郭沫若研究》(共12卷),文化艺术出版社1988—1998年版。

4. 萧斌如、邵华编:《郭沫若著译书目(增订本)》,上海文艺出版社1989年版。

5. 龚济民、方仁念:《郭沫若年谱(1892—1978)》,天津人民出版社1992年版。

6. 中国科学技术大学档案馆、中国科学技术大学校长办公室编印:《中国科学技术大学大事记(1958—1997)》,1998年。

7. 丁毅信主编:《中国科大逸事》,辽海出版社1999年版。

8. 郭庶英著:《我的父亲郭沫若》,辽宁人民出版社2004年版。

9. 尹鸿钧:《郭沫若的教育思想和中国科大的成长》,《教育与现代化》1998年第3期。

10. 尹鸿钧:《郭沫若与中国科学技术大学》,《中国大学教学》1999年第6期。

11. 顾育豹:《郭沫若和痴迷写剧的理科大学生》,《郭沫若学刊》2004年第4期。

红专并进
理实交融

中国科学技术大学校训

撰稿人：马勇，湖北大学教育学院讲师，主要从事教育法学和教育基本理论研究

戴伯行

DAI BOXING

四川大学校长（1958—1962）

（图片由四川大学档案馆提供）

戴伯行（1905—1962），出生于河南省光山县新集镇东乡彭家村（后划属河南省新县），我国现代著名的教育家。新中国成立后，历任西南人民革命大学成都分校副校长，四川大学党委书记、副校长、代理校长。他毕生从事教育工作，对中国共产党的革命教育事业与四川大学的建设发展做出了不可磨灭的贡献。

戴伯行对马列主义有着深厚的研究，数理知识方面也是造诣非凡。1950年，中共中央、中央军委任命他为中国人民解放军四川大学首席代表，1958—1962年担任四川大学代理校长。掌校期间，为了培养中国社会未来建设者和接班人，他激励全校师生发扬解放区高等教育艰苦奋斗的光荣传统，将普通高等学校学术教育传统与解放区人民革命大学政治教育传统结合起来，实现四川大学学术和政治教育相结合。他为四川大学创造了良好的教学、科研及政治环境，使其发展成全国知名的高校。戴伯行在工作、生活上严于律己，清正廉洁，勤恳踏实，时刻坚守“工作第一、他人第一”的座右铭。他生活俭朴，在住房、用车、家属安置上从不提特殊要求，因此深孚众望，为人敬重。

一、从“尖子学生”到“红色教授”

戴伯行的青少年时期，正值列强入侵不断深入、民族危机日益严重、北洋军阀黑暗统治之际。中国将向何处去，如何挽救国家危亡，这是当时有识之士最为关注和不断探讨的中心议题。戴伯行作为其中一员，为挽救国家危亡，他最终做出了献身革命和教育的重大抉择。

（一）进步青年初识马克思主义

戴伯行从小就显示出非同一般的聪慧和天赋。他先后就读于村塾、光山县立一小、县立初中，对读书很感兴趣，尤其喜爱数学。1921年，戴伯行考入汝南中学高中部，在校期间秘密加入了中国社会主义青年团。戴伯行目睹了军阀专横残暴和民不聊生，在心中立下了革命报国之志。他学习了《共产党宣言》《向导》等，并组织青年读书会，领导进步学生学习马克思主义，成为公认的汝南中学学生运动核心人物。戴伯行满怀爱国之情，想要改变中国的现状。他认识到唯有马克思主义才能拯救中国。他曾多次组织同学学习共产主义，向同学宣传马克思主义，激发同学的爱国热情。1924年，他以优异成绩考入中州大学（河南大学前身）数理系。同年秋，经学校的江梦霞老师介绍，他参加了中共地下党组织的秘密活动，积极为北伐革命广造舆论。在校学习期间，他刻苦钻研数理专业知识，深受黄敦慈、黄际遇两位教授的器重，是数理系品学兼优的“尖子学生”。

（二）立志报国，献身革命

1925年，五卅惨案发生后，戴伯行参加了开封市大学、中学学生联合会组织的抗议集会游行，愤怒声讨英、日帝国主义镇压中国工人运动的滔天罪行。他奋笔疾书《伤时歌》，把它贴在中州大学“民主墙”上，呼吁青年学生立志报国。在《伤时歌》中他写道：“政失纲纪国无主，群雄割据中华土。横征暴敛蹈为常，人民视之如虎狼。……烽火横飞遍地哀，荼毒不管生灵苦。……寄语全国好男儿，毋甘暴弃徒自腐。应将铁石铸肝肠，宜闻鸡鸣而起舞。挽此既倒之狂澜，而作中流之砥柱。”[1]这首诗深刻地揭露了北洋军阀政府的黑暗统治，洋溢着高度的爱国热情，激荡着广大师生的心灵，鼓舞着每一个人的斗志。五卅惨案发生后，各大、中城市纷纷罢工罢课，声援上海人民的反帝斗争，从而形成了更大规模的五卅反帝爱国运动，沉重打击了帝国主义，大大提高了中国人民的觉悟，揭开了大革命高潮的序幕。这件事也深深影响了青年戴伯行，他深知北洋军阀多在一日，中国老百姓就要多受一天的苦；中国一日不站起来，就要被黑暗多笼罩一天。从此以后，他对于革命事业的热情更加高涨。

（三）爱国爱党，教书育人

1927年，戴伯行被中州大学地下党组织派遣到武汉中央军事政治学校学习。1927年3月，戴伯行奉学校派遣，与同期入学的河南光山同乡一起返乡搞农运工作，配合北伐战争。戴伯行以中国国民党河南省光山县党部的合法身份开展活动，建立农民、妇女及青年组织，并秘密加入中国共产党。当年6月，戴伯行再赴武汉，拟回中央军事政治学校继续学习。到达武汉后，才知军校学员已全部编入中央独立师，参加平定夏斗寅叛乱。因一时无法找到恽代英，戴伯行拟先加入中央独立师。还未办好手续，他突发恶性疟疾，不能行动，而此时中央独立师已调往江西九江。他遂与组织失去联系。10月初，经同乡介绍，戴伯行先后到武汉国民政府劳工部第三科、中华全国总工会工作。

1928年，河南省政府主席冯玉祥将军在开封创办训政学院，

① 刘卫东主编：《河南大学百年人物志》，河南大学出版社2012年版，第170页。

戴伯行受聘担任训政学院讲师，主讲统计学。后一度在北平任河北省区长训练所教员，在课余兼任中学教员、家庭教师。在此期间，他严谨治学，其认真负责的态度和良好的教学方法都深受学生喜爱。在北平工作期间，他阅读了大量社会科学著作，尤以介绍马克思主义学说的著作为多。在开封时，戴伯行和当时中共地下党员彭雪枫同在训政学院学习，两人因为政治思想和理想抱负相投建立了亲密的友谊。

1930年，冯玉祥将军因起兵反蒋被南京国民政府撤职，训政学院遂停办。戴伯行奉中共地下党组织之命，先后执教于山东省立莱阳乡村师范学校、临沂乡村师范学校。其间，他主讲数学，以教师职业为掩护，开展党的地下工作。作为教师，他对教学工作认真负责，关心爱护学生，深受学生和同仁的爱戴。对于党交给他的任务，他采用巧妙智取的方式完成地下工作。在莱阳乡村师范学校时，适逢一二·九运动发生，戴伯行常为学生策划爱国活动，还曾起草爱国宣言，这极大振奋了学生的爱国热情和斗志。他与该校教师王襄一（新中国成立初任山东省副省长）、王野（冶）秋（新中国成立初任文化部文物局局长）、何其芳（新中国成立后任中国科学院文学研究所所长）等过从甚密。他希望能够更大限度地发挥自己的才能，为振兴中华贡献力量。

（四）辗转奋斗，一心为公培养革命人才

1937年，全民族抗日战争爆发后，戴伯行从刊物上得知陕北公学招生的消息，决心赴延安报考。11月，他率一批莱阳乡村师范学校、临沂乡村师范学校的学生集体步行赴延安。途经开封，经友人林孟平推荐，他加入十五军刘茂恩部开办的干部训练班任

教。该训练班的教员多数是中共党员，范文澜、嵇文甫等都曾在此任教。训练班的共产党员组织活动引起了国民党高层警觉，开办三个月的训练班突然改组，并迁往陕西宝鸡。随至西安后，戴伯行脱离训练班。1938年4月，戴伯行步行至延安，进入中国人民抗日军政大学学习。10月，经陈云过问，中央组织部调查核实，戴伯行恢复了党籍。学习未完，他便奉调担任抗大总校训练部政教科助理员，分管教材编写。后被分配到中国人民抗日军政大学总校训练部任教授。除讲授数学外，在认真学习马恩列斯著作和毛泽东著作的基础上，他编写了一系列国防教育方面的讲义，得到抗大学员的一致好评。在抗大教书时，戴伯行在教学方法上讲求启发式、少而精的原则。为贯彻这些教学原则，他对教员提出了严格的要求："教员的主要任务是讲好课，要讲好课首先要备好课，要深入钻研，透彻领会自己所讲的课程内容，要深入学员，了解教学对象的水平和要求。只有做到这一步，才能启发得当，讲课切合学员的要求。"[①]戴伯行还引证我国古代的教育经验，强调要"博学之，审问之，慎思之，明辨之，笃行之"，即在学习方法上强调认真思考，弄清是非，身体力行。他告诫教员在教学中要认真钻研，刻苦学习，要理论联系实际，言传身教，为人师表，教书育人。

1939年6月，中共中央决定将抗大总校移至敌后办学。7月，戴伯行随抗大总校从延安出发赴敌后，同年10月到达晋察冀边区灵寿县陈庄，奉调参加总校政治教育研究室工作。1938—1941年，他陆续撰写了《边区问题》《民族与殖民地问题》《中国共产

① 本书编辑组编：《为了灿烂的明天》，解放军出版社1988年版，第288页。

党讲授提纲》等书，这些书都成为抗大学员的重要教材。作为教师兼训育员，戴伯行对蒋介石的“不抵抗主义”予以大力抨击。1942年2月，日伪频频“扫荡”，根据地环境恶化，总校开始向晋冀鲁豫边区转移，戴伯行奉派至抗大二分校训练部政教科任助理员。同年8月，戴伯行升任驻校政治教员，年底又晋升为文化主任教员，负责文化教育工作，以及分校文化教学所用的算术、国语、自然科学教材的编写。其间，抗大二分校成立了附属中学，戴伯行出任该校教务科副科长。后来，抗大二分校附属中学与冀中的抗大七分校陆军中学合并组建新的抗大七分校，戴伯行任教务科长兼教导主任。

1943年2月，戴伯行奉命随学校向陕甘宁边区转移，4月初抵达延安。戴伯行在抗大七分校校部工作。他初任抗大七分校校部代理政教科长，兼授干部课，后参加干训队整风学习，兼任组长，为苏鲁豫皖各抗日民主根据地的新民主主义教育做出了显著的贡献。彭雪枫将军称赞他是“文理全才的红色教授”①。

1946年8月，七分校二大队奉中共西北局命令，改为西北联防军步兵学校，戴伯行任校政治部主任。1947年2月，国民党军队对陕甘宁边区发起进攻。3月19日夜，戴伯行奉命随学校撤出延安，并担负警卫后方首脑机关的战斗任务，在陕北转战约五个月。8月，保卫延安的战斗取得决定性胜利，他奉上级命令，随校东渡黄河至山西洪洞完成培训任务，年底再返陕北。1948年初，他再迁至河东晋绥九分区。10月，西北联防军步兵学校奉命与晋绥分区的贺龙中学合并成立西北军事政治大学，驻山西临汾，戴

① 刘卫东主编：《河南大学百年人物志》，河南大学出版社2012年版，第171页。

伯行任副教育长兼组织部部长。1949年7月，西北军事政治大学迁驻陕西王曲，大量招收新区青年知识分子入学，学校扩编为军政、财经、艺术等学校，学员达八千余人，戴伯行任训练部长。在长期从事党的教育事业的历程中，戴伯行总结出丰富的思想工作和教学工作的方法经验，为培养革命干部倾力工作，成绩卓然。

二、办学治校举措

新中国成立后，戴伯行被派遣到四川大学并主持工作。面对国家经济、科技、文化等方面发展急需人才的局面，他是如何领导四川大学发展的呢?

（一）应国家之需，“学校为工农开门”

1950年，中共中央、中央军委任命戴伯行为中国人民解放军四川大学首席代表。他把在革命根据地进行思想政治教育的经验用于四川大学改造，坚定不移地贯彻执行“教育为生产建设服务”“学校为工农开门”的方针，开展多方面的改革，很快使四川大学获得新生。同时，他领导四川大学深入进行爱国主义教育，支援土地改革，开展新民主主义教育，使四川大学在政治思想上与党中央指导思想同步，为新中国发展培养新式人才。

为了适应新中国建设人才之急需，并贯彻毛泽东倡导的“工农干部知识化”的方针，培养一批工人阶级的知识分子队伍，四川大学遵照党中央、政务院和省教育厅的有关指示，于1952年8月，创办了工农速成中学。时任四川大学副校长的戴伯行，认真执行党中央的指示要求，积极开展相关方面的工作。省教育厅关于教师队伍发出指示，为了提高教学质量，在全省范围内选调优秀的师资人才，要求各区县选送水平高的教师到工农速成中学任教。各区县共选送约五十位，其中不少是当地的知名教师。关于课程设置，省教育厅要求工农速成中学主要设政法班、理工班、医农班。关于学制，工农速成中学要求以两三年时间学完普通中学六年的基本课程，经考试合格再进入大学相应学科深造。1954年，学制又改为四年，一直沿用至1958年停办。[①]在戴伯行的大力支持下，工农速成中学既为四川大学发展壮大引入一批优秀的人才，又为国家建设培养一批急需的人才。

（二）不等不靠、顾全大局，积极贯彻国家院系调整政策

1952年，国民经济发展已处在恢复阶段，达到了历史较好水平，但新中国仍然面临着一个“满目疮痍的破旧摊子”，中国共产党如何能快速、有效地进行全国范围的政治、经济改革，成为举国上下的首要任务。在此社会经济背景下，国家于1952年开始统筹推进全国高校院系大调整。戴伯行深知国家此次高校院系调整意义重大且程序复杂，院系调整该如何有序推进，四川大学又该在哪些层面积极配合做好院系调整工作呢？他潜心思考，寻求各方人士的建议，试图找到一条既能较好满足国家院系调整工作需求，又能有效保障四川大学平稳发展的有效路径。

① 成都市政协文史学习委员会编：《成都文史资料选编·教科文卫卷》上，四川人民出版社2007年版，第213—215页。

戴伯行（右三）接待外国专家
（图片由四川大学档案馆提供）

经过认真研究和分析，戴伯行针对全国高等学校院系调整实施方案中的高等学校分拆、院系合并、院校增设、专业调整等实际工作需要，结合四川大学的实际情况和发展需求，积极配合国家院系调整政策。四川大学原有的文、理、法、工、农、师范六大学院的设置被撤销，接收了其他院校的一些系科，也调出一些系科。其中，华西大学的中文、历史、数学、物理、化学等系和重庆大学的数学、物理、化学、中文、外文等系调入四川大学。四川大学的园艺、植物病虫害、蚕桑、农业化学、农业经济系调往西南农学院。地学系地质组调往重庆大学，地理组、气象组大部分调往南京大学，小部分调往西南师范学院和山东大学。法学院的法律系、政治系调往西南人民革命大学，后扩建为西南政法学院。化学工程系和农业化学系农产品制造专业调入四川化工学院。1954年，四川大学工学院独立建为成都工学院。教育系调往重庆，并以之为基础之一成立西南师范学院。同时，经高教部指示，四川大学附属中学、附属小学移交地方教育管理部门，分别改名为成都第十二中学和成都望江楼小学。①

在国家高等学校院系调整过程中，四川大学同其他高等院校一样进行了极为复杂和系统的院系及专业调整。戴伯行作为当时四川大学的主要领导，不等不靠、顾全大局，积极响应和贯彻国家高等院校调整政策，妥善处置院系调整过程中的诸多问题，积极协调各方利益关系，保障了四川大学院系及专业调整的平稳有序进行，有力支持了国家高等学校院系调整工作，体现了一名革命教育家的责任担当。

（三）有序推进教师流动，夯实四川大学发展根基

在国家高等院校院系调整过程中，除了学校院系专业等组织形式上的迁移与调整，影响更为明显的是附属于相关院系专业的人才的流动。戴伯行在四川大学主要领导岗位上，注重引进与外调结合，一方面积极响应国家高等院校调整政策，妥善协调学校相关院系专业人才外调，另一方面也注重妥善接收和安置外来院系专业的专家学者，并积极培育学校师资，保障四川大学师资队伍的基本稳定，夯实四川大学发展根基。

在院系调整过程中，一批在国内有重要影响的专家学者被派往兄弟院校和相关单位，有力支持了各个院校和相关单位的建设和发展。其中，四川大学化学系教授、土壤学家侯光炯教授，因院系调整被调往西南农学院工作。他在土壤肥力和土壤地理研究

① 党跃武主编：《四川大学史话》，四川大学出版社2017年版，第269—270页。

方面发现的“光肥平衡”日周期变化规律，为科学利用我国耕地做出了重要贡献。四川大学作物遗传育种学家杨允奎教授，被调往四川农学院，后历任四川省农业厅厅长兼四川省农业科学院院长、四川农学院院长，在我国农业科学研究和农业教育方面做出了重要贡献。[①]四川大学外语系著名红学专家周汝昌从四川大学外文系调到人民文学出版社任编辑，后历任第五至八届全国政协委员，中国和平统一促进会理事，中国作家协会和书法家协会会员，中国韵文学会、中国楹联学会、中国大观园文化协会顾问，中国曹雪芹学会荣誉会长、《红楼梦学刊》编委等职。如此多的专家学者在国家高等学校院系调整过程中从四川大学外调其他兄弟院校及相关单位并发挥积极作用，这其中戴伯行作为时任四川大学的主要领导，做了大量的组织协调工作。

戴伯行任四川大学主要领导期间，十分重视学校现有人才的培育及发展工作。在此期间，四川大学在科学、技术和管理等方面培养了许多优秀人才，一批有着较高学术水平及声望的专家学者成为四川大学教学和科研工作的骨干力量。其中，化学家高世扬，1953年毕业于四川大学化学系，1997年当选为中国科学院院士。鱼类生物学家曹文宣，1955年毕业于四川大学生物系，1997年当选为中国科学院院士。

戴伯行在担任四川大学主要领导期间，积极响应党中央发出的“向科学进军”的号召，贯彻落实高教部提出的高等教育工作首应以提高教育质量，切实贯彻全面的教育方针为中心任务的工作要求，结合全国高等学校院系调整时代背景，从学校发展实际

① 谢和平主编:《世纪弦歌　百年传响：四川大学校史展》，四川大学出版社2007年版，第148页。

出发，积极向苏联学习，开展教学改革，提高教育质量。在人才培养过程中，戴伯行注重教师队伍建设，着力培育高素质专门人才，夯实了四川大学的发展基础，也为国家发展输出了大量优秀人才。

（四）整顿学风，教育与生产劳动相结合

戴伯行在四川大学始终坚持社会主义办学方向，认真贯彻落实教育与生产劳动相结合的方针，主张科学研究必须为生产服务。1958年秋，四川大学数学系在学校党委的领导下，在教学改革中，贯彻党的教育方针和科学研究必须为生产服务的思想，使数学系的教学工作和科学研究工作的方向发生了根本性的变化，呈现出了一个崭新的局面。戴伯行在此期间，发挥了中流砥柱的作用。凭借深厚的人文底蕴、扎实的办学基础以及严谨求实、勤奋创新等精神，四川大学为新中国建设培养了一批优秀人才，在科技、经济、文化、军事等方面做出了历史性的贡献。1960年，四川大学被确定为全国重点大学。

（五）勇挑重担，积极维护学校办学秩序

戴伯行作为党员干部积极贯彻为人民群众服务的宗旨，不脱离群众、不摆架子、不搞特权、不提享受，得到了四川大学师生的拥戴和肯定。这一时期，一方面，国家因多方原因面临社会经济发展重重困难，戴伯行积极筹措资源，千方百计保障学校师生基本生活，维持学校正常运转；另一方面，反右派斗争扩大化也对四川大学产生了多方面的影响，学校发展面临多重困难。针对这一时期的困难局面，戴伯行积极响应和贯彻国家有关方针政策，

统筹协调学校各项工作，着力保障学校办学基本秩序。1961年开始，四川大学深入贯彻“调整、巩固、充实、提高”的八字方针和“高教六十条”，教学秩序基本稳定下来。

戴伯行在四川大学工作期间，学校发展快，人心齐，大局稳，在学科设置、教学、师资、科研等方面形成了特色。戴伯行运用革命老区思想政治工作、教育工作的经验，对办学目标、教学工作进行根本改革，强调在教与学中贯穿马克思主义政治教育，重视学生的思想政治工作。其目的是提高教学质量，把学生培养成为热爱共产党、热爱社会主义祖国、与工农打成一片、全心全意为人民服务的德智体全面发展的人才。

三、办学治校特色

戴伯行在四川大学的办学实践中，坚定贯彻“教育为生产建设服务，学校为工农开门”的办学方针，提出了许多特色鲜明的高校治理观点和方法，在大学建设、培养方式以及重视师资队伍建设等方面实行行之有效的策略，取得了很好的成绩。

（一）艰苦奋斗，勤俭持校

戴伯行在长期的革命工作中，四处辗转迁徙，经历了艰苦卓绝的革命斗争，形成了艰苦朴素的工作和生活作风。他认为四川大学作为新中国首批确定的重点大学，必须矢志不渝地提倡艰苦奋斗的革命精神，才能在当时较为艰苦的发展环境中获得新的生机。为此，他率先垂范，生活上严格要求自己，坚持穿布衣，吃粗饭，乐居旧平房。他主张身教重于言教，因此处处、事事以自己的一言一行影响四川大学的师生员工，共同形成了川大的朴素学风。

（二）学术教育与政治教育相结合

戴伯行始终坚持，应把普通高等学校学术教育传统与解放区人民革命大学政治教育传统结合起来。四川大学在旧时是一所师资力量雄厚的国立大学，学术空气比较浓厚。人民政府接管后，戴伯行多次强调要继续发扬光大四川大学的学术传统，学校内的教授、学者也要具备新形势下为人民服务的政治观念，要学习人民革命大学重视政治教育的光荣传统。他充分调动广大师生的积极性和主动性，使四川大学的办学水平跃上新的高度。他亲自走访老教授，与他们成为知心朋友，畅谈学习《新民主主义论》的体会。戴伯行还在全校组织教授研究班，深入学习马列主义、毛泽东思想，探索学术研究的正确道路和方法，逐步形成了川大严谨求实的学术风气。

（三）以身作则，关爱师生

1950年，戴伯行作为首席军事代表进驻川大，迅速接管，立即复课。他坚定不移地贯彻执行党的办学方针，从学制、院系、课程直至教学方法、内容，都进行了改革，逐步将四川大学改造、建设成为一所新型的社会主义大学。在川大期间，他认真贯彻落实党的知识分子政策，对旧知识分子主张“用其所长，用而改之”。坚持以教学为主，强调学生须有正确的政治方向，扎实的专业基础和健全的体魄。他指出，红是重要的，但不等于专，不能代替专，常常鼓励师生“又红又专”，不做空头政治家。[①]

戴伯行在知识分子工作上有远见卓识，对知识分子关爱引导，有口皆碑。川大许多老教职工谈道：“对党的认识，是从戴校长那里开始的。”[②]他对中国共产党抱有绝对的信心和忠心，积极宣传党的政策。工作之余，戴伯行常去教职工家中探望，亲密显于嘘寒问暖之际，平易见于谈笑风生之间。他也常深入课堂调研，曾先后听过柯召、徐中舒、缪钺、胡鹏、张鼎铭、郑衍芬等老教授的课，并与他们谈诗论文，切磋教艺，交流思想。化学系教授蒋克贤去世后，他主动关心、周济其遗孀和子女。戴伯行曾被错误地指斥为“右倾老师”，受到委屈，但他毫不计较。戴伯行长期恪守“求是”精神，对于学术或政治问题都坚守自己的是非观，做到不附和、不盲从。戴伯行在工作、生活上严于律己，清正廉洁，勤恳踏实，贯彻“工作第一、他人第一”的座右铭。正是戴伯行这种以身作则、关爱师生的办学理念，使得四川大学得以汇聚专家学者的力量，共同促进学校的新发展。

四、启示与影响

目前我国正着力推进世界一流大学与一流学科建设，在虚心学习外国先进经验的同时，对新中国成立以来著名大学校长办学实践及其思想的继承借鉴，将使得我国高等教育发展更接地气，更具备中国特色。戴伯行的教育思想和实践至今依然闪耀着智慧

① 新县教育志编纂委员会编：《新县教育志（1783—1994）》，中州古籍出版社1995年版，第349页。

② 四川省地方志编纂委员会编：《四川省志·人物志》下册，四川人民出版社2001年版，第553页。

的光芒，富有启示。

（一）大学校长应坚定不移地走社会主义办学之路

戴伯行作为革命教育家，见证了中国共产党发展的艰苦历程，对于中国共产党始终抱有坚定的信念。戴伯行把人民幸福、国家利益、民族繁荣摆在首要位置，把国家兴亡、人民幸福安康作为实现个人价值的目标。他一直教导他的后辈以及学生要成为对国家和人民有益的人才。他始终拥护中国共产党，政治思想观念崇高且专一，对新民主主义、社会主义有着强烈的信心，相信中国共产党是一个好政党，是一个为人民服务、全心全意为人民谋福利的政党。他青年时期就接触了马克思主义，对于马克思主义有深刻的了解和体会，并始终相信社会主义是历史发展必然趋势。戴伯行坚信身教重于言教，处处、事事以自己的一言一行影响学校的师生员工，使四川大学能坚决把党的政治建设摆在学校治理工作首位，牢牢掌握意识形态工作领导权，旗帜鲜明、大张旗鼓地讲政治，引导全体师生学习新民主主义思想、马列主义、毛泽东思想，并逐渐形成了严谨踏实、朴实求是的学术风气。戴伯行是思想道德修养崇高、拥护社会主义制度和中国共产党的模范。当前，大学校长办学应坚定不移地走社会主义办学道路，应进一步在大学党组织建设、师德师风建设、社会主义人才培养等方面下大力气，使高等教育为社会主义建设提供人力和智慧支撑。

（二）大学校长应坚持艰苦朴素的工作作风

戴伯行作为优秀的中国共产党党员，在抗大教书期间就已经领悟到艰苦朴素的工作作风为造就我党我军高级军政人才起了重要作用。因此，他在四川大学工作期间，号召师生学习艰苦奋斗、勤俭节约的精神，并且以身作则带领师生发扬艰苦奋斗的革命精神。戴伯行艰苦朴素的工作作风得到师生的爱戴与敬重，也使四川大学逐渐形成了一种朴素踏实的工作和学习风气，并且影响着四川大学师生的思想道德修养。当前，大学校长在学校办学实践中，应充分发扬艰苦朴素的工作作风，不搞形式主义、面子工程，应实实在在为师生谋福利，为学校谋发展。

（三）大学校长应具有海纳百川的胸怀

戴伯行掌校期间，正值高校整顿改造时期，院系调整面临着协调统一的各种矛盾和问题。戴伯行本着海纳百川、兼收并蓄的精神，要求师生对于不同的学科，要抱有一种宽容包容的态度，学习了解不同学科知识，从而开拓自己的知识面和眼界。与此同时，戴伯行也倡导"求是"精神，坚持以事实为依据。戴伯行顶住压力，在力所能及的范围内保护了一批知识分子。在学问上，他要求学生做到不盲从、不附和，一切以真理为依据；专心一致，实事求是，不无病呻吟，严谨踏实做学问。当前，一所高等学校的发展更应具备开放精神，虚心学习国内外其他高校的先进理念。

主要参考文献

1. 本书编辑组编：《为了灿烂的明天》，解放军出版社1988年版。

2. 中共莱阳市委党史资料征集研究委员会编：《莱阳乡师》，山东省出版总社烟台分社1990年版。

3. 新县教育志编纂委员会编：《新县教育志（1783—1994）》，

中州古籍出版社1995年版。

4. 四川省地方志编纂委员会编:《四川省志·人物志》下册,四川人民出版社2001年版。

5. 张振江主编:《薪火集——河南大学学人传》上册,河南大学出版社2002年版。

6. 成都市政协文史学习委员会编:《成都文史资料选编·教科文卫卷》,四川人民出版社2007年版。

7. 中共中央文献研究室编:《建国以来重要文献选编》第11册,中央文献出版社2011年版。

8. 刘卫东主编:《河南大学百年人物志》,河南大学出版社2012年版。

海纳百川
有容乃大

四川大学校训

撰稿人:李汉学,管理学博士,湖南第一师范学院教育科学学院讲师,主要从事教育管理研究。

周荣鑫

ZHOU RONGXIN

浙江大学校长（1958—1962）

（图片由浙江大学档案馆提供）

周荣鑫（1917—1976），原名周文华，山东蓬莱（今烟台市蓬莱区）人。1933年，加入中国共产党。后与组织失去联系。1937年参加中国抗日红军大学（后改名为中国人民抗日军政大学）二期学习班学习，同年，重新加入中国共产党。结业后进入中央党校学习，留校任教务处干事、班主任等职。1943年起，历任中共行唐县委组织部部长、中共晋察冀分局党校组教科科长、张家口平绥铁路局党委书记、中共晋察冀中央局党校教务主任、中共晋察冀中央局副秘书长、中共中央华北局副秘书长等职。新中国成立后，先后任中央人民政府财经委员会副秘书长，建筑工程部副部长，中共浙江省委常委，浙江大学校长兼党委书记，教育部副部长，国务院副秘书长、秘书长，教育部部长和中国科学院核心领导小组副组长等职。1975年，在江青反革命集团猖獗之时，周荣鑫任教育部部长，任内起草《教育工作汇报提纲》，主持整顿全国教育事业。[1]1976年4月13日，受“四人帮”迫害含冤去世。1977年，中共中央为周荣鑫平反昭雪，充分肯定其一生功绩。同年8月28日，在北京召开了周荣鑫追悼会，党和国家领导人邓小平、李先念、王震、谷牧等参加了追悼会。

一、革命经历

周荣鑫出生于文化底蕴深厚的山东蓬莱。爱国将领戚继光抗击倭寇的英勇豪情、民族瑰宝的国粹京剧、大开大合的书法艺术

① 周川主编：《中国近现代高等教育人物辞典》，福建教育出版社2018年版，第429页；中共石家庄市委党史研究室编：《中国共产党石家庄历史大辞典（1921—1949）》，国家行政学院出版社2007年版，第683页；徐为民编：《中国共产党人名词典》，辽宁教育出版社1988年版，第483页。

滋养了周荣鑫强烈的爱国情怀、豁达大度的胸襟和质朴温和的性格。十几岁时，河北“高蠡暴动”的组织者之一、1927年入党的老党员刘元士，在暴动失败后到周家避难。在刘元士的帮助和指引下，青年周荣鑫第一次读到了《共产党宣言》等革命书籍。从此，参加革命、加入中国共产党、为中国的解放和建设、为共产主义奋斗终生的强烈愿望就深深扎根在周荣鑫心中，并终其一身努力践行。在刘元士的介绍下，青年周荣鑫来到北平，边求学边找党。在一二·九运动中，他参加了党的外围组织中华民族解放先锋队。后在党组织的安排下，历经艰难险阻，成为第一批到达革命圣地延安的知识青年。

到达延安后，经过组织考察，周荣鑫被分配到中国抗日红军大学学习。青年周荣鑫对革命事业充满热情，又纯真质朴、谦虚好学、成绩优秀，不仅在马克思主义理论考试中名列第一，被留在了学校做教员，还与教员、学员相处融洽，结成了终生的友谊。全民族抗日战争开始后，周荣鑫以满腔的爱国热情和抗日情怀，积极响应毛泽东关于年轻干部到敌人后方去的号召，投入开辟第一个敌后抗日根据地——晋察冀抗日根据地的革命洪流中。抗日战争中，周荣鑫和战友们一起参与开创和建设了晋察冀抗日根据地，与日寇的拉网式“大扫荡”和“三光”政策做斗争。尤其是在最为残酷的1942年“大扫荡”中，他和战友们一起，化整为零，带领一支老弱病残的小分队进入深山与敌人周旋，以避开日寇锋芒，保存了有生力量。

与此同时，周荣鑫还先后担任中共晋察冀分局党校组教科科长、中共晋察冀中央局党校教务主任。在晋察冀边区党委的领导下，他认真执行中央书记处发布的《关于干部学习的指示》《中共中央关于在职干部教育的决定》《晋察冀边区党委关于目前各地干部教育的决定》等文件的精神，将政治教育与文化教育紧密结合，分层次组织开展了马列著作、联共党史、中国革命与中国共产党、党的决议指示、党的方针政策等课程教学，为抗日战争输送了大量的骨干力量，为夺取抗日战争最后的胜利做出了重要贡献。

正是经历了抗日烽火、解放战争的淬炼，周荣鑫逐步成长为坚毅的共产主义战士，也形成了实事求是、稳扎稳打的工作作风。新中国成立后，他担任了中央人民政府财经委员会副秘书长，在工作中逐一摸清了城内房产情况和用房需求，妥善为进京的中央和地方的党政军民单位安排驻地。在陈云的领导下，他参加国民经济恢复工作，为保障新中国成立初期国民经济的平稳过渡和有序发展做出了自己的贡献。在担任建筑工程部副部长之后，为了保障建设工程能经受时间和历史的考验，周荣鑫穿梭于"一五"计划大型工程现场，虚心向工程技术人员学习求教，关起门来刻苦攻关。经过几年的奋斗，长春第一汽车制造厂等一百余项建设工程基本建成，为我国的社会主义建设事业发挥了重要的保障作用。

二、调任浙江大学校长，传承"求是"精神

（一）调任浙江大学校长

"国有成均，在浙之滨"，作为中国近代史上效法西方学制最早创办的新式高等学校之一，浙江大学的前身是1897年创立的求是书院。这所学校承继了清末国人图强自新的精神，栉风于抗日烽火的硝烟中，崛起于新中国的建设发展。浙江大学的命运始终

与中华民族的兴衰荣辱与共，其卓著的办学成就与良好的声誉，被英国学者李约瑟赞誉为“东方剑桥”。

20世纪50年代后期，中央决定加强对学校的领导。1958年4月，周荣鑫奉命调任浙江大学校长、党委书记时，所面对的就是这样一所名师荟萃、英才辈出的高等学府。文有“一代儒宗”马一浮、敦煌学家姜亮夫、法国史研究开路人沈炼之、书画大师陆维钊等学者，理有科学泰斗王淦昌、气象学巨匠竺可桢、环境专家岑可法等专家。如何处理好和知识分子的关系，赢得知识分子的信任，齐心协力发展好浙江大学成为当时摆在周荣鑫面前最为紧迫和重要的任务。尊重革命同仁、尊重知识分子，是周荣鑫的工作作风之一，但要想真正赢得高级知识分子的信任，没有真本领是不行的。周荣鑫做了一个在校园引起轰动的决定，他要在大教室开课，讲建筑学。一名初中尚未毕业的校长居然敢在高级知识分子云集的大学里开课，不讲政治而讲建筑学，这在当时闻所未闻。公开课吸引了许多教授和教师去听课，连走廊里都挤满了人。让大家没想到的是，周荣鑫的讲授既有理论又有丰富的实践经验，其中包括他任建筑工程部副部长时在“一五”计划工程现场积累的深入思考、精辟见解，引得教授们对他刮目相看。从此周荣鑫开始得到大家的信任和支持。

（二）传承“求是”精神

浙江大学是一所历史悠久、大师云集、蜚声海内外的高等学府，如何将它办成人民满意的社会主义大学，是时代对周荣鑫提出的重大课题。作为一名久经考验的老革命，又长期在周恩来身边工作，周荣鑫既有对国家经济的全局在胸，又熟悉相关学科知识与技术，同时还富有领导经验，且平易近人、擅长处理干群关系。这是他的优势，他也全身心投入浙江大学的建设中，为浙江大学的发展做了许多探索，形成了独具个性的教育理论和管理风格。

1. 忠诚党的教育事业，坚持正确的政治方向

周荣鑫始终强调，我国的教育事业，必须坚持社会主义方向，必须坚持党的办学思想，加强政治思想教育。他坚定不移地维护党对教育事业的领导权，严格执行毛泽东提出的“教育必须为无产阶级政治服务，必须同生产劳动相结合”的指示，突出做好思想政治工作。上任伊始，周荣鑫就在欢迎会上说：“要在省委和高教部的领导下，团结全校同志，来一个科学技术上的大跃进，积极培养工人阶级知识分子队伍，并按这个方向来和全校同志共同努力。”①

周荣鑫做思想政治工作、开展思想政治教育，并不是采用简单的说教，而是主要采取以下几种循循善诱、润物细无声的方式进行。

第一种方式是全员动员，加强思想政治教育引领。他反复强调，搞政治工作的人必须懂点业务，要把党的工作深入业务领域中去，这才能最有效地加强党对教育工作的领导。在他的倡导和要求下，校党委要求党委成员结合个人业务工作，不仅要深入学习马列主义、毛泽东思想的理论，并且要学习和掌握高等学校工作的基本规律和特殊规律。全体党委成员下系、组、小班做试验，并制订出详细的教育引导规划。周荣鑫带头担任土木系一个小班

① 群声：《深入教育革命第一线的好书记——深切怀念周荣鑫同志》，《人民教育》1978年第4—5期。

的班主任，他深入班级中，与学生干部一起研究学生们的政治思想状况和学习生活情况，详细地掌握学生的思想动态，具体指导班级活动的设计与组织，开展细致的思想政治工作。

有一次，班上一个学生受人引诱犯了错误，派出所通知了学校。当时班级正在争取先进集体，大家知道这件事后都很气愤，为了集体荣誉，甚至有的班干部认为这个同学出身也不好，主张开除他。周荣鑫非常严肃认真地问大家："你们能把这个人赶出浙大，能把他赶出中国吗？"学生们说："不能。"他又说："是的，浙大是我们的，中国是我们的，我们是为国家培养人才，怎么能随便把犯错误的人赶出校园呢？我们应该帮助他改正错误。""无产阶级要解放全人类，全靠真理掌握在我们手中。真理说得透彻，就能说服人，这就是马列主义和毛泽东思想的威力！"一席话说得大家心悦诚服，都愿意帮助这位同学。果然，经过他的启发和同学们的帮助，这个学生向党交了心，认识了错误，并引为教训，抓紧思想改造，后来进步得很快。

第二种方式是寓教于学习生活，解答青年学生的人生困惑。周荣鑫为人谦和，平易近人，和蔼可亲，他经常深入学生宿舍，和同学们拉家常，了解青年学生的成长需求和人生困惑，回答学生们提出的各种问题。例如，有的学生说，搞土木工程太苦，难以实现人生的抱负。有人认为这种工作像蜡烛一样，只会照亮了别人，毁灭了自己。对待这样的思想问题，周荣鑫并没有简单地否定和批评，而是以革命先辈当年参加革命的艰难险阻，抛头颅、洒热血，甚至付出生命的英勇伟绩，教育学生要培养共产主义情操，树立共产主义理想。他意味深长地问大家："搞革命苦不苦呢？你们要不要选择革命的道路？解放前参加革命，生活非常艰苦，被国民党抓住就要被枪毙，你干不干呀？”接着他又说：“全国建筑方面的投资占国民经济很大的比重，你说土木系重要不重要？”问得学生们面红心跳，心感羞愧，但又感受到校长的殷切期望，心里热乎乎的。

第三种方式是通过辩论的方式，让真理越辩越明。例如，他请大家观看戏剧《黄金印》。该剧讲述的是苏秦锥刺股、晨夕不休、刻苦读书的故事。观看后，周荣鑫组织开展了一场理论与实践关系问题的大讨论。在讨论中，师生员工思想活跃，各抒已见，既有民主又有集中。这种形式的大辩论使全校师生员工进一步明确了正确的政治方向，决心使自己成为“又红又专”的工人阶级知识分子。在政治学习中教娱结合、寓教于乐，这种生动的形式令学生们终生难忘。同时，周荣鑫还经常以普通员工的身份参加师生小组会，和大家一起辩论，并且将马列主义、毛泽东思想的革命理论与自己的革命实践经历相结合，深入浅出、循循善诱地阐述革命的真理，与师生员工一起共同学习、共同进步。他经常勉励学生：要把自己培养成为有社会主义觉悟的有文化的劳动者，不但要有较高的政治觉悟，热爱劳动，对工科大学的学生来说，还必须具有较高的文化水平，学好专业，精通专业；在专业知识上，毕业后必须具有工程师的水平。

2. 全面贯彻党的教育方针，切实提高教育质量

周荣鑫以高度的革命责任感、事业心，满腔的革命热情，全身心投入浙江大学的建设和发展中。他到浙江大学后曾设想将浙江大学办成万人科技大学，为培养社会主义建设人才做出贡献。他在突出思想政治工作的同时，狠抓教育质量，致力于充实师资队伍和提高教师队伍素质，使浙江大学的办学水平迅速提高。

周荣鑫始终牢记党的教育方针是把学生培养成德智体全面发展的社会主义事业接班人，因此，他非常重视人才培养质量，视质量为生命。他力主维护正常的教学秩序，要求学生正确处理“红专关系”，相应确定了一整套教学规范。他明确指出：“只要我们在加强政治思想教育，保证参加定量生产劳动的同时，认真读书、刻苦钻研、努力学好基础理论和专业知识，就一定能够全面提高教育质量。”“要提高教学质量，必须首先提高教师的政治水平、业务水平。教师应在党的领导下，教学相长，在教学中起主导作用。”①

周荣鑫（左三）与苏联专家在一起

（图片由浙江大学档案馆提供）

在周荣鑫的主导下，校党委经常把提高教学质量的问题列入议事日程，不断深入检查以提高教学质量为中心的各项工作。他要求广大教师除提升自身教学水平、敢于向科学尖端发起挑战、勇于在特殊时期加强科研之外，还要坚持学习党的教育方针和思想，要在已有知识的基础上，结合实际，大胆创新，向学生传授

① 赵建敏：《周荣鑫：以质量为生命的浙大老校长》，《教育与职业》2012年第4期。

知识和真理。在教学方法上要深入浅出，要坚持在教学中与工农群众共同学习、进步、提高。这样才能营造良好的校风、教风和学风，才能保障学生在这样的环境中勤奋学习，全面发展成为高素质的人才。周荣鑫任职期间，学科专业建设应该开设的专业课程，学生应该学的专业知识与专业技能，应该完成的专业练习和实习都按时按质进行设计和实施，一点没有落下。学生们普遍感受到校园里学习风气浓郁，生活有规律，尽管学习内容多、学习任务重，但学生都怀着拳拳报国之心，纷纷自觉努力地加强专业学习。

在狠抓教学秩序和教学质量的同时，周荣鑫还非常重视对学生集体主义精神的培养。每逢五四青年节、一二·九运动纪念日等节庆，他都鼓励学生自己编写剧本，组织文艺演出。学生们排练了《江姐》《年轻的一代》《第二次握手》等剧目，学生的表演惟妙惟肖，真实表达出当时的爱国青年学生对日本侵略者的同仇敌忾和对蒋介石不抵抗政策的满腔激愤；表达出我国科研人员在研制高速快艇过程中，经过多次失败最后成功的不懈追求。起到了很好的教育作用。

与此同时，周荣鑫还强调师生身体素质的提高。除了每周的体育课外，每个班都在体育教师的指导下，安排好一周内每天下午的体育活动，如游泳、篮球、排球、乒乓球等各项体育比赛。学生们积极参与，既锻炼了身体，又增强了团队精神和集体荣誉感。[①]这些有意义的集体活动对于培养集体主义精神，增强班级凝

① 王明华：《活跃的校园文体生活——在三分部学生岁月》，赵颂平、王震主编：《甲子峥嵘　弦歌而行：浙江大学信息与电子工程学院60周年院史文集》，浙江大学出版社2017年版，第109—113页。

聚力非常有益。

3. 调整专业，重建理科，形成理工结合的办学格局

学科和专业是大学组织结构生态中重要的、基础性的构成要素，专业注重关注社会需求，学科关注不断探索未知领域，大学要建设良好的专业生态和学科生态，就要不断改变现有的专业学科布局。在任期间，周荣鑫重点指导和参与了专业调整与理科重建工作，形成了理工结合的办学格局，为浙江大学日后的发展打下了良好基础。

20世纪50年代初期，高等教育工作强调“学习苏联先进经验要与中国实际相结合”，开展了全国高等院校的院系调整。但在工科教育中，无论是学校的专业设置、教学计划，还是教学大纲、教材，基本上是完全照搬苏联。在“大跃进”氛围下，许多高等教育部直属院校下放到省管，其中部分工科院校开办了一批理科专业。从1957年开始，经高等教育部批复，浙江大学开始恢复理科专业，重建了数学系、物理系、化学系。由此，浙江大学成为全国工科大学中率先重建理科的大学，重新走上了理工结合的办学之路，由工科大学逐渐发展成为以工为主的理工科大学。

60年代初我国处于困难时期，浙江大学承接了培养“两弹”科技人才的重要任务。于是，周荣鑫在全校各专业抽调教师，筹办工程物理（原子弹）和工程力学（导弹）两个系，对外称10系、11系。在周荣鑫的影响下，省委、省政府对浙江大学培养“两弹”科技人才十分重视，将原党校校区转给浙江大学10系、11系，构成浙江大学三分部（浙江大学原有总部和二部），浙江大学副校长王谟显担任三分部总负责人。三分部成立后，公安厅厅长到学校来做保密工作的报告，派人建立保密科（一科），派部队到三分部

站岗巡逻。整个校区实行封闭式管理，各教学楼、实验室的大门口都有值班人员，不许无关人员进入，教学楼之间不能随意串门。当时四个专业的教师都是从电机系和光仪系抽调过来的，基础知识、专业知识都有差距，有关“制导”的实用知识都得从零开始。周荣鑫为此专程请来“导弹之父”钱学森给教师开设专题讲座，既及时补齐了大家急需的专业知识，又坚定了大家为祖国需要而学习的坚定信念。

到1962年调整时，高等教育部直属院校又相继停办了新设专业包含理科专业。但在高等教育部直属学校中，只有浙江大学一所高校没有停办理科专业，这使得浙江大学成为同类型工科院校中理科专业开办时间最长、实力最强的院校。[①]这也为浙江大学日后发展成为以工为主、理工结合、人文经管协调发展，具有国际影响的综合型、研究型、创新型大学奠定了扎实的基础。

4. 实事求是，耕耘新知，在创新中打造浙大品牌

大学是传承知识、培育人才、科技研发的重要阵地，周荣鑫在校长任上提出，学校不但要有浓厚的政治空气，也要有浓厚的学术风气。他要求广大教师不但要学政治，还必须大力提高学术水平，要大搞科研，攻克尖端，要认真读书，看科技杂志，学习世界上一切先进的科学技术。同时，他还身体力行地践行和传承着浙江大学“求是”的精神追求。

在周荣鑫的领导下，浙江大学党委切实贯彻教学、科研、生产三结合的原则，紧紧围绕教学和科研开展各项工作。这极大地调动了教授学者们的教学积极性和科研创新意识，全校师生干劲

① 朱九思著：《竞争与转化》，华中科技大学出版社2001年版，第6页。

十足，整个学校热火朝天，教学一线人员、行政管理干部、青年学生上下齐心，积极创造，即便是下班后、放假时，教学大楼、实验室也都是灯火通明，有的甚至彻夜不熄，处处可见拼搏的身影。

电气工程学家、双水内冷电机技术的第一发明人郑光华教授、著名电力电子及控制设备专家汪槱生仍然记得周荣鑫对双水内冷电机研制过程的鼎力支持。1958年初，第二个五年计划开始后，中国国民经济快速发展，电力供应严重不足的问题越来越突出。当时，国际上利用氢气冷却和定子水内冷，能够将电网中常用的每分钟3 000转的汽轮发电机单机容量达到20万千瓦。而我国的相关工作当时尚处于空气冷却阶段，单机容量仅为1.2万千瓦或2.5万千瓦，差距很大。为了解决国家电力供需的矛盾，各相关企业和科研机构都在动脑筋想办法解决难题。当时，浙江大学电机系教研组已经确定了“电机的冷却”的科研方向，电机系教研组组长是郑光华，他们根据流体力学理论计算出转子水内冷所需的水压后，提出了转子绕组水内冷的电路、水路布置方案，大家夜以继日忘我地在实验室工作。①

一天晚上，周荣鑫又同往常一样到工科实验室察看研究进展。来到电机系实验室时，他发现教授和实验员们正在进行双水内冷电机的模型研究。当时，浙江大学双水内冷电机的科学研究刚刚开始，郑光华、汪槱生、陈永校和工人及实验员们还处于摸索、尝试阶段，正在开展模型实验。周荣鑫听取了实验情况后非常感兴趣，立即表示要大力支持，并详细询问大家在工作进展中遇到什么困难。大家回答说，现在全国都在搞“大跃进”，各种实验器

①《浙大口述》采编小组编著：《浙大口述：回溯半个世纪前的科研往事》，浙江大学出版社2017年版。

材都十分紧张，双水内冷电机的关键材料——空心导体的铜材很难买到。周荣鑫马上说：“好吧！你们放心，大胆地干，所需的材料我帮你们去买。”这个回答出乎在场所有人的意外，大家没有想到，周荣鑫作为一校之长，而且还是省委的领导之一，竟然会帮大家采购实验器材，这给大家带来了巨大的鼓舞。不少难题也在大家的集思广益和艰苦奋斗中迎刃而解。

周荣鑫在工科实验室车间视察
（图片由浙江大学档案馆提供）

模型实验于1958年6月26日获得成功，并取得了必要的数据。实验证明，结构设计合理，可以使电机转子顺利通水，不会因为通水而引起振动。大家兴奋地向周荣鑫报喜，周荣鑫一方面对奋战在一线的科研人员表达了真诚的感谢和敬意，另一方面又提出了新的问题：“你们认为成功了，我并不这样看，实验室的成功并不等于成功，还要经受生产实践的考验。我已经和临安县一个厂联系好了，你们马上拖去用井水试一试。”有些人当时很不理解，实验步骤论证无误，实验数据非常理想，各项指标也符合预期，为什么还要多此一举呢？但大家还是按周荣鑫的指示用井水进行实验。结果一试，还真是不行。原来是因为井水里有泥沙杂质，井水一进管就堵塞了通路，导致实验失败。大家这时才明白，实验室的条件相对理想，也与实际情况有所不同。大家回校以后再次向周荣鑫汇报，他语重心长地说：“我们干革命，既要有冲天的干劲，还要有科学的分析，要经受种种实际的考验，你们离真正的成功还有一段距离，还要做一些实验。我知道你们做科研实行了教师、工人、实验员三结合，有工人参加，这样很好。你们也要破除迷信，解放思想，实事求是，一定能够取得最后的成功。”

改进实验成功后，周荣鑫又提出，科研不能停留在实验室，应该投入实际生产中去。课题组立即决定去上海电机厂商谈厂校合作事宜并进行试制。上海电机厂欣然接受了厂校合作试制转子水内冷隐极式汽轮发电机的建议。听了浙江大学实验团队对结构方案、草图、初步计算数据、模型实验结果的详细介绍后，工厂十分感兴趣，认为这与国外的氢冷转子技术相比，无论是在工艺上或结构上都要方便简单得多，以后在生产大型汽轮发电机时可以不必采用国外的氢冷方式了。随后的研发制造过程中，大家齐心协力克服了种种困难，终于符合“双水内冷”高水密封的要求，解决了精密部件生产的大难题。

1958年10月27日，我国第一台双水内冷汽轮发电机诞生了。双水内冷发电机的成功研制，使我国不必采用当时国际上大型汽轮发电机唯一的氢气冷却方式，而采用了更经济、更高效的双水内冷技术，为国家自制大型发电机铺平了道路，缓解了国民经济与电力工业的供需矛盾，促进了国民经济的发展。几十年来，双水内冷发电机技术为国家电力工业的发展做出了巨大贡献。我国自制发电机的单机容量由此迅速上升。1960年，一机部向浙江大学双水内冷发电机课题发放奖金三十万元、颁发银盾一枚。1964年，国家科委授予双水内冷发电机国家发明证书。当年周荣鑫的一席话，至今还在课题组成员的耳际回响，他实事求是、理论与实践相结合的学术原则，以及对科研人员的热情关怀和亲切教诲，使大家终生难忘。

三、遵循办学治校规律，发展大学教育事业

周荣鑫非常尊重知识、尊重教育，他一再强调“无论何事何种情况下都要充分尊重人民的受教育权利、尊重教育的客观规律、尊重具体的客观历史条件，有针对性有创造地提出教育发展的方针、政策和措施”[①]。在他办学治校的实践中，他始终坚持遵循教育规律，发展大学教育事业。

（一）政治学习与业务学习并举

周荣鑫不仅自己自觉地学习马克思主义教育思想，还要求和带动浙江大学党委和中层管理干部深入学习马克思、恩格斯、列宁关于教育的重要论述和毛泽东关于教育革命的重要指示，从理论上明晰教育的基本理论，明确我国的教育目的和人才培养目标，深入理解德智体全面发展的深刻内涵，掌握大学发展与国家政治、经济和文化发展同向同行的客观规律。他再三强调，教育不仅是数量问题，更重要的是培养无产阶级革命事业接班人的问题。

在论述到红与专的关系时，周荣鑫说：“红与专是辩证的统一，不能用形而上学的观点来理解它们之间的关系。政治是灵魂、是统帅，政治思想提高了，学好业务才有强大的动力和保证，但红不等于专，掌握科学技术知识，攀登科学高峰，是一项艰巨、复杂的劳动，它要求教师具有坚韧不拔的精神，遵循一定的客观规律，进行长期的勤学苦练。不刻苦钻研，科学知识是学不好

① 杨际贤主编:《中华百年教育家思想精粹》，中国盲文出版社1999年版，第509页。

的。”[①]他勉励大家要继承鼓足干劲、力争上游的革命精神，发扬艰苦奋斗、实事求是的优良作风，千方百计为提高教学质量而努力。他号召全体师生要在努力夯实基础知识、刻苦钻研专业知识的同时，注重理论与实践的结合，为社会主义事业培养更多的实用型人才。

（二）扎实推进教师队伍建设

周荣鑫常说，教师是人类灵魂的工程师，在政治思想、道德品质、学识修养等方面都要成为学生的表率，甚至在生活习惯上，也要做学生的榜样。他高度重视教师队伍建设，将高素质教师视为提高教学质量的关键，视为科学研究的中坚力量，视为青年学习成长过程中的示范者和引路人。

一方面，周荣鑫十分爱护教师，关怀教师，支持和帮助教师的工作，认真执行党对知识分子的政策，为教师的成长和发展倾尽心力、排忧解难。1959年，浙江大学在他的领导下掀起了技术革新和技术革命的新高潮。化工系一位教授在周荣鑫来到实验室时向周荣鑫谈起在科学研发过程中，有的实验合作厂怕困难、怕麻烦，不太愿意搞技术革新和技术革命，影响了科学实验的开展。过了不久，这位教授到杭州饭店去参加一次座谈会，恰好周荣鑫也去了，一见面，周荣鑫就告诉这位教授，介绍一个人帮他解决之前所反映的困难。让这位教授没想到是，被介绍来帮助解决问题的人，竟然是分管工交口的时任省委常委。

另一方面，周荣鑫又对教师提出了严格要求与殷切期望。他

① 赵建敏：《周荣鑫：以质量为生命的浙大老校长》，《教育与职业》2012年第4期。

坚定地认为，要提高教师的思想觉悟和政治水平，就要明确地认识到，教师是党和人民培养出来的，应自觉充分地发挥从群众中来、到群众中去，深入群众，对群众言传身教，全面提高国民素质的中坚作用。同时，他还鼓励广大教师除了提升自身教学水平，还要敢于向科学尖端发起挑战，勇于在特殊时期加强科研和创新；既要加强教育研究，又要热爱劳动、热爱群众。

（三）积极助推教师培养

周荣鑫有丰富的革命经历，在延安时，他担任过中央党校教务处干事、班主任。到晋察冀根据地后，他又担任了晋察冀中央局党校教务主任。多年的教育教学和管理工作经历不仅培养了周荣鑫对教育事业的热爱与忠诚，也提升了他对教育规律的尊重和对教师培养的高度重视。

周荣鑫常说，我们办的是社会主义教育，培养的接班人是接建设社会主义、共产主义的班。要办好教育，就要有好的学校；要办好学校，就要有好的教师。教师是关键性的力量，必须高度重视和提升教师队伍的质量，才能为提高教育质量提供保证。

周荣鑫强调教师要解决好几个主要问题：一是基础知识学得不扎实、不透彻，“居高不能临下”“高而空”，知识面不广泛；二是基本训练有所忽视；三是教育知识和教育技能的训练有所削弱。

周荣鑫关于教师培养的主张有以下三点。一是做好政治觉悟和道德品质教育。他特别注意道德品质的培养。他认为，对于教师而言，除了政治态度和世界观的要求之外，应在道德品质方面要求更高一些，才能够以身作则，成为学生学习、生活、工作的表率。二是做好专业知识教学。他认为，教师应对基本概念与基础理论学得透彻一些，掌握得牢固、确切一些；应有的充实和广博的基础知识要学得宽一些，邻近学科的必要知识也要掌握一些；教育教学的基本技能训练必须严格，要达到熟练的程度；同时，还要了解和掌握本学科的新成就、前沿技术和发展方向，了解本学科某一领域内的专门知识；掌握初步的科学研究能力，学会理论联系实际的方法与技巧。三是做好教育业务能力训练。他认为，教师应能够理解、掌握和执行马列主义的教育理论和党的教育方针政策，熟练掌握专门的教育理论和技能技巧，加强业务训练和教育实习。

四、密切联系群众，身教言教并重

几十年过去了，许多当年的浙江大学师生提起老校长周荣鑫时，依然感慨万分。周荣鑫在开展教育工作时态度认真，在教育教学上始终坚持深入群众，用自己的言传身教和知识来影响群众、教育群众。时至今日，不少当年的师生对他深入教研组、实验室，深入宿舍、伙房，深入医院、商店的动人情景还记忆犹新。

周荣鑫不但亲自担任了一个小班的班主任，还经常深入学生宿舍中，耐心地回答大家提出的问题，询问大家的政治学习和校园生活，在学生饭厅与大家共进午餐。他和广大学生结下了深厚的情谊，学生们都愿意、也可以随便到他家里去玩，干部、教师、职工也是一样，大家有什么思想问题都愿意找他谈。有的同志愁眉苦脸地去找他，在他的一番开导下，总能喜笑颜开地回来，就算听到他批评也是心悦诚服。

周荣鑫和老教授一起研究如何上好基础理论课。在紧张的实验阶段，他来到实验室，看到指导实验的教授吃的午饭是凉的，就交代要给热一热；看到师生工作到深夜，又吩咐要给做夜餐点心。他还常常戴着草帽、赤着双脚，与师生们一起在田间地头劳动。学生对高深的理论一时无法理解时，都低着头不吭声，他就风趣地说：青年人要有革命气魄，马克思二十九岁就写出《共产党宣言》，敢于宣称：让统治阶级在共产主义革命面前发抖吧。我们也该有那样的气魄。说得大家精神振奋，共同努力克服困难。

春节到了，周荣鑫组织干部、教师轮流去食堂劳动，这不但使得炊事员能在节日里安排好休息，而且使教师、干部对后勤工作的艰辛烦琐和崇高意义有所体会和了解，更加尊重炊事员的劳动。炊事员受到了很大的鼓舞，他们说："书记下伙房，政治进食堂。春节我们还没有向周校长祝贺，周校长却亲自到厨房来看我们，关心我们、慰问我们，和我们一个个握手问好。我们一定要鼓足更大的干劲报答党和同志们的关怀。"他在春节时还召开"八大员"（炊事员、驾驶员、清洁员等）茶话会，请干部当招待员，勉励后勤工作人员更好地为人民服务。他还深入学校商店中，详细了解经营状况，关切地询问大家的工作时间和工作强度，群众对商店有什么意见和建议，商店对学校有什么意见和建议，职工们政治学习情况如何，等等。他又深入学校卫生保健室，详细了解环境卫生工作、消灭疾病工作，看望病人，鼓励他们勇敢地与疾病做斗争，争取早日恢复健康。这些举动，既增进了工作人员间的相互理解、信任和尊重，又让大家感受到了党和组织的温暖，激励着师生努力学习、刻苦钻研、矢志奋斗。周荣鑫坚持正确的政治方向，深入实际，联系群众，身教言教并重的工作作风在浙江大学广为传颂。

周荣鑫坚持自己的教育理想，在教学实践中不断地求索。他在浙江大学任职时间虽然不长，但他留下的勤勤恳恳、深入实际、胸怀广阔、平易近人的形象永远激励着浙大人前进。

学校领导干部欢送周荣鑫（前排左五）
（图片由浙江大学档案馆提供）

1975年1月，周荣鑫在四届全国人大一次会议上被任命为教育部部长，积极着手整顿教育工作，主张正确评价“十七年的教育”，强调学生要进行系统的文化知识学习，在全国引起很大反响，并推动教育工作出现转机。他主持编印了《毛主席关于自然科学的部分论述》《周总理关于基础科学研究和理科教育革命的部分指示》，要求重视基础学科的建设和科学教育的长远规划。同年9月，他主持起草《教育工作汇报提纲》，建议提高教师地位，给教师队伍以正确评价，充分调动教师教学积极性。周荣鑫与“四人帮”的干扰、破坏进行了坚决斗争，不幸于1976年4月13日被迫害致死。1977年，中共中央为周荣鑫平反昭雪，8月28日在北京举行了追悼大会，党和国家领导人邓小平、李先念、王震、谷牧等参加了追悼会，中共中央主席华国锋敬献花圈，国务院副总理王震主持追悼会。国务院副总理谷牧致悼词，称其坚决贯彻执行了无产阶级革命路线，忠于党，是“为共产主义事业贡献了自己的一生”和“对‘四人帮’的干扰破坏进行了坚决抵制”的“优秀的”“忠诚的”共产党员。[①]

赵朴初为周荣鑫作哀词[②]：

竭忠为国谋，树人以身殉。
危乱见坚贞，倔强对奸佞。
赍志世所哀，促年众所愤。
澄清昭有功，祭告应无恨。
学子勉毋忘，望风益思奋。

陈国伦的诗《七律·再悼周荣鑫同志》[③]寄托了人们对这位革命家、教育家的无尽哀思：

战霜傲雪冷眉横，铁胆铜肝硬骨铮。
真理分明肩大业，公心吐哺育才菁。
千难勉作寻常事，百虑俱无虚幻名。
处处沙场身可殉，琼花飘洒碧涛清。

主要参考文献

1.《周荣鑫同志在全国师范教育工作会议上的报告（摘要）》，《当代中国》丛书教育卷编辑室编：《当代中国高等师范教育资料

① 方华、史册主编：《参考的启示·国事卷（1977—1979）》，陕西师范大学出版社1999年版，第89页。
② 赵朴初著：《赵朴初大德文汇》，华夏出版社2012年版，第376页。
③ 陈国伦著：《慷慨集——竹野轩韵草》，中国文联出版2006年版，第166页。

选》上册，华东师范大学出版社1986年版。

2. 王谦主编：《晋察冀边区教育资料选编·干部教育分册》上，河北教育出版社1990年版。

3. 周荣鑫：《教育要适应四个现代化的需要》，瞿葆奎主编，雷尧珠等选编：《教育学文集·中国教育改革》，人民教育出版社1991年版。

4.《中国教育大系》编纂出版委员会编：《中国教育大系·历代教育名人志》，湖北教育出版社1994年版。

5. 金铁宽主编：《中华人民共和国教育大事记》，山东教育出版社1995年版。

6. 周少华：《回忆父亲周荣鑫》，本书编委会编著：《红星照耀的家庭：共和国开创者家事追忆》，中共党史出版社2008年版。

7.《浙大口述》采编小组编著：《浙大口述：回溯半个世纪前的科研往事》，浙江大学出版社2017年版。

8. 群声：《深入教育革命第一线的好书记——深切怀念周荣鑫同志》，《人民教育》1978年第4—5期。

9. 傅颐：《教育部长周荣鑫的最后岁月》，《百年潮》2002年第2期。

10. 顾迈男：《回忆周荣鑫》，《新闻爱好者》2008年第1期。

11. 赵建敏：《周荣鑫：以质量为生命的浙大老校长》，《教育与职业》2012年第4期。

求是创新

浙江大学校训

撰稿人：徐蕾，管理学博士，湖北科技学院教授，主要从事教育管理研究。

江隆基

JIANG LONGJI

兰州大学校长（1959—1966）

（图片由兰州大学档案馆提供）

江隆基（1905—1966），陕西西乡人。1927年在北京大学学习期间加入中国共产党。1929年在日本明治大学学习期间，因参加留日学生反帝同盟举行的示威游行而被捕入狱，并于同年被驱逐回国。1931年留学德国柏林大学，任旅欧华侨反帝同盟书记。1936年回国后，在中国共产党的领导下从事抗日民族统一战线工作，参与了西安事变的和平解决。1937年担任陕西省立第二中学校长。1938年就任山西民族革命大学教授，同年起历任陕北公学副教务长、华北联合大学教务长、延安大学副校长、陕甘宁边区教育厅副厅长等职。新中国成立后，先后任西安军事管制委员会教育处处长、西北军政委员会教育部部长、北京大学党委书记兼副校长和兰州大学党委书记兼校长。曾任中国共产党第八次全国代表大会代表、第一届和第三届全国人民代表大会代表、中国人民政治协商会议第一届全国委员会委员、中共甘肃省委委员。①

一、生平与革命教育活动

（一）白杨沟的四进士

江隆基，字盘安，又名江泮庵（亦作半庵），1905年12月24日出生在陕西省西乡县白杨沟村的一个普通农民家庭。江隆基的父亲江廷瑜一边务农，一边创业经商。父亲憨厚耿直、豁达正派，母亲勤劳善良。江廷瑜虽然只读过几年私塾，文化知识浅薄，但知书达理，有着浓厚的传统礼教观念，重视对孩子们的教育。他经常教育孩子要忠孝仁爱。江隆基兄弟四人日后都成为大学生，大

① 安树芬、彭诗琅主编:《中华教育通史》第10卷，京华出版社2010年版，第2173—2175页。

哥江裕基（伯玉）毕业于日本东京明治大学法律系；三弟江肇基（笔名江丹枫）毕业于北平民国学院新闻系，抗战期间任《大公报》驻桂林记者；四弟江弘基毕业于北京大学中文系。这在当时的西乡县传为佳话，江家兄弟四人被称为“白杨沟的四进士”。①

1920年，江隆基考取了陕西省立第二中学。高中时代的江隆基开始大量阅读《新青年》《独秀文存》《社会科学浅说》等进步书刊。在五四新文化运动思潮的熏陶下，青年时代的江隆基已由一个朴素的爱国主义者成长为探求中国政治前途的自觉先进思想者。在陕西省立第二中学教务主任、“西北地区共产主义新思潮启蒙运动中最先进、最英勇的战士和旗手”杨明轩的指导和关怀下，他在学校组织了“青年励进会”，并担任《二中旬刊》编辑。②

1924年，江隆基和长兄江裕基同时从西安陕西省立二中毕业。毕业后，江裕基考上了日本东京明治大学的公费留学生，江隆基则顺利地考进北京农业大学。读了半年，江隆基萌发出一个想法，来北京这样的地方读大学，就应该读最好的大学——北京大学。怀着这一美好的愿景，1925年春，他从北京农业大学转考到北京大学。③

当时的北京大学，学制分预科、本科、研究所三级。预科两年，分甲、乙两部。甲部修满学分后升入理科各系，乙部修满学分后可升入文史、政法、经济各系。江隆基考的是乙部，准备升入经济系。不久，因家庭经济困难，江隆基被迫休学，回到老家筹措学费。已经接受了马克思主义学说的江隆基，把家乡的一批

①② 刘言、吴振荣：《江隆基——缔造兰州大学“黄金时代”的教育家》，《兰州大学报》2015年12月24日。

③ 王戈、王作人著：《江隆基的最后十四年》，作家出版社2015年版，第5页。

知识青年组织起来，成立了“丰东青年协进会”，他亲自拟定简章，规定宗旨，主持活动。这个组织培育出西乡第一批共产党员，后来都加入了红二十九军，为红四方面军建立川陕根据地奠定了基础。1926年春，江父千辛万苦才筹措了些钱，准备送江隆基回北京大学继续读书。可途中江隆基遭遇土匪，钱财被洗劫一空，人也被扣。后历经波折，他才终于逃离虎口，幸得友人相助，回到北京大学继续深造。谁知刚刚办好复学手续，江隆基又遇上了被鲁迅先生称为“民国以来最黑暗的一天”——“三一八”。①

1926年的3月12日，日本的两艘军舰悍然驶入大沽口，被国民军驱逐出去。日本政府以此为由向中国政府提出抗议，并纠集《辛丑条约》签字国的驻华公使联名发出通牒，限两日内答复。面对无理要求，北京群众、学生于3月18日在天安门集会抗议，由李大钊主持，要求拒绝八国通牒。段祺瑞政府下令对游行队伍开枪，当场打死四十余人，伤二百多人。李大钊、陈乔年均在斗争中负伤。江隆基也参加了游行示威活动，他的好友、同乡兄长张仲超惨死在军警的镇压之下，令他悲愤不已。②“三一八”惨案之后，段祺瑞被迫下台，张作霖取而代之。张一上台，便进一步制造白色恐怖。在这种情形下，江隆基被迫东渡日本。

（二）留学之路

1927年9月，江隆基在友人和哥哥的帮助下到日本留学。1928年3月，他考取了日本明治大学经济系本科。在日本明治大学，江隆基广泛阅读经济学方面的书籍。他和兄长江裕基共同翻

①② 王戈、王作人著：《江隆基的最后十四年》，作家出版社2015年版，第5—7、8—10页。

译了《马克思主义经济学》、日本经济学家河上肇的《新经济学大纲》和一本马克思主义经济论文集《对马克思主义批判者的批判》。①

江隆基到东京不久，就找到了中共东京特别支部负责人，并参加了在其领导下的社会科学研究社的工作。1928年4月，爱国将领杨虎城秘密来到日本避风，借机考察日本的军事政治情况，认识了江隆基。杨虎城在日本半年，和江隆基进行过两次长谈。江隆基坚定的政治信仰、沉着朴实的品德，令杨虎城十分赏识。在日本明治大学，江隆基担任了中华校友会主席。1929年8月，在中共东京特别支部的领导下，成立了留日学生反帝同盟，江隆基担任宣传委员会负责人。当留日学生反帝同盟举行游行示威的时候，江隆基和其他二十多名中国留学生当场被捕，他们在日本监狱里被关押了三个多月。日本警方因无确凿证据，最后只得将江隆基驱逐出境。1929年12月7日，江隆基结束了他两年半的日本留学生活，回到北京。②江隆基又一次回到北京大学，并立即和党组织取得了联系，继续开展留日学生后援会的工作。

1931年，江隆基在杨虎城的资助下赴德国留学，进入柏林大学经济系学习。柏林大学是德国最高学府，也是欧洲学术研究中心之一。江隆基被柏林大学“尊重个性”“注意学术多方面的研究”“创造力的培育”三大特征所吸引，努力学习和掌握西方经济学、教育学和其他方面先进的理论，并对西方的教育产生了浓厚的兴趣。

---

① 苗高生：《江隆基同志传略》，刘众语主编：《纪念江隆基文集》，兰州大学出版社1987年版，第422页。

② 忻福良主编：《当代中国高等教育家》，上海交通大学出版社1995年版，第87—88页。

九一八事变后，国内形势发生了急剧变化。为了推动抗日救亡运动，在德国共产党中国语言组的领导下，江隆基发起并组织了旅德华侨反帝同盟，并被推选为这个同盟的书记。后来，德、法等国的中国留学生以旅德华侨反帝同盟为中心，成立了“留欧华侨反帝同盟”，江隆基为同盟书记。他还联络了日本、印度、朝鲜等国在德国的留学生，组织了“东亚革命分子联合会”，并担任联合会的执行委员，负责宣传抗日救亡。①

1936年10月，江隆基结束在柏林大学的学习以后，取道苏联回国，于12月抵达西安。江隆基到西安后，住在杨虎城私人公馆止园，杨虎城委任他为西安绥靖公署政治处上校秘书主任。江隆基直接协助杨虎城等发动了西安事变。西安事变爆发后，在西安革命公园举行了盛况空前的市民大会，张学良、杨虎城发表了讲话。江隆基以全欧华侨抗日救国联合代表的身份也在会上讲了话。他慷慨激昂地说：“谁领导抗日，谁便是我们的领袖；谁出卖国家，谁便是我们的公敌！”②

（三）倾心教育：在革命斗争中成长的教育家

1937年1月，在西安事变和平解决后的复杂形势下，江隆基出任西安陕西省立第二中学校长，该校也是他的母校。原校长杨明轩是陕西籍的著名革命家，在北京读书期间因参加五四运动遭到逮捕，释放后回家乡出任该校校长，继续宣传马克思主义，是中共早期的党员。江隆基在中学时期就接受过杨明轩的进步思想教育，在他的指导下阅读了很多进步书刊，并了解了李大钊。

① 忻福良主编：《当代中国高等教育家》，上海交通大学出版社1995年版，第88页。
② 王戈、王作人著：《江隆基的最后十四年》，作家出版社2015年版，第87页。

江隆基出任陕西省立二中校长时学校有学生八百多人。他在任的一年期间，约林伯渠、彭德怀、冯文彬、艾思奇、李公朴、郑伯奇、杨明轩等革命家和社会名流到校做专题演讲。他还在校内建立了地下党支部，一年内发展党员七十多名。延安的抗大、陕北公学、安吴青训班来学校招生，他积极推荐，有一百多名青年学生从此走上革命道路。①

1938年5月，江隆基来到革命圣地延安，出任陕北公学教务长。他和校长成仿吾邀请毛泽东为陕北公学师生做报告和题词，毛泽东欣然写下了那段著名的话："要造就一大批人，这些人是革命的先锋队。这些人具有政治远见。这些人充满着斗争精神和牺牲精神。这些人是胸怀坦白的，忠诚的，积极的，与正直的。这些人不谋私利，唯一的为着民族与社会的解放。这些人不怕困难，在困难面前总是坚定的，勇敢向前的。这些人不是狂妄分子，也不是风头主义者，而是脚踏实地富于实际精神的人们。中国要有一大群这样的先锋分子，中国革命的任务就能够顺利的解决。"②这是江隆基第一次面见毛泽东。

为减轻陕甘宁边区的经济负担，中央决定以陕北公学为主体，合并鲁迅艺术学院、工人学校、安吴青训班等学校，成立华北联合大学。全校师生开赴晋察冀革命根据地，边战斗边学习。整编后约五千人的队伍，编一个独立旅，由罗瑞卿任旅长，江隆基任一团团长。1939年7月初，队伍从延安出发，毛泽东等领导人参加欢送大会。江隆基和成仿吾代表全体师生送给毛泽东一面锦旗。

---

① 王戈、王作人著：《江隆基的最后十四年》，作家出版社2015年版，第87—88页。
② 中共中央文献出版社编：《毛泽东年谱（1893—1949）》（修订本）中卷，中央文献出版社2013年版，第34页。

毛泽东接过后说："你们送我一面锦旗，我回敬你们三个法宝：统一战线，游击战争，革命团结。"又风趣地说："上一回鲁智深大闹五台山，这一回是聂荣臻大闹五台山。你们也跟着闹五台山去吧。"就这样，江隆基指挥着一团的一千七百多名华北联大师生东渡黄河，穿过同蒲铁路封锁线，历经三个月的艰苦行军，于10月初到达晋察冀革命根据地的中心冀西平山县。11月，华北联合大学开学，江隆基仍任教务长兼社科部部长。①

在华北联合大学的校领导中，江隆基负责筹划、组织、领导教学工作。1942年底，日寇对根据地的"扫荡"日益加剧，北方局根据中央的指示实行精兵简政，决定华北联合大学缩编，法政、文艺两院停办，只留教育学院。学校负责人也做了相应的调动，江隆基调任抗大二分校附中校长。②1945年10月4日，江隆基被陕甘宁边区政府任命为延安大学副校长，主持工作。此时学校正处在困难的过渡恢复时期，各项工作毫无头绪。江隆基根据当时的形势，从实际出发，实事求是，经请示陕甘宁边区政府同意，确定了新的教育方针，调整精简学校组织机构和学科设置，压缩学制，使学校很快恢复了正常的教学工作秩序。1946年9月，江隆基调任陕甘宁边区教育厅副厅长，由于厅长贺连城年事已高，教育厅的工作实际上由他主持。③

①② 王戈、王作人著：《江隆基的最后十四年》，作家出版社2015年版，第89—90、90页。

③ 王云风主编：《延安大学校史》，陕西人民教育出版社1994年版，第218—222页。

二、在北京大学的管理岁月

1952年10月，江隆基出任北京大学党委书记兼副校长，与马寅初先生一起主持学校工作。北京大学许多老的教职工，至今仍深切地怀念着这位老领导。江隆基在新中国成立初期对北京大学的院系调整、改造、建设做出了杰出的贡献。

（一）团结协作，领导有方

时任北京大学校长的马寅初是著名民主人士、国际知名的经济学家。江隆基十分尊敬马寅初，马寅初对江隆基也十分信任。二人互相尊重，真诚相见，团结无间。

江隆基在北京大学工作了六个年头，这是北京大学稳步前进的六年，也是北京大学发生巨大变化的六年。江隆基没有辜负党的信任和北京大学师生的希望。江隆基把做好党内外团结和来自不同院校、系别，具有不同传统、作风、习惯的队伍的团结作为建设新北大的关键。他切实有效地加强了党对学校工作的领导，积极慎重地在高级知识分子中发展党员。同时他要求所有的党员干部，都要努力熟悉学校业务和本职工作，要成为业务上的内行，不能长期做外行。江隆基认为，像北京大学这样的高校，无论当时或将来都不能没有党外人士参与领导，否则就难以调动广大教师的积极性。他定期组织座谈会，与民主党派负责人交流情况，沟通思想，听取意见和建议。汤用彤是著名的哲学家和佛学家，当时任北京大学第二副校长。江隆基十分尊重汤用彤，请他主持文科各系的工作，两人合作得很好。周培源是著名的物理学家，当时任北京大学教务长，江隆基全力支持他的工作。周培源后来回忆道："我在他（江隆基）领导下负责学校的教务工作……我们相处的时间虽只有短短的六七年，但是，他的思想，他的品德和他的作风，却给我以极大的影响，并使我受到深刻的教育。他是我良师益友，我们在一起共事的愉快岁月，使我终生难忘。"①

江隆基（左一）、马寅初（右二）、汤用彤（右一）与苏联专家在北京大学未名湖畔合影

（图片由兰州大学档案馆提供）

（二）坚持学术批判的尺度是客观真理

20世纪50年代，我国高校中各种运动频繁，运动中如何贯彻上级的决定和指示，如何动员组织批判的力量，如何掌握运动的火候和尺度，江隆基都慎重对待。他力图将这些运动严格控制在学术思想领域，以提高马克思主义理论水平、确立唯物主义世界观和方法论为目的，不片面地以政治运动的方式"扣帽子"、做结论。1954年12月1日，文科三系部分教师召开座谈会开展学术讨论，他以个人发言的形式讲了如下观点。

① 王戈、王作人著：《江隆基的最后十四年》，作家出版社2015年版，第329页。

第一，不可否认的，学术斗争是阶级斗争的反映。但是学术斗争和政治斗争显然是有区别的，学术思想的改造是比政治思想的改造更为困难的。因此我们就需要更加稳妥、更加耐心、更加持久地进行。不能企图开几次座谈会、写几篇表示态度的文章就解决问题，更不能采取开斗争会、轮流检讨、过关、交代思想等简单粗鲁的方式。学术批判成功与否的标志是看科学水平是否因此得到提高，搬用“三反”运动的方式或沿袭旧社会派系斗争的做法都是有害的，是必须注意防止的。

第二，学术批判的尺度是客观真理，是马列主义的立场、观点、方法。学术阵营的划分只是马列主义与反马列主义，而不是党员与非党员，也不是青年与老年。

第三，学术批判要以理服人，不能依靠政治声势压倒人。要深入地开展学术批评，必须和科学研究工作结合起来，要提倡调查研究，具体分析，不能只凭几个简单的概念和论点就下结论；要提倡自由讨论自由争辩，允许被批判者进行反批判，而不能用多数人的意见压倒少数人或个别人的意见。①

在1955年3月2日召开的北京大学校务委员会上，根据半年来的经验和不足，他更明确地将学术批判的指导思想、目的任务、方式方法归纳为以下五条：

（1）学术思想问题不能用运动或行政命令的方式解决，而必须用自由讨论、自由争辩的方式去解决；

（2）在高等学校开展学术思想批判的直接目的在于推进科学研究，提高教学质量，团结改造现有教师和培养新生力量；

① 王戈、王作人著：《江隆基的最后十四年》，作家出版社2015年版，第61—62页。

（3）要以理服人，不要以政治声势压倒人。学术问题和政治问题不同，党员和团员不必在事先取得一致，而应同党外人士在共同研究、共同讨论中对分歧的意见逐渐求得统一；

（4）要提倡反批评，允许少数人保留不同意见；

（5）学术思想批判和党对知识分子的政策是完全一致的。开展学术思想批判绝不是放松团结工作，而是为了达到思想上的团结一致，以便使他们更好地为人民服务。①

在当时的大背景下，作为北京大学主要领导人之一的江隆基能有这样公正、客观的言论，足以证明他的“定见”和“定功”，也足以证明他是懂得高等教育规律的。在这些思想指导下，北京大学的学术思想批判开展得有声有色，出了一批成果，广大教师也从中得到了锻炼提高。由于具体操作上的自由争论，批判者和被批判者都能充分发表意见，以理服人。②

之后，江隆基将上述几次讲话的内容整理成文，以《北京大学开展学术思想批判的经验》为题，发表在1955年5月6日的《人民日报》上，在全国高教界和学术界产生了广泛的影响。

（三）深入基层，为教职员工排忧解难

北京大学政治经济学教研室是北京大学第一批成立的少数教研室之一，担负着经济系各门马克思列宁主义政治经济学专业理论课和全校各系的马克思列宁主义政治经济学课程的教学任务，以及培养政治经济学研究生、开展经济理论研究工作等任务。在北京大学，江隆基亲临教室同学生们一起听教师讲授课程，了解

①② 王戈、王作人著：《江隆基的最后十四年》，作家出版社2015年版，第62—63、63页。

教师的教学情况并指导青年教师的教学工作，甚至逐字逐句地审阅青年教师的论文，并对论文中不妥当的提法给出书面意见。当看到学校为苏联专家办公室配置的写字台较小、较旧的时候，他提出要把他自己的办公桌搬过来给苏联专家使用。①

北京大学经济系原主任樊弘教授在1952—1954年被派往高级党校进修期间，由于坚持自己的学术观点，受到了猛烈的批判。1954年，樊弘回到北京大学以后，怎样安排他的工作成了一个难题。江隆基同张友仁商量，请樊弘先写一篇思想改造的收获体会文章，在全国性的社会科学杂志《新建设》上发表，然后由张友仁以樊弘学生的身份去邀请他任政治经济学教研室主任，张友仁则作为副主任协助他工作。这样做，既贯彻了党的知识分子政策，又发挥了樊弘从事政治理论课程教育事业的积极性，是非常巧妙的安排。接着，在中共北京市委和北京大学党委的督促和关怀下，樊弘这位解放战争时期的民主战士，1950年入党的中共候补党员由于高级党校对他的批判和结论而多年未能转为正式党员的问题，也在政治经济学教研室党支部顺利地解决了。②

20世纪50年代，大学生中真正能钻研学问的人才，往往会被视为走“白专道路”而遭到批判和歧视。江隆基则要求学生“又红又专”，既引导他们坚持马克思列宁主义，走社会主义道路；又鼓励他们向科学进军，掌握专业理论知识，以便为社会主义建设贡献力量。那时，北大经济系政治经济学专业有一位学习成绩优异的学生，他在学习社会主义政治经济学课程时，撰写了一篇以

① 张友仁著：《北大恩师》，华艺出版社1999年版，第308页。

② 张友仁：《献身人民教育事业的楷模江隆基》，刘众语主编：《纪念江隆基文集》，兰州大学出版社1987年版，第249页。

《马克思的再生产理论在社会主义中的运用》为题的论文。这篇文章既能正确阐明马克思的再生产理论，又能理论联系实际，具体地分析社会主义的发展战略和经济结构。对于当时苏联长期以来流行的片面地优先发展重工业的观点，敢于提出自己的不同意见，而且文章的观点明确，论述有理有据，展现了较高的学术水平，对我国社会主义经济建设有一定的指导意义。无独有偶，当时经济系专门研究经济思想史的一位教授也写了论述马克思再生产理论的一篇论文，可是仅仅简单地重复了马克思的论述，而别无新意。无论在内容上还是质量上，均远逊于这位年轻大学生的论文。张友仁那时看到了青出于蓝而胜于蓝的新生力量的成长，非常高兴，就把这篇学生作业同那篇教授论文一起送去给江隆基看，既是向他报喜，又有请他鉴定的意思。江隆基不但没有认为这篇论文的作者是走"白专道路"，相反对新生力量的成长倍加赞赏，并且对他寄予厚望，希望有关教师对这个学生多加指导，帮助这名在学术上大有希望的学生更好地成长。可以告慰江隆基同志的是：这名学生后来成长成才，他就是我国著名的经济学家厉以宁教授。①

（四）信任干部，放手工作，有困难时大力支持

江隆基十分注意加强党对学校工作的领导。他到北京大学不久，就把在党政岗位上的党员骨干组织起来，成立了党的核心领导小组。凡是学校的重大问题，都要交由这个小组讨论决定，再由党政工团分头去办。在当时的情况下，这样做，既协调了各组

---

① 张友仁著：《北大恩师》，华艺出版社1999年版，第309—310页。

织之间，特别是党政之间的工作，又大大加强了党的统一领导。①

江隆基是新中国成立后从解放区来北京大学工作的第一位党的领导干部。当时，他只身来到北京大学，在他周围的是一批年轻的地下党员和在旧社会生活多年的知识分子。无论是思想水平还是实际经验，其他人与他相比都有较大的差距。但他从不以老革命、老教育家自居，从不把自己置身于群众之上。对那些学有专长的知识分子，他是很器重的。他经常说办好学校主要在于教师，要依靠老教师，培养青年教师。他经常拜访一些老教师，向他们了解情况，与他们谈心、交换意见。他几乎走遍了所有教授的家门。对原来就在学校工作的年轻党员，他一方面紧密依靠他们，尊重他们，与他们平等讨论各种问题，发挥他们的积极性和主动性；另一方面，又严格要求他们，帮助他们在实际斗争中不断提高、成长。他关心干部，但从不只是把这种关心放在嘴上、脸上。如果出了差错，他批评起来也是严肃的。在江隆基领导下工作过的王学珍、文重等人回忆道："当时我们觉得他是既严肃又可敬。我们现在所以能为党做些工作，同当年他的言传身教是分不开的。"②

江隆基对年轻干部严格要求，精心培养。他经常对年轻干部讲，办好一所大学主要靠教师。北京大学是高级知识分子集中的地方，教师队伍中教授、副教授的比例高，蜚声中外的名家多，贯彻好党的知识分子政策尤为重要。对广大教师要在政治上信任他们，在知识上尊重他们，在思想上耐心地、和风细雨地达到改造的目的。要理解教师的工作，尊重他们的自尊心，同他们建立

①② 王学珍、文重：《怀念江隆基同志》，刘众语主编：《纪念江隆基文集》，兰州大学出版社1987年版，第235、235—236页。

起互相信任、互相接近、互相商量、互相学习的关系。他主张在党的周围团结一批业务修养好、政治思想进步的教授、讲师，在校一级和系一级形成科学领导核心，以加强业务领导，办好学校。他还反复强调，学校的基本任务是培养人，一切活动应以教学为中心。学校一切机构和团体必须以教学为工作中心，切实精简一切有碍教学的会议和活动。党政工团应时时把握，任何时候都不能放弃教学第一的原则。他还一再告诫党政干部要重视业务知识的学习，不懂业务的人指挥一切是会出问题的。①

（五）团结党外干部、老教师，充分调动和发挥他们的积极性

用民主精神办学，办学校主要依靠教师，这是江隆基一贯的办学思想。对待教师，他主张各得其所，各展所长。他和广大教师交朋友，帮助他们解决思想、工作和生活中的实际问题。他为冯友兰、汤用彤、翦伯赞等老教授配备了助手和接班人。他提出评定教授工资级别主要是看学术水平，看是否有真才实学，而不能光看马列主义水平的高低。在学术问题上，他坚持自由讨论、自由争辩的原则，从不横加干预。他主张“有多少家，就算多少家”。他钦佩和尊重朱光潜的学术地位和治学方法；他允许遗传学界对摩尔根和李森科的争论；他开设了有批判地介绍康德学说和黑格尔学说的课程。在他的努力下，北京大学还开设了有批判地介绍罗素、凯恩斯的课程。江隆基还提出了高等学校开展科学研究的一系列重要思想。这个时期北京大学的科学研究，无论是在自然科学领域还是在社会科学领域，都取得了十分突出的成绩。

① 王戈、王作人著：《江隆基的最后十四年》，作家出版社2015年版，第75—76页。

江隆基领导高等学校工作，成绩显著，这与他深刻了解知识分子的特点，能团结知识分子，充分发挥知识分子的作用有很大关系。

江隆基在北京大学正确地执行了党的知识分子政策。他紧密团结了马寅初校长，就是一个很好的例子。江隆基副校长兼任党委书记，协助马寅初主持全校工作。大家为两位教育家珠联璧合的合作感到庆幸。江隆基表现出对德高望重的大学者、大教育家发自内心的敬佩和理解，表现出一个共产党人的宽阔襟怀，也表现出对自己岗位职责的高度责任感，是宽容和原则性相结合的典范。①

由于江隆基在20世纪50年代中期对党的“百花齐放，百家争鸣”方针的贯彻执行，也由于他对马寅初在校务上的得力协助，才使得马寅初在主持大学的行政领导工作之余，还能有条件和有精力从事自己的经济理论研究。②马寅初对江隆基是非常尊敬和倚重的。他在北京大学的全校大会上，曾这样向全校师生员工介绍江隆基：“抗日战争时期许多外国朋友们都说中国的文化在延安，而延安大学又是延安的最高学府，是文化中心的文化中心。江隆基同志当时担任延安大学校长，那是有着最高文化的同志。”③马寅初的这一番生动的介绍，赢得了全场师生的热烈掌声。在北京大学，每逢江隆基做报告，马寅初总是来认真听讲并记笔记。他已年迈，听力较差，但是他为了听清江隆基的报告，经常把座椅搬到讲桌的一端，把笔记本放在讲桌上，一面听讲，一面记录，听到精彩的地方，他常常带头鼓掌。

---

① 马寅初纪念馆编：《走近马寅初》，上海三联书店2008年版，第181页。

②③ 张友仁著：《北大恩师》，华艺出版社1999年版，第307、306—307页。

（六）为人正派，严于律己，生活上艰苦朴素，作风上平易近人

江隆基严于律己，公正无私，工作十分认真负责，生活上又非常简朴，作风上平易近人，对干部、教师、职工都能团结，充分发挥他们的积极性和创造性。因此，许多同志都常思念江隆基，尤其老教师反应更为强烈，认为“那时工作起来心情舒畅”[①]。北京大学原工会主席张侠在人事处工作期间曾与江隆基有过多次接触，他评价道：“我从未发现他在用人、处事上有任何的私心杂念，分什么亲疏厚薄。他一身的正气，影响着机关、各系人与人之间的关系和风气，我们的工作效率也是高的。”[②]

江隆基之所以能够广泛团结同志，团结党外人士，很重要的一点，在于他为人正派，言行一致。他生活艰苦朴素，不搞特殊化，不以权谋私，克己奉公，先人后己，不浪费公家一分钱。为了使某位教授有更好的生活和工作条件，他主动让出条件较好的住房，搬到较小和较差的房子。他爱人在北京城内的一所中学工作，平时不回位于西郊的北大，难以照顾家务，江隆基的起居饮食，大多自己料理。他自奉甚薄，粗茶淡饭过日，常见他一碗面条就算一顿正餐。他当校长，小车常让别人坐用，自己挤大车，甚至坐公共汽车进城，毫无领导的架子。教师下乡劳动，他总是亲自参加，同大家打成一片，这种难能可贵的精神永远值得我们学习。[③]

在工作作风上，江隆基十分谦虚谨慎，严于律己。他奉命来北京大学担任副校长时，没有带一位秘书或随从同来。同志们常

---

①② 张侠：《深切地怀念江隆基同志》，刘众语主编：《纪念江隆基文集》，兰州大学出版社1987年版，第272、272—273页。

③ 罗列：《江隆基同志是我们学习的榜样》，刘众语主编：《纪念江隆基文集》，兰州大学出版社1987年版，第242页。

常谈道，他带到北大来的只有他的夫人，而且并不安排在重要的岗位上工作。他完全依靠北京大学原有的党员干部和群众，调动他们的积极性来办好大学。对待工作，他在没有搞清楚情况以前，总要反复研究，以防出现错误。例如，在政治课教研室的几名负责人提升副教授的问题上，他曾召开过多次会议，做了深入的调查研究，听取多方面的意见，力求做到公平合理，以利团结和发挥大家的积极性。①

（七）对待院系调整

江隆基是1952年下半年，全国高等学校院系调整后调到北京大学任党委书记兼副校长的。暑假期间，已将清华大学、燕京大学和辅仁大学的文、法、理各专业调整到北京大学，使北京大学成为文理科综合性大学，而将北京大学理工科的一部分调整到清华大学，使清华大学成为多科性工科大学。除此之外的医学、地质学等专业分出去另建独立的专业学院。②

那时北京大学的校长是德高望重的马寅初先生，但马老年事已高，实际上学校全面、经常的领导工作不能不落到江隆基肩上。那时，院系调整刚结束，北京大学的队伍是重新组合的队伍，相当多教师来自其他学校。教学改革才正式开始，工作头绪比较繁杂，而党的骨干力量则相当薄弱。最初，抗战时期参加革命的党员仅有几人，多数是解放战争或新中国成立后入党的党员，尤其是教师中党员人数更少，三四个院系才有一个支部。党委各个部门的领导多是新中国成立前入党不久的地下党学生。他们对学校

① 张友仁著：《北大恩师》，华艺出版社1999年版，第311页。
② 王戈、王作人著：《江隆基的最后十四年》，作家出版社2015年版，第29页。

情况熟悉，能联系群众，工作热情，有朝气，但思想水平、工作经验与江隆基这样的老同志相比还存在相当的差距。因此，江隆基决心先做好这些干部的政治思想工作，才能通过他们将党的领导意图、指示精神正确而迅速地贯彻下去。①

由于教师的渊源不同，教学体系和教学方法互有差异，在学习苏联的热潮中，教师的学术派别和思想状况也比较复杂。江隆基认为，如何做好团结工作，统一在一面旗帜之下，是办好新北大的首要问题。要正确对待学习苏联，稳步推进教学改革。②

新中国成立初期，我国对高等院校的调整完全是按苏联模式进行的，随后国家向各高校输送了一批接一批的苏联专家，分到北京大学的先后达三十多人。他们的任务是按苏联的教育体制编制中国的教学大纲和教学计划，改变中国固有的教学方法，包括课堂讲授、课堂讨论、习题课、实验课、教学实习、生产实习、考试考查、学年论文、毕业论文等各个教学环节；按苏联的教学要求开设新的专业、专门化课程；翻译苏联教材或按苏联大纲要求编写中国的教材。在当时，“学习苏联”“依靠苏联专家”不仅是教学业务的指导思想，而且上升到政治原则。至于如何“学习”“依靠”，各校情况不尽相同，依领导者的水平而定。江隆基的做法是根据中央“学习苏联先进经验，并结合中国实际”的方针，将主要精力放在抓教学改革上。③

最初两年，高等学校在学习苏联过程中普遍出现了要求过高、改革过急、任务过重、工作过于忙乱的状况，北京大学也不例外。

---

① 罗列：《江隆基同志是我们学习的榜样》，刘众语主编：《纪念江隆基文集》，兰州大学出版社1987年版，第237—238页。

②③ 王戈、王作人著：《江隆基的最后十四年》，作家出版社2015年版，第29、68页。

教育部曾宣传过东北某大学的经验，该校提出“苏联专家的每一句话都要贯彻落实”，教学中实行“六小时一贯制”（即一堂课讲六小时）。江隆基对此颇不以为然，认为是形而上学、绝对化。在校务会议上，他坦率地说：“依靠苏联专家，并不是每一句话都要贯彻落实，事实上也不可能贯彻落实。北大老教师多，谁能一口气讲六节课？”他提出教学改革要稳步前进，引导大家通过修订教学计划和教学大纲，减少或缓教一部分课程，根据学生程度调整班次，减少学生社会活动等措施，缓解了因压力过大而影响教学效果和师生健康的问题。①

（八）主持北大思想改造运动

知识分子思想改造运动开始于1951年9月下旬。11月30日，中共中央发文指出，思想改造运动的目的是要从思想上、政治上、组织上清除学校中的反动遗迹，使全国学校都逐步掌握在党的领导之下，并逐步取得与保持其革命的纯洁性。在全国开始“三反”（反贪污、反浪费、反官僚主义）运动后，又开始组织“揭发和批判资产阶级思想，从而确立工人阶级思想的领导权”。江隆基是了解运动要求的，也了解在有些地区和学校，已经把思想改造运动搞成了人人过关的“洗澡运动”。他是经历过延安整风和其后的“三查”运动的，深知运动中过激的做法会对教师造成极大的伤害，带来难以弥补的后遗症，所以他把这次运动严格地限定在“思想改造”的范畴之内，即进行思想清理而不是政治清理。思想清理就是通过学习提高觉悟认识；通过自我检查改变自己，达到

① 王戈、王作人著：《江隆基的最后十四年》，作家出版社2015年版，第69页。

适应新政权、新时代的要求。有这样的指导思想做基础，北京大学的思想改造虽然也称为“运动”，但对广大知识分子来说，绝无后来那样谈“改造”色变、提“运动”心跳的心理压力。①

北京大学党组织在新中国成立后从地下转为公开，1951年成立党委，但党员人数少。江隆基到任后，成立了党的核心小组，并亲自担任组长，负责政治学习和思想改造运动。当时的实际状况是，他周围是一批年轻的地下党员和在旧社会生活多年的老知识分子，以这样的队伍，既要按中央的要求搞好思想改造运动，又要按教育部的部署完成教学制度、教学内容、教学方法、教学组织的系统性改革，其困难程度可想而知，他一再讲：“北大的改造，对我是一件陌生而崭新的工作。”②

江隆基在认真分析了新北大的种种矛盾和矛盾的主要方面后，认为解决之道首先是抓学习。学马列著作，学中国革命史，学《矛盾论》和《实践论》，辅之以辅导报告、社会调查、座谈讨论等形式，通过学习提高认识，增强团结，建立对新中国的信任感，树立教学改革的坚定信心。北京大学的教师中民主人士多，许多还是民主党派的主要领导。他把各党派（包括共产党）的人员组织起来，成立一个学习小组，每两周学习一次，又称“双周会”。江隆基对行政部门的党员干部要求更高，每周学习一次，遇“双周会”时也与其他同志一起学习讨论。为配合中国革命史的学习，江隆基主动承担了《矛盾论》《实践论》的辅导任务。这个专题他以前在延安和西安时曾多次讲过，但面对最有学问的教授，他准备得格外认真。每天在繁忙的工作之余，他便将原来的讲稿反复

①② 王戈、王作人著：《江隆基的最后十四年》，作家出版社2015年版，第29—30、30页。

推敲，一字一句地重新写起。[1]

1957年6月8日，《人民日报》发表社论《这是为什么？》后，全国开始反右派斗争，北京大学也不例外。但是，反右派斗争被严重地扩大化了。1958年，由于反对“人为制造右派”和努力保护爱国知识分子，江隆基被连续批判两个多月，随即被戴上“反右斗争不力”“右倾保守”和“政治上退却”的帽子。考虑到当时的政治气候和话语环境，我们现在没有理由对他求全责备，他尽了自己的良知和责任。但在他主持工作期间，仍有一些同志被错划为右派，蒙冤多年。

三、在兰州大学的治校举措

1959年1月，江隆基由北京大学调任兰州大学党委书记兼校长。此后七年，他不计较个人的进退得失，为贯彻党的教育方针，为把自己的教育思想贯穿到实际工作中而夙兴夜寐，孜孜以求。《江隆基的最后十四年》一书的作者王戈和王作人将江隆基在兰州大学的七年概括为：“前有风，后有浪，左有篱笆右有墙”，“这个人办了一辈子教育，办到哪里，都会在哪里创造出惊人的业绩，但是他的黄金岁月却是在多风多雨的那个年代度过的，所以他的辉煌创造也就难免带有风雨的苦涩和阴晦”。[2]雷达认为，江隆基不仅是当之无愧的教育家，还是坚定的马克思主义者、革命家。他对是非有很高的判别能力，敢于实事求是、坚持真理；不随声附和，听风办事；不做违心之事、发违心之论。他尊重知识，

---

①② 王戈、王作人著：《江隆基的最后十四年》，作家出版社2015年版，第30—31页、自序。

爱惜人才，懂得高等教育的规律。平日工作不图虚名，不摆“花架子”，有基于“定见”的“定功”。在北京大学的七年，他尊重马寅初、周培源、汤用彤、侯仁之等一大批著名学者，促进了新中国成立初期北大的快速发展；在兰州大学的七年，他排除各种干扰，不顾“左”的威压，为林迪生、左宗杞、郑国锠、朱子清、赵俪生等著名教授落实政策，解除困厄，创造出该校历史上第一个“黄金时代”。[①]“文化大革命”初期，他被迫害致死。1978年得以平反昭雪。

（一）上任于危难之时

兰州大学由于地处西北，当时的办学条件比较困难。江隆基当时的秘书聂大江后来回忆道：“我们下火车，学校的领导，还有一些工作人员，迎接江校长和我们。路上走了不久，一拐弯，就进到那个巷子里面，就是现在学校和家属院之间的那条路。学校这边全是土墙，那时候我就感觉到，可能在全中国，有土墙的大学只有这一所。”[②]

到兰州大学刚刚三天，江隆基对老伴宋超说：“比原来想象的还要困难。”经过一个多月的摸底调查后，他发现，兰州大学的广大教师、学生和干部的热情很高，但十分混乱，尤其是在思想认识上。林迪生说，这时的兰州大学处于“教师不敢讲课，学生不敢学习”的状态。[③]

---

① 雷达：《一位大学校长的壮丽人生》，《人民日报》2015年7月21日。

② 聂大江：《我在兰大二十五年》，兰州大学新闻网http：//news.lzu.edu.cn/c/201505/34416.html。

③ 林迪生：《坚持真理　按教育规律办学》，刘众语主编：《纪念江隆基文集》，兰州大学出版社1987年版，第279页。

当时的兰州大学，运动极其频繁，教学秩序非常混乱。一个通知下来就可以停课，一会儿要去参加建厂劳动，一会儿又要去修马路、搞卫生，等等。江隆基深有感触地说："照这样搞下去，哪里还有学校的样子，这要给党的教育事业造成多么大的损失啊！"

更为窘迫的是，江隆基1959年初从北京大学调到兰州大学之后，便遇到了经济困难时期。聂大江说：那时学校的生活条件不怎么好，过春节一人只发了两个鸡蛋。[①]学校食堂也搞"瓜菜代"，学生伙食不好。江隆基坚持和学生在一个灶上吃饭，每天和学生一样排队买饭。有一次，食堂师傅提前为他打好一份饭菜，他婉言批评了师傅，把饭菜倒回饭桶菜桶，又拿起碗筷和学生一起排队去了。当时亲友给他送来一些肉、蛋、奶粉之类食品，江隆基舍不得吃，一一转送给兰州大学幼儿园的孩子。[②]

（二）整顿学校秩序，提高教学质量

面对兰州大学的危局，江隆基开展了以提高教学质量为中心的全面整顿工作，建立健全了各项规章制度，迅速恢复正常的教学秩序。江隆基认为，教育必须以尊重规律为出发点，以教学为中心，而重视教学质量则是重中之重。他因材施教、理论联系实际，培养学生独立思考和独立工作的能力，使学生全面发展。这些为兰州大学形成重视教学质量和人才培养质量的优良传统奠定了坚实的基础。江隆基还十分重视学校的科学研究工作，使兰州

① 聂大江：《我在兰大二十五年》，兰州大学新闻网http：//news.lzu.edu.cn/c/201505/34416.html。

② 郗永年：《怀念江隆基校长》，刘众语主编：《纪念江隆基文集》，兰州大学出版社1987年版，第365页。

大学的学术气氛异常浓厚，科学研究蔚然成风。①

1959年3月19日，江隆基给全校师生做工作报告，这是江隆基到兰州大学后首次与全校师生员工见面的报告会。报告持续了三个小时，围绕“稳定教学秩序，提高教学质量”展开。学生普遍反映：“不尚空谈，讲得实际；方向明确，思路具体；听得过瘾，耳目一新；精神为之一振，对兰大的未来充满了信心。”②江隆基提出：“稳定教学秩序首先要保证教学时间，每周保证六分之五的时间搞教学，再不能乱折腾了。靠什么保证？靠制度。要靠制度把大家统一起来，不允许各吹各的号，各唱各的调。教学大纲是一门课程的‘宪法’，一经确定就要坚决执行，谁要干扰、乱派任务，就用大纲的规定回答他。”③他重视发挥老教师的作用，把一些老教师和专家比作“工作母机”，在政治上关怀他们，在工作上支持他们，在生活上照顾他们。他认为，对知识分子的团结，应该和使用结合起来，最好的团结就是最好的使用。从此以后学校所有的老教师都能各得其所，各展其长。④

紧接着，江隆基围绕着“提高教学质量”，开展了完善规章制度等一系列工作。他首先规定了学生固定的作息时间，保障学生每天有九个小时的学习时间，八个小时的睡眠时间。每周六晚和周日是自由支配时间，一般不开会，不布置任务。

江隆基提出，教学大纲是决定课程内容、贯彻教学计划和保证教学质量的重要保证，教材建设是提高教学质量的重要内容。

---

① 王德凤：《兰州大学往事》，《档案》2009年第5期。

②③ 王戈、王作人著：《江隆基的最后十四年》，作家出版社2015年版，第190、189页。

④ 江伯玉：《忆二弟江隆基》，中国人民政治协商会议陕西省西乡县委员会文史资料委员会编印：《西乡县文史资料》第3辑，1986年，第208—209页。

崔乃夫是中央支援兰大的年轻干部，新中国成立前上大学时就加入了中国共产党，曾在国家机关工作过，来兰大任党委宣传部部长。通过几次接触，江隆基发现他思维敏锐，逻辑性强，也懂教学，决定临时将他抽调出来，让他与陆润林一起负责编制各系各专业的教学计划和各门课程的教学大纲。他反复向二人交代，一门课程的大纲决定着一门课程的先进性和创新性，要参考吸收国内外的先进经验。这是一项非常细致、非常烦琐的工作，要抓紧进行，但也不能操之过急。①

江隆基来兰州大学后不久，就了解到许多教师上课，既没有讲义，也没有教材，学生只靠记笔记。他就提出要教师自己编写教材，并强调说："编写教材也是教师提高业务水平的重要途径。"在江隆基的积极倡导下，全校170门基础课，98%的课程都有了确定的教材，除了选用推荐教材和兄弟院校教材外，29%使用的是学校自编教材，有的教材还成为教育部推荐的全国通用教材。②

在"大跃进"中，兰州大学把基础课教研室和公共课教研室都解散了，江隆基到来后统统恢复起来，并重新配备了教研室主任。此外，江隆基发现，系主任承担的行政工作太多，没有时间搞教学和科研，因此确定了系主任的工作职责，把他们从烦琐的行政事务里解放出来。同时，健全系办公室，设主任、行政秘书、教学秘书、科研秘书各一名，使他们各负其责。

在江隆基领导下，兰州大学针对教师授课中的排课调课以及补课，教职工的请假考勤，教材的供应和管理，学生的考试、考

---

① 王戈、王作人著：《江隆基的最后十四年》，作家出版社2015年版，第190页。

② 李欣瑶：《江隆基：带领兰州大学进入"黄金时代"》，《甘肃日报》2019年3月18日。

查及评分、成绩登记，学生的助学金管理，学生的奖励和惩罚，学生的实习、生产劳动的考核，学生的宿舍管理等方面，都相继订立了管理制度和规约。

为了提高教学质量，江隆基特别强调听课。他说，听课是了解教学、检查教学、督促教学、提高教学的一个基本方法。在学校的教学秩序基本稳定后，他首先带头深入课堂听课。无论工作多忙，他都坚持每周至少听一次课，并提出了许多宝贵的意见。当年还是年轻助教的林家英教授回忆道："一天，上午第三节上课铃声一响，我跨进（旧）文科楼三楼靠北的一间教室，准备给中文系同学讲授《中国古代文学作品》，按平日习惯首先环视课堂秩序时，突然发现江隆基校长正安静地坐在教室的最后一排。真没想到，作为一校之长能在百忙中深入教学第一线，来听一位青年教师的讲课。紧张、感动的情绪一时交织于心。幸而那时我已有几年的教学实践，能够及时控制住紧张的情绪，按计划从容地讲完两个课时的内容。更让我想不到的是，当第四节下课铃声响起后，我收拾好讲稿准备回家时，江校长已从教室最后一排向我走来，含着微微的笑意对我说，'谢谢你讲的课！'这始料不及的一声'谢谢'，不但让我再次感到紧张、感动，同时也增加了一份惊喜和温馨！"①

在江隆基的倡议下，学校的党政领导，各系的总支书记和系主任、教研组主任等都陆续开始深入教学第一线听课。有的系还组织安排了集体听课，召开教学经验讨论会，总结和推广好的教学经验。很快全校就出现了教学新面貌。

---

① 刘言、吴振荣：《江隆基——缔造兰州大学"黄金时代"的教育家》，《兰州大学报》2015年12月24日。

校园中随处可见可喜的变化。每当夜幕降临，学校的各个教室，都挤满了上自习的学生。甚至在熄灯以后，也会看到学校的路灯下，有三三两两的学生在借着灯光读书学习。每天早上的早操以后，更是一片朗朗的读书声。时任化学系办公室副主任的邓自修有这样的记述：除了课堂教学外，教师几乎都‘泡’在资料室和实验室，晚上的化学楼灯火通明。节假日，化学楼西大门的大槐树下，总摆着二三十辆自行车。有的教师在实验室一待就是一整天。有这样一群业务水平高、工作能力强的教师，有这样一种热爱事业、追求卓越的精神，创造高水平的成果也就成为顺理成章的事了。①

1960年，兰州大学被定为全国重点综合大学。次年，江隆基通过向教育部呈文的方式把之前分割出去的中文、历史和经济三个系重新要了回来，为兰州大学日后成为名副其实的综合大学奠定了重要基础。短短七年间，江隆基在兰州大学建立了以教学和科研为中心的教育体系，提高了学校的教育和科研管理水平。他还保护了一批学术人才和科研成果，确立了兰州大学的优势学科，培育了后来成为兰大精神文化基石的优良校风。他将兰大带进了一个前所未有的“黄金时代”。因此有人这样评价：江隆基是兰州大学迈上新台阶的奠基人，他对于兰州大学的贡献，犹如蔡元培之于北京大学。②

（三）关心师生发展

江隆基一直重视提高教师待遇，并充分发挥他们的积极性，

①② 刘言、吴振荣：《江隆基——缔造兰州大学“黄金时代”的教育家》，《兰州大学报》2015年12月24日。

使他们各得其所，各展所长。虽然他在相当长的一段时间里自己的处境岌岌可危，但他仍然努力保护了一大批有真才实学的知识分子，使学校得以在以后相当长的时期内保持了强劲的发展势头。

为了加强基础课教学，江隆基深入化学系蹲点，并在蹲点中树立了“四大台柱”。这“四大台柱”就是主讲物理化学课的张汉良，主讲有机化学课的鲍启申，主讲无机化学课的陈佩芳，主讲分析化学课的张光。需要指出的是，江隆基提出并树立的“四大台柱”都是讲师，并且都不是中共党员，其中三个人出身不好，按照当时的原则是不能重用的。对此，时任化学系党总支委员的苏致兴教授（以后曾任兰州大学党委书记）这样说道：“他们的教学效果深受学生的欢迎。他们开创了当年教学的新局面，为后来化学系的教学工作提供了宝贵经验，在他们的主导下，不仅提高了化学系的教学水平，保证了教学质量，而且相继培养了一批优秀的教学骨干，建立了一整套教学质量的保障机制。”树立化学系的“四大台柱”，不仅改变了化学系，也改变了全校基础课的教学，改变了走上教学第一线的广大教师，带动了全校的教学质量的提高。①

1955年，新中国的第一代有机化学家朱子清响应祖国号召，支援大西北，来到了兰州大学化学系任教。不幸的是，他被错划为右派，受到了降职降级的处分。江隆基到校后，为他甄别改正，恢复并支持他的科研和教学工作，不仅为他配备科研助手和实验设备，还派人照顾他的生活，给他买粮、买油、买煤，还帮他到医院看病。朱子清不顾年迈，全身心地投入科研和教学中。他对天

① 兰州大学新闻中心、档案馆：《江隆基校长和兰大的老师们》，兰州大学新闻网 http：//news.lzu.edu.cn/c/201704/43367.html。

然产物进行了大量的化学研究，取得了许多重要成果，为开发和利用中国西北地区天然资源，发展有机化学理论，促进有机化学、植物化学、药物化学的发展做出了重要贡献。①

江隆基对青年教师政治上爱护，业务上关心，生活上尽可能予以照顾。每年春节，他都要嘱咐教工灶专门为回不了家的青年教师做顿好饭，有时还陪他们坐坐聊聊，以解他们的思家之苦。渐渐地，这些青年教师都愿意接近这位不苟言笑但内心火热的江校长。青年教师郑重1956年毕业于山东大学生物系，用他的话说是“学养鱼的”，分配来兰州大学后在生物系任教。但他不爱教海洋生物却酷爱写小说，发表了几篇小说后，居然有了些名气。于是他壮起胆子找江校长，要求调到中文系。江隆基是懂得用人之道的，经过慎重考虑，便同意了。郑重如愿以偿，一边进修中文系的课程，一边写小说，很快给学生开设了写作课。他后来成长为著名剧作家，相继创作出《西安事变》《将军决战》《彭大将军》《陈赓大将》等电影文学剧本，为重大革命历史题材的电影创作做出了突出贡献。②

正是这样对教师的尊重、对学生的热爱，让江隆基在兰州大学的七年时间，成为兰州大学发展历史上极其重要的时间段。他在兰州大学建立了以教学和科研为中心的教育体系，提高了学校教学、科研质量和管理水平。

---

① 兰州大学新闻中心、档案馆：《江隆基校长和兰大的老师们》，兰州大学新闻网 http：//news.lzu.edu.cn/c/201704/43367.html。

② 王戈、王作人著：《江隆基的最后十四年》，作家出版社2015年版，第268—269页。

四、教育思想主张

古代士大夫提倡“立德、立功、立言”，江隆基都做得很到位。有学者撰文这样评价：“从私塾到新式学堂，从国内到国外，传统与现代，东方与西方，各种文化和文明相交织，使他接受了东方传统文化的熏陶，又经受了西方近代文明的冲击，他比较、选择和吸收各种文明的精华，铸造了一颗完美的心灵。”我们认为这种评价并非溢美之词，而是切中肯綮的。[①]江隆基一生中，既当过教师，又管过教务；既办过工农教育，又办过干部教育；既领导过中等教育，又领导过高等教育；既领导过老区教育，又领导过新中国成立初期的大行政区教育，有着丰富而全面的教育实践经验。他做了大量有关教育的讲话和报告，发表了众多的教育论文，对丰富我国当代的教育经验和社会主义教育理论、发展社会主义教育事业做出了卓越的贡献。江隆基的主要教育主张体现在以下几个方面。

（一）因时制宜、因地制宜的办学主张

早在延安时期，江隆基就非常重视因时因地办学。他根据当时陕甘宁边区国民教育中存在的教育与群众生活脱节、教育与生产脱节、学校与家庭脱节、学校过分集中而不适应农村分散的环境等弊端和边区国民教育的具体情况，论证了实行民办公助政策的可行性和有效性。所谓“民办”，就是把教育事业交给群众作为乡村自治的一个重要项目，让群众按照自己的需要自愿地去办。

① 王戈、王作人著：《江隆基的最后十四年》，作家出版社2015年版，第283页。

所谓“公助”，就是在群众自愿和需要的基础上进行全面的指导和帮助。实行民办公助政策，就能从客观实际出发，照顾到边区农村环境与农民生活的特点。首先，在组织形式上能够因时制宜和因地制宜，可以是正式学校，也可以是社教组织，还可以是学校与社教的结合体。校址不一定集中，学制不必统一，可以适应农村分散的环境，采取分散办学与分时教学的方法。其次，在教学内容与教学方法上，能够从群众实际生活需要出发，群众需要什么就教什么，学了以后便能应用。正因为在因时因地办学内容上适应了群众的需要，在学制上照顾了农村的环境，在学校活动上注意了与群众的结合，所以才能得到群众的拥护、关心和帮助，国民教育才能办好。他还根据当时国民教育中面临的经费和师资缺乏等困难提出了三点意见：第一，纠正领导上的放任自流与强迫命令的作风，明确民办公助政策的意义和精神；第二，合理解决经费问题，奠定长远的经济基础；第三，提高师资水平，增进教育效果。①

（二）重视教学计划的主张

江隆基是一位富有实践经验的教育家，他提出教务工作一定要为学校的培养目标服务，重要的是要规划好全校的教学计划。他说，教学计划是通过课程和教材，从教与学两方面完成教学任务的重要保障。根据时势的发展，他指出教学计划既要有稳定性，又要有一定程度的灵活性，既要使学校的教学活动有章可循，又要把教与学变成教师和学生的自觉行动，发挥自己的主观能动性。

① 崔相录主编：《中外教育名著评介》第3卷，山东教育出版社1992年版，第2000—2002页。

江隆基在办学上坚持与时俱进。1937年，他出任陕西省立第二中学校长，亲自草拟《战时教育工作计划》，提出为抗日救国办学的主张，并将学校每天升国旗时唱国民党党歌改为唱《义勇军进行曲》。1939年，他在担任华北联合大学教务长期间，主持成立了华北联合大学政治研究室，发扬了我党重视政治思想教育的传统，为我党培养了一批社会科学理论的研究人才。1942年，华北联合大学缩编，江隆基被调任抗大二分校附中主任。他到任后，根据附中的培养目标，加强外语教学，先后开设俄语、日语、英语课程。担任延安大学副校长时，他非常强调理论政策课的教学，支持开设边区建设、中国革命史、革命人生观和时事教育等课程。在政治理论的教育方面，他主张，应以系统的马列主义理论教学为主。根据抗战胜利后国内形势发展的需要，他提出应开设马克思主义哲学和政治经济学课程。这一政治课教学的改革，由于种种原因没有持续开设下去，但由此也可见他的远见卓识和他对马克思主义基本理论的重视。①

（三）尊重教师、依靠教师的办学主张

关心和注重对教师的培养，调动教师的积极性，发挥每个教师的长处，这是江隆基教育思想的一个重要方面。无论在解放区的教育实践中，还是新中国成立后在北京大学、兰州大学担任学校领导期间，他都始终坚持这一思想。他认为办好一所学校最紧要的问题就是对教师的培养，要给教师在授课和学术研究上有较大的自主权，使每个教师都能发挥自己的才智。他经常用毛泽东

① 王云风主编：《延安大学校史》，陕西人民教育出版社1994年版，第219—220页。

的“教员是干部之干部”来开导大家，要求全校干部职工和学员都要尊敬教师，他主张尊师爱生应当成为学校的良好风尚。

江隆基还强调，“重师必先自重”。他认为，一个教师不仅应有合格的业务水平，而且必须有一定的政治觉悟和良好的品德作风。教师应该不断提高自己的业务水平，在“博”的基础上有所“精”，应当确定一个学习和研究的方向，“不要什么都教，什么都要学，不求深入，结果什么都是一知半解，半通不通”[①]。

（四）高校工作经验："江八条"

《试论高等学校工作的经验》是江隆基1962年在兰州大学写的。这篇文章的诞生有个很重要的背景，即1962年1月召开的中共历史上著名的七千人大会。会后江隆基参加了在甘肃省委党校干部轮训班的传达学习。受刘少奇在七千人大会上的报告《社会主义建设的几个问题》的启发，江隆基结合在贯彻执行“高教六十条”中教育界普遍存在的问题进行了深入的思考，梳理出几条在小组会上发言，得到与会代表的认可。大家认为江隆基所谈正是高等教育中亟待解决的理论问题，建议他整理成文。原稿以《试论高等学校工作的规律性》为题，正式发表时改为《试论高等学校工作的经验》。此文一时间在全国各高校范围内广为流传，反响强烈，被称为“江八条”。[②]八条要点如下。

（1）高等学校的基本任务是贯彻执行“教育为无产阶级政治服务，教育与生产劳动相结合”的方针，培养为社会主义事业服

① 中共党史人物研究会编：《中共党史人物传》第21卷，陕西人民出版社1985年版，第196页。

② 王戈、王作人著：《江隆基的最后十四年》，作家出版社2015年版，第283页。

务、“又红又专”的专门人才。因此，以政治为统帅，以教学为中心，教学、生产劳动、科学研究合理安排，德育、智育、体育全面发展，是高等学校工作的第一条经验。

（2）学校教育的特点是依靠一定的教师，借助一定的教材，按照规定的教学计划进行教学。因此，教师的主导作用与学生学习积极性相结合，以课堂教学为主，辅之以各种必要的教学方式，是高等学校工作的第二条经验。

（3）学校教育以传授现成的知识和经验为其主要内容，而理论知识的牢固掌握又需要一些必要的实际活动来印证。因此，理论与实践结合，而以理论学习为主，科学知识与实际技能相结合，而以科学知识为主，是高等学校工作的第三条经验。

（4）高等学校所进行的是专业教育，每个专业都根据不同的培养目标，设有基础课、专业课及专门化课程。因此，根据既定的教学计划，采用由浅入深、由基础到专业、循序渐进、逐步提高的方法，首先学好基础课，然后学好专业、专门化课程，是高等学校工作的第四条经验。

（5）学习必须依靠个人的努力。学生之间由于基础、才能和努力的程度不同，学习成绩的差异是不可避免的。因此，承认学生学习的差别性，采取因材施教的方法，培养学生独立钻研的兴趣，充分发挥个人的才能，是高等学校工作的第五条经验。

（6）高等学校是学术活动的场所，教学质量的好坏，决定于学术水平的高低，而提高学术水平的关键，又在于不断提高师生的积极性和创造性。因此，发扬学术民主，提倡自由探讨，贯彻“百花齐放，百家争鸣”的方针，是高等学校工作的第六条经验。

（7）高等学校是教师、学生、职工三部分人组成的，而这三部分人中又有党员与非党员之分，教师之中又有老、中、青之分，要办好学校，必须搞好这几部分人的团结与合作。因此，不断调整教师与学生，老教师与青年教师，师生与职工之间以及党员与非党员、先进与落后之间的关系，正确处理他们之间的矛盾，是高等学校工作的第七条经验。

（8）教育工作是一种长期的学术活动，是一种复杂细致的思维活动，它需要安静的环境、稳定的秩序、清醒的头脑和持续不懈的旺盛情绪。因此，动静结合、劳逸结合、革命干劲和科学态度结合、大胆创造与实事求是的精神结合，是高等学校工作的第八条经验。[①]

六十年后站在历史高度重新审视“江八条”，仍不难发现它的可贵之处。江隆基对1957年后教育界面临的一些重大问题，都有他独到的见解和正面的回应。关于政治和业务的关系，他明确写道：“以政治为统帅，以教学为中心。”关于教育和生产劳动相结合问题，他认为：“那种把生产劳动当作消灭脑力劳动和体力劳动之间的差别的手段，因而认为生产劳动越多越好，甚至主张把全日制高等学校改为半工半读的学校的想法和做法是现阶段不容许的。那种把生产劳动当作生财致富的手段，企图通过生产劳动去实现学校经费或粮食自给的想法和做法，在一般情况下也是不现实和不适当的。”关于教师在教学活动中的主导作用，他认为：“教师的主导作用是决定教学质量的关键。”关于理论与实践的关系，他认为：“用‘实践—理论—实践’的公式来硬套教学过程是不对的，用‘实践—理论—理论’或‘理论—实践—理论’的公

① 辛安亭：《江隆基同志的教育思想与优良品德》，刘众语主编：《纪念江隆基文集》，兰州大学出版社1987年版，第19—22页。

式来解释教学过程更是错误的。”他认为对教学过程中的学生来说，应该是“理解、接受、巩固，消化、融会贯通、实际应用”。关于“双百”方针，他认为：“‘百家争鸣’的说法只能适用于哲学领域。在纯学术问题上，应该有多少家算多少家，不得硬套阶级观点，不得乱贴标签。”关于教学的复杂性，他认为：“教学和科学研究工作，就其性质和特点来说，是不适宜于采取群众运动的工作方法的。”①

兰州大学的江隆基塑像
（图片由视觉中国提供）

在办学治校方面，江隆基其实并没有什么点石成金的灵丹妙药，而是凭借着自己的精神与能力去竭诚努力、尽力而为。充分尊重教育规律的坚定信念，以及甘为孺子牛的服务精神，这两样东西构成了江隆基为人处世的两大法宝，也是助推江隆基在困难境况下打开新局、有所作为的两大利器。

① 王戈、王作人著：《江隆基的最后十四年》，作家出版社2015年版，第283—284页。

江隆基从长期从事教育工作的实践中深刻认识到，高校是出思想、出人才的地方，一切要以教学为中心，要使有才华的专家、学者生活无忧，心情舒畅。而他自己常常挂在嘴上的口头禅是“我来不是锦上添花的，是雪中送炭的”。这里的“炭”，有时是政策的落实，有时是困难的排解，更多的时候则是对于知识分子的敬重与爱护的关切之情。这样直切教育本质的认识，这样始终礼贤下士的姿态，使他不仅在许多事情的认识与看法上高瞻远瞩，而且在看人的眼光、用人的力度、为人的方式上更能高人一筹，令人们看到了一个共产党人教育家在精神上具有的品质和在人格上达到的高度。①

主要参考文献

1. 中共党史人物研究会编:《中共党史人物传》第21卷，陕西人民出版社1985年版。

2. 刘众语主编:《纪念江隆基文集》，兰州大学出版社1987年版。

3. 崔相录主编:《中外教育名著评介》第3卷，山东教育出版社1992年版。

4. 王云风主编:《延安大学校史》，陕西人民教育出版社1994年版。

5. 张友仁著:《北大恩师》，华艺出版社1999年版。

6. 马寅初纪念馆编:《走近马寅初》，上海三联书店2008年版。

① 白烨:《斯人远去　风范长留——读〈江隆基的最后十四年〉》,《光明日报》2015年9月29日。

7. 王戈、王作人著:《江隆基的最后十四年》，作家出版社2015年版。

8. 赵絪著:《孤灯下的记忆》，山西人民出版社2017年版。

9. 白烨:《斯人远去　风范长留——读〈江隆基的最后十四年〉》,《光明日报》2015年9月29日。

10. 刘言、吴振荣:《江隆基——缔造兰州大学“黄金时代”的教育家》,《兰州大学报》2015年12月24日。

11. 李欣瑶:《江隆基：带领兰州大学进入“黄金时代”》,《甘肃日报》2019年3月18日。

撰稿人：王娟娟，管理学博士，兰州大学高等教育研究院讲师，主要从事教育管理学和高等教育研究。

刘介愚

LIU JIEYU

华中师范学院（华中师范大学前身）院长（1963—1966）

刘介愚（1909—1991），四川重庆（今重庆市）人，1909年12月2日出生在一个中医世家。年幼丧母，从小聪慧好学，深得师友称道。作为家中唯一的儿子，其父希望他能够子承父业，他曾被强迫退学回家，做了一年多的中医学徒。可他求学心切，1929年底，他抱着教育救国的想法，离家出走至成都，考入民立大学文科预科就读。1930年秋，因中国共产党领导的“广汉兵变”危及各路军阀，成都军阀借此查封学校，大肆逮捕进步学生。嗣后，他被迫转学至位于成都老城的民立大学法学院就读，后因父亲去世而辍学。

1931年，九一八事变爆发，救亡图存迫在眉睫，许多有志之士都投身到了抗战中，刘介愚也是其中之一。1936年，他参加了由革命青年陶敬之组织的“重庆职业青年救国会”，开始在重庆《商务日报》副刊上发文，抨击反动军阀统治，宣传抗日救亡的道路，为反抗日本军国主义侵华而奔走呼喊。1937年10月，刘介愚辗转到达革命圣地延安。他先在陕北公学学习，不久，响应毛泽东的号召，毅然奔赴冀东，参与发动群众开展抗日游击战争。1938年5月，刘介愚参与组织了冀东人民的抗日武装起义，同时加入了中国共产党。此后，他在北平周围组织游击战争，先后担任过冀热察区房（房山）良（良乡）联合县的县委书记、县长、平北地区专员等职。1939年夏，他领导创办了房良联合县第一所抗日高级小学，并亲自担任校长。

1945年，抗日战争胜利后，刘介愚担任晋察冀边区政府民政处（厅）秘书主任。他随老一辈教育家成仿吾到张家口做接收工作，任敌伪文献清理处副处长，负责接收清理日伪文献。1946年，他协助成仿吾从事华北联合大学的复校工作，任华北联合大学政治学院副院长。从此正式开始了他近半个世纪的教育生涯，实现了多年的夙愿。1948年，刘伯承、邓小平等人决定创办中原大学，为建立新中国储备南下干部，刘介愚奉命离开华北联合大学，支援中原大学在河南大学校址办学建校并任第一部主任。1949年5月，中原大学南下武汉时，刘介愚留任河南大学教务长，1953年调任中南教育局副局长，1954年春调华中师范学院（1985年更名为华中师范大学）任党委书记、副院长，主持党政工作。1963年，教育部正式任命刘介愚为院长，从而解决了自1957年5月13日杨东莼调北京后华中师范学院院长长期空缺的状况。刘介愚是华中师范学院历史上唯一一位党委书记兼院长的领导。1972年，刘介愚调任武汉大学党委副书记、代校长。1980年起调回华中师范学院，任党委书记，1983年离休，担任学校顾问。[①]1991年1月4日，刘介愚去世。时任华中师范大学校长章开沅从国外发来电文称："介愚同志许身革命六十年，长期致力于党的教育事业，为创建华中师范大学呕心沥血，其千秋业绩，永垂后世！"[②]刘介愚为师范教育事业所付出的心血，由此可见一斑。

刘介愚作为华中师范大学历史上担任学校领导职务时间最长的领导之一，在该校工作、生活了近三十年。他不仅亲身经历了学校的发展，而且作为组织者、领导者，将自己的教育理念、办学思想融入学校管理工作中，奠定了今天华中师范大学的文化底蕴和办学风格。

---

① 马敏、黄晓玫、汪文汉主编：《华中师范大学校史（1903—2013）》，华中师范大学出版社2013年版，第167页。

② 范军、严定友主编：《永远的怀念——忆介公》，华中师范大学出版社2019年版，第246页。

中央人民政府任命通知書 府字第6030號

茲經中央人民政府委員會
第三十三次會議通過任命劉介愚爲
華中師範學院副院長

特此通知

主席

一九五四年八月十一日

中華人民共和國中央人民政府之印

华中师范学院副院长任命书
（图片由刘介愚家属提供）

一、命名华师桂子山，一草一木总关情

华中师范学院从昙华林到桂子山，无论是建设新校的一砖一瓦、一草一木，还是办学中的一点一滴都牵动着刘介愚的心。

桂子山原来是武汉市的一处墓地，原名“鬼子山”，后来正是刘介愚灵机一动，改名为“桂子山”。一字之差，意境天差地别。从此，桂子山就成为历届校友不能忘却的精神家园。

华中师范学院建校之初首先要做的就是迁走上万座坟墓。在建设新校舍时，作为党委书记，刘介愚带领党委一班人动手修路和植树。桂子山上最早的路就是一条由西向东的，一号、二号教学楼前的碎石路。后来又修了一条由北向南从老图书馆到露天电影场的那条小道。西门外的那条山坡小路则是当时华师到珞喻路的唯一通道，西门（当时并没有门）就是华师最早的大门。直到

20世纪50年代末，在党委的动员下，全院师生经过几十天日夜挖山奋战才修成了今天从北门出入的那条较宽阔的大路。

在建校之初，刘介愚极其重视校园的绿化工作并发动师生植树。由于他对桂花情有独钟，所以桂花树在桂子山上种的最多。每当华师满园桂花芳香时，走在桂花树下，不少师生就会默默地思念老院长。

华中师范学院新校区的建设主要是由刘介愚主持实施的。1955年，一号、二号教学楼建成。之后，在刘介愚的主持下又先后建成物理、生化、数学等教学楼和图书馆、一批教工宿舍，桂子山新校区初具规模。今日桂子山已是绿树成荫，四季花香，各个方面日新月异，一片兴旺景象。饮水思源，不能忘怀今日之巨变，都离不开刘介愚等奠基和创业的人们所付出的心血。

二、坚持党的领导，科学管理学校

（一）加强师生的思想政治工作

刘介愚是一位“老革命”，1938年就加入了中国共产党。走上高校管理工作岗位后，他特别重视师生员工的思想政治工作，始终将思想政治工作放在重要的地位。他把解放区坚持用马列主义、毛泽东思想的理论武器和理论联系实际转变学生思想的有效经验，用到了培养造就新中国社会主义建设人才的教育中来，为新中国，特别是为中南地区培养合格的社会主义建设人才呕心沥血，功绩卓著，受到了上级党组织的充分肯定。

刘介愚认为，学校思想政治工作关系到培养出来的人的政治方向问题和为谁服务的问题，非常重要，不可等闲视之。他对于新生进校时的热爱师范教育、平时的学风教育、为人师表教育、毕业生的毕业分配教育等等，都有一整套行之有效的办法。20世纪60年代初，他主持编制了《华中师范学院关于学习教育的若干规定》。全校范围内大张旗鼓地开展了一次学风教育，要求坚持坚定正确的政治方向、实事求是的科学态度、认真负责的工作作风、团结友爱的师生关系、诲人不倦的教学态度、学而不厌的求学精神、为人师表的模范行为、艰苦奋斗的生活作风。还在学生中开展“五好”教育活动，进一步调动学生积极性，树立远大的革命理想，坚持“又红又专”的方向，争做政治思想好、学习成绩好、锻炼身体好、遵守纪律好、生活作风好的“五好”学生。

1981年，刘介愚在《教育研究》上发表文章《加强和改善党对学生思想政治工作的领导》，对新时期如何贯彻党的教育方针、做好学生的思想政治工作进行了阐述。[①]1982年，刘介愚又在《河南师大学报（社会科学版）》上发表文章《高等学校思想政治工作的科学化》，提出研究思想政治工作的学问是一门科学，指出要用科学的态度对待思想政治工作，用科学的方法做思想政治工作，为思想政治工作科学化做出应有的贡献。[②]此外，他还为中南地区高校干部培训班学员做题为“高等学校思想政治工作的科学化”的专题讲座。

（二）重视学校干部队伍的建设

华中师范学院建校之初，办学条件很差。学校刚由武汉及中

① 刘介愚：《加强和改善党对学生思想政治工作的领导》，范军、严定友主编：《永远的怀念——忆介公》，华中师范大学出版社2019年版，第348—355页。

② 刘介愚：《高等学校思想政治工作的科学化问题》，《河南师大学报（社会科学版）》1982年第6期。

南地区有关高校的部分院系调整合并而成，矛盾重重，干部、师资队伍的建设也处于草创阶段。刘介愚当时刚过“不惑之年”，正是风华正茂的时候，他带着解放区的好传统、好作风、好思想，到学校主持党政工作。早在华北联合大学工作时期，刘介愚就在著名教育家成仿吾领导下工作，积累了丰富的教育教学经验。在华中师范学院几十年的工作中，他同老一辈教育家郭抵、高原、陶军、武承先等一起，始终把握着学校的办学方向，认真贯彻党的教育方针，为培养社会主义一代新人而呕心沥血。

在华中师范学院第一次教职工大会上，刘介愚明确地提出：“让教学之花、科研之花、团结之花在华师盛开。”① 他根据党的教育方针和知识分子政策，在校内组建起党组织的领导体系，成立院党委会，实行党委集体领导分工负责制度，并在各系所、科室建立起党的基层组织，使学校成为由党统一领导的系科齐全的师范大学。此外，刘介愚还注意党组织的发展和壮大。为党组织吸收新鲜血液，培养年轻干部，不断增强党组织活力。

刘介愚非常重视学校干部队伍的建设。在党的会议上，他常常告诫同志们：“我们一定要接受诸葛亮的教训，要注意培养年轻干部，找好党的事业接班人！”② 早在50年代，他就注意给一些年轻的同志肩上“压担子”，让他们在实际工作中经受磨炼。当时，他还大胆地提拔了一位二十多岁的年轻干部担任校党委常委。刘介愚还专门组织了对机关干部的培训课，为了提高机关干部的写作能力，他组织了专门针对机关干部的写作课教学，他自己就坐

① 周西林：《介公栽培的三朵花已经盛开——悼念介愚同志》，范军、严定友主编：《永远的怀念——忆介公》，华中师范大学出版社2019年版，第218页。

② 王建梁、韩书亚：《一介愚公奋斗不息——刘介愚校长评传》，范军、严定友主编：《永远的怀念——忆介公》，华中师范大学出版社2019年版，第134页。

在听课者中间，与机关干部讨论交流。他常常教育中层干部，要他们学会出点子、用干部。通过培训，一大批中层干部逐渐成长起来，先后走上各级教育行政主管部门的领导岗位，成为院系业务骨干，如后来曾任中央民族大学校长的哈经雄和曾任湖北大学党委书记的李开蕊等。许多接受过刘介愚教诲的干部说，刘介愚对他们是不仅扶上马，还送一程。

刘介愚做报告
（图片由刘介愚家属提供）

在刘介愚离休之前，学校进行中层干部调整，他担心某系的一位负责同志思想上有想法，便专程到这位住在校外的同志家中去做思想工作。离休之后，他非常支持新领导班子的工作，多次找他们谈话，表示鼓励、支持，并将自己听到的一些群众反映，及时地转告给新领导班子，使新领导班子避免工作上可能出现的一些问题。

（三）加强学校的科学管理

刘介愚认为："搞好学校的科学管理，应抓住以教学为中心，把权下放到系，学校内部建立精简、统一、效能、承包、竞争等机制。"[1]他指出，学校的中心工作是教学，学校内部的机制只有服务于教学才能实现科学管理。学校教学工作是有目的、有要求、

① 刘介愚：《我的办学思想回忆提纲》，范军、严定友主编：《永远的怀念——忆介公》，华中师范大学出版社2019年版，第384页。

有比例、有承包、有竞争的机制。一方面，学校应该实行统一领导、分层负责、分工负责、各尽其责，建立聘任承包制，建立岗位责任制。应是因事设人，不能因人设事。学校体制是校、系、室三级，系处于第一线，要精简上层，充实下层。能放的权要下放或包干到系。他强调："校处领导都要多到下面去现场办公，直接接收来自下面的反馈……这样做有可能克服文山会海和官僚主义，也可能建立起精简、统一、效能、承包、竞争等学校内部机制来。"① 另一方面，学校要以计划或方案等形式把这个管理体制固定下来，学校"每学年应有工作总结和教学工作计划，要体现以教学为中心，先提出教学工作计划，后勤和思想政治工作要紧紧为服务于教学来安排"②。各处要"做出本单位的分月计划，个人应有每周的执行计划"，"全校还要有一个全学年和分学期的会议安排表"，并将其"贴在各级办公室作安民布告"，"用这个总结、计划、表格的方式，来检查个人的承包任务，开展竞争，表彰先进，把工资、提职与实绩挂起钩来"。③

三、明确培养目标，确立师范规格

华中师范学院是一所学科齐全的综合性师范大学，受到中南地区同类高校的关注和瞩目，因为其一诞生就被中央教育部赋予重任：为中南地区培养中等学校师资和培训中南高等学校师资。对于如何办好师范，如何体现师范规格和特点，如何提高学校的学术水平等问题，刘介愚逐渐在实践中总结出了一套思路。1961

①②③ 刘介愚：《我的办学思想回忆提纲》，范军、严定友主编：《永远的怀念——忆介公》，华中师范大学出版社2019年版，第384—385页。

年9月，教育部制定了《中华人民共和国教育部直属高等学校暂行工作条例》(即“高教六十条”)，为贯彻执行这个条例，刘介愚组织编制了《为把教育教学工作纳入以中学实际为基础以科学理论为主导的轨道上来而努力》的补充文件，坚持从实际出发，从而使华中师范学院在提高教育教学质量和科学研究水平的前提下，保证了师范规格，使学校在“高”的基础上，办得更具师范特色。

刘介愚主持编制了《华中师范学院关于学风教育的若干规定》①，提出华中师范学院要“培养出具有彻底革命观点和世界革命观点的、合乎规格的、足以为人师表的中等学校人民教师”。进而提出学生要“树立共产主义远大理想，坚决走社会主义道路，拥护共产党的领导，全心全意为人民服务”。要“热爱师范教育”，“正确处理好个人与集体的关系，红与专的关系，努力发扬爱国主义、国际主义精神”，特别强调办学为民。为了使华中师范学院出来的学生能成为优秀的中学教师，刘介愚提出建立普教研究室、中学教研室和中学实验室的措施，并在学生中进行文明礼貌行为的教育和教师的职业道德教育。教育学生面向农村，热爱中学，安排教师组织学生到农村的中学进行教育实习。教师恢复中学教材教法课，并亲自到实习生所在地的学校听课，与实习生同吃、同住，了解实习生的思想状况。为了保证师范规格，华中师范学院针对中学实际，1962年组织普教组的同志赴黄冈、鄂城等地调查中学现状，实地检查华中师范学院毕业生质量。数学等系还相继成立了中学研究室和中学资料室。1957—1966年，华中师范学院为国家输送了10 984名合格毕业生。这些50年代和60年代的毕

①《华中师范学院关于学风教育的若干规定》，1962年10月公布，1963年8月第二次修订。

业生，后来大部分都成为地方教育行政部门的领导干部，以及中等教育和师范教育的骨干教师。单是1990年湖北省评出的594位特级中学教师中，华中师范大学毕业的就有310人，占53.3%。

四、重视师资培养，强化队伍建设

刘介愚深知办好华中师范学院要依靠教师，只有高水平的教师，才能培养出高质量的学生。他一直极为重视发挥教师的积极性，多年来致力于建设一支力量雄厚的教师队伍。在他看来，师资培养乃是院教务行政工作的重要方面，需要狠抓不懈。对此，刘介愚要求教务处出台多种培训师资的做法。

（一）创造条件，重点培养

对学术造诣较深的老教授，如张舜徽、詹剑锋、韦卓民等，安排他们以进行科研为主，请他们著书立说，给他们配备助手，通过科研来培养青年教师，采用“分工负责，一带一，带到底”的模式。另外，对一些学有专长，又有丰富教学经验的老教授，如邱永喜、李修睦等，请他们开办研究生班，通过“传帮带”来培养青年教师；对中年教师，要求其在完成教学任务的同时，进行科研工作，通过科研来提高自身专业学术水平。同时，选择一些各方面基础较好的中青年教师进行重点培养，造就了一批各学科的学术带头人，如历史系章开沅、物理系刘连寿、化学系张景龄、中文系王庆生、教育系杨葆焜、地理系景才瑞、数学系廖晓昕等，起到了“拔一个，带一批”的作用。

在刘介愚领导下，学校对教师的培养不遗余力，不仅选派教师到国内兄弟院校如中国人民大学、北京师范大学进修，还选派教师到国外高校进修，如张景龄、刘连寿曾前往苏联攻读学位。在张景龄归国后，刘介愚为了支持他的研究还为其农药研究室在桂子山顶修建了一座水塔，以保持实验用水连续不断。后来张景龄成为博士生导师，成就卓著，他领导研制的两种磷化学产品在国内许多地方生产，年产值达亿元以上，并获国家级科技奖。张景龄曾激动地说："不是刘老为我创造条件，我绝不会取得这样的成就！"

刘介愚（左一）与师生员工一起劳动
（图片由刘介愚家属提供）

对广大青年教师，刘介愚主张从严进行教育培养，要求他们要通过教学实践提高自己，明确提出青年教师要过好"五关"，即"中学关""辅导关""教学关""外语关""科研关"。系、室都要采取各种措施，如集体备课、参加辅导答疑、观摩教学、到附中兼课等，让青年教师到教学第一线去经受锻炼。在刘介愚要过"外语关"的要求下，教师很重视外语学习，1962年秋，有180多位教师参加了学院外语的学习。

（二）温暖人心，卓有成效

刘介愚推行的上述培养师资的措施是卓有成效的。1962年9月，院务委员会通过并批准了88人晋升为讲师，其中优秀者后来多成为教学、科研骨干甚至学科带头人。在学术成果上，1958—1966年，学院文科教师共出版了专著、译著26部，其中有不少是著名教授撰写的学术专著。例如张舜徽教授的《中国古代史籍校读法》（中华书局1962年出版）畅销国内外，为国内外学者所称道，也受到国内业余爱好者的欢迎。据资料统计，这一阶段文科各系教师共发表学术论文（包括译文）280篇，其中中文系114篇、历史系55篇、政治系26篇、教育系23篇、外语系62篇。理科教师也取得了一定的成绩。据资料统计，这一时期理科各系教师在国内外有关刊物上发表论文130余篇。论著有生物系薛慕光教授的《武汉地区经济动物手册（两栖类与爬行类）》、地理系景才瑞教授的《自然地理研究些什么》、数学系李修睦教授的译著《图的理论及其应用》等。物理系的《量子力学》等教材出版后，受到兄弟院校普遍欢迎。物理系卞彭教授与龙传安合写的论文《氧化物阴极在减速力场中放射的研究》发表于《新科学》杂志；数学系李修睦教授的论文《介绍网络问题》发表于《数学通报》；化学系张景龄教授的副博士论文《论取代三芳基卤甲烷和二烷基亚磷酸盐的相互作用》发表于《全苏科学院通报》。这些论著在当时都达到了国内的一流水平。[①]

---

① 马敏、黄晓玫、汪文汉主编：《华中师范大学校史（1903—2013）》，华中师范大学出版社2013年版，第187页。

除此之外，刘介愚抓教师队伍建设还体现在他把党的温暖送到教职工心中。在建校初期，刘介愚可以叫出大多数教职工的名字。“文革”前每年春节，他总是到教工家里拜年。有一年正月初一，他与原教务处处长黄锦汉去给教工拜年，风雪之中，患有哮喘病的刘介愚咳嗽不止，黄锦汉劝他说，咱们今年远一些的地方就不去了吧。刘介愚说，不行，老师是我们学校工作的主体，何况一年就一个大年初一啊。看到教工住房拥挤，刘介愚说：“我们的工作没做好！”教工听了热泪盈眶。化学系教授杨先昌还记得刘介愚关心教职工生活的一件小事：那是50年代中期，校园主体部分还在武昌（今武汉市江夏区）县华林一带，当时还是助教的杨先昌有天晚上做实验。大约十点的时候，刘介愚来到了实验室，问道：这么晚了你还在做实验？还没吃夜宵吧？临走时，刘介愚对杨先昌说，今天晚上我请客！杨先昌下夜班回单身宿舍时，一个卖馄饨的老者叫住他说：同志，有你一碗馄饨。杨先昌莫名其妙，后来才得知，这是刘介愚安排的。杨教授说，当时端起馄饨，眼泪就下来了。可以说，当时大部分的教职工都得到过刘介愚的关心和教诲。[①]

五、爱护知识分子

办好学校首先要调动各类专家的积极性。刘介愚一来到学校就注意贯彻党的知识分子政策。他充分认识到知识分子通过思想改造运动，立场、观点都有所转变，思想认识水平都有所提高，

① 贾宝琛等主编：《师范群英　光耀中华》第6卷，陕西人民教育出版社1992年版，第185—186页。

同时又明确，从旧社会过来的知识分子，其世界观的转变，往往要通过对马列主义的学习和他们自身的业务实践才能逐步完成，不可操之过急；学术问题、认识问题一定要与立场问题严格区分开来；还要创造条件，让他们敢于讲真话。为了提高知识分子的认识能力，他非常重视知识分子的政治理论学习，组织他们系统学习马克思主义的哲学、政治经济学、国际共运史等基本理论知识，组织理科教师学习自然辩证法知识。有时他亲自出面请潘梓年、李尔重等为老师们讲哲学，组织教师听李达讲解《实践论》《矛盾论》。为适应教学改革需要，从1954年开始，各系逐步建立了教学研究室，作为教学的基本组织。各学科在教研室的组织下，有计划有目的地开展学习讨论，改进教学，保证了教学质量的不断提高。为了保证专家们的教学和科研时间，刘介愚严格控制会议时间，在学年开始前后，把一年需要召开的有关会议和会议内容排列出来。经过研究后下发到系，无特殊情况或未经批准，不准变动。

（一）尽力保护，谈心交心

1957年以后，学校一个运动接一个运动。刘介愚善于把上级的政策结合学校的实际加以贯彻。在各项运动中，他注意向积极方面引导，使之尽量少伤害知识分子。如在教育大革命中，学校在他的掌握下，一直坚持未开展系统批判所谓反动学术权威、批“祖师爷”、挖“祖坟”等活动，使一批学有专长的知识分子免受更大的冲击。[①]

① 武汉市洪山区政协文史资料委员会编印：《洪山文史》第3辑，1991年，第71—72页。

1980年，刘介愚又调回华中师范学院主持党政工作。次年，学院成立了知识分子工作检查小组。经过多方核实和查证，纠正了学院在“文化大革命”中的冤假错案，公开为一部分同志平反，消除影响，恢复名誉。到1983年底，已有36人晋升为讲师或馆员，42人晋升为副教授，12人加入中国共产党。当时，由于“文革”留下的消极影响还未完全消除，刘介愚多次在会议上引用鲁迅的一句诗“度过劫波兄弟在，相逢一笑泯恩仇”，希望大家团结一心，不计前嫌，消除积怨，一切向前看，为办好学校而共同努力。年逾七十的刘介愚，亲自走家串户，找人交心谈心，严于解剖自己，希望冰释前嫌，为办好学校共同奋斗。为了调动知识分子的积极性，他一再要求干部到那些曾经受过委屈的老教师家中去赔礼道歉，耐心地解释。[①]

由于种种原因，有的专家想调离学校，刘介愚就亲自上门听取意见。例如著名历史文献学家张舜徽教授，曾一再请求调北京工作，经反复交换意见，对他提出的要求，刘介愚都尽可能给予解决，让他能在教学科研方面发挥更大的作用，终于使张教授安下心来。又如有的理科教师认为学校实验条件太差，难以发挥特长，想调到实验条件较好的单位去。刘介愚就出面筹集资金，配备设备，为他们开展科研创造条件。

（二）尊重知识，尊重人才

刘介愚从尊重知识、尊重人才出发，每逢节假日，都要到专家教授家走访，与他们做知心朋友，听取他们对学校各方面工作

①《桂苑师林》编委会主编：《桂苑师林——投身于“太阳底下最光辉的职业”》，华中师范大学出版社2005年版，第129页。

的意见和建议。春节期间，大雪纷飞，各家老小都围炉取暖，而刘介愚却在山坡小道上履冰踏雪去给专家教授拜年，问寒问暖。[①]

由于刘介愚在力所能及的范围内，尽量关心知识分子，使不少专家学者在比较艰难的环境中，仍为人民的教育事业兢兢业业地耕耘着。截至1984年底，学院共承担国家科研项目50多项，每年都有50余部书籍公开出版。在这些著作中，有的代表了国内某一学科的最高研究水平，如章开沅教授等主编的《辛亥革命史》；有的成为国内某一学科的奠基之作，如张舜徽教授的《中国文献学》；有的填补了国内某一学科的空白，如刘连寿教授主编的《物理学词典·粒子物理学分册》；等等。

学院有近20部专著被教育部列为全国高等院校统编教材，还有一批著作在全国评比中获奖。其中1982年是学院科研成果最丰硕的一年，这一年理科取得了74项科研成果，在国际学术会议上报告的学术论文4篇，在国际学术刊物上发表论文7篇，在全国学术会议上报告的学术论文26篇，在国内权威刊物上发表16篇。推广应用的5项新科技，取得经济效益5.215亿元。文科各系教师取得科研成果469项，其中出版著作32种（共41本），计787万字；发表学术论文437篇。[②]这一切成果的取得都离不开刘介愚对学院知识分子的重视和支持。

① 龙振泉：《一代教育工作者的楷模——缅怀刘介愚院长》，《武汉文史资料》1993年第1辑。

② 马敏、黄晓玫、汪文汉主编：《华中师范大学校史（1903—2013）》，华中师范大学出版社2013年版，第209页。

六、关心群众，以身作则

（一）作风民主，深入群众

刘介愚作风民主，深入群众、了解群众、关心群众成为他工作中的突出特点。他那浓重的四川口音，响遍校园的每个角落，那风趣健谈的音容笑貌，深刻留存在师生员工的记忆里。虽然刘介愚长期担任领导工作，但他从来不摆架子，总是和师生在一起，与群众形成了水乳交融的亲密关系。平时校内劳动和大扫除，他总是带头参加，还笑呵呵地对大家说："你们不要照顾我，不要把我当成老弱病残。""文革"前，学生常常到农村去劳动，刘介愚也经常与学生一起去劳动。50年代末，学生到东西湖参加劳动，刘介愚五十多岁了，仍如年轻人一样，随学生一道从桂子山一直走到汉口，劳动后，又随着学生一起走回学校。学生们看着这位身着老八路服装的老领导这么艰苦朴素、平易近人，都深受感动。

在多年的工作中，刘介愚虽然级别、职位都比较高，但他从来没有"我说了算"的武断作风。他经常到群众中征求意见，强调深入基层调查研究。在贯彻重要决定时，他首先深入基层，虚心听取各方面的意见，从不以领导者自居，不搞一言堂。他还经常教育干部如何深入基层。他常讲，"上面千条线，下面一根针"，不要坐在办公室等着别人来汇报。他规定办公室中，每天留一人值班处理接待等一般事务，其他干部有事办事，没事的下基层。刘介愚以身作则，他经常到教室、实验室、系办公室、教师办公室、校办工厂、伙房、工地，去听、去看、去问，发现了问题就向有关处室反映，并要求有关处室及时处理，并向他汇报。他要求机关工作人员常下基层去帮助基层的同志解决实际问题，不要总让基层的人找上来。有时有人找到刘介愚，要求他解决某问题时，他从不当场作答，而是先要有关办事人员说明情况并提出解决的办法，他认为可行，才让办事人员去答复；遇到难以解决的事情，也要按政策说明原因。这种领导方法，不仅充分发扬了民主，培养了干部，而且使广大师生员工都感到亲切，都乐意接近他。除此之外，他要求机关干部要热情对待群众，有人来访，要起立、让座、倒茶、询问，离开时要起身送客，握手道别。

刘介愚利用一切机会走访群众。他的足迹遍及教室、实验室、资料室、图书馆、会议室、食堂、礼堂等各种场所，与任何人接触，他都笑容可掬，让对方倍感亲切，一下就能拉近距离，无拘无束地交谈。对于不同的意见和观点，他从不压服，也不激动，而是坚持以理服人。此外，他还经常深入厅堂馆室，了解群众的学习工作和生活情况，聆听他们对学校工作的意见，帮助他们排忧解难。灯光、厕所、门窗等等，都是他注意观察的地方。比如发现单身教工存小锅小灶，就要求后勤部门搞好集体伙食。休息时间，他常到各办公室叫人停止工作，去开展文体活动。他还常组织并带领教工学游泳，学跳舞，包括女同志穿花衣裳的事，他都亲自提倡和督促。

（二）严于律己，宽以待人

刘介愚一贯严于律己，宽以待人，从不利用职权谋求任何私利；谦虚谨慎，从不居功自傲；生活简朴，廉洁奉公，高风亮节，堪称楷模。

1962年，国家经济困难要精简机构下放干部时，作为学校“一把手”的刘介愚带头将病休在家的妻子董新列入裁减名单。从此，董新同志几十年没有工资、没有公费医疗，刘介愚独自一人承担了家中的日常开支及女儿上学的经济负担。他自己原是校内级别、工资最高的领导干部，可后来一直没有增加收入，物价又有所增高，生活水平自然有所下降。

不但如此，大女儿刘支梅考大学时，刘介愚鼓励她考师范专业。刘支梅师范毕业后被分配到中学做教师，一干就是十五年。在知识青年上山下乡期间，刘介愚的小女儿刘晓南按政策可以留在武汉市，但他还是主动把小女儿送到湖北监利农村插队，接受锻炼。直至1977年刘介愚的小女儿不幸去世，年过六旬的刘介愚精神遭到沉重打击，组织上根据这种情况，才将他的大女儿从外地的中学调回了武汉。1989年，刘介愚的外孙女考入华中师范大学城经系自费走读。她本人想转到英语系就读，想请外公帮个忙。刘介愚不但自己不开口，更不允许他人帮忙，而是让外孙女复读一年："你凭自己的本事明年再考吧！"在华中师范大学工作的几十年里，刘介愚从来没有为自己的私事向组织上提出过要求。

离休以后，由于年事已高，刘介愚的支气管哮喘病经常复发。但是，他为了减轻学校的负担，尽量少去医院看病治疗。按级别他可以配专车或用车随叫随到，他选择了后者，有时他为了节约汽油，八旬老人还挤公共汽车外出办事。在武汉市内，按省级干部的住房标准，作为副部级干部的刘介愚住房条件是很差的。学校准备在经费调剂得过来的情况下，为几位老领导建几套住房时，刘介愚马上说："你们千万不要考虑我们的住房问题，还是多为教职工着想。"

就是在这样一种情况下，刘介愚心里仍然想着党和人民对他的培养，考虑到学校的建设发展。1989年3月2日，八十岁高龄的他，仍关心学校的发展，将自己多年节衣缩食积攒的一万元人民币化名“新梅”（取妻董新、女儿刘支梅两个名字的尾字）捐给了他无限热爱的华中师范大学，作为奖学基金之用。为了凑足这笔款项，他当时还向别人借了二十元。他在捐款信中说：“我已有八十岁了，已非来日方长了，我口口声声说热爱师范教育，该有所行动了，现将一万元钱捐给华师，以表达对师范教育的热爱之忱。甚觉贡献微薄，请不要公布真实姓名……”言辞中所表达热爱师范，尤其是热爱华中师范大学的情怀有目共鉴。[①]在刘介愚逝世后，校党委办公室副主任姜美珍为其料理后事时才发现，他的家中除了仅有的一台十四吋[②]彩电和一台单门电冰箱，就只有几件陈旧的老式家具，还是50年代由学校配置，折旧后归他使用的。另外，刘介愚也没什么得体的衣服，一件得体的大衣还是他当年赴朝慰问志愿军任第二分团团长时添置的，他的一条针织裤上竟有七块补丁，人们不禁为刘介愚这种简朴的生活作风而动容。

刘介愚把自己的一切都献给了祖国，特别是他为人民的教育事业殚精竭虑，把学校办得颇具特色。当华中师范大学校报开辟专栏写“为华师赢得荣誉的人们”时，那些卓有成就的学者们异口同声地“首推介公”，然而他坚决不同意宣传自己，恳切地说：“这些都是我应该做的，哪值得写，版面要多宣传教学科研第一线的同志们。”人们从刘介愚身上，看到了真正共产党员的高贵品德，看到了一代人师的高大形象。[③]

---

① 贾宝琛等主编：《师范群英 光耀中华》第6卷，陕西人民教育出版社1992年版，第187—188页。

② 吋，英寸的旧称。1英寸=2.54厘米。

③ 龙振泉：《一代教育工作者的楷模——缅怀刘介愚院长》，《武汉文史资料》1993年第1辑。

主要参考文献

1. 武汉市洪山区政协文史资料委员会编印:《洪山文史》第3辑，1991年。

2. 贾宝琛等主编:《师范群英　光耀中华》第6卷，陕西人民教育出版社1992年版。

3.《桂苑师林》编委会主编:《桂苑师林——投身于“太阳底下最光辉的职业”》，华中师范大学出版社2005年版。

4. 马敏、黄晓玫、汪文汉主编:《华中师范大学校史（1903—2013）》，华中师范大学出版社2013年版。

5. 范军、严定友主编:《永远的怀念——忆介公》，华中师范大学出版社2019年版。

6. 刘介愚:《高等学校思想政治工作的科学化问题》,《河南大学学报（社会科学版）》1982年第6期。

7. 龙振泉:《一代教育工作者的楷模——缅怀刘介愚院长》,《武汉文史资料》1993年第1辑。

求实创新
立德树人

华中师范大学校训

撰稿人：王建梁，教育学博士，华中师范大学教育学院教授、博士生导师，主要从事中国教育史和比较教育研究。

王季愚

WANG JIYU

上海外国语学院（上海外国语大学前身）

院长（1964—1981）

（图片由上海外国语大学校史馆提供）

王季愚（1908—1981），四川安岳人。作为新中国任职时间最长的女性大学校长，她历任哈尔滨外国语专科学校校长、党总支书记，哈尔滨外国语学院院长、党委书记，黑龙江大学党委书记兼副校长，上海外国语学院院长、党委副书记，为新中国的外语教育事业做出了突出贡献，是新中国外语教育事业奠基人之一。

一、坎坷坚毅的一生

王季愚，原名王尚清，笔名西冷、季子、及愚等，1908年3月18日出生于四川安岳的一个书香门第。父亲王栗先是乡学校长，一生从事教育工作。王季愚幼年丧母，在父亲和继母的养育下长大。由于父亲的开明和支持，她在家上完私塾后于1922年考入安岳县立女子小学，开始接受学校教育。高小毕业后，王季愚考入四川省立第一女子师范学校。在此期间，由于父亲去世，王季愚只得靠亲戚的接济维持学业，但她宁愿忍饥挨饿，也不愿放弃学业。

王季愚在四川省立第一女子师范学校读书期间，正是第一次国内革命战争时期，受学校进步教师的影响，积极参加学生运动。王季愚在学校党员、进步师生和在北平读书的亲戚的影响下，学习了十月革命、五四新文化运动和妇女解放等进步思想。这成为她日后选择学习俄语、翻译苏联革命著作的原动力。寒暑假期间，她回乡进行社会调查，看到家乡的落后，立志要继承父业，教书育人，努力改进社会。

1929年，从女师毕业后，王季愚只身北上，到北平学习深造，并寻求革命真理。在北平求学期间，她不再使用自己的原名王尚清，而改成王季愚并以此来纪念新生活的开始。新名字是她自己起的，因在家排行第三，所以用“季”，“愚”则来自“大智若愚”一词。第二年，她顺利考入国立北平大学法商学院俄文班预科，两年后升入该院经济学科深造。王季愚选择俄文的原因，在其后撰写的文稿中解释得很清楚：“我之所以念俄语，目的是想去苏联，听说那里工农当权，妇女解放，还可以工作。”[①]除俄文外，王季愚还兼学英文和日文，她对语言学习很有兴趣，喜欢阅读外国名著。尽管生活艰苦，但王季愚学习异常刻苦。起初看俄文报纸，如《真理报》《消息报》等，需要依靠词典，边查边看，费时费力，但她认为不仅要学语言，还应从报纸中获取信息，了解新知识，于是孜孜不倦地坚持读书看报，后来阅读顺畅了，知识也增长了。此外，她还阅读了田汉、丁玲、蒋光慈等人的作品。参加读书会以后，王季愚的阅读面更加广泛，有苏联的文学作品，也有国内的进步文艺作品，还有中国古典文学作品。这给王季愚带来了新思想和新主张，她的兴趣渐渐转向了社会科学，并成为班上的优秀学生之一。

九一八事变后，深受触动的王季愚和其他热血青年一起，投入轰轰烈烈的民族救亡运动中，反对国民党的不抵抗政策。国立北平大学和其他大学的学生联合起来，在校园内集合，高喊着口号上街游行示威，宣传抗日，并为抗日将士募捐。1932年8月，经同学的介绍，王季愚加入了“中国社会科学家联盟北平分盟”（简称“社联”）。这个群众组织是由中国共产党领导的左翼文化团体，在上海成立并设立总部，在北平、广州和东京设有分盟。加

① 王季愚：《回顾与展望——为中国外语教学研究会成立大会准备的发言稿》，《外国语》1981年第5期。

入“社联”的学生主要是学习和宣传马列主义，宣传抗日救国思想，必读书目包括《共产党宣言》《共产主义运动中的“左派”幼稚病》等。“社联”的盟员还有机会读到一些党内的和革命的刊物，如《北方红旗》。通过阅读和学习这些刊物，王季愚对中国共产党、对中央苏区和中国工农红军等有了一定的了解。她积极参加法商学院组织的剧团活动，自编自演；每周上街写标语，发传单，宣传抗日救国思想；到监狱探望被监禁的同学，送食物、药品和传递消息。王季愚的同班同学陈沂曾回忆：“我现在还清楚地记得，她（指王季愚）梳了一个小分头，穿一件刚过膝的蓝布旗袍，我们都戏称她为假小子。”[①]在这段时间里，王季愚和同学于伶的感情逐渐发展起来。1932年，王季愚和年长她一岁的于伶结为夫妇。

1933年1月，国内局势日益紧张，日军进攻山海关，国民党反动派不仅继续奉行不抵抗政策，还在各地大肆逮捕镇压宣传抗日的学生，“社联”的活动也被迫停止直至解散。为了保证安全，在与亲戚商量后，王季愚离开北平大学，到重庆投奔堂姐王希哲。此时，王希哲在四川省立女子职业学校任教。因王希哲要临产，王季愚就代替她上课，并兼任斋务主任。王季愚一周有二十节课，工作繁忙。学生很喜欢听她的课，尤其喜欢听她讲北平学生抗日宣传的事。但由于重庆当时处在白色恐怖氛围中，女子职业学校不敢继续留用王季愚，王季愚只好去上海继续求学。尽管在女子职业学校的教学只有短短两个多月，但这是王季愚教育工作的开端，具有重要的意义。

---

① 赵劭坚、傅善卿、李良佑著：《平凡人生——王季愚传略》，上海书店出版社2006年版，第20页。

1933年5月，王季愚到达上海，和丈夫于伶团聚。由于生活和工作条件的限制，继续求学已不可能。她和于伶都没有固定收入，度日艰难。于伶时任中国左翼戏剧家联盟总同盟的组织部部长，忙于工作。王季愚继续自学俄文，靠翻译作品、创作小说、给商务印书馆点校古籍等赚取稿费补贴家用。他们的第一个孩子由于无钱医治，一岁多便夭折了。1935年，在第二个孩子出生后，王季愚和于伶到上海正风中学任教。正风中学是上海私立学校中规模较大的学校，王季愚担任该校国文课的教师，教授两个班的学生。此外，王季愚还负责读书会的工作，组织各种漫谈会等活动，宣传抗日救国的思想。王季愚的挚友兼后来工作的搭档赵洵曾回忆："我对她的最初印象是一位平易近人，中国文学修养甚高的老师。她穿一身蓝色毛料的旗袍，蓝色的皮鞋，一个皮包也是蓝色的，端庄高雅，给我留下了深刻的印象。"①1936年，王季愚历时三年翻译完成的高尔基名著《在人间》由上海读书生活出版社出版，她在该书的《译后记》中写道："这本书是1933年春天动手译起的，中间为生活不安与许多意外的灾难所阻碍。"②对王季愚而言，生活上的灾难并未就此停止，其后她经历了正风中学的停办、生计的艰难、第三个孩子的夭折以及各种疾病的折磨等。

在上海期间，王季愚先后加入了上海青年妇女俱乐部、中国文艺家协会、上海妇女界难民救济会、上海妇女社等进步组织，并担任上海妇女社理事，筹备出版半月刊《上海妇女》。1938年4月20日，《上海妇女》创刊，王季愚以西冷、季子、及愚等笔名，

① 赵洵：《和季愚相处的日子》，戴炜栋主编：《爱心的回响——缅怀人民教育家王季愚》，上海外语教育出版社1997年版，第31页。

② 赵劭坚、傅善卿、李良佑著：《平凡人生——王季愚传略》，上海书店出版社2006年版，第32页。

翻译苏联的报刊《红星》《域外》上的文章，刊登在《上海妇女》以及《译报》《申报》上。当时《上海妇女》上有关苏联的译文和评论性文章，几乎都出自王季愚之手。当年秋季，王季愚到上海私立新生女中任教，并利用教员身份，开设培训班，动员女学生参加新四军，为新四军培训了一批护士。1939年初，王季愚正式加入中国共产党。多年后，她仍清楚记得第一次参加党小组会的情景："那是1939年1月，在我家里（上海法租界亚尔培路秀德坊一号楼上）召开了第一次党的小组会。小组会召集人是蔡楚吟。参加这次小组会的有于伶、蔡楚吟和我，孙冶方也参加这次会议，传达上级指示并布置了工作。"①

1940年，王季愚生下第四个孩子，并于同年8月，带着两个活下来的孩子离开上海，经香港、广东、广西、重庆，于1941年辗转到达延安。

在延安，王季愚被分配到鲁迅艺术学院文学部编译处任编译员，主要工作是摘译俄文报刊上的资料，对可供教学和参考的资料进行整理。有语言基础和翻译的经验，王季愚在工作上得心应手。她根据自己的实际情况，除了从事文艺理论比较研究，还制订了一个学习计划，开始系统学习马克思列宁主义理论、毛泽东论著、中共党史和哲学等。王季愚还积极参与到大生产运动中，加入手工业生产合作社，并在自家的窑洞前土坡上种菜。在延安工作生活了四年，王季愚对无产阶级革命有了深入的思考，对中国革命的长期性和阶段性有了理性的认识，从一个小知识分子成长为坚定的革命战士。她曾这样回忆延安的岁月："在延安的

① 赵劭坚、傅善卿、李良佑著：《平凡人生——王季愚传略》，上海书店出版社2006年版，第39页。

四年，是我终身不忘的四年，正是在这样的熔炉中，我思想作风上的杂质——非无产阶级的东西逐渐得到消除，觉悟逐渐得到提高。……共产主义世界观的形成，严格地讲是到延安以后才开始的。”①

抗日战争胜利后不久，王季愚编入基干大队开赴东北。1946年6月，王季愚调任至东北大学，先后担任文学系副主任、文学院副院长、教育学院副院长等职务。1946年11月，王季愚调至东北民主联军总司令部附设外国语专门学校（即原在延安的中央军委编译局附设外国语学校）工作。该校于1947年从佳木斯迁回哈尔滨，1948年改名为哈尔滨外国语专科学校，王季愚先后担任政治处主任和副校长。1951年，中央人民政府教育部任命王季愚为哈尔滨外国语专科学校校长，中共中央东北局宣传部决定王季愚兼任该校党总支书记。1956年，哈尔滨外国语专科学校更名为哈尔滨外国语学院，高教部任命王季愚为院长兼党委书记。1958年，以哈尔滨外国语学院为基础，成立黑龙江大学，王季愚任党委书记兼副校长。1964年，王季愚被任命为上海外国语学院院长。1977年12月，王季愚被推荐为上海市政协第五届委员会委员。1978年上海外国语学院复校，王季愚再次被任命为上海外国语学院院长兼党委副书记。

1974年，王季愚患甲状腺肿瘤，手术后仍坚持工作。她拖着病体，直到1981年4月实在支撑不住，被送进医院。她生前最后一句话是对儿子王力平说的：“好好教书！”1981年5月6日，王季愚病逝于上海。

---

① 赵劭坚、傅善卿、李良佑著：《平凡人生——王季愚传略》，上海书店出版社2006年版，第60页。

王季愚是我国自己培养的为数不多的女教育家，担任高校校长三十多年，是全国高校中担任校长时间最长的女教育家。她在自述诗中写道："病骨轻如蝶，两鬓白如霜。七十又过二，终日育才忙。"①

二、办学经验与成就

王季愚和外语结缘，始于1930年国立北平大学法商学院俄文班，到1981年去世，长达半个世纪的时间；她和外语教育结缘，则始于1946年调至东北民主联军附设哈尔滨外国语专门学校工作，从此一直都没离开过外语教育岗位，整整工作了三十五年。王季愚自己懂外语，并一直思考和研究外语教育，她的外语教育思想在当时是领先和超前的，在今天看来也不过时。

（一）改革外语教学法

在哈尔滨外国语专科学校工作时，王季愚提出要创建一所正规化的外语学校，以"学术建校"的思想为指导，从外语教学法着手开始改革。她指出，在外语学习的听、说、读、写四项技能中，首先大力抓好听说的技能，这在外语学习的基础阶段尤为重要，到了高年级，阅读和写作不断提升的过程中，抓听说的工作也不能放松。据学院首批培养的研究生回忆："当时校领导确定的以口语（说话）为主的授课方式和创造的良好的外语环境是哈外

① 上海外国语大学：《一位杰出的教育家——王季愚同志生平及其教育思想》，戴炜栎：《爱心的回响——缅怀人民教育家王季愚》，上海外语教育出版社1997年版，第15页。

王季愚（后排左三）在专家座谈会上发言

（图片由上海外国语大学校史馆提供）

院学生口语好的两个基本原因。”[1]学院上课的内容，不拘泥于课本，可根据实际情况设立场景，让学生在语境中学习。学校中有各种外文标语、外文板报、外语广播、外语晚会、外语电影、外语歌曲等，培养学生的语感和语言使用能力。学到一定程度，便定期举行外语交际活动，即外语是主要的甚至是唯一的交流语言。这种直接教学方法一度受到不同观点的冲击，认为是过去教会学校使用的方法，被贴上“反动阶级”的标签，甚至认为是“帝国主义洋奴教学法”。王季愚对此并不理会，鼓励教师们实践，并在新编制的教学大纲里重申：现代俄语实践教学必须保证学生能实际掌握俄语进行交际。因此，实践课必须贯彻实践性原则，在教学中要进行大量的语言实践，防止把实践课变成讲演课的倾向。在《基础阶段俄语实践课综合教学总结》中，她阐述了“语音、

① 徐翁宇：《哈外院的外语教育思想——缅怀老校长王季愚和赵洵》，《外语学刊（黑龙江大学学报）》1998年第2期。

语法、词汇”和“听、说、写、读”的辩证关系，指出口语是实践掌握外语的中心问题。[①]事实证明，这种教学方法效果很好，“哈外专的学生一个学期内即可听懂用外语讲课”[②]。讲读课的外籍教师、会话课的外籍助教、用汉语讲语法的中国教师，被称作是“三驾马车”，搭配效果很好。

同样，在上海外国语学院工作时期，王季愚继续发扬这种锐意创新的改革精神。1965年，上级主管部门提出进行英语教学法的改革，目的是让学生能“听得懂和讲得出”，达到听、说、读、写、译全面发展。王季愚多次进班听课，征求教师和学生的意见，鼓励大胆试点。这种“听说领先法”也受到怀疑和阻力，有人说“听说领先，寿命不长”，“是为帝国主义奴化教育服务的”。王季愚明确表态：外语教学法应是百家争鸣，百花齐放，不要随便“贴标签”“扣帽子”。同时，她也指出：“要边试验，边小结，要注意处理好听说和读写之间既矛盾又统一的辩证关系，要求从理论上揭示一些规律性的问题。”[③]不久，这种教学方法的效果和经验得到了外语教育界的认可和好评，进而推动了中国外语教学方法的改革，开辟了外语教学的新思路。在对教学安排进行调整后，上海外国语学院的教师开始编写适合听说训练的教材，一边编书，一边使用和修改，新教材逐渐成熟。虽然受“文革”的影响，新教材未能出版，但其教学思想在以后的教材中得以体现，一脉相承地保留了下来。

① 徐翁宇：《哈外院的外语教育思想——缅怀老校长王季愚和赵洵》，《外语学刊（黑龙江大学学报）》1998年第2期。

② 上海外国语大学：《一位杰出的教育家——王季愚同志生平及其教育思想简述》，《外国语（上海外国语大学学报）》1996年第3期。

③ 章镇邦：《怀念王季愚同志》，《外国语（上海外国语大学学报）》1996年第4期。

（二）研究多样化形式的外语教育

早在担任哈尔滨外国语学院领导工作时，王季愚就认识到单一开设俄语学科的不足，要建立多语种的外语学科，以及建立马克思主义学科、汉语学科等。其后她一直思考和研究如何将外语教育的多样化同我国“四化”建设的实际需要紧密结合。在上海外国语学院，她顺应改革开放趋势，提出“外语加专业”的多样化发展方向。她在外语教学研究会成立大会的发言稿中这样写道：“我国外语教学状况存在着单一化的倾向。培养目标、规格、学制、课程设置、教材教法等等都或多或少有这样的毛病。外事人员、旅游向导、科技文学翻译、教师、研究人员‘一锅煮’，规格、教学内容与方法大同小异，没有特色。”[①] 她提出，在学制上，“完全可以根据不同培养规格和社会需要，把学制定得灵活多样些，二年、三年、四年制都可以。某些重点院校还可以办五年制，培养较高水平的翻译、研究人员或高校外语师资”。在教学方法上，“希望要有多种多样的教材，多种多样的课型，不同年级的教法应不同，即使同一年级也应鼓励用不同的教学方法”。在课程设置上，她要求各专业调整课程，增设选修课，增开各种讲座，拓宽学生的知识面。“总之，我们这么大一个国家，应该有多种多样的教学结构和办学形式，把外语教学搞活。”[②]

这些办学理念不仅为学校的发展绘制了蓝图，也是对学生发展的长远考虑。从前者看，学校有多语种的横向发展空间，有本、硕、博多层次的纵向发展空间，并随着时代的发展，有了夜大、函授、广播电视等多种办学方式。在人才培养上，除了语言

---

①② 王季愚：《外语教学的回顾与展望》，《中国教育学会通讯》1981年第3期。

学、文学、跨文化交际等专业，还有对外经济贸易、外事管理、国际法、国际新闻、对外汉语、教育传播与技术等应用文科专业。这为今天的上海外国语大学形成文学、教育学、经济学、管理学、法学、工学等六大门类协调发展的学科格局奠定了基础。从后者看，“外语加专业”体现了王季愚全面发展和个性发展相结合的学生观。“外语人才应当是有全面文化修养和丰富知识的人，不是光说两句洋文就可以的。”[①]“‘德智体’也好，‘德智体美’也好，‘德智体美劳’也好，‘礼乐射御书数’也好，都是全面发展，又都是把政治思想和品德教育放到第一位。‘士先志’‘士先器识而后文艺’，也都包含有这个意思。”[②]这样培养的外语类学生，外语基础较好，知识面较宽，还具备某一专业知识技能，不仅质量高，还多元化，能更好地适应“四化”建设的需要并有个人发展的潜力。

三、严格按教育规律管理大学

（一）重视师资队伍建设

王季愚提出的“三材”建设（人材、教材、器材），将师资队伍建设排在首位。当时哈尔滨外国语学院的教学工作主要依靠苏侨教师，王季愚很快意识到自己培养教师队伍的重要性：“必须尽快培养一大批自己的青年教师，使他们在实践课、讲读课上能完全取代苏侨，才能立于不败之地。”[③]她强调“教育者必须先受教

① 岳凤：《王季愚美育思想与实践》，《黑龙江教育（理论与实践）》2021年第9期。
②③ 左毅、冯彬彬：《对王季愚校长教育思想和实践的片断回忆》，《外国语（上海外国语大学学报）》1996年第3期。

育”的原则，每年从毕业生中挑选“又红又专”的学生担任政治助理员和业务助理员，跟着苏侨教师学习；挑选年轻有为的教师，着力培养后担任实践课教员；连续开设俄语研究生班，脱产学习两年后留校任教，培养后备教师力量；举办教师业余理论班、教师高级学习班（修读苏联副博士课程），提高教师业务水平和专业素质。事实证明，王季愚是很有远见的。中苏关系破裂后，大批苏侨教师离开，哈外院的教学工作转由中国教师承担，未受很大影响。这些自己培养的教师都成为学校的骨干力量，继续培养了大批学生。

对于师资队伍建设，王季愚进一步强调，重点外语院校的“重”字应首先体现在整体教师素质和整体学术水平上，而不是单纯追求规模和数量。[①]她提出“办好”二字，指教师队伍要加强理论学习，要将教学和科研结合起来，外语教师的活动是建立在两者相互作用之上的。她认为高校科研是由广大教师参加的工作，第一线的教师有丰富的实践经验，理论指导和经验总结便是很有价值的科研成果。王季愚强调教师理论学习，重视教师的外语理论修养和教育学、心理学的学习。她亲自给教师上课，讲马列主义理论；聘请外籍教师，开设培训班或集中讲学；帮助教师走出去，到国外学习进修；召开科研讨论会，帮助教师掌握科研方法，并不断更新提高。

1973年起，根据教学需要，学校恢复聘请外国专家和外籍教师来校任教。在此期间，为补充教师队伍，学校从历届工农兵学员和四年制外语培训班的毕业生中选留了一部分毕业生充实师资

① 章镇邦：《怀念王季愚同志》，《外国语（上海外国语大学学报）》1996年第4期。

队伍。这些学生经过专业进修或教学实践后，不少人成为教学骨干。1978年起，学校恢复公费派遣教师出国进修，并和国外高校建立校际合作交流关系，作为培养师资的一条重要途径。其他途径则主要包括赴外校进修专业课、参加教师培训班学习，等等。同时恢复教师职称评审工作，教师、科研人员的职称评审工作进入正常轨道，基本按照国家人事部、教育部和上海市下达的职称评审条件、权限及限额进行，逐年提高和改善教师职称结构状况。1978年5月，经上海市革命委员会批准，提升、确定教授3人，副教授10人。10月，经校党委批准，提升、确定讲师192人。1980年3月，经校学术委员会讨论通过、党委同意，提升80名助教为讲师。1964年，上海外国语学院只有303位教师，到1981年增加到617位，其中参加国内进修的教师有8位，参加国外公派进修的教师达到27位。①

王季愚（左四）接待德国专家代表团
（图片由上海外国语大学校史馆提供）

① 戴炜栎主编：《上海外国语大学志》，上海外语教育出版社1996年版，第367—368、381—382页。

为了给教学和科研提供条件，为教师提供发表成果的平台。1978年2月，上海外国语学院组建《外国语》学报编辑组，同年底，经教育部批准公开发行。1979年，《外国语》创刊，同年出版《外语电化教学》，1980年出版《阿拉伯世界》和《外语语言教学资料导报》。

王季愚还非常重视青年教师的队伍建设。在哈尔滨外国语学院，王季愚提拔了一批青年教师担任教学领导工作，让他们在实践中成长。据吴福生回忆："我担任教研组长时才二十一岁，担任教研室副主任时也不过二十三岁。……为了使我们这些年轻人在实践中受锻炼，老校长有意安排鲁刚同志带我去上海，参加当时高教部组织的一个工作组，在上海外语学院进行调研工作。"[1]在上海外国语学院，英语系的教师是一支经验丰富学有专精的中老年教师队伍，青年教师人数不多。[2]王季愚建议实行"师傅带徒弟"的方式，为老教授配备青年教师助手，一对一学习专长。英语系还有各种为青年教师量身定制的活动，如青年教师进修班、高年级"拔尖班"（即为预定毕业留校任教的教师准备的培训班），还有专门做思想工作的政治干部。另外，王季愚还十分关心青年教师的生活，想方设法帮助安顿家属，改善工作条件和生活条件。

在师资队伍结构上，王季愚主张"五湖四海"，反对"关门主义"和"近亲繁殖"。她主张外语院校之间实行或长或短的师资交流，取长补短。上海外国语学院的青年教师中，除了本校的毕业生，还有从北京外国语学院、北京大学、复旦大学等学校招收的

① 吴福生：《要重视王季愚外语教育思想的研究》，戴炜栎主编：《爱心的回响——缅怀人民教育家王季愚》，上海外语教育出版社1997年版，第373页。

② 章镇邦：《怀念王季愚同志》，《外国语（上海外国语大学学报）》1996年第4期。

教师和研究生。王季愚提倡的交流不仅局限于学校教师内部，还包括学校和社会之间的交流。她邀请驻外使馆人员、记者、翻译家、杂志编辑、外贸人员、相关研究人员等来校做讲座、上课，还选派教师到这些部门体验交流，从事研究工作。这些举措对教师的水平和眼界的提高都很有帮助。

此外，王季愚敏锐地提出，要加强中小学外语教师的培养和提高。“要想提高我国今后科技人员的外语水平，从根本上说，还得加强中小学外语教学。”① 她认为，外语院校应该承担师范专业的培养工作，加强外语师范专业的培养，为中小学和公共外语输送优质的教师资源，提高基础教育水平。

（二）不遗余力改善学校硬件设施

20世纪50年代，我国高校大规模院系调整，王季愚作为一校之长，开始考虑学校的远景发展，并着手规划。哈尔滨外国语学院当时在市区，学校好多师生都不愿离开旧校区，到当时的郊区去建新校。王季愚却不这么认为，她说：“我们现在占的老医大的教学楼，都是按医科标准设计的……所占的邮电大楼，迟早总要让出来。学校要发展，学生要有活动的场地、绿色的校园、运动场、图书馆、俱乐部、游泳池等等……现在就要看见将来。”“以后学生要在绿荫中读书，我们要有一片土地，现在不动手，以后就晚了。”② 在王季愚的指挥下，新校区逐渐建设起来，布局合理且留有余地，为以后黑龙江大学的发展奠定了基础。

---

① 王季愚：《外语教学的回顾与展望》，《中国教育学会通讯》1981年第3期。

② 赵洵：《和季愚相处的日子》，戴炜栎主编：《爱心的回响——缅怀人民教育家王季愚》，上海外语教育出版社1997年版，第54—55页。

王季愚"三材"建设中的教材和器材，就是现在的教材、图书资料、仪器设备，等等。除了选用国外的原版教材外，哈尔滨外国语学院注重教材建设，以"结合工作实际，贴近生活"的原则，组织教师自编自写教材，学以致用。哈外院的图书馆从零开始建设，王季愚亲自选派干部到图书馆工作，筹措购置经费，联系国内有关部门寻找书源，对于教学资料和科研成果，进行分类整理和收藏，馆藏不断增加，从建校到1958年短短几年时间，就"建成了一个位居国内外语院校前列的，有丰富社会科学、人文科学和外语专业藏书的大学图书馆"。[①]哈尔滨外国语学院的俄语资料室，是全国俄罗斯语言文学学科教学和科研重要基地，是国内俄语资料最丰富的资料室之一。该资料室承担的"注重资料开发与研究，创造性开展学术情报服务"项目，曾获得首届国家级教学成果奖特等奖。哈尔滨外国语学院的编译室，是王季愚和赵洵两位校长亲手组建并领导的，曾取得过引人瞩目的成果。后来几经变迁，现发展为黑龙江大学辞书研究所。虽是地方高校所属的一个辞书编写机构，但出版了不少具有相当影响力的辞书，如《俄汉详解大词典》《俄语新词语词典》《希腊罗马神话辞典》《乌克兰语汉语词典》《俄语8000常用词词典》等。《俄汉详解大词典》曾被作为礼物，赠送给来华访问的叶利钦总统。王季愚注重电化教学，哈尔滨外国语学院的语言实验室，是全国最早的电化教学室之一。总之，这些硬件设施的建设都为学校提高人才培养质量服务。

① 朱振林：《王季愚办学思想述要》，《黑龙江教育（高教研究与评估）》2010年第5期。

王季愚（前排左四）与学院党委成员合影
（图片由上海外国语大学校史馆提供）

在上海外国语学院，王季愚改善办学设施的工作一直在进行，且不放过每一个机会和每一个角落。教室、图书室、资料室、食堂、宿舍、操场等等，师生学习和生活的地方都是她的关注点。在“文革”前，上海外国语学院新建了图书馆、电教楼、女生宿舍和教工第四、第五宿舍及友谊新村教工单身宿舍等，到1965年藏书量达到260 897册。[①]1966年4月，全国高校中第一幢电化教学楼建成，内有录音室、录音控制室、电化教室、听音室、小电影场等。[②]对于硬件重中之重的教材，王季愚到任后即开始下功夫。据当时任基础英语教学组长戴炜栎回忆，1964年王季愚开会时说：“搞教改要吃点苦头。首先是教材，现用的多是以政论文为主，没有现成的听说法教材。你们要边教边编，尽快搞出一套来，还得配上一套直观教具。搞外语教学，要走出一条路

①② 戴炜栎主编：《上海外国语大学志》，上海外语教育出版社1996年版，第7、452页。

来。”[①]因为教改取得了一定的成果，1965年教育部在上海外国语学院组织了现场观摩，许多兄弟院校都来听课。

1978年，王季愚主持上海外国语学院的重建和恢复工作。据王季愚的儿子王力平回忆：“她精神抖擞，抓清查，抓教学秩序，抓师资培训……她走教室，串宿舍，夜半灯下，她戴上老花眼镜，拿着放大镜，审查教学计划，研究国外教材。”[②]1978年底，5栋教工宿舍建成，学生生活区和新图书馆开始动工。[③]学校恢复招生，并与上海人民广播电台合办了广播教学，附属外国语学校的教学工作也恢复正常。图书馆和各类资料室、校电教室和各系电教室得到恢复，并添置了新的设备等。[④]1978年5月，学院成立了上海外国语学院第一届学术委员会，王季愚任主任；8月，她率领上海外国语学院代表团参加全国外语教育座谈会；10月，恢复学报，创办《外国语》，她作为主编撰写发刊词，号召“振兴教育事业，创造灿烂文化”；12月，学校举行科学报告会。1979年初，上海外国语学院安装了高校中第一套闭路电视系统，包括演播室、播放室，每天下午为师生播放外语教学片或故事片。为配合教学，电化教学馆开始大批量编制和生产教学录音带，拍摄外语教学片、彩色幻灯片等，随后开始编辑出版《外语电化教学》期刊。电教馆建立了洗片车间，从此具备了录音、电影的软片生产条件。1979年底，上海外国语学校从日本购进成套教学彩色录像系统，为电教馆安装了演播室和导控室，从此录像教材开始进入课堂。[⑤]

---

① 戴炜栎：《真诚的回报》，戴炜栎主编：《爱心的回响——缅怀人民教育家王季愚》，上海外语教育出版社1997年版，第3页。

② 王力平：《回忆我的母亲》，戴炜栎主编：《爱心的回响——缅怀人民教育家王季愚》，上海外语教育出版社1997年版，第123页。

③④⑤ 戴炜栎主编：《上海外国语大学志》，上海外语教育出版社1996年版，第557、9—10、453—464页。

电教馆还筹备编纂专业词典，并随后出版了《英汉电教术语选编》和《英汉教育技术词典》。同年，上海外国语学院先后成立了三个机构，即外国语言文学研究所、上海外国语言教学资料中心和上海外语教育出版社。[①]上海外国语学校和徐汇区政府共同创办了分校（今为上海大学国际商业学院）；恢复出国培训部；设立了上海外语考试中心。[②]1980年1月，图书馆改为由学校直接领导，拓宽业务范围，除本馆传统的图书业务以外，接受国际赠书分配业务，建立外语音像资料出借部，成立了上海外国语言教学资料中心，承接国家教委的有关任务，面向华东地区和全国高校服务，同时也加强对内对外的联系。[③]图书馆的馆藏日渐丰富，国外一些著名出版社如牛津、剑桥、朗文、麦克米兰、霍顿、密夫林等出版社出的一些语法、修辞、写作、课外辅助读物等，该馆已大体配齐，一些重要的工具书、参考书收集也较为齐全。[④]1981年，电教馆铺设了通向英语教学楼和各大楼的闭路电视系统，开始拍摄课程录像讲座、教学公开课、示范课等。[⑤]

王季愚强调："要搞好学校的工作，除了要有好的领导班子、好的教师队伍，还必须有一支全心全意为教学和科研服务的后勤职工队伍。"[⑥]学校的医疗设备日渐完善，医护人员队伍有较大调整，技术水平相应提高。学校成立的"爱国卫生运动委员会"负责校园绿化、环境卫生和环境保护。学校的膳食供应是后勤保障

---

① 上海外国语大学：《一位杰出的教育家——王季愚同志生平及其教育思想》，戴炜栋主编：《爱心的回响——缅怀人民教育家王季愚》，上海外语教育出版社1997年版，第12页。

②③④⑤ 戴炜栋主编：《上海外国语大学志》，上海外语教育出版社1996年版，第10、439、443、462页。

⑥ 赵劭坚、傅善卿、李良佑：《平凡人生——王季愚传略》，上海书店出版社2006年版，第185页。

的重点，从1979年起，上海外国语学院先后新建了四个食堂，食品供给日趋多样化。学生生活区扩建的第一期工程于1979年完工。教职工宿舍不断增加，学校相继在多处建造宿舍用房，改善住宿条件。学校的通信设备、印刷设备、交通车辆等也相继开始添置。[①]这些都为上海外国语学院的教学和科研打下了坚实的基础，为学校提高人才培养质量而服务。

（三）保持清醒头脑，办学中及时改正纠偏

王季愚办学的过程，经历了各种运动，也因此打上了深深的烙印。她在任何时候，都讲究实事求是，保持清醒头脑，尽最大能力及时改正纠偏，使学校教育回到正常的道路上。

1947—1948年，“三查三整”运动开始，即查阶级、查工作、查斗志，整顿组织、整顿思想、整顿作风。当时的哈尔滨外国语学院有人提出，“凡非劳苦大众出身的都要开除出党”[②]。根据家庭背景，王季愚和赵洵两位校领导都属于被查的对象，另还有大批非出身贫寒阶层的教师和学生。王季愚和赵洵顶住被查的压力，找到校长刘亚楼和司令部政委罗荣桓，反映学校的具体情况。在共同努力下，有关方面下达了《对待知识分子政策的决定》，张如心被指派到校兼任政治委员，落实知识分子的政策，即出身各自不同，重在表现。这样，一大批教师和学生得到了保护。

1951年，“三反”“五反”运动开始。学校也不例外，被下达了大小“老虎”指标。学校党委开会研究，一致认为，连校级领

① 戴炜栋主编:《上海外国语大学志》，上海外语教育出版社1996年版，第549、553、564、571页。

② 赵洵:《和季愚相处的日子》，戴炜栋主编:《爱心的回响——缅怀人民教育家王季愚》，上海外语教育出版社1997年版，第44页。

导都没见过千元的金额，何况其他的人员，且一切大的开支都经过银行，学校是“清水衙门”。王季愚直接去市委汇报，要求撤销指标，要求市委允许学校根据实际情况开展运动，并提出“有什么整什么”。

1957年，反右运动开始，从一般的思想认识问题，演变为敌我矛盾，并下达了要超额3%的反右指标。王季愚当时在养病，但还是提出要和市委研究，对青年学生，“说错了话的要保护，不要一棍子打死”[①]。后来王季愚被谈话，但她仍坚持己见，尽量想办法保护学生，除了实事求是地反映情况，还让一批学生在开学前转学，离开学校；坚持让被划为右派的学生回家过年；尽可能把这些学生调回学校办的农场。

1958年，“大跃进”运动开始，要“大炼钢铁”，“大放卫星”。有些学生头脑发热，要搜查学校仓库，把学校的发电机、精密仪器等搬出去炼钢炼铁。王季愚知道后立即下令制止，并连夜组织人员，转移仪器设备。[②]受大环境影响，本着“敢想敢干”的精神，一些院校提出外语教育的“跃进”，提出了各种“跃进方案”“跃进典型”“改革经验”，宣传“一学期掌握五千个单词”，“低年级学生水平已超过毕业生水平”等等。面对来自校内校外的重重压力，王季愚冷静分析后断定，这些都违背了外语教学规律，她明确地说：“不去学习它们！”她不怕被指责“保守”“右倾”，更不随波逐流，坚持引导教师把时间精力放在学院的传统经验上。

1960年，黑龙江大学刚走上正轨，教育战线上开展“反右

① 赵洵：《和季愚相处的日子》，戴炜栋主编：《爱心的回响——缅怀人民教育家王季愚》，上海外语教育出版社1997年版，第50页。

② 上海外国语大学：《一位杰出的教育家——王季愚同志生平及其教育思想简述》，《外国语（上海外国语大学学报）》1996年第3期。

倾”、批判“大、洋、古”的运动。一些人高喊着：“城市里到处是资产阶级，怎么得了！”学校被拉到乡下，要办成“炕头大学”，要“到人墙里去办学，到贫下中农中间去办学”，只有这样才算是“敢于革命、彻底革命”。几千名师生在乡下缺衣少食，基本生活得不到保障，根本无法组织教学。王季愚出差回来后，一面实地调查情况，收集数据并向省委汇报，一面准备粮食和煤炭，找医生和药。最后，历时五个多月的下乡办学终于停止。

1964年，刚到上海外国语学院上任不久，王季愚被指派开展“四清”运动，即“清思想、清政治、清组织、清经济”。当时工作组提出要批判一批人的思路，王季愚表示不同意其中的一些做法。她曾多次公开提出，“即使一个同志确实犯了错误，也应该循循善诱，启发他本人自觉革命，‘无情打击，无限上纲’之类极左的做法应予摈弃”①。“文革”结束后，一方面，王季愚带领复查小组，对上海外国语学院的冤假错案逐一梳理，重新下结论。②对“整风反右”中被错划为右派的75人做了改正。在此期间，学校党委先后为333名干部、教师，108名学生的冤、假、错案平反改正，恢复名誉，落实了党的干部政策和知识分子政策。同时还有历史老案的复查，分别予以改正、复职退休、撤销原决定，并按照党的政策，在政治上、经济上、工作上和生活上，做了妥善安置和适当处理，使本人及其家属均表示满意。另一方面，王季愚组织师生，尽快恢复正常的教学和科研。上海外国语学院重新修订了教学计划，编写教学大纲和教材，修复电教设备，恢复执行各项教学规章制度，开办高校外语教师培训班，在夜校部设立本、

①② 赵劭坚、傅善卿、李良佑著：《平凡人生——王季愚传略》，上海书店出版社2006年版，第139、182页。

专科教学，开办外国留学生中文补习班等等。1978年3月，各系相应成立学术领导小组，同时建立校科学研究处。1979年8月，上海外国语学院重建纪律检查委员会。1980年1月，苏联问题研究室成立。同年5月和9月，外国语言文学研究所和阿拉伯语言文化研究室成立。[①]

除了这些运动，王季愚对各种外语教学的跟风行为也有自己的见解。当年哈尔滨外国语学院的一些苏联专家，不赞同直接教学法，认为是资产阶级的教学法。他们强调两种语言的对比，强调理论讲解和自觉实践等。在此影响下，哈尔滨外国语学院实行分科教学，开始对各项技能的单独教学。很快分科教学的弊端表现出来：各门课程的配合不好，忽视语言的综合训练，理论讲解过多，学生口语水平下降，等等。[②]王季愚发现问题后，组织重新编制了教学大纲，回归哈尔滨外国语学院的传统，回到综合教学体系上。1978年，上海外国语学院的办学方式仍沿用苏联模式，王季愚明确指出："外语学院的专业要拓宽，学生知识面要开阔，课程不能再局限于语言文学类专业，要加大非广泛应用语言（小语种）专业和第二外语比重，要创造条件逐渐向外语类大学过渡。"[③]1979年12月，建校三十周年庆祝大会上，王季愚在报告中特别强调："对外语教育来说，除了必须遵循'三基'（基本理论、基础知识、基本技能），坚持'三中心'（以教师、教材、课堂为中心），加强'三材'（人材、教材、器材）等教育的一般规律外，

① 戴炜栎主编：《上海外国语大学志》，上海外语教育出版社1996年版，第94、112、592、599、611、617页。

② 徐翁宇：《哈外院的外语教育思想——缅怀老校长王季愚和赵洵》，《外语学刊》1998年第2期。

③ 赵劭坚、傅善卿、李良佑著：《平凡人生——王季愚传略》，上海书店出版社2006年版，第183页。

还需要突出一个‘外’字。”[①]她在1981年的遗稿中写下：“要加强和改善党的领导，干部要深入教学实际，按教学规律办事，切记不要瞎指挥。”[②]

王季愚（前排左一）在上海外国语学院校庆三十周年纪念会上讲话
（图片由上海外国语大学校史馆提供）

（四）提出“一条龙”的外语办学思想和外语教育规划思想

作为一名教育家，王季愚以推动社会进步为己任，不因循守旧，孜孜不倦地探索和创新。根据自己学习外语的体会，以及青少年的生理心理特点，她认为：“外语学科模仿性很强，从少年开始学外语最好。”[③]另外，当时哈尔滨外国语学院入校的学生水平参差不齐，对后续教学有一定的影响。于是她创新性地提出开办少年预科班，和大学层次的教育形成合力，以“一条龙”的外语办学思想为指导，着手实践。1950年4月，哈尔滨外国语学院成立了少年预科班，学制两年，毕业后直接升入本科学习。少年预科

①② 赵劭坚、傅善卿、李良佑著：《平凡人生——王季愚传略》，上海书店出版社2006年版，第183、186页。

③ 梁兴国：《求实精神——王季愚教育思想中的一条主线》，戴炜栎主编：《爱心的回响——缅怀人民教育家王季愚》，上海外语教育出版社1997年版，第390页。

班在东北招收了一批十五六岁的初中学生。针对这些学生的实际情况，除俄语外，学校为他们开设了政治、语文、历史、地理等文化课程，指派了专门的班主任。王季愚还时常去宿舍查夜，确保学生身心健康，能全心投入到学习中。不到半年时间，预科班的同学就能用俄语同老师对话了。[①]第一届预科班的学生中不乏佼佼者，如王福祥和李凤林，他们在50年代毕业后考上了莫斯科大学的研究生，后来王福祥成为北京外国语大学校长，李凤林成为中国驻苏联大使。"一条龙"的实践开创了新中国正规高校招收少年预科班学习外语的先河。教育部后来开设高校附属外国语学校，选派高中毕业生到国外学习等措施，都是这一思想的继承和体现。

"一条龙"的办学实践还延伸到高层次人才的培养上。1953年，哈尔滨外国语学院成立了全国第一个俄语研究生班，即俄罗斯语言文学研究生班。[②]这是哈尔滨外国语学院高层次人才培养的一个重要举措，为办成高水平的学校进一步奠定了基础。学院为这个班精心挑选了政治上过硬、业务上拔尖的学生，并将优秀的师资力量调到该班任教。经过两年的深造，首批毕业的二十余名学生，以后都成为教学中的骨干力量，并接力培养了一批批学生，如曾任天津师范大学校长的高静、北京第二外国语学院副院长的王超尘等。[③]哈尔滨外国语学院从建校初一百余名学生，十余名教工，到1956年迅速发展为在册本科生三千余名，研究生两百名，教工七百名。据统计，到1958年，学校共培养了六千余名俄

①③ 赵劭坚、傅善卿、李良佑著：《平凡人生——王季愚传略》，上海书店出版社2006年版，第89—90、90页。

② 左毅、冯彬彬：《对王季愚校长教育思想和实践的片断回忆》，《外国语（上海外国语大学学报）》1996年第3期。

语人才。[1]哈尔滨外国语学院发展之快，为国家输送了一大批高质量的外语人才。在我国第一个五年计划期间，成千苏联专家来华，一百多项大型工程项目中，哈尔滨外国语学院承担了大量的翻译工作。由此，哈尔滨外国语学院成为全国闻名的一所学校，其办学经验被其他学校所学习和效仿。

上海外国语学院的附属外国语学校是1963年创建的。根据相关规定，在执行党的教育方针和培养目标上与普通中小学大体一致，同时突出特点：提高语文、外语、史地课程的教学要求，适当减少数理化课程的教学时数，在外国语种、课程设置方面尝试与高校衔接，形成系列教育的模式。附属学校设置了小学段、初中段、高中段，不同阶段有不同的要求：小学段要求打好扎实的语音基础和初步的口语基础；初中段要求加强外语教学课程，掌握一定的词汇量，为高中段提高外语实践能力打好基础；高中段要求提高外语实践能力，具备相当的外语基础。附属学校实行外语小班进行教学和操练。教师致力于外语教学改革，创造了“情景教学法”和“听说领先法”，大大调动了学生的积极性。1965年3月，教育部在上海外国语学校召开全国外语院校代表参加的现场观摩会，对上述改革措施予以肯定并号召推广。至1966年，附属学校共招收学生二十五个大班，一千余人，设英语、法语、德语、西班牙语四个语种。“文革”后，附属学校恢复招生。教师在教学中注意引进国外先进的原版教材，在采用传统教学法的基础上，特级教师吴威铃还创造了“交际化外语教学过程”，吸取交际法某些原则与方法，使教学过程交际化。这一做法受到国内外行家一

① 缪品端、王超尘：《卓越的教育家王季愚》，《外国语（上海外国语大学学报）》1996年第4期。

致好评。1979年，根据教育部下达的《关于办好外国语学校的几点意见》，附属学校高中阶段试行“文理分科”，但坚持外语特色，做到文理兼容，效果较理想。连续几年，文、理科班毕业生全部考入大学，并两次获外语总分第一名。1981年，获理科总分全国第一名。除此之外，附属学校还对外开展培训服务，先后为上海宝钢、中央农机部等部门培训日语、德语、英语人才。①

上海外国语学院的研究生培养工作始于1954年，1957年被迫暂停，1978年开始着手编制研究生培养方案并恢复招生。同年4月，开始招收英语语言文学、语言学与应用语言学两个专业硕士研究生和俄语专业硕士研究生。1979年，其他专业硕士研究生也开始招生。研究生招生工作由研究生管理部门负责，与本科生招生工作分开进行，研究生毕业分配也是单独进行。②

（五）外语教育与政治教育相结合的教育观

王季愚以其坚定的政治立场和敏锐的学术眼光，提出外语教育的发展要和国家的发展紧密联系起来，根据形势发展不断调整办学方向和思路，尽早进行相应规划。新中国成立不久，王季愚创造性地将外语教育和政治教育相结合，通过政治教育为师生树立正确的人生观，并为外语教育提供学习材料。③当时来自全国各地的学生到哈尔滨外国语学院求学，王季愚给他们上的第一课就是政治课。她说：“汽车方向盘就像一个人的人生观，是勇往

①② 戴炜栎主编：《上海外国语大学志》，上海外语教育出版社1996年版，第271—273、153—186页。

③ 王雅君、沈骑：《中国外语教育规划观的传承与发展——王季愚外语教育规划思想略论》，《语言政策与语言教育》2018年第1期。

直前，或者左转右转，就靠这个方向盘。”[1]哈尔滨外国语学院的政治思想教育制度较为完善，定期召开政工会议，开设多门政治理论课程，进行时事政策教育，开展各种社会实践和党团组织活动，每个班级配有政治助理员。哈尔滨外国语学院开设了多门政治理论课，如社会发展史、政治经济学、中共党史、新民主主义论、马列主义概论，在全国高校中是较早进行该工作的院校。哈尔滨外国语学院的政治学习和外语学习相互渗透与结合。1949年，毛泽东的《论人民民主专政》发表后，学校高年级班就以俄文版本作为附加材料进行教学，政治和外语同时加强。

1978年，上海外国语学院在各系一、二、三年级分别开设“中共党史”“哲学”“政治经济学”三门课，使学生具有马列主义基本观点和掌握运用马列主义的基本方法。同时，教研室抓紧教师的业务进修工作，分批派教师赴全国各地进行社会调查与考察，了解教改情况与发展趋势，这对新时期提高理论教学质量起了积极作用。[2]

党的十一届三中全会提出将“以阶级斗争为纲”转移到以经济建设为中心的路线上。王季愚意识到外语学科建设要以问题和需求为导向，外语教育改革要同国家的“四化”建设联系起来。她提出：“在调查研究的基础上，制订一个外语教学的发展规划。要使我国的外语教学适应四化建设发展的需要，同样有一个调整的问题。目前，我们外语教学整个布局、结构、规模、培养规格、课程设置、招生人数、人力、物力、财力的使用都存在一定的盲

① 赵劲坚、傅善卿、李良佑著：《平凡人生——王季愚传略》，上海书店出版社2006年版，第92页。

② 戴炜栎主编：《上海外国语大学志》，上海外语教育出版社1996年版，第194页。

目性。……在这些重大问题上，我们不能想当然办事，一定要在调查研究基础上制订出比较科学合理的近期和长期发展规划。”①

王季愚的外语教育规划思想中还有重要的一点，即正确处理外语和母语的关系以及汉语传播作为国家战略的意义。一方面，她不主张将外语和母语割裂开来，为此她着力建立起汉语教研室，聘用周艾若、李人纪等高水平汉语教师任教。她还提出，外语教师应多学习中国文学，学习中国文化的精髓。另一方面，王季愚提出，外语教育规划中还应包括将汉语作为外语教学的问题。她在遗稿中写道：“汉语是联合国的正式工作语言之一，但除了我国人民和世界各地华侨外，全世界据说只有几百万外国人学习汉语，这个数字与我国的国际地位太不相称了。世界上许多国家都很重视向各国介绍自己国家的语言，花了很多人力和财力在世界各地传播自己的语言，它们都把向外国传播自己国家的语言作为一项战略措施。……汉语也要‘出口’，不仅要有机构和人员向来华的外国人传授汉语，而且也要有机构和人才从事对世界各地传授汉语的工作，这也要做些调查，制订规划。”②

四、教育家之风骨

王季愚几十年如一日，全心全意为我国的教育事业辛勤耕耘。她具有高度的党性原则，常常说“教育者必先受教育”，以身作则，对自己严格要求，身教言行统一。在她看来，作为校长，“奉

① 王季愚：《回顾与展望——为中国外语教学研究会成立大会准备的发言稿》，《外国语》1981年第5期。

② 王季愚：《外语教学的回顾与展望》，《中国教育学会通讯》1981年第3期。

献”二字是使命和职责，是党和人民的需要，是“蜡炬成灰非言教，苍松负雪是身传”[1]。在哈尔滨外国语学院，她继承和发扬延安的优良传统，团结和率领师生，创造了一种“哈外环境”，造就了一批“哈外子弟兵”，形成了一种优良的“哈外院校风”。据回忆，王季愚为了在极其艰苦的条件下尽快培养出俄语人才，想尽办法，无论多忙多累也不抱怨。对于年轻的教师和学生，她从来没有流露出丝毫倦怠或不耐烦，总是耐心细致地反复交代工作任务、要求和方法，并且常常连夜修改送去的报告材料。对于工作和学习中出现的错误与不足，她总是以十分爱护的态度，循循善诱和谆谆教导。[2]正是付出了这样的心血和劳动，哈尔滨外国语学院才得以迅速地发展和壮大起来，为国家输送了一大批人才，声名鹊起。王季愚调任上海外国语学院后，做的第一件事就是到英语系蹲点。她说：“调查研究是我们党的一贯作风，只有摸清情况，‘解剖麻雀’，以点带面，才能做好领导工作。”[3]她白天在校外开会，或是到班听课、参加系里的讨论，晚上到教室和宿舍，找教师和同学谈心，了解情况。王季愚对教师们既爱护关心，又严格要求，脚踏实地的工作作风很快得到师生的好评，还获得外教的赞赏。在一次招待外籍专家的宴会上，王季愚即兴发言后，一位美国专家说：“看来，我们的院长先生是内行，是专家。”[4]在她的带领下，上海外国语学院形成了一支老、中、青结合的教师队伍，发展迅速。

王季愚担任校长多年，其廉洁奉公、生活简朴是有口皆碑的。

①② 左毅、冯彬彬：《对王季愚校长教育思想和实践的片断回忆》，《外国语（上海外国语大学学报）》1996年第3期。

③④ 赵劭坚、傅善卿、李良佑著：《平凡人生——王季愚传略》，上海书店出版社2006年版，第137、138页。

她一生粗茶淡饭，布衣布鞋，从不讲究个人享受，也不计较个人得失。对子女的教育亦是如此，常常告诫他们要艰苦朴素，自力更生，多工作，少享受。她严格遵守学校的财务制度，不浪费国家的一分钱。上海外国语学院建专家招待所，她提出“大方、舒适、耐用”的原则，避免华而不实和高标准。她对后勤部门的要求是把精力放在为群众服务上，改善师生的工作学习条件，而不做浮夸虚假的表面文章。学校有好房子，教学部门和学生优先，行政部门和学校领导放在次要的位置上。学校曾多次提出为她调整住房，被坚决拒绝。她说，在多数人的住房条件尚未得到改善前，她不能只想到自己。她体弱多病、视力不佳，出门出差照样去挤公共汽车，招待客人常常亲自下厨，也是普通饭菜，从没接受特殊化照顾。有一次她到北京参会，要为她另安排住房，她婉言谢绝，而是和其他代表同吃同住。她的工资不低，但很大一部分都用来接济其他同志和他们的子女。[①]她认为，学校领导人保持艰苦朴素的生活工作作风，比开多少次会、做多少次报告都管用。

王季愚的性格中带有一股倔强，为人正直，不轻易屈服妥协。“大跃进”的时候，她没有跟风浮夸，也不相信那些所谓的宣传，对自己和对他人，都“只有实事求是之意，而无哗众取宠之心”[②]。当时这样做，随时都有可能被扣上“思想右倾”“右倾机会主义”的政治帽子。但她始终坚持正确的思想路线，以大无畏的精神，抵制歪风邪气，这绝非一件容易的事情。

王季愚的性格中还有豁达的一面，对人宽容大度。她在“文

① 李良佑：《忆王季愚院长的三个美德》，《外国语（上海外国语学院学报）》1988年第2期。

② 俞约法：《王季愚同志外语教育思想研究管见》，《外国语（上海外国语学院学报）》1988年第2期。

革”期间被学生批斗，“文革”结束后，仍然真诚地对待每一名学生。一次一个当过“造反派头头”的学生，没有路费回北京，王季愚给了他五十元钱，这个学生感动得掉眼泪了，很后悔自己的过错。王季愚说：“青年学生嘛，我不计较。”[①]她还让儿子王力平带话给哈尔滨外国语学院的老校友：“过去同你们谈的虽然不少，但对阶级斗争和党内斗争复杂性这一方面却讲得很不够，使你们对后来发生的许多事情缺乏思想准备，她觉得很对不起你们。”[②]听到哈尔滨外国语学院同事平反的消息，她高兴地笑了，而对她自己的遭遇和受到的不公正对待，她却只字不提。“文革”结束后，王季愚立即带病投入工作中，她表示：“拼上命，也要把损失的时间抢回来。”[③]直到她实在扛不住，下楼都困难，才由儿子背去医院。临走前，她还和同事说：“我去医院啦，过几天就回来。”[④]

上海外语教育出版社原总编辑李良佑这样写道：“王季愚一生立身行事的高贵品德及她的教育思想是否有一个共通的、最本质、最核心之点？……大家有一个共识：爱。这是我们老校长对祖国、对人民的爱，对自己事业的爱，对师生以及周围同志的爱。”[⑤]作为一名教育家，作为一名校长，王季愚身体力行地阐释了一位教育家的风骨，永远值得我们学习与缅怀。

---

① 王瑆：《王季愚人格教育思想考察》，《黑龙江教育（高教研究与评估）》2010年第5期。

② 左毅、冯彬彬：《对王季愚校长教育思想和实践的片断回忆》，《外国语（上海外国语大学学报）》1996年第3期。

③ 王力平：《回忆我的母亲王季愚》，《外国语（上海外国语学院学报）》1988年第1期。

④ 倪波：《一个平凡的人，一个高尚的人》，《中国俄语教学》1988年第2期。

⑤ 李良佑：《王季愚教育思想之我见》，戴炜栎主编：《爱心的回响——缅怀人民教育家王季愚》，上海外语教育出版社1997年版，第423—424页。

主要参考文献

1. 戴炜栋主编：《爱心的回响——缅怀人民教育家王季愚》，上海外语教育出版社1997年版。

2. 赵劭坚、傅善卿、李良佑著：《平凡人生——王季愚传略》，上海书店出版社2006年版。

3. 王季愚：《回顾与展望——为中国外语教学研究会成立大会准备的发言稿》，《外国语》1981年第5期。

4. 倪波：《一个平凡的人，一个高尚的人》，《中国俄语教学》1988年第2期。

5. 上海外国语大学：《一位杰出的教育家——王季愚同志生平及其教育思想简述》，《外国语（上海外国语大学学报）》1996年第3期。

6. 左毅、冯彬彬：《对王季愚校长教育思想和实践的片断回忆》，《外国语（上海外国语大学学报）》1996年第3期。

7. 徐翁宇：《哈外院的外语教育思想——缅怀老校长王季愚和赵洵》，《外语学刊》1998年第2期。

格高志远
学贯中外

上海外国语大学校训

撰稿人：汪睿，管理学博士，武汉科技大学副教授，主要从事教育管理研究和跨文化交际研究。

朱九思

ZHU JIUSI

华中工学院（华中科技大学前身）院长（1975—1984）

（图片由华中科技大学档案馆提供）

朱九思（1916—2015），江苏扬州人。著名教育家。1937年加入中国共产党。历任华中工学院（华中科技大学前身）副院长、院长、院长兼党委书记等职，为华中科技大学的创立、建设与发展做出了重要贡献。

一、生平与教育活动

（一）在新中国成立前的革命经历

朱九思1916年2月20日出生在江苏扬州的一个经营布店的小商人家庭。1935年从扬州中学毕业后，在浙江大学物理系任职员。1936年进入武汉大学哲学教育系学习（第二年转入外国语言文学系学习）。1936年10月被吸收进“武大青年救国团”，同年11月，“武大学生救国会”成立，朱九思被选为理事。他于1937年10月加入中国共产党，12月赴延安中国人民抗日军政大学学习。1938年12月，作为抗大第二分校成员到晋察冀边区，先后担任政治教育干事、指导员、政治教员和大队的政治主任教员。1942年5月，调离抗大第二分校，担任晋察冀军区第三军分区政治部宣传科科长。1945年8月，调任晋察冀军区四分区政治部宣传科科长。1945年12月，调任冀晋纵队政治部民运部副部长。1946年6月，调任《冀热辽日报》（后改称《群众日报》）副总编辑，后任总编辑。1949年1月，参与创办《天津日报》并任总编辑，8月参与创办《新湖南报》并任副社长兼副总编辑，后任社长兼总编辑。在个人成长和参与革命的历程中，朱九思“为抗日战争和解放战争，尤其是解放战争的地方新闻工作做出了重要贡献”[1]。

（二）在新中国成立后的教育经历

朱九思在开学典礼上讲话
（图片由华中科技大学档案馆提供）

新中国成立以后，朱九思基本上都在教育战线工作。1953年1月，他调任湖南省教育厅第一副厅长，主持日常工作，开始了他的教育生涯。1953年6月，他被正式任命为华中工学院筹备委员会副主任兼党组负责人；1953年10月，被政务院正式任命为华中工学院副院长。1955年，任华中工学院党委书记兼副院长。1975年，华中工学院第一任院长查谦去世，朱九思被任命为院长，直到1984年离开学校的领导岗位。他还先后担任中国高等教育学会第一届常务理事、湖北省高等教育学会会长等职务。

1979年3月至5月，朱九思带领教育部派出的高等教育考察组，到美国、加拿大、日本三国考察了多所著名大学。1981年，他与胡愈之、巴金、楚图南等人发起中国世界语之友会，热情支持湖北省世界语运动的开展。1984年，日本广岛大学授予其名誉博士学位。

① 王炯华著：《朱九思评传》，华中科技大学出版社2011年版，第2页。

二、办学实践及特色

（一）勇于改革创新

在教育界特别是高教界，很多人都知道在华中科技大学发展历程中，有一个在全国高教界开风气之先的“重大的转折”，就是20世纪70年代末朱九思提出的“走综合化的道路”。在朱九思的主持下，华中工学院改革学科结构，大规模引进人才，实施“科研走在教学的前面”等发展战略，先后建立了理科的数学系、物理系和化学系，文科的中文系、新闻系、社会学系、外语系等，开始了学校办学历史上的三个转变——由单一的工科教育，向理、工、文、管相结合的综合性大学转变；由主要从事教学工作，向既是教学中心又是科研中心的转变；由主要从事本科教育，向本科教育和研究生教育并重的多层次办学转变。在朱九思的带领下，学校始终紧紧把握时代脉搏，在新中国的旗帜下，不断创新教育理念和实践，勇立潮头，快速崛起，与新中国发展同步，被赞誉为“新中国高等教育发展的一个缩影”①。这种与时俱进、改革创新的精神，不仅是继任者学习的榜样，也是学校宝贵的财富。

（二）尊重人才，爱惜人才

朱九思爱才如命，重视知识分子政策，尊重教师，这在教育界是出了名的。师生、校友中代代流传着一段朱九思爱才、引进人才的佳话。在“文革”期间，知识分子成了“臭老九”，朱九思本人也受到了很大的冲击。但恢复工作之后，他顶着极大的压力，

① 杨叔子:《新中国高教事业发展的一个缩影——庆祝华中理工大学建校四十周年》,《华中理工大学学报》1993年第5期。

发动教职员工面向全国物色、举荐和引进人才。1972—1979年，学校从全国二十多个省市的五百多个单位调进了六百多名教师。在当时的环境下，朱九思因此被一些人称为“跑资派”（意思是比“走资派”还厉害）。但学校因此受益，师资力量逐步提升，为后来学校“重大转折”和新一轮大发展做好了坚实的人才储备。为提升学科实力和师资水平，朱九思邀请徐利治、严学窘、张培刚、林少宫等名师加盟，邀请钱伟长、陈景润、何祚庥等专家来校讲学。朱九思常常讲：我们中国不是知识分子多了，而是太少。“要看远些，再过几年，想要人也调不来了！”[1]四十多年过去了，朱九思高度重视人才工作，注重培养好、引进好、使用好人才的做法依然具有很强的指导意义。

（三）重视校园绿化美化

现在的华中科技大学被誉为“森林中的大学”，朱九思功不可没。他掌校期间，发动学生周末义务植树，引进和培育优良树种，加强绿化管理。在他身体力行的影响下，“维护树、爱护树”成了华中科技大学师生员工的共识。朱九思在学校立了一个规矩：在学校砍一棵树，必须报校长签字批准。他爱树的“名言”和故事，一直在校内外广为流传。2016

朱九思（右）视察学校苗圃
（图片由华中科技大学档案馆提供）

① 姚启和、许晓东：《朱九思的教育思想和办学实践》，朱九思著：《朱九思全集》下卷，华中科技大学出版社2015年版，第580页。

年6月14日，在朱九思不幸离世后的第二年，两篇文章（《朱九思先生：喻家山下森林大学的缔造者》《今天，我们用树与文字，纪念朱九思先生》）在校内外广泛传播。这是在校的学生们用最纯真的方式表达对朱九思的悼念。十年树木与百年树人同行，在科技、人文和绿色相融的华中科技大学，师生们赓续着朱九思先生未竟的事业。

（四）严于律己，从严治校

“管理也是教育。”朱九思严谨治校是出了名的。他首先对自己严格，担任学校主要负责人的几十年间，自认为只做了两件半创造性的工作：一件是提出了发展新思路，“走综合化的道路”和“科研要走在教学的前面”；另一件是采取超常规的办法延揽了一大批人才；半件是植树造林。朱九思晚年身体不好，不得不常年住院，但他多次拒绝住进高干病房。

朱九思对自己要求严格，对学生要求也严格，对管理人员要求更严格。他始终认为，优良校风的形成，既要依靠强有力的思想教育进行引导，又必须用严格的管理措施来保证。只有把教育和管理结合起来，才能培育出好的校风来。朱九思经常讲：“教不严，师之惰。”据朱九思当年的同事讲，他当年没少批评过管理人员，但批评丝毫不影响对优秀同志的爱护和使用，大家在学习上、工作上严格要求，互帮互学，薪火相传，赢得了“学在华工”的美誉。

在华中工学院领导岗位上工作的三十多年里，朱九思用他的睿智和高瞻远瞩，把一所小型的工学院发展成规模较大的高水平研究型大学，使华中工学院成为新中国高等学校建设和发展的一面旗帜。他的“大学之本在教师，大学之路在综合，大学之源在科研，大学之魂在学术自由”等办学理念至今深深影响着后继者。在教育实践的基础上，他还倾心教育理论研究，一生著书立说，先后主持国家级教育科学研究项目多项，指导和培养了数十名研究生，其中博士生九名。他的著作有《高等学校管理》《高等教育散论》《竞争与转化》《开拓与改革》等，其教育思想和办学实践对我国高等教育改革与发展产生了重要影响。

三、治校主张及影响

毛泽东曾讲：“办教育也要看干部。一个学校办得好不好，要看学校的校长和党委究竟是怎么样，他们的政治水平如何来决定。”[①]我国高校实行党委领导下的校长负责制，党委书记和校长的作用非常重要。朱九思在华中工学院领导岗位上工作了三十余年，在华中工学院发展的关键期，他还是党政双肩挑的一把手。在他的领导下，华中工学院取得了令人瞩目的办学成就，仅用短短的三十年时间跻身中国大学前列。进入改革开放新时期，朱九思在高等教育界率先改革，敢于竞争，善于转化。从领导岗位退休后，他潜心教育研究，在高等教育管理研究领域提出了一系列有影响力的办学治校主张。

---

① 中共中央文献研究室编：《毛泽东年谱（1949—1976）》，中央文献出版社2013年版，第519页。

（一）主张理工结合、文理结合，推动单一工科向综合性大学转型

新中国成立之初，社会主义新中国还遭受着欧美等资本主义国家的封锁和打压，以苏联为师、学习苏联人民的建国经验和发展模式，成为百废待兴的新中国寻求快速发展的一种选择。1952年，国家为适应大规模经济建设，特别是工业发展对建设人才的需要，在全国范围内进行了高等学校的院系调整。其中，中南军政委员会决定，在武汉建立华中工学院。华中工学院由原武汉大学、湖南大学、广西大学、南昌大学的机械系全部和电机系的电力部分，以及华南工学院机械系的热能动力部分、电机系的电力部分合并组成，是一所以机电类专业为主的新型工科院校。这一轮包括新组建的华中工学院在内的全国院系大调整，加强了工程、农林、师范等方面专门人才的培养，使工科专门学院大大发展，适应了新中国成立后大规模工业化对专门人才的迫切需要，但客观上也造成了原有综合性大学解体、理工文分家，普遍实行按专业办学的大学格局，整顿和加强综合性大学的目标没有真正落实。

早在1970年，朱九思就开始对1952年院系调整进行反思。1976年，朱九思痛切地感受到照搬苏联高等教育模式所形成的理工文分家、专业设置过细过窄的弊端。他认为，理是工的基础，工是理的应用，基础与应用脱节，是很难培养出高层次人才来的。因此，他提出华中工学院应走“理工结合”的办学道路。在他的领导下，1981年6月，华中工学院向教育部报送《对拟定教育事业“六五”计划和十年设想的意见》，陈述了单一工科办学模式的三条弊端：一是理工分家、重理轻文（实际上是重工），全国一刀切，违反了教育和科技发展的客观规律；二是纯工科学生的专业

面过窄，不能适应科学技术迅速发展的要求，发展后劲严重不足，而且造成工科院校师资队伍的理论基础薄弱，非常不利于提高教育质量和开展科学研究；三是教学计划框得太死，对所有的学生都按一个模式来要求，既不利于培养学生独立自学和分析问题的能力，更不利于培养拔尖的优秀人才，学校也很难办出特色。同年7月10日，《光明日报》发表了朱九思的《对目前高等教育中几个问题的我见》，详细阐述了他对院系大调整之后高校专业设置过细的问题以及重点大学实行理工结合、文理结合的主张。

朱九思为学生做讲座

（图片由华中科技大学档案馆提供）

1980年4月，华中工学院举办全校干部轮训班，作为学校主要负责人，朱九思就高等教育结构、高等学校的教育和科学研究等提出改革思路。他说：经过学校反复研究，我们希望把我们的学校办成以理工为基础的综合性大学。这就不仅要实现理工结合，而且要把实际上已经开始的文科和经济管理学科加以扩大。这是华中工学院第一次正式公开宣布改革大学结构，办一所理、工、文、管俱全的综合性大学。朱九思的主张，后被纳入华中工学院当年10月发布的《今后十年的规划与设想（草案）》。这份文件中明确提出，十年内，学院的奋斗目标是：把学院办成包括理科、工科、文科和管理学科的教学和科学研究并重的综合性大学，逐步形成既是教学的中心，又是科学研究的中心，力争在科学技术的某些领域赶上世界先进水平，并且办出自己的特色。

从1979年起，在朱九思大学综合化办学思想的指导下，华中工学院摆脱了1952年院系调整后纯工科办学的苏联模式，沿着综合性大学的道路发展。1980年，华中工学院成立了数学系，聘请了毕业于西南联大数学系，先后在英国亚贝丁大学和剑桥大学深造过，并先后任职于清华大学、吉林大学、大连工学院的著名数学家徐利治教授担任名誉系主任。在徐利治、林少宫、陈庆益、黄志远等一批数学领域的专家学者带领下，数学学科发展迅速，先后获得相关方向的硕士点、博士点，并建立有博士后流动站。1983年，华中工学院成立了物理和固体电子学系，随后改名为物理系，并发展为今天的华中科技大学物理学院。多年来，物理学科在学科建设、教学、科研方面取得突出成绩，成为国内外有影响的物理学科之一。1983年，华中工学院还成立了化学系。之后，该系得到快速发展，学术水平不断提高，获得相关方向的硕士点和博士点。有一支雄厚的师资队伍支撑的化学学科不仅自身具有较强的学科竞争力，而且对其他学科产生了较强的支撑作用。

朱九思要在工科院校办文科，与当时的教育指导思想是相悖的，因而面临的难度也大得多。朱九思带领学校领导班子，采取迂回的办法，先办研究所，待时机成熟以后，再由研究所转为系或扩大为文科学院。

20世纪80年代初，朱九思先后在华中工学院成立了哲学研究所、中国语言研究所、经济研究所。成立这些研究所之时，最大的困难就是师资队伍，朱九思利用各种渠道引进人才，使这一批文科研究所在高起点上开办起来了。例如，1980年，朱九思牵头组建哲学研究所之时，就延揽武汉大学哲学系副主任李其驹教授。李教授富有组织才干，与哲学界同仁联系广泛，他先后聘请了中国人民大学、北京大学等名校哲学系的肖前、黄枬森、洪谦、李秀林等一批专家担任兼职教授，还调入了学术奇人康宏逵和一批青年才俊，并举办助教进修班。短短几年时间，就使华中工学院哲学研究所声名鹊起，为后来成立哲学系奠定了基础。目前华中科技大学的哲学学院获得相关方向的硕士点，并建有马克思主义哲学博士点和博士后流动站。

在成立经济研究所的时候，朱九思特邀请被誉为“中国发展经济学之父”的张培刚担任所长。在朱九思和张培刚等人的努力下，1983年华中工学院在经济研究所的基础上建立了经济与管理工程系，两年后成立了经济与管理学院，1988年又组建了经济发展研究中心。华中工学院从研究所起步开办经济学科以来，在学科建设、科学研究、人才培养诸方面取得了骄人成绩。

此外，在朱九思的直接推动下，华中工学院还开办了外语系、新闻系。在新闻系基础上发展起来的新闻与传播学院，在2018年全国高校学科评估中名列前茅，进一步奠定了华中科技大学在文科领域的地位。

（二）主张“科学研究要走在教学的前面”，推进大学科研与教学水平不断提升

20世纪50年代初，我国高等教育学习苏联教育模式，强调以教学为主，对科研缺乏应有的重视。1961年颁布的“高教六十条”，虽然提到大学要搞科研，但科研经费得不到落实。直到1977年，邓小平明确提出，高等学校特别是重点高校要成为两个中心，既是教学的中心，又是科研的中心，大学的科研工作才真正迎来发展的春天。在1978年3月召开的全国科学大会上，朱九思就鲜明地提出：“科学研究要走在教学的前面。”[①]他认为，大学是创造知识的，大学的科学研究应当是“源”，教学是“流”，没有科学研究这个“源”，教学这个“流”就难以及时充实新的内容，提高质量；只有“源”和“流”相辅相成地结合起来，才能提高教师的学术水平，教学内容才能不断更新，也才能培养出高水平的人才，同时出高水平的成果，为国家和社会做出更大的贡献。[②]朱九思认为，这些思想观点是华中工学院二十几年办学过程中正反两个方面经验和教训的总结，后来这个书面发言以“华中工学院”署名发表在1979年1月18日的《光明日报》上。

1958—1960年，华中工学院普遍开展科学研究，带动了教学改革，特别是1961年以后，强调抓好经常教学工作、培养提高师资和开展科学研究三项工作，此举一直坚持到“文化大革命”前夕。由于有计划地开展了科学研究工作，特别是承担了一些重点项目，对教学工作起到了很好的促进作用。1958年，华中工学院设置的一批新专业很快成长起来，师资水平有了进一步提高，并

---

①② 朱九思著：《竞争与转化》，华中科技大学出版社2001年版，第424页。

培养了一批新生力量。在这一时期，华中工学院先后参加了三十多门全国通用教材的编写工作，添置了一批实验设备，开展的科学实验项目增加了一倍。从1961年起，华中工学院开始招收研究生。“文化大革命”期间，华中工学院的科学研究虽然受到一些干扰甚至破坏，其间也出现过多次反复，但在朱九思的带领下，大家排除干扰和阻力，坚持开展科学研究，总体上逐年扩大研究项目，成果逐年增加。仅国家“六五”规划期间华中工学院就完成科研课题294项，有100多个项目获得国家奖励，其中获得国家发明奖10项、国家“六五”攻关奖5项、国家科技进步奖5项、国防科技成果奖12项、省部级科技奖励50项。

科学研究还带动了老专业的改造，促进了新专业的成长。比如，华中工学院1972年创办激光专业时，没有熟悉这个专业的教师，没有现成的教材，也没有实验设备。通过大力开展激光技术研究，不仅出了一批高水平的科研成果，而且很快培养出了一批比较熟悉专业、具有一定水平的教师，编写了反映自己研究成果的教材，建起了适应专业建设需要的实验室，1976年招收了第一届学生。1971年，华中工学院开始设置无线电通信专业之时，只有四名教师对模拟通信有些了解，对数字通信很不熟悉。经过几年的科学研究，该专业教研室的绝大部分教师对数字通信已经掌握，半数以上教师对散射通信比较熟悉，教师们在自己的应用研究成果基础上编写出了一批新教材，并开始招收研究生。教学与科研相辅相成、相互带动，为现在华中科技大学享誉海内外的光电子学科建成并获批光电子国家研究中心赢得了先机，奠定了扎实的基础。

朱九思（前排中）查看机床

（图片由华中科技大学档案馆提供）

1983年，朱九思再一次提出："教师应具备教学和研究两种能力。"① 20世纪末，已经离开领导岗位的朱九思对高等学校科学研究的认识更加透彻。1998年4月28日，在科技日报社与中国软科学研究会共同举办的"面向21世纪知识经济时代建设和完善国家创新体系的战略与对策"研讨会上，有人提出，高等学校的基本职能是传播知识和培养人才，教学科研型大学担负着培养人才和开展科研的双重任务，他们主要是开展与教学相适应的自由探索性基础研究。针对把研究型大学的科研仅仅局限在与教学相适应的主张，朱九思认为这是给研究型大学的科研定了一个框框。朱九思认为："大学是人才密集的地方，进行高科技研究是大学义不容辞的任务。大学进行高科技研究，恰恰又是大学非常明显优越于科研院所的地方，可以一举数得：一可以发挥教学科研型大学都具有的多学科密集的优势；二可以提高教师的学术水平，获得

① 朱九思著：《竞争与转化》，华中科技大学出版社2001年版，第439页。

突出的成果，因此从1901年以来，诺贝尔科学奖获得者的绝大多数是大学教授；三可以培养出优秀乃至出类拔萃的莘莘学子；四可以为国家现代化建设事业增强极大的实力。还应该看到，中国科学院再大再强，也只有一个；而教学科研型大学，如果大体上按现有重点大学来看，已有近一百所之多，其中排在前几十名的大学，都是颇具实力而且各有特色的。如此情况，怎么能对大学科研加以限制？”①

作为研究型大学，除了具有较强科研实力之外，另一个重要内涵就是高质量的研究生教育。世界著名大学无疑都是研究型大学，中国的重点大学也应该成为研究型大学。朱九思不仅在中国较早提出办研究型大学的理念，而且领导华中工学院向研究型大学迈进，实现本科教育与研究生教育并重。

华中工学院从1961年开始招收研究生，但数量不多，且在“文革”期间中断。根据校史记载，华中工学院1961年招收了15名研究生，到“文革”前的1965年总计招生162名。1978年，全国统一恢复招收研究生，朱九思抓住这一难得的机遇，带领学校相关部门研制了一个雄心勃勃的招生计划，且在当年就招收了181名硕士研究生，比“文革”前五年的总和还要多。②当然，华中工学院之所以能招收这么多研究生，也与前面所述的朱九思较早就高度重视科学研究并积累了相当的科研实力，以及不断提升的师资水平直接相关。

1980年2月12日，第五届全国人民代表大会常务委员会第

---

① 朱九思著：《朱九思全集》上卷，华中科技大学出版社2015年版，第84页。

② 校史编写组编：《缩影——华中理工大学的四十年》，华中理工大学出版社1993年版，附录（历年在校学生人数统计表）。

十三次会议通过了《中华人民共和国学位条例》，次年开始实施学位制度。在1981年我国第一批硕士、博士学位授权点审定中，华中工学院就获得27个硕士点、9个博士点，12位教授担任博士生导师。1983年国家开展第二次学位授权点评审，华中工学院又增加了10个硕士点、4个博士点，这使华中工学院的研究生教育从一开始就走在了全国高校的前列。1984年，我国开始在大学设立研究生院，条件之一就是博士点要超过10个，华中工学院理所当然地成为我国高校第一批设立研究生院的22所大学之一。如今的华中科技大学，有48个硕士学位授权一级学科、46个博士学位授权一级学科、39个博士后科研流动站；有一级学科国家重点学科7个、二级学科国家重点学科15个（内科学、外科学按三级计）、国家重点（培育）学科7个；在教育部第四轮学科评估中，44个学科参评，全部上榜，其中机械工程、光学工程、生物医学工程、公共卫生与预防医学等4个学科进入A+，A类学科14个，B+及以上学科33个，入选世界一流建设学科8个，成为我国具有重要影响的高层次人才培养基地之一。

在推动高水平研究型大学建设中，朱九思还强调要面向国民经济现代化，不仅要为国家战略和社会发展输送优秀人才，而且要开展面向国民经济现代化主战场的科学研究，提供高科技成果，促进科技成果转化应用。从20世纪80年代开始，华中工学院就与数十家大中型企业建立科技合作关系。“六五”“七五”期间，华中工学院每年承担的横向合作项目200多项，其中与大中型企业合作的项目约占70%。[①]这从一侧面反映了当年的华中工学院对校企

① 陈天照、杨增能：《华中理工大学与企业合作发挥自身优势推进技术进步》，《人民日报》1992年1月15日。

合作的重视程度。

（三）主张“管理干部要有良好的精神状态”，以保障学校的科学管理进而推进学校快速发展

作为诞生于新中国成立之后尤其以理工科见长的一所大学，华中科技大学发展速度之快，获得社会广泛认可。该校为什么取得如此快速的发展，这与学校长期以来重视管理并有效实施科学管理紧密相关。其中，在长达三十年的时间里，朱九思及其带领的管理团队发挥了重要作用。这也奠定了朱九思在全国大学校长中教育管理家的地位。

朱九思认为，高等学校管理，实际上涉及高等学校的全部工作，特别是领导者的精神状态、办学自主权、管理原则和管理方法。朱九思在学校管理中反复强调领导干部要有良好精神状态。

1982年10月，朱九思借《人民日报》一篇社论《开创新局面要有什么样的精神状态？》的提法，特地向全校管理人员强调，管理干部要有良好的精神状态，要做一个“有为之人”，不要成为“平庸之辈”，更不要成为“昏愦之徒”，要有极强的事业心和改革创新的精神。朱九思所说的“良好精神状态”，实际上已经融入他在华中工学院三十余年长期倡导和推行的“敢于竞争、善于转化”管理理念之中，如今已成为华中科技大学校园文化与大学精神的重要内涵。

朱九思领导华中工学院三十余年，一心一意，殚精竭虑，就是要把华中工学院办出名，办成他理想中的大学。为此，他“当仁不让，全力竞争，志在必得”。20世纪80年代初，朱九思在华中工学院经常提到两句话：“发扬优势，防止从优势下降为劣势；

敢于竞争，坚决把劣势转化为优势。”[①]他说：“我们作为领导者，各级的领导者，都不要有任何的自卑或自满的心理。要下决心干，善于竞争，善于向好的方面转化。为了事业，我们应该有这样一种精神。也只有有了这种精神，我们才能把一所学校、一个系、一个专业办好。”[②]他经常苦口婆心地教育管理干部，干工作要有所建树，总要做几件有意义的事情。

朱九思不仅这样讲，而且一直坚持这样做，保持良好的精神状态成为他的一种领导魅力。朱九思的高足陈运超博士在回忆文章中说：“1961年，在三年‘大跃进’之后的总结、整顿、提高的过程中，先生总是以积极的态度致力于学校的发展，尽管在‘文革’中挨批斗，始终没有觉得精神上有消沉的感觉，始终觉得最终党会领导我们继续前进，混乱的局面最终会结束的。”[③]1979年12月20日，《人民日报》以《共产党人应有的革命精神》评论员文章，表扬和推荐了朱九思和他的一班同志的精神状态。文章中这样写道：“华中工学院党委面对当前的许多实际问题，体谅国家的困难，既不向国家提出不切实际的要求，又不叫苦叫难，消极等待，而是千方百计克服困难，在力所能及的范围内，实实在在地解决一个又一个的问题。这种精神状态，是革命者应有的精神状态。有了这种精神状态，克服困难的办法就多，工作就会有所建树，本单位的面貌也会发生显著变化。有了这种精神状态，前进中即使出现一些缺点和错误，也是不难发现和纠正的。”

2002年，凝聚了朱九思近半个世纪教育思想和办学经验的一

---

①② 朱九思著：《竞争与转化》，华中科技大学出版社2001年版，第27、245页。

③ 陈运超：《大学校长治校之道——一个个案的分析》，华中科技大学博士学位论文，2002年。

部书籍《竞争与转化》正式出版。以“良好的精神状态”为导引，在华中工学院办学实践中“敢于竞争，善于转化”的大学管理思路，是朱九思从事高等教育管理研究的理论结晶，也是他从事高等教育管理实践的真实写照。而“良好的精神状态”“敢于竞争，善于转化”的勇气和能力，实际上是作为大学管理者必须具备的高远的价值追求、强烈的职业精神和管理专业化能力。

如果说前面所述“敢于竞争，善于转化”，是华中工学院推动改革发展的精神文化导向的话；那么，在学校管理中始终遵循高等教育规律、一切从实际出发、大力实施科学管理，是朱九思带领管理团队保障学校健康、快速发展的路径与方法。1982年11月，朱九思在中央教育行政学院发表题为《高等学校管理的基本原则和方法》的报告，全面总结和阐述了他在华中工学院三十余年的高教管理思想。

朱九思认为，新中国的教育是共产党领导的，高等学校管理的第一条基本原则就是“必须按照党的路线、方针、政策办事”。党的十二大在我党历史上第一次把教育和科学列为经济发展的战略重点，朱九思受到极大的鼓舞，感到高等学校必须认真执行党的知识分子政策的重要性。比如，对于教师职称评审，朱九思认为这不仅是一件学术治理工作，在当时的政治环境下也是一项政治性极强的工作。一方面，朱九思严格坚持标准，坚决摒弃论资排辈；另一方面，考虑到职称评审工作因为“文革”积压了十几年，在国家重新启动教师职称评审工作后，他顶住各种压力，只要符合晋升条件的教师，为了学校的发展，只要经过学术委员会投票通过，可以尽量多提拔一些。事实证明，朱九思的这一工作思路对学校后来的发展起到了重要的作用。

在高教管理上，朱九思认为“必须认真总结解放以来高等教育的经验，真正按照中国的情况办事，真正走中国的道路”，这也是他认定的第二条原则。朱九思说，新中国成立初期，“由于种种原因，在那种历史条件下，我们只有学苏联，按照苏联的模式办。问题是现在不是20世纪50年代，现在已经进入20世纪80年代了……我们应该认真总结一下三十年来办高等教育的经验”[①]。他还以机械工业部整理的《苏联与东欧工程教育综述》为例，阐述了苏联的高等教育已经发生了很大变化，而我国高等工科院校大体还是20世纪50年代从苏联学来的那种模式，我们应该总结自己的办学经验和教训，真正按照中国实际情况办事。因此，三十年来，朱九思带领学校管理团队大胆改革，推动了华中工学院率先从纯工科向综合性、从教学型向研究型发展。

朱九思阐述了办好高等学校的第三条原则，即他在学校管理中反复要求领导干部“必须具体研究高等教育的特点”。所谓高等教育特点，就是高等教育的特殊性。朱九思具体分析了六点。第一，教育工作的对象是人，培养人的周期比较长。教育工作不像抓经济工作、工业、农业那样能很快见效，因此，高等学校的管理者决策时要有长远的打算。在培养人才方面，要对人才需求进行预测，否则有些专业满足不了经济社会发展的需要，有些专业却供过于求。办教育必须看得远一些，要有科学的预见，既要做好当前的工作，又要考虑到今后。第二，科学技术发展非常快，必须重视知识的更新。学校和教师如果不注重及时补充新的知识，便无法提高教师的水平和培养学生的质量。为了适应这种快速的

① 朱九思著：《竞争与转化》，华中科技大学出版社2001年版，第230—231页。

变化，还必须加强基础，才能适应现代科学技术发展很快、知识更新很快的特点。第三，教学工作必须着眼于培养学生的独立工作能力和创造精神。这是教学改革的核心，作为大学，仅仅传授知识是不够的，必须使学生有能力自己去获得知识、进行独立工作，培养创造精神，这才是无价之宝。第四，要想办好一所学校，没有一支强有力的师资队伍，一切都是空谈。学校工作的特点，就是要发挥教师的主导作用。在学校管理中，要认真执行党的知识分子政策，对待教师政治上信任、工作上大胆使用、生活上关心，并在学校建设中注重不断改善教师的工作和生活条件。第五，要关心青年学生的全面成长。要将青年学生培养成为“完全的中国人”，除了加强思想政治工作，还要提升学生的知识素养，特别是人文知识素养。第六，尽可能开展国际交流。这是办一所高水平大学必须走的一条路径。

朱九思认为高等学校管理必须强调效益和效率，这是第四条原则。他说：“过去教育战线讲得比较多的是质量，很少讲效益。我认为也应该强调效益，一切工作都应该强调效益。”① 为了提高办学效益，他要求学校相关部门，从人才预测到高等教育结构、专业和系科的设置等，都要通盘研究后确定科学的方案。他还指出：“社会主义的优越性不是在于吃大锅饭，而是应该有更高的效益和效率。”② 因此，他在主持华中工学院工作的过程中，对管理干部的要求非常严格，经常监督和检查管理部门的工作效率，并教育引导全校管理干部注重调查研究，要使本单位内部的信息畅通，要正确处理好“谋”和“断”的关系，敢于负责，敢于解决问题，

① 王炯华著：《朱九思评传》，华中科技大学出版社2011年版，第188页。
② 朱九思著：《竞争与转化》，华中科技大学出版社2001年版，第244页。

敢于严格要求，反对因循守旧，敢于改革。

由于朱九思长期重视学校管理工作，始终坚持一切从实际出发，不断探索和认识教育规律，使华中工学院抓住了一次又一次重大机遇，不断提升学科建设、教学、科研等工作的水平，学校的核心竞争力得到快速提升。

（四）主张“面向世界，进入世界”，推进开放办学，向建设世界一流高校目标迈进

朱九思主张打开思路、放眼世界，主动了解世界科学技术发展和各国高等教育发展的情况，在开放办学中向世界一流名校寻求办学经验，探索高等教育发展的一般规律。

1977年暑假，朱九思带领华中工学院领导班子，组织七百余名教师和管理干部，对世界科学技术和高等教育发展进行了一次系统的调查研究。他们查阅了二万余份国内外科技文献和资料，到兄弟高校和国家部委了解情况，写出一百余份调查报告，内容涉及国内外各学科、专业发展的现状，20世纪70年代国外一些著名大学的专业设置、师资水平、教材内容、实验手段和设备、科研方向和成果等，形成了五十余万字的《调查研究资料》，组织教师员工阅读学习。在调查研究的基础上，朱九思专门组建了一个团队组织翻译了《一个实在的轮廓——麻省理工学院》和《麻省理工学院史话》，印发全校教职员工，人手一册。在这些扎实的调查研究的基础上，通过对比分析华中工学院自身的特点，以朱九思为首的学校领导班子提出了建设世界一流大学的目标。

1978年4月，在朱九思的领导下，华中工学院党委还向全校各单位印发了一份两万字的材料《我院同世界著名理工科大学的

差距和赶超的主要措施》，并同时上报教育部。这份材料指出，世界著名的理工科大学都有一些共同的特点：它们都有一些学术水平较高的科学家；都很重视基础理论的教学和研究；都拥有先进的实验手段和教学手段；都很重视科学研究并设有一批著名的研究机构；在科学的某些领域形成了自己的特色；既是教育的中心，又是科学的中心；等等。同时，这份材料还提出了华中工学院赶超的设想和举措：调整和改造专业，实现理工结合；加强基础理论教学，提高教学质量；恢复和建立一批研究机构，大搞科学研究；狠抓师资的培养提高；更新实验设备，建设一批研究实验中心；加强科技情报工作和学术交流；组织教师和干部学习自然辩证法。现在看来，这些举措不仅是华中科技大学一以贯之的有效做法，而且值得我国其他高校借鉴。

比起清华大学、北京大学、武汉大学等老牌高校，华中工学院创办于新中国成立初期，历史并不长。而要办出一所世界知名的大学，必须放眼世界。为了让华中工学院的办学思想与国际接轨，朱九思决心向世界求经寻宝。1979年2月5日，朱九思在学校党委扩大会议上提出“面向世界，进入世界”①。那一年，朱九思获得一次访问美国、加拿大、日本的机会。在这次重要的考察学习中，朱九思感到有两件事对他影响最大：一件是大学的教学工作和科研工作并重，结合得很好，结果是教学质量和学术水平都高；第二件是几乎所有的著名大学都是综合性的。②他还了解到美国的一些大学由专科向综合发展的过程和趋势。

早在1977年，朱九思就以华中工学院革委会的名义，向国家

① 王炯华著：《朱九思评传》，华中科技大学出版社2011年版，第133页。
② 朱九思著：《竞争与转化》，华中科技大学出版社2001年版，第8—9页。

相关部门提出申请教师出国考察、留学的报告。在朱九思的大力支持下，多名年轻学者先后赴欧美著名高校留学或做访问学者，不仅开阔了他们学术视野、提高了学术水平，而且通过他们加强了学校与一批著名高校的学术联系。为了持续推动学校向世界著名大学学习，在朱九思的倡导下，华中工学院1979年设立了外事处，负责留学生工作、外籍专家工作、出国人员管理和服务、国际合作与国际学术交流等。在朱九思的主持下，华中工学院先后与德国的慕尼黑工业大学，美国的明尼苏达大学、波士顿大学、俄亥俄州立大学，法国的格勒诺尔布工学院，加拿大的多伦多大学，日本的广岛大学、早稻田大学、名古屋大学、日本工业大学、东洋大学等一批世界著名大学和高等教育机构建立了学术交流合作关系。应邀来华中工学院讲学的外籍学者逐年增多，推动了华中工学院的国际化和学科建设水平的提升。

四、启示与评价

朱九思很重视高等教育的研究，尤其重视对大学办学规律的探索。办好大学涉及一系列问题，其中大学的内涵是每个大学校长、每个高等教育家必须首先认清和回答的基本问题。实际上，大学是一个内涵非常丰富的概念，每位大学校长给出的具体理解和回答不尽相同。朱九思真正从理论上对高等教育进行系统研究，是在他离开领导岗位之后。而他对高等教育发展的系列思想主张，基本上都是本着实事求是的态度从在华中工学院办学实践中摸索出来的。因此，朱九思对大学内涵的理解和教育真谛的把握具有相当的真切性，而且政治站位更高、思路更加开阔，所提政策主张更具现实针对性和可操作性，因而他的办学思想在华中工学院得到深入贯彻，提出的很多政策措施都得到有效落实。

（一）如何更好地为国家和社会发展培养优秀人才?

人才培养是大学之本，大学自产生之日起，其根本任务就是培养人才。大学为何培养人才、大学应该培养什么样的人才和大学怎样培养人才，一直是我国高等教育管理者和教育理论工作者不断探索的三个根本性问题。

华中工学院诞生于新中国成立之初，基于当时我国所处国际国内形势，借鉴了苏联办学模式，通过1952年全国院系大调整而组建成以机械学科为主的工科院校，其办学目的就是培养新中国建设急需的专门人才。朱九思始终强调“必须按照党的路线、方针、政策办事”，并将其作为办学的第一条原则。可以说，朱九思接掌华中工学院之后，对于为何培养人才的政治站位是高的，这也为他在三十余年的时间里大胆探索高水平大学建设之路，从办学结构上着手提高人才培养质量准备了前提条件。

朱九思提出培养“完全的中国人”，与马克思主义关于人的全面发展理论是一致的，而且赋予了中国特色，更加鲜明地回答了人才培养的根本性问题。他提出培养学生的独立工作能力和创造精神是教学改革的核心，抓住了人才培养的关键问题，同时这也是当今我国大学教育急需回答的世纪性命题。朱九思在他的教育思想和实践探索中提出了杰出人才应具备的核心能力，即学习能力、独立工作能力和创新能力，而支撑这种核心能力的，是一个人在学习过程中逐步形成的科学思维与科学方法。

（二）如何深刻理解和准确把握教学与科研的关系？

深刻理解和准确把握教学与科研之间的关系，涉及对大学本质的深刻认识。朱九思在二十世纪六七十年代对教学与科研关系的论述就富有意义。朱九思不仅高度认同“大学要成为两个中心，既是教学的中心，又是科研的中心”的思想观点，而且鲜明地提出“科研要走在教学的前面”。他认为，大学的科学研究应当是“源”，教学是“流”，没有科学研究这个“源”，教学这个“流”就难以及时充实新的内容、提高质量。

其实，无论是狭义的“大学”，还是包括所有具有高等教育性质的广义“大学”，大学就是一个学术共同体，学术属性是大学的本质属性。正是因为大学有科学研究推动的知识创新，大学的人才培养才体现出区别于基础教育和职业技能培训的价值和高度。所以说，大学里的教学与科研本身就是浑然一体、相辅相成的。朱九思在推动华中工学院向研究型大学提升的过程中，提出了大学里所有的教师都要从事科学研究，并把科学研究的最新成果充实到教学中，不断更新教学内容。他还认为，科学研究也是高等学校的一种教学活动，教师学术水平的提高将极大地促进教学水平的提高，从而让学生真正获得知识创新的生动体验，形成创新思维、掌握创新方法。重新审视朱九思的这些思想观点，对于当前我国高等教育界普遍讨论的拔尖创新人才培养中的规律性问题，仍然具有较为深刻的现实意义。

（三）如何有效提高一所大学的管理效率和办学效益？

朱九思认为，大学发展不仅要讲质量，也要讲效益。为此，他把大学管理放在了大学发展中应有的位置，高度重视并不断提升管理水平和效率。从大学发展的基本逻辑看，人才培养是大学的根本任务，科学研究是大学的题中应有之义，两者相互促进，共同构成大学竞争力的核心。而管理在教学工作、科研组织的过程中又起到强有力的支撑作用，缺乏管理的大学其发展必然是低效的甚至是无序的。朱九思从大学发展的基本逻辑出发，在确定教学工作和科研活动的主体——广大师生——在办学中的主体地位的同时，又高度重视并正确对待管理，发挥管理在大学发展中的导向作用。朱九思认为，高等学校的管理实际上涉及高等学校的全部工作，有自己的原则和方法，是一门复杂的学问。在当前我国大学大力推进“双一流”建设中，许多人都在追问一个问题：与世界一流大学相比，我们的大学最缺什么？缺大楼？缺大师？缺一流设备？仔细检视这个问题，我们发现：以上办学要素的确还需要加强，但这些对如今的大学特别是一批重点大学而言都不是最迫切、最关键的影响因素了。我国大学最缺乏的是一流的管理，我们还没有真正形成一整套具有中国特色的现代大学制度体系。可以说，一些高校缺乏对管理的正确理解和应有的重视，是管理跟不上一流大学建设的重要原因之一。

朱九思（左三）与学校主要领导干部合影

（图片由华中科技大学档案馆提供）

那么，如何提高大学管理水平呢？朱九思认为做好大学管理的基本原则就是，一切从实际出发，尊重并遵循高等教育发展的普遍规律。作为从战争年代走来、之前没有专门从事高等教育管理理论研究的朱九思，在执掌华中工学院后，大搞调查研究，大兴求真务实之风，对照搬苏联办学模式提出质疑，最终成为理论与实践兼具的教育家。如前所述，改革开放前夕，朱九思组织七百多名教师和管理干部，对世界高等教育发展进行了系统的调查研究，他本人还抓住机会到世界一流大学进行考察，从中总结出高等教育发展的根本性规律，并借鉴世界名校的有益经验。这是对管理工作的重视，也是对科学管理的追求。在大学管理工作中，朱九思强调对世界科学技术发展和高等教育趋势的观察，强调对华中工学院现有学科专业特点和办学状态的分析，善于抓住机遇，主动迎接挑战，提出“敢于竞争，善于转化”的理念，并确定了长远发展战略目标，分阶段组织实施，有效提高了学校的管理水平和办学效益。如果从战略管理的要素来看，朱九思领导的华中工学院的管理实际上就是一种战略管理，因其具有较强的前瞻性和专业性，因而它是一种科学管理。华中工学院被誉为“新中国高等教育发展的缩影”，在于其从朱九思执掌开始就实施了较为科学的管理战略，成为中国大学快速发展的典型案例。

主要参考文献

1. 朱九思等主编:《高等学校管理》，华中工学院出版社1983年版。

2. 朱九思著:《高等教育散论》，华中理工大学出版社1990年版。

3. 朱九思著:《竞争与转化》,华中科技大学出版社2001年版。

4. 王炯华著:《朱九思评传》,华中科技大学出版社2011年版。

明德厚学
求是创新

华中科技大学校训

撰稿人:胡庆芳,武汉大学党政办公室副主任,副研究员,主要从事高等教育管理与研究。